Culture territoriale

Actu concours
collection dirigée par
Jean-Philippe Cavaillé

Culture territoriale 2022-2023

Cours et QCM

Marine Derkenne
Chargée de formations au CNFPT

Donatien Lecat
Administrateur territorial
Docteur en Droit

ellipses

Collection

Actu concours

Retrouvez tous les titres de la collection sur www.editions-ellipses.fr

Les opinions soutenues dans cette collection n'engagent que les auteurs
et en aucun cas les institutions au sein desquelles ils exercent leurs activités.

ISBN 9782340-057944

8/10 rue la Quintinie 75015 Paris

www.editions-ellipses.fr

Sommaire

Introduction

Culture spécifique, la culture territoriale est au cœur de l'actualité.

Après près de 40 ans de décentralisation, s'entremêlent des enjeux démocratiques, de lutte contre les inégalités, et de rationalisation de l'action publique locale. L'acte III, depuis 2014, vise notamment à clarifier la répartition des responsabilités entre l'État et les collectivités, et entre les collectivités elles-mêmes ; à redéfinir les territoires d'action publique locale, et à prendre en compte leur diversité dans le respect de l'unité de la République. Un nouvel acte de décentralisation « responsabilité, lisibilité et financement » devrait aboutir avant la fin du quinquennat d'E. Macron, notamment par une loi dite 3DS (déconcentration, décentralisation, différenciation des compétences et simplification).

À l'écrit comme à l'oral, nombreuses sont les interrogations liées à ce domaine riche et complexe car multiforme, nourri certes d'apports administratifs et juridiques, mais aussi de données économiques, sociologiques, historiques ou même politiques.

Les concours administratifs nécessitent un bagage solide, constitué des diverses facettes de la culture territoriale que cet ouvrage balaie sous forme de fiches thématiques.

Chacune repose sur des connaissances de base s'inscrivant dans une vision historique, fondation indispensable à la compréhension de l'actualité et de ses perspectives, permettant ainsi l'acquisition d'un savoir étayé et problématisé.

Des QCM sont proposés en fin de fiche, instruments efficaces d'auto-vérification des données acquises. Pour ceux qui veulent approfondir, sont aussi mentionnées des références d'ouvrages, articles ou sites internet.

Que ces fiches relatives à la mutation des structures locales, à la transformation du contexte territorial, à la diversité des politiques décentralisées, et à l'évolution des moyens territoriaux vous donnent les moyens de réussir… tel est le vœu des deux auteurs de cet ouvrage, familiers du monde territorial et des concours administratifs !

La mutation des structures administratives locales

1 La réorganisation de l'État territorial

S'appuyant sur la technique de la déconcentration, la réorganisation de l'État territorial confirmée par la nouvelle charte de la déconcentration de mai 2015, s'inscrit dans la continuité en articulant le dispositif autour du préfet et du maire, mais s'adapte au contexte européen et au paysage décentralisé en promouvant le niveau régional; elle vise à l'efficacité notamment financière par la rationalisation des services déconcentrés.
La modernisation de l'action publique (MAP) et la restructuration de l'État territorial ont poursuivi cette rénovation du paysage étatique local, face à l'enjeu de l'acte III de la décentralisation.
Elles bousculent les administrations concernées, suscitent l'inquiétude des élus locaux et interrogent sur ce que doivent être la conception et l'organisation de l'État moderne.
Le programme Action publique 2022, l'Agence nationale de cohésion des territoires, le réseau France Services, la loi ASAP du 7 décembre 2020, et le projet de loi 3DS esquissent les nouveaux contours de l'administration publique, et tout particulièrement de l'administration déconcentrée. Peut aussi être évoqué le rôle pivot du préfet lors de la pandémie de la Covid.

Historique

Plusieurs étapes jalonnent l'avancée déconcentrée de l'État français. La poursuite d'objectifs différents explique l'évolution de ce mode d'organisation administrative consistant à accorder à des organes locaux de l'État un pouvoir de décision encadré, au sein d'une circonscription administrative.

La loi du 28 pluviôse an VIII : l'institution du corps préfectoral

Le maillage départemental est placé sous l'autorité d'un haut fonctionnaire d'État, le préfet, héritier de l'intendant royal. Expression de la tradition centralisatrice française, il contribue à assurer l'ordre après les troubles de l'époque révolutionnaire, et constitue l'organe exécutif du département.

Chaptal résume ainsi cette conception de l'État territorial : « Le préfet, essentiellement occupé de l'exécution, transmet les ordres au sous-préfet, celui-ci aux maires des villes, bourgs et villages ; de manière que la chaîne d'exécution descend sans interruption du ministre à l'administré, et transmet la loi et les ordres du gouvernement jusqu'aux dernières ramifications de l'ordre social avec la rapidité du fluide électrique ».

Près de deux siècles plus tard, l'article 89 de la Constitution du 27 octobre 1946 consacre la déconcentration en affirmant que « Des lois détermineront également les conditions dans lesquelles fonctionneront les services locaux des administrations centrales, de manière à rapprocher l'administration des administrés ».

La création du préfet de région par le décret du 14 mars 1964 amplifiera cette présence locale étatique, relais d'un État omnipotent dont l'action est rendue plus efficace, sans perte de cohérence puisque les préfets restent soumis au pouvoir hiérarchique des autorités centrales.

Aujourd'hui, il existe de plus des préfets investis de missions spécifiques comme les préfets de la zone de défense et de sécurité, le préfet de police à Paris, les préfets délégués pour l'égalité des chances, les préfets maritimes, et les sous-préfets à la relance accompagnant le plan de relance étatique depuis novembre 2020.

La loi ATR du 6 février 1992 : l'affirmation du principe de subsidiarité

Au-delà d'un renforcement étatique, la déconcentration rapproche l'État de l'administré, et devient le corollaire nécessaire de la décentralisation opérée par la loi du 2 mars 1982. En effet, décentralisation et déconcentration ne sont pas deux modes d'organisation antinomiques mais complémentaires : la réussite de l'un suppose l'essor de l'autre !

Opérant une révolution silencieuse, la loi ATR et le décret du 1er juillet 1992 portant charte de la déconcentration fondent la répartition des compétences entre administrations centrales et services déconcentrés sur le principe de subsidiarité.

Ainsi, sont conservées par les administrations centrales et les services à compétence nationale les seules missions qui présentent un caractère national ou dont l'exécution, en vertu de la loi, ne peut être déléguée à un échelon territorial. Les autres missions sont confiées aux services déconcentrés dans le cadre régional (pour le développement économique et social, l'aménagement du territoire), départemental (unité administrative de droit commun des administrations civiles de l'État), ou de l'arrondissement (affaires purement locales). Perdure aussi le niveau communal, même si la loi ATR omet de le citer.

Au-delà d'un simple ajustement technique de la centralisation, la territorialisation de l'État manifeste alors une volonté de proximité.

Le décret du 29 avril 2004 : l'essor du niveau régional

Le lent cheminement de la réforme de l'État s'appuie pour une large part sur la rénovation de l'État territorial qui participe de la décongestion du pouvoir central. L'enjeu est alors la modernisation de l'État.

Dans la mouvance de l'acte II de la décentralisation, le décret de 2004 relatif aux pouvoirs des préfets, à l'organisation et à l'action des services de l'État dans les régions et départements renouvelle le cadre de l'action de l'administration territoriale pour le rendre plus cohérent.

Ce texte accroît la capacité d'action du préfet de région qui assure la coordination et l'animation de l'action des préfets de département ; renforce la dynamique de l'action territoriale de l'État dont le préfet est garant ; réorganise les services de l'État dans la région et le département.

L'échelon régional, par ailleurs promu par le contexte européen, émerge affermi, même si le département reste le niveau de droit commun de l'action étatique déconcentrée.

Le « plus État » de l'an VIII a finalement cédé place au « mieux État » initié par le décret de 2004...

La réforme de l'administration territoriale de l'État (RéATE) et le décret du 16 février 2010 : une nouvelle conception stratégique et managériale

Trois éléments principaux ont concouru à la transformation de l'État territorial :

- La loi organique relative aux lois de finances, dite LOLF du 1er août 2001, opérant le passage d'une culture de moyens à une culture d'objectifs assortis d'indicateurs de performance.
- L'acte II de la décentralisation, depuis la révision constitutionnelle du 28 mars 2003 et la loi du 13 août 2004, suscitant des transferts de l'État vers les collectivités territoriales, tant de compétences, comme la quasi-totalité de la voirie nationale, que de personnels, comme les techniciens, ouvriers de service.
- La révision générale des politiques publiques (RGPP) initiée en 2007 pour réduire les dépenses de l'État, notamment par la diminution de ses effectifs (en témoignent la réforme des cartes judiciaire et militaire, et le non-remplacement d'un agent partant à la retraite sur deux), entraînant la réorganisation des ministères, et dans son prolongement la restructuration des services déconcentrés.

L'évolution s'articule autour de deux axes principaux.

- Le préfet de région constitue la nouvelle pierre angulaire de l'État territorial. Dans la conduite des politiques publiques, il a autorité sur le préfet de département et dispose à cet effet d'un pouvoir d'instruction et d'un pouvoir d'évocation (à l'exception de trois domaines : celui du contrôle de légalité, celui de l'ordre public et de la sécurité des populations, celui de l'entrée et du séjour des étrangers ainsi que du droit d'asile). Il préside le comité de l'administration régionale (CAR), équipe rénovée à ses côtés ; et bénéficie d'un renforcement de la déconcentration des interventions financières de l'État. 8 structures régionales fonctionnelles, niveau de droit commun du pilotage des politiques publiques sont mises en place. À un schéma éparpillé qui juxtaposait des structures de missions excessives et hétéroclites, nécessitant une importante coordination interservices, succède une organisation reposant sur des périmètres de compétence plus globaux. Par exemple la direction régionale de l'environnement, de l'aménagement et du logement (DREAL) ou la direction régionale des finances publiques (DRFiP) permettent une collaboration efficace entre les différentes fonctions, et une mise en commun des moyens, d'où une économie des deniers publics.
- 2 ou 3 directions départementales interministérielles constituent l'échelon de proximité. On retrouve la volonté d'inscrire les services départementaux de l'État dans les enjeux de l'action publique apparus récemment : le développement durable, les nouveaux problèmes sociaux... Ainsi par exemple, la direction départementale des territoires (DDT) traite des actions de l'État à impact

territorial, notamment dans le domaine de l'équipement, de l'agriculture, et du développement durable; elle sert de relais des DREAL.

Mais tous soulèvent l'opacité et les difficultés de la réforme de la déconcentration.

- Fille de la révision générale des politiques publiques (RGPP), la RéATE est remplacée par la modernisation de l'action publique (MAP), avec un objectif de répondre aux enjeux d'adaptation et de qualité de l'action publique des territoires. Le nouveau dispositif entend lui aussi rationaliser les dépenses publiques, mais la méthode se veut plus participative…

La corrélation de la réforme de l'État territorial et de la nouvelle carte décentralisée, la nouvelle Charte de la déconcentration

Face au défi de la nouvelle organisation des territoires, de la réduction de la dette et de la dépense publique, la transformation de l'État est indispensable. La stabilisation de l'organisation territoriale de l'État longtemps préconisée pour ne pas fragiliser des administrations qui n'ont pas encore assimilé la réforme précédente, et concentrer les énergies sur la modernisation du pilotage ou l'amélioration du fonctionnement de l'administration déconcentrée n'est plus à l'ordre du jour.

La réforme de l'administration territoriale de l'État doit être conduite en parallèle de la réforme de la carte territoriale, dans un objectif de cohérence et de lisibilité de l'action de chacun de ses échelons.

À l'échelon régional, l'État se concentre sur un positionnement stratégique: son organisation doit coïncider avec les grandes régions issues de la loi du 16 janvier 2015: le décret du 8 décembre 2016 fixe le nom, la composition et le chef-lieu des circonscriptions administratives régionales de l'État, cadres de l'action de ses services déconcentrés; ainsi est close la réforme de l'État régional.

À l'échelon départemental, l'État est conforté dans ses responsabilités régaliennes et opérationnelles, dans son rôle de proximité vis-à-vis de l'usager et dans sa mission de veiller à la cohésion sociale et territoriale en offrant un accès rapide à tous les services publics. Il s'adapte à la nouvelle donne créée par l'émergence des métropoles et le renforcement des intercommunalités.

La relance de la déconcentration des pouvoirs fait l'objet d'une nouvelle charte de la déconcentration (décret du 7 mai 2015) poursuivant et amplifiant le mouvement engagé en 1992. Le texte réaffirme que l'organisation de la France est déconcentrée: gouvernant depuis Paris, l'État administre les territoires dans une relation de proximité avec les Français, pour s'adapter à leur réalité, qui n'est pas identique en tout point du pays. L'approfondissement de la déconcentration est réalisé dans la nouvelle charte autour de quatre axes:

- Une définition générale de la déconcentration, qui vise à une action coordonnée de l'ensemble des administrations civiles et établissements publics de l'État, afin de renforcer la capacité de l'État à agir efficacement sur les territoires en unifiant son action.

- Le renversement du principe d'organisation, en reconnaissant l'initiative au niveau local, et la nécessité pour les administrations centrales d'adapter leurs modes de fonctionnement aux enjeux de l'administration déconcentrée. Cela peut autoriser des organisations différentes selon les territoires, en fonction des réalités locales (principe de modularité).
- L'affirmation de principes opérationnels. Parmi ceux-ci figurent l'obligation faite aux administrations centrales d'adresser aux services des objectifs non plus annuels mais pluriannuels, qui soient hiérarchisés et coordonnés, la limitation du nombre de circulaires, l'instauration d'études d'impact préalables à l'édiction de textes prescriptifs pour les services, la déconcentration budgétaire, afin d'assurer aux responsables de budgets opérationnels de programme déconcentrés une capacité suffisante pour affecter les moyens en fonction des priorités qui leur sont fixées, la déconcentration en matière de ressources humaines et les mutualisations, utiles à un meilleur fonctionnement des services et des établissements publics de l'État disposant d'une implantation territoriale.
- La création de dispositifs pratiques permettant de s'assurer du respect des principes énoncés. Une nouvelle instance de gouvernance et de dialogue entre administrations centrales et chefs de service déconcentrés, la conférence nationale de l'administration territoriale de l'État (CNATE), est créée à cette fin, présidée par le secrétaire général du Gouvernement. Elle veille à la bonne application de la charte et sera saisie, notamment par les préfets de région, de toute proposition d'adaptation et de projets de mutualisation.

La construction de la nouvelle administration de l'État est entrée en vigueur au niveau régional le 1er janvier 2016, et cause une mobilité fonctionnelle et géographique de 10 700 agents de l'État.

Le plan préfectures nouvelle génération (PPNG) et la question de la pertinence des arrondissements

Le plan préfectures nouvelle génération vise à une nouvelle définition des missions, notamment en matière de sécurité, et à la simplification pour les usagers et les agents du service public.

Les 4 missions prioritaires des préfectures et sous-préfectures sont renforcées (la gestion des crises, la lutte contre la fraude documentaire, l'expertise juridique, le contrôle de légalité), la coordination territoriale des politiques publiques est affirmée. Le recours aux télé-procédures ou à des tiers de confiance doit permettre de réformer les modalités des titres réglementaires (à l'exception des titres pour les étrangers) comme le permis de conduire, les cartes grises, les cartes nationales d'identité ou les passeports, permettant de redéployer les effectifs des préfectures vers les missions prioritaires.

Territoire animé par le sous-préfet, l'arrondissement semble fragilisé par la réorganisation.

Certes, le sous-préfet reste le délégué du préfet dans l'arrondissement, et l'assiste dans la représentation territoriale de l'État ; sous son autorité, il veille au respect des lois et règlements. Il demeure celui qui concourt au maintien de l'ordre public et à la sécurité des populations, anime et coordonne l'action dans l'arrondissement, des services de l'État, et participe à l'exercice du contrôle administratif et au conseil aux collectivités territoriales.

Cependant, la nouvelle définition des rôles respectifs du niveau régional et du niveau départemental interroge. En effet, désormais l'échelon départemental est axé sur la mise en œuvre des politiques publiques de proximité... À terme l'arrondissement pourrait-il s'en trouver menacé?

La Cour des comptes estime qu'en maintenant dans les sous-préfectures des « missions de guichet » désormais résiduelles, et en tardant à prendre les décisions de restructuration qui s'imposent, les pouvoirs publics ont repoussé sans cesse l'indispensable réforme de ce réseau. La pertinence des actuelles limites des arrondissements avec les nouveaux schémas départementaux de coopération intercommunale se pose. Un rapport sénatorial relève que la mue du réseau des sous-préfectures en direction du modèle d'administration de mission n'a été qu'entamée, qui plus est dans son volet le moins ambitieux, celui de la réduction des effectifs (60 sous-préfectures comptent moins de 10 agents!); dans ce contexte le niveau de qualité de l'administration du local par l'État inspire des inquiétudes justifiées.

Mais le grand soir des sous-préfectures n'est toujours pas opéré: on comptabilise 232 sous-préfectures (240 en 2012), manifestation d'un réseau dense qui n'évolue que lentement...

Connaissances de base

Les grands principes structurants de l'administration territoriale de l'État

La construction de la déconcentration repose principalement sur deux idées fortes.

- Le principe de subsidiarité est une règle de répartition des compétences entre deux niveaux différents. Il consiste à réserver uniquement à l'échelon supérieur, central, ce que l'échelon inférieur, déconcentré, ne pourrait effectuer que de manière moins efficace. Ainsi le décret du 15 janvier 1997 a-t-il permis la déconcentration de près de 500 décisions individuelles des administrations civiles de l'État. Les administrations centrales doivent donc se concentrer sur trois fonctions: donner des directives, évaluer, et gérer les cas exceptionnels; pour le reste, elles doivent s'appuyer sur les administrations déconcentrées. La naturelle résistance aux changements grippe cependant l'application concrète de ce dispositif qui bouscule une tradition bien établie « d'attendre les ordres de Paris »...
- La règle de subordination hiérarchique s'applique aux autorités déconcentrées en principe nommées, qui sont donc placées sous contrôle de supérieurs, tant en ce qui concerne leurs actes (contrôle *a priori* et *a posteriori*, d'opportunité

et de régularité juridique, pouvoir d'annulation et de substitution) que leurs actions (obéissance hiérarchique des éléments inférieurs). Il en résulte une possible passivité du niveau inférieur, et une difficile conciliation avec le principe de subsidiarité.

Les circonscriptions administratives, charpentes de l'organisation administrative

Divisions du territoire sans personnalité juridique, servant de cadre d'action aux différents services et représentants de l'État, les circonscriptions administratives sont de deux sortes :

- Les circonscriptions de droit commun, générales, comme la commune (avec le maire représentant de l'État qui fait donc l'objet d'un dédoublement fonctionnel), l'arrondissement (doté d'un sous-préfet ou exceptionnellement d'un conseiller d'administration), le département (sous autorité du préfet) et la région (sous gouverne du préfet de région).
- Les circonscriptions spécialisées, propres à un département ministériel, comme les académies du ministère de l'Éducation nationale qui ne correspondent pas obligatoirement à une délimitation classique (ainsi la région Île-de-France compte-t-elle 3 académies : Versailles, Créteil et Paris), comme les ressorts des cours d'appel le plus souvent interdépartementaux, ou comme les zones de défense et de sécurité qui pour certaines sont composées de plusieurs régions...

Deux remarques peuvent être formulées :

- Les communes, départements et régions sont à la fois des circonscriptions administratives, territoires d'accueil de services déconcentrés, et des collectivités territoriales, personnes morales de droit public décentralisées ; cette coïncidence est discutable et équivoque, les deux logiques de politique publique locale n'étant pas nécessairement liées.
- L'arrondissement, circonscription administrative, subdivision du département animée par le sous-préfet, ne doit pas être confondu avec l'arrondissement, subdivision du territoire communal de Paris, Marseille ou Lyon dotée d'un conseil et d'un maire d'arrondissement au titre de la loi dite PML du 31 décembre 1982 !

Le préfet, pivot de l'administration déconcentrée

Nommé par décret du président de la République, pris en Conseil des ministres sur proposition du Premier ministre et du ministre de l'Intérieur, le préfet bénéficie d'un statut particulier, dérogatoire du droit commun de la fonction publique.

Peuvent être distingués en fonction de leur compétence territoriale le sous-préfet, le préfet de département et le préfet de région (qui est le préfet du département dans lequel se situe le chef-lieu de région).

L'article 72,6 de la Constitution précise que ce représentant de l'État, représentant de chacun des membres du Gouvernement, à la charge des intérêts nationaux, du contrôle administratif (dit contrôle de légalité) et du respect des lois dans les collectivités territoriales de la République.

Il est le garant de l'ordre public, et de la sécurité des personnes et des biens qui peut prendre des formes diversifiées, comme la lutte contre l'incendie, ou les plans de protection contre les catastrophes naturelles et les risques technologiques ou sanitaires. En charge du développement durable (par exemple en matière d'installations classées), au cœur du fonctionnement de la vie démocratique et des libertés publiques (en ce qui concerne les élections, les associations, les titres de séjour), le préfet est depuis 1982 responsable de la conduite de l'action interministérielle par la direction des services déconcentrés (à part quelques exceptions comme les administrations financières et fiscales, ou les services académiques).

Acteur clef de la déconcentration, il assure donc la représentation de l'État, et coordonne la mise en œuvre des politiques publiques. Il dirige le sous-préfet, lui aussi issu de la loi du 28 pluviôse an VIII, et le maire en ce qui concerne ses attributions électorales, relatives à la publication et à l'exécution des lois et règlements, ou liées à la délivrance de certains certificats (comme l'attestation d'accueil des étrangers souhaitant un visa de séjour inférieur à 3 mois).

Au terme d'une expérimentation, le décret du 8 avril 2020 généralise et pérennise l'attribution au préfet d'un large droit de dérogation aux normes réglementaires nationales. Instrument d'efficacité de l'action publique étatique qui permet l'adaptation aux circonstances locales, cette possibilité obéit à un cadre strict afin de respecter le principe d'égalité. Autorisée dans 7 domaines comme les subventions, l'environnement, ou l'emploi, la dérogation doit être justifiée par un motif d'intérêt général et l'existence de circonstances locales, avoir un effet simplificateur, être compatible avec les engagements européens de la France et ne pas porter une atteinte disproportionnée aux objectifs poursuivis par les dispositions auxquelles il est dérogé. Peut être cité l'exemple de l'arrêté du préfet de Vendée pour faciliter les travaux d'entretien des digues de défense contre la mer sur l'île de Noirmoutier.

Le maire, représentant de l'État de proximité

L'image d'Épinal de l'élu ceint de l'écharpe tricolore recevant le consentement des époux est toujours d'actualité, et n'a pas été modifiée par les différentes réformes.

Si le maire est élu, et comme tel représentant de la collectivité territoriale de base, il est aussi représentant de l'État sur le territoire communal.

En tant qu'acteur déconcentré, il est donc placé sous l'autorité du procureur de la République près le tribunal de grande instance dans le ressort duquel se trouve la commune intéressée (articles L. 2122-31 CGCT et suivant). À ce titre, il est officier d'état civil, célébrant les mariages, enregistrant les naissances et les décès, ayant en charge la responsabilité des registres et la délivrance des copies ou extraits. (Pour rappel, le 18 octobre 2013, le Conseil constitutionnel a refusé aux maires d'invoquer la clause de conscience pour s'opposer à la célébration d'un mariage homosexuel, institué par la loi du 17 mai 2013.) La loi de modernisation de la justice du XXIe siècle du 18 novembre 2016 confie aussi au maire l'enregistrement des pactes civils de solidarité (PACS) : les personnes qui en concluent un en font désormais la déclaration conjointe devant l'officier de l'état civil de la commune dans laquelle elles fixent leur résidence commune. De même, le changement de prénom relève aujourd'hui de l'officier de l'état civil (sous certaines conditions).

Ces attributions peuvent être exercées par les adjoints, et sur délégation (en cas d'empêchement du maire et des adjoints) par les conseillers. Le maire peut aussi déléguer à un ou à plusieurs fonctionnaires titulaires de la commune certaines fonctions qu'il exerce en tant qu'officier de l'état civil.

Officier de police judiciaire, il participe à la constatation des infractions et à la recherche de leurs auteurs. Cette mission est en fait rarement effective, en raison de la présence de personnels de la police nationale ou de la gendarmerie. Il établit aussi la liste permettant le recrutement des jurés de cour d'assises.

Le maire est de plus placé sous l'autorité du préfet dans des tâches administratives : publication et exécution des lois et règlements, exécution des mesures de sûreté générale, et fonctions spéciales attribuées par les lois. C'est ainsi qu'il organise les élections politiques ou socioprofessionnelles et opérations référendaires, délivre des certificats (par exemple de concubinage), légalise les signatures. Il détient certains pouvoirs de police spéciale (comme en application de la loi du 29 décembre 1979 sur la publicité et les enseignes…), et dispense des autorisations (telles les licences de débit de boissons).

Depuis 2017, seules certaines municipalités peuvent délivrer les cartes nationales d'identité (cf. décret du 28 octobre 2016), comme cela était déjà le cas pour les passeports.

Les opérations de recensement liées à la Défense nationale relèvent aussi du maire représentant de l'État, celles relatives au recensement démographique étant curieusement qualifiées par le CGCT d'attributions exercées au nom de la commune (article L. 2122-21 10°).

Bilan de l'actualité

« Terreau de bouleversements profonds », la reconfiguration de l'administration territoriale de l'État n'est pas sans susciter interrogations et inquiétudes.

La possible accélération des inégalités entre territoires

Les réorganisations opérées en ce qui concerne l'administration territoriale de l'État s'appuient sur la prééminence du niveau régional, avec le regroupement en grandes directions régionales, le département devenant l'échelon de proximité de l'État. *A priori,* ce nouveau schéma favorise la transversalité de l'action étatique déconcentrée.

Le CESE relève que « ces échelons déconcentrés de l'État peuvent instruire des dossiers par ailleurs traités par une ou plusieurs collectivités territoriales, en vue de cofinancer et coanimer des projets et services. L'unité des vues et d'actions n'est donc pas la règle mais l'exception. Les directives s'accumulent et se superposent : il y a presque toujours plusieurs responsables ».

La modernisation, la diminution des budgets et la réduction des effectifs conduisent à un désengagement de l'État en matière de services publics. Les collectivités les plus démunies ne peuvent prendre le relais, l'affaiblissement des services de l'État conduit à l'appauvrissement de nombre de territoires.

Concurrence entre administrations, périmètres de ministères segmentés… les critiques ne manquent pas, au regard des enjeux d'efficacité mais aussi d'égalité des territoires.

Les élus locaux dénoncent l'insidieux transfert de compétences opéré par cette réorganisation de l'administration déconcentrée : les réponses décentralisées se multiplient, pour prendre le relais de l'État. Ainsi, départements et communautés s'organisent pour une ingénierie publique au profit de communes démunies… Les départements détiennent une mission d'appui pour raison de solidarité et d'aménagement du territoire, codifiée à l'article L. 3232-1-1. La loi NOTRe a étendu le champ de l'assistance technique pour raison de solidarité et d'aménagement du territoire à la voirie, à l'aménagement et à l'habitat. Cela permet aux collectivités territoriales départementales de venir en appui des communes les plus isolées et des établissements publics de coopération intercommunale ne disposant pas de ressources suffisantes pour mener de manière autonome la conduite de projets structurants. Il est demandé aux préfets de pallier la fin des Atesat (assistances techniques de l'État pour des raisons de solidarité et d'aménagement du territoire) en incitant les collectivités à tous rapprochements ou mutualisations opportuns pour répondre aux besoins exprimés localement…

Plutôt que de prôner l'égalité, le gouvernement assure que l'équilibre des territoires est garanti par les nouvelles organisations régionales. Le tiers des sièges des directions régionales est implanté hors chefs-lieux afin de prendre en compte les spécificités de chaque territoire. Par exemple en région Bourgogne Franche-Comté, le chef-lieu régional est Dijon ; mais Besançon accueille les sièges de la DREAL, et de la direction régionale de l'INSEE.

L'Agence nationale de la cohésion des territoires, loi du 22 juillet 2019

Cette création répond à la demande des élus locaux souhaitant disposer d'un accès plus simple aux services de l'État et aux différents opérateurs qui interviennent dans les territoires pour soutenir les projets portés par les élus.

L'Agence nationale de cohésion des territoires (ANCT) fusionne l'essentiel du Commissariat général à l'égalité des territoires (CGET), l'Agence du numérique, et l'Établissement public de restructuration et d'aménagement des espaces commerciaux et artisanaux (EPARECA). Si l'Agence vise spécifiquement les projets innovants, son action cible principalement les territoires les plus fragiles, qu'ils soient urbains ou ruraux, en tenant en compte la spécificité de chacun.

Sa gouvernance est nationale (représentants de l'État et de la Caisse des dépôts, deux députés et deux sénateurs) et locale (représentants des collectivités et de leurs groupements.) L'agence est dirigée par un directeur général nommé par décret. Cette gouvernance manifeste qu'il s'agit d'une Agence de l'État composée d'agents d'État ce qui est une déception pour les élus locaux qui auraient souhaité un accroissement de leur poids au sein du conseil d'administration. Un ancrage territorial est d'ailleurs instauré par la labellisation du préfet en délégué territorial de l'Agence…

La vocation de l'ANCT est double: mise en œuvre de la politique de l'État dans les territoires et soutien aux projets locaux. Certains s'inquiètent que ne seraient soutenus que les projets inscrits dans les programmes étatiques territorialisés, comme Action cœur de ville (accompagnement des villes moyennes dans le programme de revitalisation des centres-villes), ou comme Territoires d'industrie (stratégie de reconquête industrielle et de développement des territoires). L'Agence apportera-t-elle aussi un soutien aux projets territoriaux librement initiés et développés par les entités décentralisées?

Le Sénat relève d'ailleurs plus largement de façon caustique que les agences de l'État sont supposées permettre une mobilisation plus optimale des moyens de l'État, et qu'elles apporteraient la garantie d'une plus grande professionnalisation de l'action publique…

En mars 2021, le conseil d'administration de l'ANCT a décidé de dispenser gratuitement ses prestations d'ingénierie (diagnostics territoriaux, études de potentiel commercial, montage d'opérations immobilières…) aux communes de moins de 3500 h et EPCI de moins de 15000 h.

La mise en place d'un réseau France Services, refonte des Maisons de services au public (MSAP)

Annoncée le 25 avril 2019 par le Président de la République, l'institution de ce réseau permet de procéder aux principales démarches administratives du quotidien au plus près du terrain. Sont ainsi poursuivis trois objectifs:

- Une plus grande accessibilité grâce à des accueils physiques polyvalents.
- Une plus grande simplicité avec le regroupement des services étatiques, des opérateurs et des collectivités.
- Un renforcement qualitatif avec la formation d'agents polyvalents et la définition d'un «panier de services» homogène dans l'ensemble du réseau.

Une circulaire du 1er juillet 2019 détaille en plusieurs dizaines de pages les modalités de gouvernance, et une charte nationale d'engagement. Cette dernière garantit la présence d'au moins neuf partenaires nationaux: la Poste, Pôle emploi, Cnaf, Cnam, Cnav, MSA, Ministères de l'Intérieur et de la Justice, Direction générale des finances publiques (DGFIP). Le bouquet de services offert est donc étendu, dans les domaines de la justice, du budget, de la prévention santé, de l'état civil, etc.

En avril 2021, on recense 1300 France Services ouvertes en métropole et dans les territoires ultramarins. À terme, chaque Français devrait pouvoir accéder à une France Services à moins de trente minutes. (Le projet de loi 3DS devrait apporter des précisions sur les rôles et missions des espaces France Services.)

Perspectives

La réflexion sur l'État, le programme Action publique 2022

Le mouvement de déconcentration opéré en faveur de l'échelon régional peut être envisagé sous ses deux formes.

En premier lieu, la plus évidente, déjà évoquée, est la sorte de subordination du niveau départemental, manifestée par la supériorité hiérarchique du préfet de région sur le préfet de département dans la conduite des politiques publiques. Mais on peut aussi analyser que cette évolution permet de réduire « le format des administrations centrales ». La redéfinition des missions de l'État central est ainsi esquissée, les services centraux se concentrant sur des fonctions d'orientation stratégique.

Plus globalement, la réorganisation de l'administration territoriale de l'État ouvre la discussion sur le rôle que doit jouer l'État en France, tant dans son ampleur que dans ses modalités.

La fonction de maintien de l'unité et les missions régaliennes sont classiques, celles de maintien de la cohésion sociale, de solidarité ou de régulation restent discutées. Quelle répartition des tâches entre secteur public et secteur privé doit-on opérer ? Une conception moderne, européenne, peut-elle s'accommoder d'une puissance publique omniprésente, omnipotente ? L'État, « coach obèse » selon Jacques Attali, ne doit-il pas redéfinir les contours de ce qui constitue l'intérêt général pris en charge par l'administration, au risque d'un désengagement ?

Le programme Action Publique 2022, AP 2022, poursuit 3 objectifs prioritaires : améliorer la qualité des services publics (en travaillant prioritairement sur la transformation numérique cf. les 3 décrets du 20 novembre 2017), offrir aux agents publics un environnement de travail modernisé, et accompagner rapidement la baisse des dépenses publiques. Le comité porteur de cette dynamique doit s'interroger sur l'opportunité du maintien et le niveau de portage le plus pertinent de chaque politique publique, ce qui pourra notamment le conduire à proposer des transferts entre les voire des abandons de mission. Seront aussi identifiés les chevauchements et doublons de compétences, sources de coûts injustifiés.

Depuis le 1er avril 2021, en vertu de deux décrets du 9 décembre 2020, de nouveaux services déconcentrés ont apparu. Ainsi, on assiste à un regroupement dans une entité unique : la DREETS (direction régionale de l'économie, de l'emploi, du travail et des solidarités) des DIRECCTE et des DRJSCS. Au niveau départemental naît un nouveau réseau : celui des DDETS, Directions départementales de l'emploi, du travail et des solidarités. Ce croisement des expertises autour de l'insertion sociale et de l'insertion professionnelle est destiné à favoriser l'accès à l'hébergement et au logement, à l'emploi et l'insertion par l'activité économique. Une restructuration a également été opérée avec la création des DRAJES (Délégations régionales académiques à la jeunesse, à l'engagement et aux sports), résultant du transfert des agents des directions régionales et départementales de la jeunesse et des sports aux rectorats et directions des services départementaux de l'éducation nationale.

Au-delà, la question est liée à un choix politique, un choix de société. L'efficacité de l'action publique repose sur la compréhension des territoires et le partenariat de proximité.

Le principe d'indivisibilité de la République suppose la persistance de l'État, sous forme d'administrations centrales et locales, dont l'articulation rénovée semble encore hésitante.

La décentralisation, porteuse de démocratie locale, a fait l'objet d'ajustements complexes, qui ne semblaient prendre en compte qu'incidemment l'État territorial.

AP 2022 apporte une approche rénovée d'un remodelage du service public auquel les collectivités territoriales et opérateurs publics sont appelés à contribuer aux côtés de l'État central comme déconcentré. L'approche est certes interministérielle, conduite par le Premier ministre, mais le comité porteur du programme est constitué de 34 personnes qualifiées, notamment des élus locaux.

Plusieurs textes amorcent cette nouvelle dynamique. Ainsi, la loi d'accélération et de simplification de l'action publique (Asap) du 7 décembre 2020 supprime-t-elle des commissions consultatives, simplifie-t-elle des démarches de particuliers, déconcentre-t-elle certaines décisions (comme en matière d'archives publiques) tout en renforçant les pouvoirs du préfet pour faciliter les projets industriels. La pandémie de COVID-19 explique quant à elle le retard de la procédure législative concernant le projet de loi 3DS (déconcentration, décentralisation, différenciation des compétences et simplification) qui semble décevant en matière de déconcentration, si l'on excepte un rôle renforcé du préfet de région pour les aides de l'agence de l'eau ou en tant que délégué territorial de l'ADEME… Le 6 mai 2021, le Premier ministre Jean Castex a annoncé la suppression du corps des préfets dans la logique de la mutation de l'École nationale d'administration (ENA). Une ordonnance du 2 juin 2021 réforme l'encadrement supérieur de la fonction publique de l'État… Le Sénat s'en inquiète, s'interrogeant sur la coordination des services déconcentrés de l'État dans les territoires ; une mission d'évaluation « des services préfectoraux et déconcentrés de l'État » doit aboutir au plus tard fin décembre 2021.

Bibliographie

- La modernisation de l'action publique http://www.modernisation.gouv.fr
- « Rapport du comité action publique 2022 CAP22 : service public se réinventer pour mieux servir », juillet 2018, www.gouvernement.fr.
- « Cohésion des territoires : focus sur la nouvelle Agence nationale », Fabienne Nedey, *Maires de France*, septembre 2019, p. 60-61. www.legifrance.gouv.fr/eli/circulaire/2019/6/12/PRMX1917197C/jo/texte
- « La réforme de l'organisation territoriale de l'État », J.M. Pontier, *Actualité juridique. Droit administratif,* 10 février 2020, n° 5/2020, p. 281-288.
- « Sur l'implantation des services de l'État dans les territoires : état des lieux et enjeux financiers », Rapport d'information du Sénat n° 334, 19 février 2020, www.senat.fr/rap/r19-334_mono.html
- « Administration générale et territoriale de l'État », Rapport dit Jacques Savatier, n° 2272, juin 2020, www.assemblee-nationale
- « Dévolution d'un droit de dérogation des préfets aux normes réglementaires : de l'expérimentation à la pérennisation », *Actualité juridique. Droit administratif,* 27 juillet 2020, n° 26/2020, p. 1478-1482.

Exemples de sujets

- « On peut gouverner de loin, mais on n'administre bien que de près… » (décret du 25 mars 1852)
- « De la création des Préfets date le bonheur des Français » (Napoléon Bonaparte)
- Le nouvel État territorial
- Le préfet, clef de voûte de l'administration étatique territoriale ?
- La simplification de l'organisation déconcentrée
- L'action territoriale de l'État, pierre angulaire de la modernisation de l'action publique ?
- Les relations entre les services de l'État déconcentré et les collectivités territoriales

QCM

1. Que signifie RéATE ?

- ☐ **A.** Réorganisation de l'administration territoriale de l'État
- ☐ **B.** Réforme des actes de tutelle étatique
- ☐ **C.** Régime aménagé de la tutelle expérimentale

2. Quel mode d'organisation administrative correspond à la déconcentration ?

- ☐ **A.** Celui transférant des compétences à des autorités élues, au sein d'une circonscription administrative
- ☐ **B.** Celui accordant à des organes locaux de l'État un pouvoir de décision encadré, au sein d'une circonscription administrative
- ☐ **C.** Celui permettant de délocaliser hors Paris des administrations centrales ou d'établissements publics nationaux

3. La déconcentration est-elle récente ?

- ☐ **A.** Oui, elle date de 2010
- ☐ **B.** Non, elle est ancienne, plus de deux siècles !
- ☐ **C.** Oui, elle est née de la révision générale des politiques publiques (RGPP)

4. En quoi le principe de subsidiarité s'applique-t-il à l'État déconcentré ?

- ☐ **A.** Il ne s'applique pas
- ☐ **B.** L'État déconcentré a une action accessoire par rapport à celle de l'État central
- ☐ **C.** L'administration centrale a une compétence résiduelle

5. Dans les énumérations ci-dessous, quelle est celle ne comportant que des circonscriptions administratives ?

- ☐ **A.** La région, le département, les structures intercommunales
- ☐ **B.** Le département, l'académie, le canton
- ☐ **C.** La région, le département, la commune

6. Qui nomme le préfet de département ?

- ☐ **A.** Le ministre de l'Intérieur
- ☐ **B.** Le président de la République
- ☐ **C.** Le préfet de région

7. Quel rôle joue le préfet dans le domaine du développement durable ?

- ☐ **A.** Des attributions en matière de site classé, d'installations classées…
- ☐ **B.** Des distributions de subventions aux associations de protection de la nature
- ☐ **C.** Le contrôle des élus écologistes

8. Comment choisit-on le préfet de région ?

- ☐ **A.** Le ministre de l'Intérieur le désigne librement
- ☐ **B.** Il s'agit du préfet de département comportant le chef-lieu de la région
- ☐ **C.** Il est élu lors des élections cantonales

9. Quelles sont les compétences de police du maire, en tant que représentant déconcentré de l'État ?

- ☐ **A.** Il a des pouvoirs de police administrative
- ☐ **B.** Il a des pouvoirs de police judiciaire
- ☐ **C.** Il est le chef de la police municipale

10. Le décret permettant au préfet de déroger aux normes de l'administration de l'État

- ☐ **A.** Instaure un droit à l'expérimentation strictement encadré
- ☐ **B.** N'existe pas : la règle doit être uniforme en raison de l'indivisibilité de la République (art. 1 C)
- ☐ **C.** Établit cette possibilité de façon définitive

11. Que signifie MAP ?

- ☐ **A.** Mutation de l'administration préfectorale
- ☐ **B.** Modernisation de l'action publique
- ☐ **C.** Mutualisation des autorités politiques

12. Qu'appelle-t-on le Plan « préfectures nouvelle génération » ?

- ☐ **A.** Un programme pour rajeunir la pyramide des âges des agents des préfectures
- ☐ **B.** La disparition programmée des préfectures
- ☐ **C.** Le repositionnement des préfectures sur des missions de conseil

13. En quoi le préfet de région a-t-il aujourd'hui un rôle renforcé ?

- ☐ **A.** Il a désormais une autorité de principe sur le préfet de département
- ☐ **B.** Il peut dissoudre l'organe délibérant d'une collectivité
- ☐ **C.** Il dirige les agences régionales de santé

14. Dans quels domaines le préfet de département échappe-t-il à l'autorité du préfet de région ?

- ☐ **A.** Contrôle de légalité, ordre public et sécurité des populations, étrangers
- ☐ **B.** Contrôle budgétaire, urbanisme, aire d'accueil des gens du voyage
- ☐ **C.** Plans ORSEC, installations classées et arrêtés « sécheresse »

15. À quoi sert le Comité d'action régionale (CAR) ?

- ☐ **A.** À déterminer les actions de développement touristique de la région
- ☐ **B.** À développer de la formation continue et de l'apprentissage
- ☐ **C.** À définir les orientations stratégiques de l'État dans la région

16. À quel type de logique les services déconcentrés régionaux obéissent-ils ?

- ☐ **A.** Une logique ministérielle verticale
- ☐ **B.** Une stratégie fonctionnelle
- ☐ **C.** Il n'y a plus une seule logique mais plusieurs

17. Combien y a-t-il de services déconcentrés dans chaque département ?

- ☐ **A.** Environ deux dizaines
- ☐ **B.** Environ une dizaine
- ☐ **C.** Deux ou trois

18. La région Île-de-France a-t-elle une administration déconcentrée spécifique ?

- ☐ **A.** Oui, en raison de sa position stratégique et des enjeux particuliers de logement
- ☐ **B.** Oui, parce que Paris est la capitale de la France
- ☐ **C.** Non, il y a un modèle unique pour toute la France

19. Quel est l'avenir du sous-préfet ?

- ☐ **A.** Il va disparaître
- ☐ **B.** Il est fragilisé
- ☐ **C.** Il est inchangé

20. Qu'appelle-t-on « la nouvelle charte de la déconcentration » ?

- ☐ **A.** Un décret du 7 mai 2015
- ☐ **B.** Le texte qui fixe le nom, la composition et le chef-lieu des circonscriptions administratives régionales
- ☐ **C.** Un rapport sénatorial sur l'État territorial

21. Est-il vrai qu'on divise par deux le nombre de fonctionnaires de l'État ?

- ☐ **A.** Oui, c'est un élément clef d'économies publiques
- ☐ **B.** Non, on divise par deux le nombre de fonctionnaires des 3 fonctions publiques
- ☐ **C.** Non, il y a une réduction d'effectifs mais pas division par deux

22. Quelles sont les incidences de la modernisation de l'action publique pour les collectivités ?

- ☐ **A.** Un changement d'interlocuteurs, un retrait confirmé de l'ingénierie étatique
- ☐ **B.** Cela ne concerne pas les collectivités mais les services déconcentrés
- ☐ **C.** La suppression de la taxe professionnelle

23. L'Agence nationale de la cohésion des territoires

- ☐ **A.** Facilite l'accès des porteurs de projets locaux aux formes publiques et privées d'ingénierie juridique, financière et technique
- ☐ **B.** Est dirigée par un directeur général élu
- ☐ **C.** Sera instituée par la future loi 3DS (déconcentration, décentralisation, différenciation des compétences, simplification)

Réponses

1. **Réponse A.** La Réorganisation de l'administration territoriale de l'État est une des facettes de la révision générale des politiques publiques initiée en 2007. Après avoir demandé en 2008 aux préfets des propositions de réorganisation des services déconcentrés placés sous leur autorité, le 1er ministre a procédé à ce réaménagement, opérationnel depuis le 1er juillet 2010.
2. **Réponse B.** La déconcentration est une modalité d'organisation au sein de la personne publique de l'État : des représentants locaux, soumis à subordination hiérarchique et en principe nommés, agissent au nom de l'État.
3. **Réponse B.** La loi du 28 pluviôse an VIII à l'origine de l'institution préfectorale est déjà une loi de déconcentration. Cette dernière prend son essor en 1992, avec la loi relative à l'administration territoriale de la République qui consacre le principe de subsidiarité dans la répartition des compétences entre l'État central et ses organes déconcentrés.
4. **Réponse C.** La loi ATR du 6 février 1992 et son décret d'application du 1er juillet 1992, qualifié de charte de la déconcentration, posent un principe : la déconcentration est la règle générale de répartition des attributions et des moyens entre les différents échelons des administrations civiles de l'État. La compétence des services déconcentrés est donc de principe, celle de l'administration centrale subsidiaire, exceptionnelle.
5. **Réponse C.** Les circonscriptions administratives sont des découpages territoriaux à la tête desquels est placé un représentant de l'État. Peuvent être distinguées les circonscriptions à vocation générale comme la région avec le préfet de région, le département avec le préfet de département, l'arrondissement avec le sous-préfet, la commune avec le maire agissant en représentant de l'État. Il existe aussi des circonscriptions

spécialisées comme les académies du ministère de l'Éducation nationale.

6. **Réponse B.** Le décret du 29 juillet 1964 modifié prévoit que les préfets sont nommés par décret du président de la République en Conseil des ministres, sur la proposition du Premier ministre et du ministre chargé de l'Intérieur.

7. **Réponse A.** Certes, le préfet est le garant de l'ordre public et de la sécurité des personnes et des biens; il joue donc un rôle dans la lutte contre l'incendie, ou les plans de protection contre les catastrophes naturelles et les risques technologiques ou sanitaires. Il prend en charge aussi le développement durable au travers de ses pouvoirs en matière de sites classés et d'installations classées, et de ses responsabilités de la conduite de l'action interministérielle par la direction des services déconcentrés tant régionaux (DREAL, directions régionales de l'environnement, de l'aménagement et du logement) que départementaux (directions départementales de la cohésion sociale, directions départementales du territoire).

8. **Réponse B.** Le décret du 29 avril 2004 modifié inscrit dans son article 5 que le préfet de région est le préfet du département où se trouve le chef-lieu de la région. Ainsi, par exemple, le préfet de la région Bretagne est le préfet d'Ille-et-Vilaine (où se situe Rennes), celui de la région Centre Val de Loire est celui du Loiret (où se situe Orléans).

9. **Réponse B.**
Conformément au 1er de l'article 16 du Code de procédure pénale, le maire et les adjoints ont la qualité d'officier de police judiciaire (Article L. 2122-31 créé par la loi du 21 février 1996).
L'exercice de ce pouvoir s'effectue comme représentant de l'État, sous le contrôle du procureur de la République. Il peut, en particulier, être amené à diligenter des enquêtes sur la personnalité des personnes poursuivies ainsi que sur leur situation matérielle, familiale ou sociale.
En pratique, ces missions sont confiées aux maires des communes où il n'existe pas d'autres officiers de police judiciaire.

10. **Réponse A.** Le décret du 8 avril 2020 a en effet généralisé et pérennisé cette possibilité, dans quelques domaines précisés (comme l'environnement, l'agriculture, la forêt, l'aménagement du territoire ou l'urbanisme).
Ces dérogations sont encadrées: nécessité d'un motif d'intérêt général, existence de circonstances locales, objectif d'allègement des démarches administratives, compatibilité avec les engagements européens et internationaux de la France, absence d'atteinte aux intérêts de la défense ou de la sécurité, proportionnalité aux objectifs poursuivis.
Cet assouplissement rendu possible par ce pouvoir de dérogation préfectoral permet à l'action publique de s'adapter au mieux aux circonstances locales.

11. **Réponse B.**
Le 18 décembre 2012 le gouvernement a lancé la modernisation de l'action publique, chantier d'amélioration du service public dans un contexte budgétairement contraint. Cette expression au départ réservée à la réforme de l'État, est aussi utilisée pour l'acte III de la décentralisation dont un axe législatif s'intitule loi de modernisation de l'action publique territoriale et d'affirmation des métropoles.
Cette identité de terminologie traduit la concomitance de l'effort de réorganisation territoriale étatique et décentralisée, mais induit aussi la confusion…
Le programme Action Publique 2022 accentue cet effort conjoint de modernisation déconcentrée et décentralisée, puisqu'il concerne tant la modernisation de l'État que celle des services publics des différentes collectivités publiques.

12. **Réponse C.** L'objectif est de dématérialiser la délivrance de certains titres réglementaires, notamment des cartes nationales d'identité.
Au-delà, cela permet de prioriser davantage les missions de lutte contre la fraude documentaire, d'expertise juridique et de contrôle de légalité, de coordination territoriale des politiques publiques

et de gestion locale des crises assurées par la préfecture.

13. **Réponse A.** Le préfet de région est depuis le décret du 16 février 2010 responsable de l'exécution des politiques de l'État dans la région, et à ce titre a autorité sur le préfet de département. Le préfet de région dispose d'un pouvoir d'instruction et d'un droit d'évocation, il a le pouvoir de répartir les crédits des budgets opérationnels de programme.

14. **Réponse A.** Le préfet de département demeure seul responsable de certaines compétences régaliennes. Ainsi en est-il de l'ordre public et de la sécurité des populations, ainsi que du contrôle administratif. De même, il échappe à l'autorité du préfet de région en ce qui concerne l'entrée et le séjour des étrangers, ainsi que l'exercice du droit d'asile, sous réserve de l'intervention d'un arrêté interministériel donnant une compétence interdépartementale à un préfet pour statuer sur les demandes d'admission au séjour, au titre de l'asile, présentées par des étrangers se trouvant à l'intérieur du territoire français (décret 16 février 2010).

15. **Réponse C.** Le Comité d'action régionale (CAR), présidé par le préfet de région, a en charge les orientations stratégiques de l'État dans la région, il est consulté sur l'utilisation des crédits ouverts au profit des services de l'État en région et examine notamment le respect des objectifs de performance. Il peut de plus, depuis 2004, être consulté sur la préparation et l'exécution des conventions liées aux contrats de projets État–région.

16. **Réponse B.** Depuis la Réate, dans un objectif de rationalisation, l'administration déconcentrée a été profondément restructurée. À un schéma éparpillé qui juxtaposait des structures de missions excessives et hétéroclites nécessitant une importante coordination interservices, succède une organisation reposant sur des périmètres de compétence plus globaux. Les structures régionales déconcentrées manifestent qu'une stratégie fonctionnelle remplace l'ancienne logique ministérielle verticale.

17. **Réponse C.** La réorganisation du niveau départemental répond à une logique de réponse aux besoins prioritaires de la population sur le territoire. Il devient l'échelon chargé de la mise en œuvre des politiques publiques conduites au niveau régional, au plus près des administrés et du terrain. Les dix anciennes directions laissent place à deux ou trois structures seulement : la direction départementale des territoires (DDT), la direction départementale de l'emploi, du travail et des solidarités (DDETS), auxquelles peut s'ajouter la direction départementale de la protection des populations (DDPP).

18. **Réponse A.** En Île-de-France, en raison des problématiques spécifiques de logement et d'environnement, et de l'adaptation des structures à l'échelle du Grand Paris, les nouvelles directions régionales déconcentrées diffèrent de celles du reste de la France. Ainsi, par exemple, à côté des entités « ordinaires », telles la DREETS, la DRAC ou l'ARS, existent des directions régionales spécifiques comme la direction régionale et Interdépartementale de l'Hébergement et du Logement (DRIHL), ou la direction régionale et Interdépartementale de l'Environnement et de l'Énergie (DRIEE).

19. **Réponse B.** Territoire animé par le sous-préfet, l'arrondissement semble fragilisé par la réorganisation. En effet, si le sous-préfet reste le délégué du préfet dans l'arrondissement et l'assiste dans la représentation territoriale de l'État, la nouvelle définition des rôles respectifs du niveau régional et du niveau départemental interroge, dans la mesure où désormais l'échelon départemental est axé sur le contact avec les usagers et la mise en œuvre des politiques publiques de proximité… Une réorganisation des périmètres territoriaux des arrondissements est en œuvre depuis 2017 pour permettre une cohérence entre les arrondissements et les nouveaux EPCI issus de l'application de la loi NOTRe.

20. **Réponse A.** La relance de la déconcentration a fait l'objet d'une nouvelle Charte figurant dans le décret du 7 mai 2015. 4 axes sont développés : une définition générale de la déconcentration, le principe de modularité, l'affirmation de principes opérationnels (comme la déconcentration budgétaire), et la création de dispositifs pratiques permettant de s'assurer du respect des principes énoncés (comme la conférence nationale de l'administration territoriale de l'État CNATE.)

21. **Réponse C.** Élément phare de la RGPP, la réduction des effectifs de l'État est passée par le non – remplacement d'un fonctionnaire sur deux partant à la retraite. Cette « règle » a été remise en cause dès 2012, en raison de son caractère rigide et de son aspect estimé artificiel si cela conduit dans le même temps les collectivités à recruter ! La MAP et le programme AP 2022 visent certes à réduire les dépenses publiques, et donc les effectifs, mais de façon modulée.

22. **Réponse A.** La modernisation de l'action publique apporte un changement d'interlocuteurs pour les collectivités, en raison de la réorganisation des services déconcentrés au profit de la région, et d'un contrôle de légalité recentré en préfecture. De plus, la diminution des effectifs étatiques opère un retrait confirmé de l'ingénierie étatique d'où des substitutions départementales ou nécessité d'intercommunalité. Le développement de l'e-administration oblige à la formation des agents territoriaux et à l'harmonisation des matériels informatiques. Enfin, la nouvelle carte des services publics, avec un effet cumulé pour certains territoires (carte militaire, restructurations hospitalières, refonte des juridictions, réorganisation des forces de sécurité…) conduit à des transferts rampants. Par exemple, certaines communes accroissent le nombre de policiers municipaux pour faire face à l'insuffisance quantitative de la police d'État. Le rapport sénatorial « Où va l'État territorial ? » met en exergue l'insatisfaction des élus locaux, confrontés à des réformes mal articulées provoquant une désorganisation, inquiets des fermetures de services, regrettant la faiblesse des moyens matériels et humains des maisons de services au public, et appelant à une rotation moins fréquente des préfets…

23. **Réponse A.** L'Agence nationale de la cohésion des territoires instituée par la loi du 22 juillet 2019 a pour vocation de conseiller et de soutenir les collectivités et leurs groupements dans la conception, la définition et la mise en œuvre de leurs projets. Cela passe par un concours humain, financier et technique.

2 La réforme de l'architecture décentralisée

Enjeu démocratique et d'efficacité, la décentralisation à la française au travers de ses actes I et II a essentiellement rénové l'organisation administrative, par un transfert de compétences de l'État aux collectivités territoriales.
La loi RCT du 16 décembre 2010 ouvre une voie délicate et contestée, opérant un changement d'échelle de l'action publique locale par le renforcement des couples communes intercommunalité.
L'acte III de la décentralisation s'appuie sur la loi MAPTAM du 27 janvier 2014, celle du 16 janvier 2015 et la loi NOTRe du 7 août 2015 ; il affiche des objectifs de clarification des compétences des collectivités, de coordination des divers acteurs territoriaux, et d'affirmation de nouveaux territoires régionaux et intercommunaux d'action publique locale. Les objectifs de simplification, d'économies budgétaires, d'adaptation à la diversité des territoires, et de gouvernance locale semblent cependant difficiles à faire progresser de conserve au pays où naquit le jacobinisme.
Une nouvelle étape de décentralisation est en marche, initiée par la loi dite engagement et proximité du 27 décembre 2019, poursuivie par la loi organique du 19 avril 2021 relative à la simplification des expérimentations, et qui devrait être complétée par la loi dite 3DS (pour différenciation, décentralisation, déconcentration et simplification) qui semble cependant relever plus d'un ajustement technique que d'une réelle avancée décentralisatrice.

Historique

La décentralisation territoriale, mode d'organisation de l'État consistant à accorder à des personnes juridiques distinctes du pouvoir central, les collectivités territoriales, l'exercice de certaines compétences est le fruit d'un lent cheminement chaotique... La décentralisation s'est développée par à-coups, tout au fil de l'histoire politique de la France. Il faudra attendre la fin du xxe siècle et le début du xxie pour asseoir et accélérer ce processus juridique.

Les prémices hésitantes d'une évolution décentralisatrice, après l'héritage centralisateur de l'ancien régime et de la Révolution

Face aux menaces extérieures puis intérieures sur le royaume, une France fragile s'est bâtie sur le modèle de la centralisation, dans un objectif de préserver l'unité en luttant contre les particularismes locaux et d'affirmer l'autorité du roi.

La Révolution initie un vaste débat sur l'agencement territorial, les cahiers de doléances de 1789 ayant témoigné d'un fort désir de refonte du système mis en place par la monarchie, puisque selon la formule de Mirabeau la France aurait été à l'époque un « agrégat inconstitué de peuples désunis »...

« Depuis la fin de l'Ancien régime, la décentralisation est le mythe des libertés locales ! » (J. Bourdon). Les lois de 1789 instituent les communes et les départements dotés d'organes élus, ce qui peut être considéré comme une amorce décentralisatrice (en particulier pour la commune). Dès 1792, la Convention rétablit une centralisation, la victoire de la conception jacobine prônant la souveraineté d'un État fort. Le régime napoléonien accentue cette vision de l'organisation française, avec l'institution très emblématique du préfet.

La monarchie de Juillet amorce un important progrès, consacrant le principe de l'élection des conseils municipaux (loi du 21 mars 1831) et des conseils généraux du département (loi du 22 juin 1833). Au-delà de cette avancée de la démocratie locale, communes et départements se voient reconnaître la personnalité civile (loi municipale du 18 juillet 1837 et départementale du 10 mai 1838), ce qui leur permet d'ester en justice, de disposer de la propriété de leur patrimoine, et de prendre des décisions exécutoires.

Les débuts de la IIIe République constituent le point de départ des collectivités territoriales actuelles. En effet, la loi du 10 août 1871 relative aux conseils généraux organise l'élection selon des modalités qui perdurent aujourd'hui (suffrage universel, cadre cantonal, mandat de 6 ans), même si le préfet demeure alors l'organe exécutif de la collectivité. La loi du 5 avril 1884 relative à l'organisation municipale, qualifiée de charte communale, uniformise quant à elle le statut des communes, affirmant le principe de l'élection pour les maires et renonçant à une compétence d'attribution en disposant que « le conseil municipal règle par ses délibérations les affaires de la commune ».

La consécration constitutionnelle de 1946 permet d'espérer la fin de siècles centralisateurs. L'article 87 du texte suprême de la IVe République inscrit il est vrai que « Les collectivités territoriales s'administrent librement par des conseils élus au suffrage universel » et que « L'exécution des décisions de ces conseils est assurée par leur maire ou leur président. » La crainte d'un trop fort pouvoir départemental repoussera cependant l'adoption des lois indispensables à l'effectivité de cette deuxième disposition : le préfet demeure l'exécutif départemental !

Sous la Ve République, le principe de libre administration par des conseils élus est à nouveau clairement énoncé, l'article 72 de la Constitution du 4 octobre 1958 en confie la mise en œuvre à la loi, et charge le délégué du gouvernement (le préfet) du contrôle administratif. Sont aussi énumérées les différentes collectivités, et est prévu un régime spécifique pour les DOM (départements d'outre-mer) et les TOM (territoires d'outre-mer).

L'émergence du niveau régional est timide : si l'instauration du préfet de région date de 1964 (mais il s'agit de déconcentration), l'échec du référendum de 1969 tendant à ériger la région en collectivité territoriale nuit à cet échelon qui deviendra simple établissement public en 1972.

La question de la conception générale de l'organisation administrative française agite la réflexion politique, alimentée en 1976 par le rapport d'Olivier Guichard « vivre ensemble ».

La rupture avec les réticences : les actes I et II de la décentralisation

À partir de 1982 : l'acte I

Cette succession de tentatives réformatrices franchit une étape décisive à partir de 1982 : l'avancée décentralisatrice est indéniable, fruit d'un impressionnant arsenal législatif qui l'ancre durablement.

La loi du 2 mars 1982 relative aux droits et libertés des communes, départements et régions, complétée par celle du 22 juillet 1982, pose le cadre en énonçant des éléments majeurs. En premier lieu est affirmée la disparition de la tutelle étatique remplacée par un contrôle administratif *a posteriori*, de légalité et juridictionnel (un contrôle particulier est établi en ce qui concerne les actes budgétaires). De plus, la région devient une collectivité territoriale dotée d'un conseil élu au suffrage universel direct (les premières élections auront lieu en 1986). Enfin, l'exécutif départemental et régional est transféré à un président élu, en lieu et place du préfet, autorité déconcentrée nommée par le pouvoir central. Quant aux lois des 7 janvier 1983 et 22 juillet 1983, elles procèdent à une nouvelle répartition des compétences entre les collectivités territoriales et l'État, en opérant de très nombreux transferts.

Cette réforme s'accompagne de la naissance d'une fonction publique territoriale, s'appuyant sur le système de la carrière, alliant les garanties inhérentes à des missions de service public et les spécificités liées au très grand nombre d'employeurs territoriaux (lois des 13 juillet 1983 et 26 janvier 1984 modifiées).

Concomitamment, l'État semble renforcer son action territoriale, au travers notamment des dispositifs de l'intercommunalité qui accordent au préfet un rôle décisif (loi ATR du 6 février 1992, LOADT du 4 février 1995, LOADDT du 25 juin 1999, loi dite Chevènement du 12 juillet 1999). L'approfondissement du contrôle opéré sur les collectivités participe de cet encadrement de l'action décentralisée, avec en particulier l'essor et les évolutions des techniques de référé (tant précontractuel de la loi ATR, que suspensif de la loi du 30 juin 2000). Les modifications fiscales semblent limiter l'autonomie des collectivités : les réformes successives de la taxe professionnelle, de la taxe d'habitation et de la vignette substituant une compensation étatique à des recettes fiscales.

2003 : l'acte II

La décentralisation gravit un nouveau degré, avec l'acte II initié par la loi constitutionnelle du 28 mars 2003, gage du caractère difficilement réversible de la progression décentralisatrice. Certes, la région fait son apparition dans le texte constitutionnel (article 72-1 C), mais surtout, de nouveaux principes y figurent : l'affirmation d'une organisation de la République décentralisée (article 1 C), l'introduction d'un principe (un peu vague) de subsidiarité (article 72-2 C) au profit des collectivités, et la consécration en matière financière de l'autonomie des collectivités, de la compensation et de la péréquation (article 72,2 C). La modernisation de l'action des collectivités est aussi exploitée, par le droit à l'expérimentation (article 72-4 C), la possibilité du chef de filat (article 72-5 C), et l'accentuation de la diversification du régime de l'outre-mer (articles 73 C et s). De plus, le droit de pétition et l'instauration d'un référendum local décisionnel (article 72-1 C) approfondissent la palette d'instruments démocratiques des entités décentralisées.

Un ensemble de lois organiques ou ordinaires permet la mise en œuvre de cette révision constitutionnelle, comme les deux textes du 1er août 2003 relatifs au droit à l'expérimentation et au référendum local, celui du 29 juillet 2004 lié à l'autonomie financière, et la loi « fleuve » du 13 août 2004 relative aux libertés et responsabilités locales accordant de nouvelles attributions aux collectivités, procédant à d'importants transferts de personnels, et toilettant vigoureusement les dispositifs de l'intercommunalité.

L'étape de la rationalisation : la loi RCT de 2010

La loi 2010-1563 de réforme des collectivités territoriales dite RCT du 16 décembre 2010 (assouplie par la loi du 29 février 2012) généralise et rationalise l'intercommunalité, à partir d'un document de planification : le schéma départemental de coopération intercommunale établi par le préfet avec l'aide d'une commission d'élus locaux. Ainsi sont prévus des transformations ou fusions d'intercommunalité, le gel de la création des pays et le rattachement des communes isolées (sauf en première couronne francilienne relevant du projet du Grand Paris).

La consolidation du lien entre les communes et leur communauté s'appuie aussi sur l'essor de l'assise démocratique des communautés. Élus jusqu'alors au deuxième degré par les conseils municipaux des communes membres, les conseillers communautaires sont à partir de 2014 issus du suffrage universel direct, lors des élections municipales, dans les communes dotées du scrutin de liste. Ce couplage de la désignation des conseillers municipaux et intercommunaux renforce naturellement la corrélation des deux niveaux.

De plus, élément de maîtrise de la dépense publique, la mutualisation des services est institutionnalisée, par la possibilité (si le schéma existe) pour le président de communiquer lors du débat d'orientation budgétaire un bilan de l'état d'avancement du schéma de mutualisation. Cet effort au sein du bloc communal se manifeste aussi par la diversification des instruments juridiques (comme la création de services communs aux EPCI et à leurs communes, ou l'acquisition de matériels par les EPCI au bénéfice de leurs communes membres).

De nouveaux outils viennent également enrichir la palette de la coopération. Les pôles métropolitains, sous la forme de syndicats mixtes regroupant des intercommunalités à fiscalité propre, permettent une coopération renforcée des territoires urbains, pour promouvoir innovation et développement durable. Pour mémoire sera évoquée la possibilité de créer une commune nouvelle, processus rénové de la fusion de communes qui ne fait donc pas appel à une structure intercommunale et constitue la forme la plus aboutie de rapprochement !

Un 2e volet de la loi RCT prévoyait aussi un conseiller territorial, élu siégeant à la fois au conseil régional et au conseil général de son département d'élection, et la suppression de la clause générale des compétences pour les collectivités départementales et régionales. Ce pan de la loi de 2010 ne rentrera pas en application, bousculé par l'acte III de la décentralisation avec des dispositifs très différents de ceux de la loi RCT.

2014-2015 : l'acte III

L'acte III de la décentralisation est scindé en plusieurs volets, en particulier la loi MAPTAM, et la loi sur les régions.

La loi de modernisation de l'administration publique territoriale et d'affirmation des métropoles (MAPTAM)

La loi MAPTAM du 27 janvier 2014 occupe 83 pages du Journal officiel ! Elle est d'ailleurs ainsi qualifiée par une Sénatrice écologiste : « Cette réforme me fait beaucoup penser à ma vieille jupe-culotte. On rapièce une structure usée au mieux de 30 ans, reliftée par les intercommunalités (fin 1990), au pire de 200 ans (départements), et on obtient un vêtement guère mettable dans le monde… ».

Décryptés et analysés de façon détaillée dans les différents chapitres de cet ouvrage, les nombreux éléments de la loi MAPTAM peuvent être présentés ici de façon synthétique en deux objectifs principaux : construire l'action publique du XXIe siècle, qui repose sur la confiance dans la capacité des élus locaux à s'organiser, avec l'État, pour fournir aux citoyens des services accessibles et efficaces ; encourager la participation des territoires au redressement économique du pays.

La clarification des compétences et la coordination des acteurs

La loi simplifie la gouvernance de l'action publique, en liant les modalités d'action de l'État et celles des collectivités territoriales, ce qui est une première !

La détermination de collectivités chefs de file, politique publique par politique publique, permet en principe de clarifier les responsabilités de chacun tout en intégrant mieux les spécificités locales, dans le cadre des Conférences territoriales de l'action publique qui réunissent, sous l'égide du président de région, les élus locaux et, le cas échéant, le préfet. Des conventions territoriales d'exercice concerté d'une compétence fixent les objectifs de rationalisation, et les modalités de l'action commune pour chacune des compétences concernées.

L'affirmation des métropoles

La loi réforme aussi et dynamise la gouvernance des grandes aires urbaines françaises, comme le régime rénové des métropoles.

- À Paris, à compter du 1er janvier 2016, la constitution d'une intercommunalité à fiscalité propre unique, la métropole du Grand Paris (MGP) rassemblant Paris et toutes les communes de la première couronne, par fusion des dix-neuf intercommunalités existantes, vise à simplifier l'organisation administrative et devrait permettre une accélération de la construction de logements.
- À Lyon, dès le 1er janvier 2015, la création d'une collectivité territoriale unique (la Métropole de Lyon), à la place de la communauté urbaine (Courly) et du département du Rhône, constitue une avancée institutionnelle novatrice permise par le haut degré d'intégration intercommunale de ce territoire.

- À Marseille, la fusion des six intercommunalités, au sein de la métropole Aix-Marseille-Provence, a pour objet de permettre une meilleure solidarité territoriale et un véritable partage des richesses.

Pour encourager le dynamisme des grandes villes, dans une perspective d'entraînement de l'ensemble du pays, la loi dote les onze autres plus grandes agglomérations françaises d'un statut de métropole très intégré, qui s'est substitué aux structures existantes dès le 1er janvier 2015. Le régime juridique des métropoles de droit commun, instituées par la loi RCT de 2010 est aménagé, comme celui des pôles métropolitains, afin de développer le caractère abouti de la coopération.

Au-delà de cette reconnaissance du fait urbain, la loi encourage un aménagement équilibré du territoire en créant, pour les zones rurales et les villes petites et moyennes, des pôles d'équilibre territorial et rural.

Elle incite fortement à la mutualisation des services au sein du bloc communal, gage de maîtrise des dépenses dans un contexte budgétaire contraint.

La loi relative à la délimitation des régions, aux élections régionales et départementales et modifiant le calendrier électoral du 16 janvier 2015

La loi du 16 janvier 2015 redessine la carte des régions françaises ; elle poursuit par là même plusieurs objectifs : une réduction des dépenses publiques, un accroissement de la puissance économique régionale à l'image de certaines régions européennes, et une cohérence de l'action publique.

Son article premier substitue, à compter du 1er janvier 2016, aux 21 régions métropolitaines 12 régions : Grand Est ; Nouvelle Aquitaine ; Auvergne Rhône-Alpes ; Bourgogne Franche-Comté ; Bretagne ; Centre Val de Loire ; Île-de-France ; Occitanie ; Hauts-de-France ; Normandie ; Pays de la Loire ; Provence-Alpes-Côte d'Azur.

L'effectif du conseil régional et le nombre de candidats par section départementale sont déterminés selon 2 règles : l'effectif du conseil régional est égal à la somme des effectifs des conseils régionaux des régions regroupées ; le nombre de candidats par section départementale est déterminé en fonction de la population de chaque département à la proportionnelle suivant la règle du plus fort reste. À ce nombre, sont ajoutés, pour chaque section départementale, deux candidats.

L'article 5 de la loi récapitule dans des tableaux l'effectif de chaque collectivité et détaille le nombre de candidats par section départementale ; par exemple pour la région Grand Est : 169 élus.

Certains réfutent les arguments en faveur de cette réforme, et agitent le risque de résurgence des régionalismes ; les départements s'interrogent sur leur devenir ; les habitants s'inquiètent de territoires trop vastes et du risque de perte d'identité de certains terroirs…

Sont pointés des coûts supplémentaires en particulier en termes d'indemnité des élus, de rémunération des agents, et d'harmonisation des systèmes d'information dans les régions fusionnées. Cependant, en 2021, une étude de la DGCL éclaire le bilan financier de cette réforme, en démontrant que les dépenses des régions en 2019 se trouvent au même niveau qu'en 2015, pour les régions fusionnées comme pour les autres, hors transports transférés et gestion des fonds européens.

Connaissances de base

Les enjeux et la délimitation de la décentralisation

La décentralisation peut n'apparaître que comme un mode d'organisation administrative, un partage de compétences et de moyens entre l'État et les collectivités territoriales. Au-delà, elle soulève des enjeux majeurs de démocratie et d'efficacité qui remettent en cause les équilibres de pouvoirs existants. Chaque avancée décentralisatrice est donc confrontée à un questionnement multiple sur la légitimité des acteurs, la pertinence et l'efficience de l'action menée... mais aussi les conséquences en termes par exemple d'égalité ou d'indivisibilité.

La coexistence depuis la révision constitutionnelle de 2003 de la règle selon laquelle l'organisation de la République est décentralisée et du principe de libre administration des collectivités territoriales, dans les articles 1 C et 72 C soulève une question: s'agit-il de deux termes devenus synonymes?

Car classiquement, il était admis que la libre administration était un principe constitutionnel, la décentralisation en étant la déclinaison légale... La réponse est malaisée et discutée! Cependant, si la libre administration englobe les différents rapports entretenus par les collectivités avec l'État, les autres personnes publiques (autres collectivités territoriales, établissements publics, groupements d'intérêt public), et les personnes privées (notamment les citoyens)... la décentralisation est octroyée, donc plus modeste: il s'agit uniquement des relations entre l'État et les collectivités.

Les éléments piliers constitutifs de la décentralisation

Quatre éléments cumulatifs conditionnent la décentralisation: l'existence de personnes juridiques distinctes de l'État, la présence d'organes élus, la reconnaissance de la notion d'affaires locales, et dans un État unitaire la persistance d'un contrôle sur les entités décentralisées.

Premier critère, dans le système français, les collectivités territoriales sont des personnes morales de droit public. Disposant d'une assise géographique infranationale, elles sont dotées d'une population, d'un patrimoine qui leur est propre, et peuvent donc accomplir les actes de la vie juridique, comme ester en justice, contracter, ou gérer leurs propres moyens humains et financiers.

En deuxième lieu, l'autonomie de l'autorité décentralisée ne peut se satisfaire d'un processus de nomination par le pouvoir central. Le procédé de l'élection garantit aussi la légitimité de l'action des collectivités territoriales. La Constitution n'impose le principe de l'élection que pour les assemblées délibérantes; la loi a toute liberté d'instituer un mode de scrutin plutôt qu'un autre, dans le respect de l'article 3 C. Le mode de scrutin est d'ailleurs variable: si les conseils municipaux sont élus au scrutin de liste mixte à 2 tours dans les communes de plus de 1000 habitants, les conseillers du département sont élus au scrutin majoritaire à 2 tours dans le cadre du canton… Quant aux conseillers régionaux, dans un objectif d'efficacité, la loi du 11 04 2003 instaure un scrutin de liste régionale mixte à 2 tours.

Les organes exécutifs sont eux aussi aujourd'hui tous élus, au suffrage indirect.

Troisièmement, la décentralisation territoriale suppose une compétence des collectivités pour les affaires locales, distinctes donc de celles d'intérêt national. L'affirmation d'une sorte de principe de subsidiarité dans l'article 72-2 C participe de cette reconnaissance de l'intérêt local: « Les collectivités territoriales ont vocation à prendre les décisions pour l'ensemble des compétences qui peuvent être le mieux mises en œuvre à leur échelon. » Il ne saurait y avoir décentralisation sans un socle minimal de compétences!

Enfin, et c'est le quatrième élément, la décentralisation ne signifie pas indépendance des entités territoriales… si un certain degré d'autonomie est nécessaire, la France reste une République indivisible comme l'énonce le premier article de la Constitution. Le contrôle administratif, sous forme de tutelle jusqu'en 1982, est donc nécessaire; il est désormais allégé en contrôle de légalité dans des conditions définies par la loi (article 72-6 C).

Les différentes collectivités territoriales

Le premier alinéa de l'article 72 C procède à un inventaire: « Les collectivités territoriales de la République sont les communes, les départements, les régions, les collectivités à statut particulier et les collectivités d'outre-mer régies par l'article 74. » Il est de plus précisé que « Toute autre collectivité territoriale est créée par la loi, le cas échéant en lieu et place d'une ou de plusieurs collectivités mentionnées au présent alinéa ».

Cinq catégories de collectivités sont donc recensées… On compte ainsi au 1er janvier 2021, environ 34965 communes françaises, 95 départements dont 92 métropolitains (après la disparition des 2 départements corses le 1er janvier 2018, du département de la Seine au 1er janvier 2019, et la fusion des deux départements alsaciens pour ne former qu'un département dénommé collectivité européenne d'Alsace en janvier 2021) et 2 en outre-mer (Guadeloupe, et Réunion), et 14 régions.

Les collectivités à statut particulier sont la collectivité de Corse (qui dispose d'un statut différent de celui d'une région), la Métropole de Lyon, et la Ville de Paris. Quant aux collectivités d'outre-mer, dites COM, il s'agit de Saint Barthélemy, Saint-Martin, Saint-Pierre-et-Miquelon, les îles Wallis et Futuna et la Polynésie française. La Martinique et la Guyane ont changé de statut le 1er janvier 2016 et sont désormais aussi des COM.

Il est à remarquer que contrairement à une croyance répandue, ni la Nouvelle-Calédonie ni les EPCI (établissements publics de coopération intercommunale) ne sont des collectivités territoriales!

Bilan de l'actualité

L'impact du troisième volet de l'acte III de la décentralisation (la loi portant nouvelle organisation territoriale de la République (NOTRe) du 7 août 2015)

Pour « en finir avec les enchevêtrements, les doublons et les confusions » de compétences, la clause générale de compétences départementale comme régionale est supprimée dans la loi NOTRe, mais subsistent des exceptions (les compétences dites « partagées », comme dans les domaines du tourisme, de la culture, du sport, de l'éducation populaire, de la promotion de l'égalité entre les femmes et les hommes, et de la promotion des langues régionales). La loi renforce les régions, niveaux de définition de la stratégie, qui disposent de compétences étendues en matière de développement économique, d'aides directes aux entreprises, d'innovation. Leur est aussi confiée la compétence transports interurbains, réguliers, à la demande, de même que le transport scolaire. Est énoncée de plus « la prescriptibilité des schémas », élaborés par les régions, qui deviennent opposables aux autres collectivités.

L'intercommunalité est fortement impactée, tant en ce qui concerne son périmètre que ses attributions obligatoires; mais certains regrettent une mosaïque de dispositions un peu disparates, et le renoncement à l'élection au suffrage universel direct sans fléchage des conseillers communautaires. Un seuil de principe de 15000 habitants est établi, l'eau et l'assainissement sont transférés au niveau intercommunal, de même que les aires d'accueil des gens du voyage, la promotion du tourisme, et la compétence déchets. La disparition de 5500 syndicats intercommunaux est programmée, le statut de la Métropole du Grand Paris est toiletté.

La mise à mort des départements n'est donc pas opérée, même si la délégation ou le transfert de compétences au profit des métropoles occupe un chapitre... Leur vocation sociale est clairement établie, par la définition de leurs capacités d'intervention pour les solidarités territoriales et humaines.

La complexité de l'organisation territoriale semble maintenue... en particulier en ce qui concerne la coordination des compétences des régions et des métropoles.

Dans un rapport d'information de décembre 2019 sur l'évaluation de l'impact de la loi NOTRe, deux députés déplorent une organisation territoriale devenue plus complexe, et une perte de proximité pour les citoyens conséquence de la réforme de la carte intercommunale, de l'apparition des grandes régions et du développement des communes nouvelles. Ils regrettent aussi une répartition des compétences source de rigidités et d'insécurité juridique, et préconisent un rétablissement de la confiance et le renforcement de la liberté des collectivités par des adaptations de périmètre et de gouvernance et un assouplissement de la répartition et des modes d'exercice des compétences.

Perspectives

Une amorce d'acte IV au service d'une subsidiarité effective

Lors de son discours au Congrès, le 3 juillet 2017, Emmanuel Macron promet une réforme des institutions, annoncée par le Premier ministre Edouard Philippe le 4 avril 2018, sous forme d'un projet de loi constitutionnelle, d'un projet de loi organique et d'un projet de loi ordinaire présentés au Conseil des ministres en mai 2018.

Le projet de loi constitutionnelle présenté en Conseil des ministres le 9 mai 2018 prévoyait en particulier que la Corse trouve place dans la Constitution à l'article 72-5, afin d'adapter les lois de la République aux spécificités insulaires sous le contrôle du Parlement, dans le respect du principe d'indivisibilité de la République. Suivant les recommandations du Conseil d'État, un pacte girondin marquerait la confiance dans la capacité des collectivités de métropole et d'outre-mer d'adapter elles-mêmes les règles qui régissent leurs domaines de compétence à la réalité de leur territoire. Ce droit à la différenciation entre collectivités territoriales serait institué, après ou non une expérimentation.

L'interdiction de cumul des mandats dans le temps, au-delà de trois mandats identiques, complets et consécutifs (sauf pour les maires des communes de moins de 9 000 habitants) était aussi prévue...

Enfin, les départements et les régions d'outre-mer pourraient aussi bénéficier d'un propre régime de différenciation des normes, grâce à une procédure plus simple.

La loi dite engagement et proximité du 27 décembre 2019 semble une première étape de réforme de la décentralisation. Décryptée dans les chapitres relatifs à la démocratie locale et à l'intercommunalité de cet ouvrage, cette loi conforte chaque maire dans son intercommunalité, renforce les pouvoirs de police du maire, simplifie son quotidien, et reconnaît aux élus un véritable cadre d'exercice de leur mandat.

Emmanuel Macron à l'issue du Grand Débat National, avait en effet annoncé un nouvel acte de décentralisation adapté à chaque territoire. Cela devrait concerner les politiques de la vie quotidienne, le logement, le transport, la transition écologique.

La loi organique du 19 avril 2021 relative à la simplification des expérimentations mises en œuvre sur le fondement de l'article 72,4 C facilite et accélère cette possibilité des collectivités territoriales, et favorise l'application du principe de différenciation que le projet de loi dit 3DS conforte, permettant une adaptation du droit aux spécificités locales.

En effet le projet de loi relatif à la différenciation, la décentralisation, la déconcentration et portant simplification de l'action publique locale, adopté en Conseil des ministres le 12 mai 2021, vise notamment à rendre le service public plus efficient et plus adapté en fonction des collectivités territoriales.

De simples ajustements paraissent suffisants à conforter le pacte girondin actuel: une démocratie à perfectionner en ce qui concerne la parité dans les communes de moins de 1 000 habitants ou le droit de pétition (assoupli dans le projet de loi dit 3DS), une recomposition territoriale à parachever par l'individualisation de certains statuts territoriaux (comme cela existe déjà en Corse ou en Alsace), bien qu'une aspiration certaine à une stabilisation organisationnelle puisse être constatée.

Un acte IV supposerait deux axes importants. En premier lieu, la révision de la délimitation des compétences décentralisées est à opérer. Le projet de loi dit 3DS prévoit ainsi de développer (parfois seulement sur demande, ou après expérimentation) des compétences locales dans des thématiques comme la transition écologique, le logement, la santé ou la cohésion sociale. La différenciation serait donc opérée par la délégation d'un pouvoir réglementaire local, l'assouplissement des possibilités de délégation entre les différents niveaux de collectivités, et l'éventualité de transferts de compétences à la carte. La deuxième novation d'importance repose sur la nécessité d'un apaisement des relations entre les entités locales et l'État. Les contraintes financières imposées par l'État, l'accumulation de ses normes, voire la recentralisation opérée à l'occasion de la crise sanitaire ont crispé les rapports, malgré un essor de procédés contractuels avec les régions (tels les contrats de plan État-région) ou avec les EPCI à fiscalité propre (comme les contrats de relance et de transition écologique). Il faut davantage de confiance, un nouveau pacte territorial !

Aujourd'hui, le projet de loi ne constitue pas un big bang territorial, décevant par sa timidité une partie des élus locaux, mais il transformerait les relations entre l'État et les collectivités !

L'avenir de l'outre-mer

Depuis 2003, la Constitution distingue trois catégories de terres ultra-marines.

En premier lieu, l'article 73 C régit les départements d'outre-mer, les DOM, à la fois régions d'outre-mer (ROM), qui obéissent au principe d'identité législative, c'est-à-dire que les lois et règlements y sont applicables de plein droit. Ils peuvent cependant faire l'objet d'adaptations tenant aux caractéristiques et contraintes particulières de ces collectivités. Ces adaptations peuvent être décidées par les collectivités ; de plus, sauf à la Réunion, la loi peut les autoriser à fixer elles-mêmes les règles applicables sur leur sol, sauf en ce qui concerne les droits fondamentaux.

D'autre part, les collectivités d'outre-mer (COM) relèvent de l'article 74 C. Chacune a un statut défini par une loi organique tenant compte des intérêts propres, et y est applicable le principe de spécialité législative. En Polynésie, qui bénéficie d'un statut d'autonomie, existent des lois de pays à valeur d'actes administratifs.

Quant au statut de la Nouvelle-Calédonie, qui n'est pas une collectivité territoriale, il est inscrit dans le titre XIII. Les consultations de 2018 et 2020 ont refusé l'accession à la pleine souveraineté, un troisième et ultime référendum doit se tenir le 12 décembre 2021, marquant la sortie de l'accord de Nouméa de 1998 et une nécessaire révision constitutionnelle, que le oui ou le non l'emporte. [La Nouvelle Calédonie bénéficie de son propre système normatif avec des lois de pays à valeur législative, mais l'État continue à assurer les compétences régaliennes.]

(De plus, la loi détermine le régime législatif et l'organisation particulière des Terres australes et antarctiques françaises et de Clipperton, terres non habitées).

L'indivisibilité de la République s'accommode de la diversité de l'outre-mer…

L'actualité de l'Outre-mer est riche d'évolutions statutaires ; elle est porteuse d'espoirs mais aussi d'incertitudes, en particulier liées aux périodes transitoires délicates.

Depuis mars 2011, passant du régime de l'article 74 C à celui du 73 C, Mayotte est devenue département d'outre-mer (loi organique et loi ordinaire du 7 décembre 2010). Ce changement important a demandé de nombreuses adaptations (état civil, justice, statut de la femme, langue…) Mayotte connaît de plus une départementalisation atypique, puisqu'elle détient les compétences départementales mais aussi d'une région, devenant la 1re collectivité unique de l'outre-mer (article 73,5 C) avant la Guyane et la Martinique.

En effet, conformément à la consultation des électeurs de ces deux DOM en janvier 2010, les lois organique et ordinaire du 27 juillet 2011 instituent deux collectivités uniques, se substituant au DOM et à la ROM et exerçant l'ensemble de leurs compétences. La Guyane et la Martinique ont vécu concrètement ce changement institutionnel lors des élections de 2015. La loi du 15 novembre 2013 portant diverses dispositions relatives aux outre-mer avait quant à elle ratifié notamment l'ordonnance visant à doter les collectivités uniques de Guyane et de Martinique d'une législation adaptée à leur organisation en matière budgétaire et comptable.

Le statut de la Polynésie française a été modifié par les lois organiques et ordinaire du 5 juillet 2019. Sont ainsi corrigés les points du statut de 2004 (qui qualifie la Polynésie française de pays d'outre-mer au sein de la République) ne permettant pas la stabilité des institutions et est clarifié le partage des compétences entre l'État et le pays. La Polynésie bénéficie d'une large autonomie avec une assemblée territoriale élue au suffrage universel qui adopte des « lois de pays », un gouvernement responsable devant l'assemblée et un président.

Il peut être signalé enfin que la loi du 5 décembre 2016 relative à l'action extérieure des collectivités territoriales et à la coopération des outre-mer dans leur environnement régional permet de développer les échanges des collectivités ultramarines avec les pays de leur environnement régional ou de leur bassin maritime transfrontalier. La loi du 28 février 2017 de programmation relative à l'égalité réelle outre-mer affirme quant à elle que la réduction des écarts de développement que connaissent les populations d'outre-mer au sein du peuple français constitue une priorité pour la Nation, et définit les instruments de politiques publiques en faveur de l'égalité réelle.

Une mouvance plus européenne pour la décentralisation française

La construction européenne originelle, confortée par la structure constitutionnelle française a longtemps impliqué que l'État demeure seul l'acteur institutionnel. Les collectivités s'inscrivent pourtant dans les enjeux européens. Aujourd'hui, le mouvement de décentralisation est commun aux différents États européens, même s'il emprunte des voies différentes, le nombre et la nature des niveaux étant variables, les pouvoirs des collectivités aussi.

En France, les collectivités territoriales sont soumises au droit européen, le cadre juridique communautaire les contraignant dans des domaines très nombreux, par exemple en ce qui concerne les questions environnementales (déchets, assainissement…) L'attachement européen à une concurrence ouverte recouvre de multiples facettes ayant des répercussions sur les règles de l'action décentralisée : droit de la commande publique, ouverture de l'accès de la fonction publique territoriale aux ressortissants européens, étendue de la notion de service public local, ou limitation de l'aide aux entreprises.

Les collectivités sont aussi objets des politiques européennes, bénéficiant des fonds structurels, soit près de 14,2 milliards d'euros en France pour la période 2014-2020. Ainsi, 15 % des opérations de désensablement du Mont-Saint-Michel sont financées par l'aide européenne. (La loi MAPTAM transfère d'ailleurs la gestion des fonds européens de l'État aux régions, le texte favorise une meilleure prise en compte des réalités de terrain et simplifie les circuits de décision). La loi NOTRe et le décret du 27 décembre 2016 permettent à l'État, lorsqu'il est condamné financièrement par l'Union européenne pour un manquement imputable à une collectivité territoriale, de se retourner financièrement contre celle-ci.

Le Comité des régions, instance européenne consultative, a vu son pouvoir accru par le traité de Lisbonne entré en application le 1er décembre 2009, afin d'associer plus largement les collectivités à l'élaboration des politiques communautaires les concernant. De plus, une représentation non institutionnelle dynamique (bureaux régionaux à Bruxelles, association européenne des collectivités territoriales…) exerce un important lobbying auprès des organes européens.

Le principe de subsidiarité connaît une définition rénovée : « dans les domaines qui ne relèvent pas de sa compétence exclusive, l'Union intervient seulement si, et dans la mesure où, les objectifs de l'action envisagée ne peuvent pas être atteints de manière suffisante par les États membres, tant au niveau central qu'au niveau régional et local, mais peuvent l'être mieux, en raison des dimensions ou des effets de l'action envisagée, au niveau de l'Union ». Plus largement, la Charte européenne de l'autonomie locale du Conseil de l'Europe impose la règle d'une gestion de proximité, sauf exception (le Parlement a ratifié le protocole additionnel à cette Charte, cf. loi du 27 janvier 2020).

Le débat reste ouvert, d'une décentralisation française qui avancerait en adéquation avec le vaste chantier d'une Europe régionale, ou qui se replierait frileusement pour des raisons historiques et économiques sur un retour étatique.

Bibliographie

- *Les collectivités locales en chiffres,* DGCL, ministère de l'Intérieur, 2021
- « Loi du 27 décembre 2019 relative à l'engagement dans la vie locale et à la proximité de l'action publique, décryptage article par article », Guide CNFPT, 2020, 88 p. www.cnfpt.fr
- « Décentralisation et République » [Dossier], Vincent Aubelle, Nicolas Kada, Pouvoirs locaux, janvier 2020, n° 117, p. 45-93.
- « Loi engagement et proximité [*Dossier*] », *Actualité Juridique. Collectivités Territoriales*, mai 2020, n° 5, p. 223-244.
- « Après la décentralisation : 15 propositions pour refonder l'action territoriale », Daniel Behar, Aurélien Delpirou, Terra nova, 12 janvier 2021, 66 p.
- « L'État a-t-il été affaibli par la décentralisation ? », *Pouvoirs*, n° 177, avril 2021, p. 39-48.
- « À propos du projet de loi 3DS », *Pouvoirs locaux*, n° 119, 04/2021, p. 5-8.
- « Le pouvoir réglementaire des collectivités », Rapport, Inspection générale de l'administration, juin 2021, 71 p.
- *Introduction à la culture territoriale*, Marine Derkenne, Ellipses, 2020, 213 p.
- Site gouvernemental d'informations www.collectivites-locales.gouv.fr
- Site du CNFPT d'e-actualité territoriale http://www.wikiterritorial.cnfpt.fr
- Newsletter gratuite d'actualité locale quotidienne http://www.maire-info.com
- Le portail d'informations sur les systèmes institutionnels de l'Outre-Mer français et leurs spécificités territoriales. https://www.drom-com.fr

Exemples de sujets

- La décentralisation française…
- Faut-il un acte IV de la décentralisation ?
- Avenir et enjeux de la décentralisation française
- Les réformes actuelles de l'organisation administrative locale
- Le département a-t-il vraiment un avenir ?
- Qu'est-ce qu'une décentralisation réussie ?
- La région, au cœur de la réforme territoriale

QCM

Le principe d'égalité

24. La décentralisation provoque-t-elle des ruptures d'égalité entre les citoyens ?

- ☐ **A.** Non, ce serait contraire à la Constitution
- ☐ **B.** Oui, par définition

25. En matière de décentralisation territoriale, égalité et uniformité sont-elles des termes synonymes ?

- ☐ **A.** Oui
- ☐ **B.** Non

26. Comment les réformes territoriales développent-elles l'égalité ?

- ☐ **A.** Par l'élection des conseillers communautaires au suffrage universel direct
- ☐ **B.** En obligeant toutes les communes à appartenir à une communauté
- ☐ **C.** Avec le remplacement du conseiller général par un binôme paritaire

27. Quel sens a l'expression actuelle « discrimination positive » ?

- ☐ **A.** Politique préférentielle destinée à lutter contre des inégalités préexistantes
- ☐ **B.** Action en faveur des quartiers aisés
- ☐ **C.** Critique de l'injustice sociale

Les évolutions de la décentralisation

28. La naissance de la décentralisation date-t-elle de 1982 ?

- ☐ **A.** Oui, c'est pour cela que cette période s'appelle l'acte I de la décentralisation
- ☐ **B.** Non, il y avait déjà un système partiellement décentralisé bien avant 1982
- ☐ **C.** Pas exactement : il a fallu attendre 1986, date des premières élections régionales

29. Pourquoi l'acte II de la décentralisation a-t-il dû être réformé ?

- ☐ **A.** Parce que l'Union européenne l'a exigé
- ☐ **B.** En raison des Grenelles 1 et 2 de l'environnement
- ☐ **C.** Parce que le système semblait inefficace et trop onéreux

30. Qu'appelle-t-on l'acte III de la décentralisation ?

- ☐ **A.** La loi RCT du 16 décembre 2010
- ☐ **B.** La loi MAPTAM du 27 janvier 2014
- ☐ **C.** Un ensemble de lois adoptées en 2014 et 2015 modifiant les périmètres et attributions des entités décentralisées

31. La décentralisation est-elle achevée ?

- ☐ **A.** Oui, il serait temps 38 ans après les lois Defferre ! Un peu de stabilité juridique est essentiel à l'action publique locale
- ☐ **B.** Non, Emmanuel Macron à l'issue du Grand Débat National a annoncé un nouvel acte

Les structures territoriales

32. Y a-t-il aujourd'hui 5 catégories de collectivités territoriales ?

- ☐ **A.** Oui, les communes, les départements, les régions, les TOM (territoires d'outre-mer) et les structures intercommunales
- ☐ **B.** Oui, les communes, les conseils départementaux, les conseils régionaux, les collectivités d'outre-mer et la Nouvelle-Calédonie
- ☐ **C.** Oui, les communes, les départements, les régions, les collectivités à statut particulier et les collectivités d'outre-mer

33. Quels sont les organes actuels des collectivités territoriales ?

- ☐ **A.** Un organe exécutif, un organe délibérant, et pour les régions un organe consultatif
- ☐ **B.** Un organe exécutif ou un organe délibérant
- ☐ **C.** Un organe exécutant, un organe collégial

34. L'acte III de la décentralisation supprime-t-il les départements franciliens ?

- ☐ **A.** Oui, en raison de la métropole du Grand Paris
- ☐ **B.** Non
- ☐ **C.** Oui, mais juste en 1re couronne francilienne

35. Comment sont créées les métropoles de droit commun ?

- ☐ **A.** Par décret pour les EPCI à fiscalité propre > 400 000 habitants dans une aire urbaine de 650 000 habitants
- ☐ **B.** Par des délibérations concordantes des communes concernées
- ☐ **C.** Par arrêté du préfet de région pour les EPCI > 300 000 habitants

36. La Corse est-elle impactée par l'acte III ?

- ☐ **A.** Non
- ☐ **B.** Oui, au 1er janvier 2018 les deux départements corses disparaissent
- ☐ **C.** Oui, le nombre de conseillers de Corse a augmenté en 2015

37. Depuis quand les conseillers communautaires sont-ils élus au suffrage universel direct ?

- ☐ **A.** 2015
- ☐ **B.** 2014
- ☐ **C.** 2016

38. Quand les départements et les régions ont-ils perdu leur clause générale de compétence ?

- ☐ **A.** Depuis la loi NOTRe du 7 août 2015
- ☐ **B.** En 2014
- ☐ **C.** Ils ne la perdront qu'en 2025

39. Qu'appelle-t-on la conférence territoriale de l'action publique ?

- ☐ **A.** Un conseil des maires au sein de la métropole du Grand Paris
- ☐ **B.** Une assemblée chargée de favoriser l'exercice concerté des compétences
- ☐ **C.** Un rassemblement des présidents des EPCI à fiscalité propre

40. Peut-on dire que l'acte III de la décentralisation et la loi MAPTAM…

- ☐ **A.** C'est la même chose
- ☐ **B.** N'ont rien à voir
- ☐ **C.** Ont un lien

Les collectivités territoriales et l'Union européenne

41. Comment les collectivités territoriales sont-elles représentées dans les instances européennes ?

- ☐ **A.** Elles ne sont pas représentées, seuls les États le sont
- ☐ **B.** Par le Comité des régions
- ☐ **C.** Par la Commission européenne

42. Le droit européen s'impose-t-il désormais aux collectivités territoriales ?

- ☐ **A.** Oui, dans de très nombreux domaines, notamment en ce qui concerne l'environnement
- ☐ **B.** Oui, uniquement en ce qui concerne les régions
- ☐ **C.** Non, les collectivités territoriales françaises appliquent le droit français

43. Comment s'appellent les subventions européennes dont peuvent bénéficier les collectivités ?

- ☐ **A.** Les dotations communautaires
- ☐ **B.** Les euro-subventions
- ☐ **C.** Les fonds structurels

44. Les ressortissants européens non français peuvent-ils voter aux élections locales ?

- ☐ **A.** Uniquement si on considère que locales signifie municipales
- ☐ **B.** Oui, c'est l'application du traité de Lisbonne
- ☐ **C.** Uniquement s'ils prouvent qu'ils parlent français

45. Les Européens non français peuvent-ils être maires ?

- ☐ **A.** Oui, car ils peuvent être élus conseillers municipaux et donc maires
- ☐ **B.** Non, car le maire est représentant déconcentré de l'État
- ☐ **C.** Oui s'ils résident depuis plus de 10 ans en France

Réponses

24. Réponse B. Par essence, la décentralisation territoriale repose sur la volonté politique d'élus locaux… Une commune peut donc décider de la création d'un gymnase, alors que la commune voisine choisira d'instituer un service de portage de repas à domicile ! C'est pourquoi l'État, garant d'une République indivisible et égalitaire, encadre l'action décentralisée (en imposant par exemple un socle de compétences obligatoires) et met en place des dispositifs de péréquation financière.

25. Réponse B. Si les révolutionnaires assimilaient égalité et uniformité, la décentralisation, et tout particulièrement l'acte II à partir de 2003, a peu à peu développé une diversification des collectivités territoriales, comme en ce qui concerne le régime dérogatoire de l'outre-mer. Au-delà du particularisme lié par exemple au Grand Paris, les réformes territoriales récentes accentuent ce mouvement, en incitant par exemple à la mutualisation entre les communes et les communautés, d'où la rupture d'un modèle unique territorial. Le projet de loi 3DS a notamment pour objectif la différenciation : à situation différente, compétences différentes !

26. Réponse A. En effet, l'élection des conseillers communautaires au suffrage universel direct par fléchage dans les communes de plus de 1 000 habitants participe du principe d'égalité de deux façons. En premier lieu, cela devrait permettre une meilleure parité au sein de l'assemblée délibérante de la structure intercommunale, et d'autre part cela apportera une représentation améliorée des oppositions municipales. Il est vrai que d'un autre côté, les petites communes ne disposant pas d'un mode de scrutin de liste continueront à désigner les conseillers communautaires par un suffrage indirect… ce qui peut aboutir à une coexistence de conseillers élus au suffrage direct et de représentants élus au suffrage indirect dans le même conseil et n'est donc guère égalitaire !

27. **Réponse A.** Il s'agit de favoriser une personne, un groupe, un territoire… pour aboutir à une égalité de situation ; cette dynamique suppose donc un écart entre une égalité formelle et une inégalité réelle. Elle fonde par exemple la politique de la ville qui vise à un rééquilibrage de zones en difficultés économiques et sociales. Décriée comme stigmatisante, critiquée pour son manque d'efficacité, la pratique de la discrimination positive serait corrective, au détriment d'une modification structurelle de fond.

28. **Réponse B.** La décentralisation consiste à accorder à des personnes distinctes du pouvoir central l'exercice de certaines compétences. Or, par exemple, dès 1789 la France a des communes dotées d'organes élus ; elles acquièrent au milieu du XIXe siècle la personnalité juridique, puis disposent de la clause générale de compétence (1884). Si la décentralisation est modeste par le nombre de compétences transférées et l'importance du contrôle opéré, elle préexiste cependant très clairement à 1982.

29. **Réponse C.** La réforme s'est appuyée sur le constat qu'il est nécessaire de modifier les structures pour les simplifier, de réorganiser la répartition des compétences pour les clarifier, et de veiller à une dynamique la plus économique possible. L'acte I comme l'acte II ne s'étaient en effet pas attaqués au chantier du « mille-feuille » administratif local, qui pose tant la question de l'efficience de l'administration territoriale que celle de la démocratie locale.

30. **Réponse C.** L'acte III de la décentralisation est constitué des lois MAPTAM du 27 janvier 2014, de délimitation des régions du 16 janvier 2015, et NOTRe du 7 août 2015. Cet acte s'appuie sur des territoires agrandis d'action publique locale : les intercommunalités et les régions, et tente d'apporter des solutions pertinentes à l'enchevêtrement des compétences.

31. **Réponse B.** Une réforme de la décentralisation, et plus largement des institutions déconcentrées comme décentralisées est en marche. La loi du 27 décembre 2019, essentiellement centrée sur le maire, a notamment amélioré les relations entre le maire et l'intercommunalité et renforcé les droits des élus locaux. Le projet de loi 3DS devrait concerner l'action décentralisée, potentiellement différenciée, en ce qui concerne particulièrement les politiques de la vie quotidienne et la transition écologique.

32. **Réponse C.** L'article 72,1 de la Constitution depuis la révision constitutionnelle du 28 mars 2003 énonce que les collectivités territoriales de la République sont les communes, les départements, les régions, les collectivités à statut particulier (comme la Corse, ou depuis le 1er janvier 2015 la métropole de Lyon), et les collectivités d'outre-mer (comme La Guadeloupe, la Guyane, Saint Martin, Saint Pierre-et-Miquelon, Saint Barthélemy, Wallis-et-Futuna et la Polynésie française). Pour mémoire, il peut être rappelé que les communautés sont des établissements publics et non des collectivités territoriales.

33. **Réponse A.**
Les collectivités territoriales disposent d'un organe délibérant, le conseil, qui gère par délibérations. Elles ont aussi un organe exécutif, élu par et au sein de l'organe délibérant, le maire ou le président. La région compte de plus un organe consultatif, le conseil économique, social et environnemental régional (modifié par le Grenelle de l'environnement),

consulté obligatoirement avant l'adoption du budget régional; il émet aussi des avis sur les questions d'intérêt régional.

34. Réponse B. L'acte III ne supprime pas les départements. Cependant, depuis 2014 ont disparu les 2 départements corses, le département de la Seine et les départements ultramarins de Martinique et de Guyane. De plus, sur le territoire de la métropole lyonnaise le département du Rhône s'est effacé, et les 2 départements alsaciens ont fusionné le 1er janvier 2021.

35. Réponse A. 9 métropoles ont effectivement été instituées de droit au 1er janvier 2015: Toulouse, Lille, Bordeaux, Nantes, Strasbourg, Grenoble, Rennes et Rouen. Montpellier et Brest ont quant à elles choisi de se transformer en métropoles, après accord des 2/3 des communes membres représentant la moitié de la population. La loi sur le statut de Paris et l'aménagement métropolitain du 28 février 2017 en élargissant les conditions de création des métropoles ouvre la voie à la naissance de 7 nouvelles métropoles: Saint-Étienne, Toulon, Orléans, Dijon, Tours, Clermont-Ferrand et Metz.

36. Réponse B. Le 1er janvier 2018, une collectivité de Corse est créée en lieu et place de la collectivité territoriale de Corse (CTC) et des départements de Haute-Corse et de Corse-du-Sud. 63 conseillers remplacent les 103 élus locaux corses d'origine. Emmanuel Macron a annoncé que «la Corse trouvera sa place dans notre Constitution»...

37. Réponse B. Les conseillers communautaires ont été élus au suffrage universel direct lors des élections municipales de 2014 (puis en 2020), sur les listes municipales par la technique dite du «fléchage» pour les communes dotées d'un scrutin de liste (donc de plus de 1000 habitants).

38. Réponse A. Afin de clarifier les compétences de chaque échelon de collectivités territoriales, la loi NOTRe substitue des compétences d'attribution à la clause générale de compétence des départements et des régions. Pour savoir si la région ou le département peut intervenir, il convient donc en principe de rechercher si un texte lui a attribué la compétence.

39. Réponse B. La loi MAPTAM du 27 janvier 2014 prévoit dans chaque région cette conférence, présidée par le président du Conseil régional, qui doit favoriser un exercice concerté des compétences des collectivités, de leurs groupements et de leurs établissements publics. Elle élabore notamment des conventions territoriales d'exercice concerté pour les compétences partagées entre plusieurs niveaux de collectivités. Le projet de loi 3DS renforce son rôle en matière de délégation de compétences entre collectivités.

40. Réponse C. La loi MAPTAM du 27 janvier 2014 est le premier volet de l'acte III de la décentralisation. Le deuxième volet législatif est constitué par la loi du 16 janvier 2015 diminuant le nombre de régions métropolitaines, et le troisième par la loi NOTRe répartissant les compétences et s'appuyant sur un doublon fort: la région et l'intercommunalité.

41. Réponse B. Le Comité des régions, instance consultative, est composé de 329 membres disposant d'un mandat local (24 pour la France). Il doit obligatoirement donner son avis sur toute proposition touchant l'échelon local, comme les questions de coopération transnationale (c'est-à-dire entre les régions de différents États membres).

42. Réponse A. Les collectivités françaises, comme toutes les personnes juridiques sont soumises au droit européen, non seulement dans le domaine environnemental (déchets, assainissements...), mais aussi en ce qui concerne le droit de la commande publique, ou l'ouverture de la fonction publique territoriale aux ressortissants européens...

43. Réponse C. Les collectivités bénéficient des fonds structurels, soit près de 14,2 milliards d'euros en France pour la période 2014 – 2020.

On peut ainsi citer le fonds européen de développement régional (Feder) ou le Fonds social européen (FSE). Pour en bénéficier, il est nécessaire d'inscrire l'action locale dans certaines priorités telles que l'emploi, la formation, ou le développement durable.

44. Réponse A.
Les Européens peuvent voter aux élections municipales, mais non aux élections départementales ou régionales. L'article 8 du Traité de Maastricht (1992) permet en effet aux ressortissants européens résidant dans un autre État membre que leur État d'origine, de participer comme électeur ou candidat aux élections municipales et donc aux élections communautaires ou métropolitaines (comme aux élections européennes), de leur État de résidence. La loi du 25 mai 1998 a rendu ce droit effectif, les ressortissants européens ont voté pour la 1re fois aux municipales de 2001.

45. Réponse B. L'article 88-3 de la Constitution française prévoit que le droit de vote et d'éligibilité aux élections municipales peut être accordé aux seuls citoyens de l'Union résidant en France. Cependant, ces citoyens ne peuvent exercer les fonctions de maire ou d'adjoint, ni participer à la désignation des électeurs Sénatoriaux et à l'élection des Sénateurs. Ainsi sont harmonisées les exigences du traité de Maastricht, et les nécessités de la souveraineté nationale qui ne pourraient s'accommoder d'un représentant de l'État au niveau communal de nationalité non française.

3 La nécessité de l'intercommunalité

La France avec ses près de 34 970 communes représente 40 % des communes européennes… L'impératif d'une action intercommunale est ancien, les dispositifs législatifs se sont succédé, créant une confusion et un enchevêtrement des structures et des compétences.
La volonté de systématiser une intercommunalité rénovée et efficace sur l'ensemble du territoire national préside aux dispositifs de la réforme territoriale de 2010, développés par les lois MAPTAM du 27 janvier 2014 et NOTRe du 7 août 2015.
Dépendant pour une large part du préfet, la coopération intercommunale, généralisée depuis 2014, repose sur une gouvernance transformée par l'élection de représentants au suffrage direct avec fléchage.
Le caractère positif de cet essor démocratique, renforcé par la loi « engagement proximité » du 27 décembre 2019, ne peut cependant occulter le relatif échec de la clarification espérée, puisque renouant avec les vieux démons de la complexité le législateur a enrichi le paysage administratif de nouvelles entités : la métropole, le pôle métropolitain et le pôle d'équilibre territorial et rural. Le changement d'échelle et le renforcement du processus d'intégration intercommunal impactent une organisation territoriale trop souvent remaniée… Les communes nouvelles, au régime amélioré en 2015 puis en 2019, concurrencent quant à elles parfois les bénéfices escomptés de l'intercommunalité.
Le régime dérogatoire des métropoles de Lyon, d'Aix-Marseille-Provence, et du Grand Paris, suscite espoirs et critiques, en raison du caractère autoritaire de ces créations, et des incertitudes quant à l'avenir des départements qu'elles engendrent.

Historique

En 1789, sous la pression de Mirabeau, les 44 000 paroisses que compte la France ont été transformées en communes facilement identifiables pour le citoyen révolutionnaire, mais à l'origine d'un morcellement important qui demeure un problème non résolu depuis plus de deux siècles…

Les prémices de la coopération intercommunale

Si la Constitution de 1795 dans son article 180 réunit les municipalités de moins de 5 000 habitants en « municipalités de canton », première expression historique de l'intercommunalité, la collaboration entre communes prend avec la loi du 5 avril 1884 la forme primitive d'ententes intercommunales, simples instances de concertation entre les communes.

La loi du 22 mars 1890 permet la création de syndicats intercommunaux à vocation unique (SIVU), remèdes aux difficultés des petites communes permettant de répondre au besoin de gérer en commun un service, comme la distribution d'eau ou d'électricité. L'idée que l'union fait la force préside à ce type de mise en commun, dont la simplicité et la souplesse expliquent le qualificatif d'intercommunalité « associative », même s'il s'agit d'un établissement public qui gère en lieu et place des communes une activité de service public.

Le procédé se développe et se diversifie, par un décret du 20 mai 1955, avec l'émergence des syndicats mixtes qui réunissent des communes à des personnes publiques de catégories différentes, et une ordonnance du 9 janvier 1959 relative aux syndicats intercommunaux à vocation multiple (SIVOM), créés par accord des communes à la majorité qualifiée, ce qui relance l'intercommunalité.

Concomitamment, en milieu urbain, apparaissent les districts, établissements publics dotés de compétences fixées par la loi obligatoirement transférées par les communes membres, et d'un pouvoir fiscal propre. Cette intercommunalité dite « fédérative », en raison de son caractère plus abouti, au-delà d'une gestion commune de services, s'articule sur la notion de projet de territoire… C'est la naissance de l'intercommunalité intégrative, qui s'étoffe avec l'arrivée des communautés urbaines, destinées aux plus grandes agglomérations, instituées par la loi du 31 décembre 1966, aux très importantes compétences, et dotées d'une fiscalité additionnelle (Bordeaux, Lille, Lyon et Strasbourg).

Partisan d'une solution plus radicale, Raymond Marcellin est à l'origine de la loi du 16 juillet 1971 qui promeut les fusions de communes, par des plans de regroupement qui n'emportent pas le succès escompté (838 fusions sont opérées, regroupant 4 090 communes… mais suivies de nombreuses dé-fusions).

L'impératif intercommunal lié à l'essor des compétences décentralisées par les actes I et II

Renonçant à s'attaquer à l'émiettement communal, l'acte I de la décentralisation développe les compétences communales, notamment urbanistiques, accroissant s'il est besoin la nécessité de coopération entre communes.

La création des syndicats d'agglomération nouvelle (SAN) pour la mise en place des villes nouvelles (loi du 13 juillet 1983), la possibilité de syndicats à la carte dans lesquels chaque commune n'adhère que pour les compétences qu'elle choisit… manifestent un foisonnement des structures de collaboration, et opacifient le paysage administratif.

La loi relative à l'administration territoriale de la République (ATR) du 6 février 1992 tente de remédier aux problèmes liés aux compétences de développement économique et d'aménagement du territoire. Elle institue dans chaque département une commission départementale de la coopération intercommunale, et deux nouveaux établissements publics de coopération intercommunale (EPCI) disposant de compétences obligatoires : les communautés de communes (en principe en milieu rural) et les communautés de villes (plutôt en milieu urbain), dotées d'une taxe professionnelle unique, c'est-à-dire d'une fiscalité propre reposant sur la mise en commun de la principale richesse fiscale communale. Le millefeuille administratif devient décidément indigeste !

La LOADT du 4 février 1995, dite loi Pasqua, reprise et développée par la LOADDT du 25 juin 1999, dite loi Voynet s'appuie sur le « pays », territoire présentant une cohérence géographique, économique, sociale et culturelle, et donc espace non institutionnel de projet et de solidarité entre les espaces urbains et ruraux.

Il y a à la fois une trop grande diversité des formules, et un nombre insuffisant de collaboration ; une rationalisation et une accélération de l'intercommunalité s'imposent, c'est l'objet de la loi du 12 juillet 1999 relative au renforcement et à la simplification de la coopération intercommunale, dite loi Chevènement. Le texte fait disparaître les districts et les communautés de villes, et modifie l'architecture des structures à fiscalité propre, désormais représentées par les communautés de communes, d'agglomération et urbaines. L'uniformisation des règles applicables, et le développement de la taxe professionnelle unique manifestent une volonté d'approfondissement d'une intercommunalité de projet, qui rénove l'intercommunalité de gestion constituée par les syndicats qui perdurent cependant. De fortes incitations financières, comme la bonification de la dotation globale de fonctionnement, contribuent au succès quantitatif des communautés.

Quant à l'acte II de la décentralisation, il fait une large place à l'intercommunalité, la révision constitutionnelle de 2003 évoquant la notion de « groupement » de collectivités tant pour l'expérimentation que pour le dispositif du « chef de file ».

L'achèvement attendu et la rationalisation espérée de la carte de l'intercommunalité dans la loi RCT de 2010

La réforme s'attache essentiellement au développement et à la simplification de l'intercommunalité.

Un schéma départemental de coopération intercommunale (SDCI) sous responsabilité préfectorale

La loi RCT impose que hormis Paris et les 3 départements de première couronne (92, 93 et 94), la couverture de toute la France en intercommunalité à fiscalité propre soit réalisée, en même temps que la suppression des enclaves et discontinuités territoriales, et que l'optimisation des périmètres des EPCI et syndicats mixtes existants.

La procédure d'élaboration du SDCI est complexe, conçue comme un exercice de production conjointe entre le préfet et les élus : présentation du schéma à la commission départementale de la coopération intercommunale (CDCI), avis des communes et EPCI dans les 3 mois, soumission du projet et des avis à la CDCI qui dispose d'un pouvoir de modification à la majorité des 2/3 de ses membres, et enfin arrêté préfectoral arrêtant le schéma.

Certains élus dénoncent une recentralisation rampante, le préfet disposant d'un rôle prépondérant en cas de litige, et d'une procédure de rattachement d'office d'une commune à une communauté.

Plus qu'un simple document d'orientation, le SDCI comporte des effets juridiques : base légale des décisions de création, modification de périmètre, transformation d'EPCI... ainsi que la suppression, transformation et fusion de syndicats qui seront prises dans l'étape suivante. Au-delà du seuil de 5000 habitants (qui admet des exceptions comme dans certaines zones de montagne), la loi précise à cet effet les critères présidant aux schémas : prise en compte des aires urbaines, bassins de vie et schémas de cohérence territoriale ; accroissement des solidarités financières ;

réduction du nombre de syndicats et rationalisation des pays existants (la création de nouveaux pays étant exclue).

La loi « Pélissard » du 29 février 2012, prévoit des dérogations aux principes d'achèvement de la carte et de continuité territoriale des EPCI pour des situations géographiques exceptionnelles.

Des moyens communautaires soumis à une amélioration conséquente

En lieu et place de l'exercice conjoint existant jusqu'en 2010, le transfert des pouvoirs de police spéciale du maire au président de la communauté est en principe opéré, dès lors qu'un transfert de compétences est effectué en matière d'assainissement, d'élimination des déchets ménagers, et de réalisation d'aire d'accueil des gens du voyage. En ce qui concerne les pouvoirs de police liés à la voirie, concernant les manifestations sportives ou culturelles ainsi qu'en matière de stationnement ou de circulation, le transfert n'est que facultatif.

En début de mandat, avec actualisation lors du débat d'orientation budgétaire annuel, un schéma directeur pluriannuel de mutualisation des services entre communes et communauté peut être élaboré, en association avec les communes concernées.

Dans un subtil équilibre, les procédures de mutualisation des services sont en effet développées ; ainsi en est-il de la technique des services partagés. De tels services peuvent d'ailleurs être créés en dehors des compétences transférées. La promotion de services communs de portage communautaire est également inscrite dans la loi, de même que l'autorisation de constituer des banques communes de matériel au sein du bloc local. Enfin, et c'est logique, est explorée la possibilité d'instaurer une dotation globale de fonctionnement territorialisée au niveau intercommunal, comme celle d'unifier la fiscalité des ménages. L'unanimité des conseils municipaux et l'accord du conseil communautaire sont indispensables dans ces cas de solidarités financières et fiscales.

Un corollaire phare d'une intercommunalité renforcée : le renforcement démocratique

Dotés de compétences étendues touchant très directement la vie quotidienne des administrés, et d'un pouvoir financier et fiscal important, les EPCI à fiscalité propre souffraient d'un déficit démocratique dommageable.

La loi du 16 décembre 2010 pose le principe de l'élection des organes délibérants des métropoles, comme des communautés urbaines, d'agglomération et de communes, par les citoyens dans les communes dotées du scrutin de liste. La loi du 17 mai 2013 en précise les modalités, comme cela est développé dans le chapitre suivant de ce livre consacré à la démocratie locale.

Depuis 2014, les conseillers communautaires sont donc élus dans le cadre des élections municipales, dans les communes de 1 000 habitants et plus, par un système complexe (ils figurent sur la liste des candidats au conseil municipal. de manière distincte sur le même bulletin). Ce suffrage direct doit permettre un débat sur les enjeux communaux et intercommunaux pendant la campagne électorale, développer une meilleure parité au sein de l'assemblée délibérante intercommunale et une représentation améliorée des oppositions municipales.

Dans les petites communes ne disposant pas d'un mode de scrutin de liste, la désignation des conseillers communautaires s'effectue selon l'ordre du tableau. Cette disposition impose *de facto* un cumul des responsabilités pour le maire, et le cas échéant pour les adjoints, au détriment des conseillers municipaux qui souhaiteraient s'impliquer dans les affaires communautaires.

De plus, de nouvelles règles de répartition de sièges entre les communes sont mises en place.

Le nombre total d'élus est plafonné par un tableau légal en fonction de la population, de 16 pour les EPCI à fiscalité propre de moins de 3500 habitants, à 130 pour celles de plus d'un million d'habitants. Un système complexe de règles particulières, dérogations... complète le dispositif. Quant au nombre de vice-présidents, en principe il est au maximum de 15, et ne peut dépasser 20 % de l'effectif de l'organe délibérant intercommunal.

Un durcissement du régime d'incompatibilité est opéré, interdisant le cumul d'un poste de responsabilité dans une communauté, par exemple de direction des services, avec un mandat électif au sein d'une commune membre.

La consolidation de l'intercommunalité par la loi NOTRe

Pour renforcer les solidarités territoriales et accompagner les communes et leurs établissements publics dans la mise en œuvre de leurs projets de territoire, la loi NOTRe du 7 août 2015 poursuit le mouvement de regroupement de communes. Ce changement d'échelle et le renforcement du processus d'intégration territoriale supposent de donner le moment venu une nouvelle légitimité démocratique aux structures intercommunales rénovées.

La remise en cause des périmètres intercommunaux

Un seuil plancher de 15000 habitants est imposé à tout EPCI à fiscalité propre, sauf exception (comme en zone de montagne ou insulaire, mais dans tous les cas supérieur à 5000 habitants). La complexité de la formulation de certaines exceptions laisse pantois, par exemple celle concernant un projet de périmètre d'EPCI « dont la densité démographique est inférieure à la moitié de la densité nationale, au sein d'un département dont la densité démographique est inférieure à la densité nationale; le seuil démographique applicable est alors déterminé en pondérant le nombre de 15000 habitants par le rapport entre la densité démographique du département auquel appartiennent la majorité des communes du périmètre et la densité nationale »... ! Les intercommunalités fusionnées depuis moins de 3 ans bénéficient d'un délai avant de devoir atteindre une population de 15000 habitants.

La loi prévoit aussi, dans un objectif de rationalisation, que les 5500 syndicats intercommunaux à vocation technique intervenant exclusivement sur le périmètre d'une intercommunalité disparaissent après absorption de leurs compétences par des EPCI à fiscalité propre.

La démocratie intercommunale est oubliée : la suppression du fléchage qui aurait développé la légitimité du niveau intercommunal n'a pas été adoptée, les maires y étant opposés, se sentant marginalisés, concurrencés, et doutant de leur devenir. La loi engagement et proximité du 27 décembre 2019 abroge d'ailleurs l'article 54 de la loi MAPTAM qui prévoyait l'élection au suffrage universel direct des conseillers métropolitains lors des élections municipales de 2020.

Des compétences redistribuées par transfert ou mutualisation

Les compétences intercommunales sont développées par la loi NOTRe. Ainsi, l'eau et l'assainissement devront être transférés au niveau communautaire ou métropolitain (les lois du 3 août 2018 puis engagement et proximité de 2019 assouplissent la période transitoire avant 2026). [Le PLUI (plan local d'urbanisme intercommunal) n'est pas finalement facilité par un durcissement de la minorité de blocage (2/3 des communes représentant la moitié de la population ou inversement) mais est de par la loi ALUR en place depuis le 27 mars 2017] ; l'échéance du transfert de la compétence Gemapi (gestion des milieux aquatiques et prévention des inondations) est quant à elle reportée.

Les communautés de communes et d'agglomération sont de plus impactées par un renforcement de leurs compétences obligatoires : elles doivent intégrer l'aménagement, l'entretien et la gestion des aires d'accueil des gens du voyage ainsi que la collecte et le traitement des déchets ménagers et assimilés. De plus, la compétence développement économique est redessinée : elle s'étend sur l'ensemble des actions de développement économique, les créations, aménagement, entretien et gestion des zones d'activité industrielle, commerciale, tertiaire, artisanale, touristique, portuaire ou aéroportuaire ; la politique locale du commerce ; le soutien aux activités commerciales d'intérêt communautaire ; la promotion du tourisme dont la création d'offices du tourisme. Ces actions devront être compatibles avec le schéma régional de développement économique d'innovation et d'internationalisation.

En dehors des compétences transférées, un établissement public de coopération intercommunale à fiscalité propre et une ou plusieurs de ses communes membres peuvent se doter de services communs, gérés en principe par l'EPCI. Ces services communs peuvent être chargés de l'exercice de missions opérationnelles ou de certaines missions fonctionnelles en matière de gestion du personnel, de gestion administrative et financière, d'informatique, d'expertise juridique, d'expertise fonctionnelle ainsi que de l'instruction des décisions prises par les maires au nom de la commune ou de l'État. Les effets de ces mises en commun sont réglés par convention.

Les fonctionnaires et agents non titulaires qui remplissent en totalité leurs fonctions dans un service ou une partie de service mis en commun sont transférés de plein droit, après avis, selon le cas, de la commission administrative paritaire ou de la commission consultative paritaire compétente, à l'établissement public de coopération intercommunale à fiscalité propre, ou à la commune chargée du service commun.

Les mutualisations sont fortement incitées. Pour rappel, la mutualisation n'est pas définie juridiquement par le Code général des collectivités territoriales. Elle peut donc prendre des formes variées : une action coordonnée par plusieurs partenaires sans création de structure commune (comme dans le cadre d'un groupement de commandes), une entité locale confie à une autre le soin de réaliser une mission pour elle (par exemple une prestation de service), une structure territoriale met ses moyens au service d'une autre (convention de mise à disposition d'équipements), un partenaire crée en son sein un service mutualisé spécifique qui intervient pour tous les participants (il y a création d'un service commun), la forme la plus aboutie étant le transfert de compétences communales au profit de l'EPCI. Cette mutualisation est dite verticale quand elle associe l'EPCI et ses communes membres, et peut être ascendante (une commune réalise des services pour l'intercommunalité) ou descendante (l'intercommunalité réalise des services pour une ou plusieurs communes membres). Le rapport de mutualisation comprend un projet de schéma de mutualisation prévoyant l'impact prévisionnel de la mutualisation sur les effectifs de l'EPCI et des communes ainsi que sur leurs dépenses de fonctionnement. Cette procédure a été rendue facultative par la loi engagement proximité de décembre 2019.

Au 1er janvier 2021, on compte 21 métropoles, 14 communautés urbaines, 223 communautés d'agglomération, 995 communautés de communes, et approximativement 9065 structures syndicales. Le remède à l'émiettement des 34 970 communes françaises est paradoxal : plus de 10 000 EPCI ! (Pour comparaison, l'Allemagne compte environ 11 000 communes, l'Espagne comme l'Italie 8 000, et le Royaume-Uni 238…).

Connaissances de base

Des compétences intercommunales régies par deux principes fondamentaux

Le principe de spécialité

Syndicats, comme communautés ou métropoles, sont soumis au principe de spécialité, propre à tout établissement public. C'est ainsi que leur intervention est circonscrite, ce qui signifie qu'à la différence des communes qui ont une compétence générale, ils ne peuvent exercer que les compétences qui leur ont été transférées, d'où l'importance de la délimitation du champ d'action respectif des communes membres et de l'EPCI.

La définition des compétences communautaires repose notamment sur la notion d'intérêt communautaire, ligne de partage entre les domaines d'action de la communauté et ceux qui demeurent au niveau des communes. Cet intérêt communautaire est déterminé par l'organe délibérant de l'EPCI, à la majorité des deux tiers des suffrages exprimés.

La Cour des comptes relève l'imperfection en ce domaine, constatant un décalage important entre les compétences statutaires et celles réellement exercées ; en outre, certains EPCI interviennent sans que la compétence leur ait été transférée, en méconnaissance du principe de spécialité (par exemple, des communautés versent des concours financiers à des associations culturelles ou sportives, alors qu'elles n'y sont pas habilitées).

Le principe d'exclusivité

De plus, conformément au principe d'exclusivité, les structures intercommunales se trouvent investies, en lieu et place des communes, des pouvoirs de décision et d'exécution sur les compétences transférées. Ainsi, dans les syndicats, les statuts approuvés par les conseils municipaux fixent les domaines et l'étendue des compétences à exercer. Dans les communautés, une partie des compétences transférées est précisée par la loi de façon autoritaire (elles sont qualifiées d'obligatoires), comme le développement économique, les aires d'accueil des gens du voyage, les déchets ménagers et l'aménagement de l'espace pour la communauté de communes… sans compter la possibilité offerte aux communes de se démunir librement des missions qu'elles ne souhaitent plus exercer seules (elles sont considérées comme facultatives).

En vertu de ce principe, les communes ne devraient plus intervenir dans les domaines qu'elles ne possèdent plus. L'effectivité des transferts de moyens et de personnels affectés à l'exercice d'une compétence a été mise en cause par un rapport de la Cour des comptes, qui souligne en outre qu'à la faveur parfois de l'imprécision des statuts, des communes continuent d'intervenir dans les compétences transférées à l'EPCI dont elles sont membres (constructions scolaires, subventions, aides économiques…)

Des EPCI diversifiés, application du principe de subsidiarité

Le principe de subsidiarité sous-tend l'intercommunalité, puisqu'il consiste à réserver uniquement à l'échelon supérieur, ici l'EPCI, ce que l'échelon inférieur, donc communal, ne pourrait effectuer que de manière moins efficace. Aujourd'hui, fruits de l'évolution législative, coexistent deux catégories d'EPCI qui présentent des caractéristiques similaires mais aussi des spécificités. (La catégorie des métropoles sera examinée dans une rubrique spécifique, en raison des profondes modifications apportées par les lois MAPTAM et NOTRe à ce type d'EPCI).

Règles communes aux syndicats et communautés

La création, telle que décrite à l'article L. 5211-5 CGCT, est d'initiative préfectorale après avis de la (ou des) commission(s) départementale(s) de la coopération intercommunale concernée(s), ou d'un (ou plusieurs) conseil(s) municipal(aux).

Un arrêté préfectoral fixe le périmètre, et donc la liste des communes concernées. L'accord des communes est alors requis, à une majorité qualifiée : au moins deux tiers des conseils municipaux représentant plus de la moitié de la population totale de celles-ci, ou inversement. Cette majorité doit nécessairement comprendre pour un syndicat les conseils municipaux des communes dont la population est supérieure au quart de la population totale concernée ; pour une communauté, le conseil municipal de la commune dont la population est la plus nombreuse, lorsque celle-ci est supérieure au quart de la population totale concernée.

La création est alors effectuée par arrêté préfectoral, le préfet dispose d'un important pouvoir, ayant la possibilité d'inclure certaines communes même défavorables dans le périmètre lors de la création, ou postérieurement d'en empêcher d'autres d'adhérer, en fonction de la pertinence des périmètres. L'EPCI est substitué de plein droit, à la date du transfert des compétences, aux communes qui le créent dans toutes leurs délibérations et tous leurs actes.

Un fonctionnement semblable est prévu pour syndicats et communautés, avec une assemblée délibérante (comité syndical ou conseil communautaire) et un organe exécutif (le président). Le président, élu par l'organe délibérant en son sein, a les attributions classiques d'un organe exécutif, préparant et exécutant les délibérations, ordonnançant les dépenses, et dirigeant le personnel intercommunal. Il existe comme dans les collectivités territoriales un bureau, composé du président et de vice-présidents.

Les relations entre les EPCI et les citoyens s'opèrent de plusieurs façons : information des administrés (mise à disposition du public des documents budgétaires, publication des actes administratifs...) liée à la loi ATR de 1992 ; commission consultative relative aux services publics locaux (s'il y a au moins une commune de plus de 3500 habitants) en vertu de la LOADT de 1995 ; conseil de développement (LOADDT 1999 et loi NOTRe) ; consultation, c'est-à-dire simple demande d'avis, sur toute question relevant de la compétence intercommunale (LOADT complétée par la loi du 13 août 2004).

Enfin, le périmètre est modifiable, par arrêté préfectoral, l'adhésion de nouvelles communes étant soumise à l'accord des communes membres exprimé dans les conditions de majorité qualifiée requises pour la création de l'établissement (le retrait d'une commune s'opère dans des conditions identiques, il est cependant impossible dans les CU et les métropoles).

Particularisme des différentes catégories de structures intercommunales

Le syndicat intercommunal, EPCI le plus ancien, est une formule souple et « rassurante » pour les communes adhérentes.

En premier lieu, les communes déterminent librement la (pour les SIVU) ou les (pour les SIVOM) compétence(s) qu'elles transfèrent. D'autre part, les communes n'appréhendent aucune concurrence fiscale, le syndicat ne détenant en général pas de pouvoir en ce domaine et étant essentiellement financé par des contributions municipales. Enfin, la représentation des communes au sein de l'organe délibérant est en principe égalitaire (2 conseillers par commune, désignés par le conseil municipal dans l'ordre du tableau), les petites communes ne craignent donc pas d'être absorbées dans un système privilégiant la représentation de communes plus importantes démographiquement.

Les communautés constituent une forme plus intégrée d'EPCI, dotées d'un territoire d'un seul tenant et sans enclave ; elles ont vocation à structurer les espaces autour de la réalisation de projets de développement d'intérêt communautaire. Ces établissements publics reçoivent une dotation globale de fonctionnement étatique, et disposent d'un pouvoir fiscal propre : fiscalité additionnelle à celle des communes (dans certaines CC ou CU instituées avant 1999), ou à fiscalité professionnelle unique (CU et CA, CC ou CU créées avant 1999 qui le décident).

Disposant de compétences obligatoires, et le cas échéant facultatives, lorsqu'un bloc de compétence n'est que partiellement transféré (par exemple en matière de voirie), comme cela a déjà été explicité, la communauté prend en charge ce qui relève de l'intérêt communautaire, la commune conservant la gestion de ce qui est lié à l'intérêt communal. (Lorsque l'exercice des compétences mentionnées est subordonné à la reconnaissance de leur intérêt communautaire, cet intérêt est déterminé à la majorité des deux tiers du conseil de la communauté).

La CU regroupant plus de 250 000 habitants exerce de plein droit au lieu et place des communes membres le développement et l'aménagement économique, social et culturel de l'espace communautaire ; l'aménagement de l'espace communautaire (par exemple les documents d'urbanisme, la voirie, la mobilité) ; l'équilibre social de l'habitat (tel le programme local de l'habitat PLH) ; la politique de la ville (en particulier les dispositifs contractuels et de prévention de la délinquance) ; la gestion des services d'intérêt collectif (comme l'eau, l'assainissement ou les abattoirs) ; la protection de l'environnement et la politique du cadre de vie (déchets des ménages, lutte contre les nuisances sonores, gestion des milieux aquatiques et prévention des inondations ou Gemapi…) ; l'aménagement, l'entretien et la gestion des aires d'accueil des gens du voyage et des terrains familiaux locatifs. La CU ne peut être dissoute que par décret en Conseil des ministres, sur demande des conseils municipaux des communes qu'elle rassemble, à la majorité qualifiée (règles des 2/3 – 1/2).

La CA est soumise en principe à un seuil démographique plancher d'au moins 50 000 habitants, autour d'une ou plusieurs communes-centres de plus de 15 000 habitants. Elle exerce obligatoirement des responsabilités d'intérêt communautaire dans dix domaines : développement économique, aménagement de l'espace communautaire, équilibre social de l'habitat, aire d'accueil des gens du voyage, déchets ménagers, politique de la ville, et gestion des milieux aquatiques et prévention des inondations, eau, assainissement, gestion des eaux pluviales. Elle peut en outre exercer facultativement d'autres compétences.

La CC, créée depuis 1999, exerce de plein droit au lieu et place des communes membres, pour la conduite d'actions d'intérêt communautaire, des compétences relevant de chacun des groupes suivants : aménagement de l'espace, aire d'accueil des gens du voyage, déchets ménagers, actions de développement économique intéressant l'ensemble de la communauté, et gestion des milieux aquatiques et prévention des inondations ; assainissement, eau. Par ailleurs, elle peut choisir d'autres compétences.

Le nombre élevé des communes françaises paraît vecteur de démocratie de proximité et élément de lien social, l'intercommunalité a semblé pouvoir pallier les difficultés engendrées par ce morcellement. Les insuffisances de cette solution sont cependant criantes : la pertinence des périmètres est contestable car parfois fondée sur un simple effet d'aubaine, le mode de désignation d'instances – gérant d'importantes attributions et disposant du pouvoir fiscal – souffre d'un déficit démocratique, la répartition des compétences entre EPCI et communes se révèle faiblement porteuse d'économies d'échelle et même parfois responsable d'une hausse de la fiscalité locale !

La rénovation des métropoles de droit commun

Conçu pour apporter à la France un espace urbain puissant économiquement et donc de dimension européenne, cet établissement public intercommunal regroupe plusieurs communes d'un seul tenant et sans enclave, qui s'associent au sein d'un espace de solidarité. L'objectif est d'élaborer et conduire ensemble un projet d'aménagement et de développement économique, écologique, culturel, éducatif et social du territoire, afin d'en améliorer la compétitivité et la cohésion. La métropole valorise les fonctions économiques métropolitaines, les réseaux de transport et ressources universitaires, la recherche et l'innovation, dans un esprit de coopération régionale et interrégionale et avec le souci d'un développement territorial équilibré.

Ce statut, est imposé aux EPCI qui forment, à la date de la création de la métropole, un ensemble de plus de 400 000 habitants dans une aire urbaine, au sens de l'Institut national de la statistique et des études économiques, de plus de 650 000 habitants (soit Bordeaux, Grenoble, Lille, Nantes, Nice, Rennes, Rouen, Strasbourg et Toulouse). D'autres EPCI de taille équivalente ou comprenant le chef-lieu de région (comme Brest et Montpellier après la loi MAPTAM ; ou Saint-Étienne, Toulon, Orléans, Dijon, Tours, Clermont-Ferrand et Metz après la loi du 28 février 2017) peuvent obtenir par décret le statut de métropole, sous réserve d'un accord à la majorité qualifiée des communes (deux tiers au moins des conseils municipaux des communes intéressées représentant plus de la moitié de la population totale de celles-ci ou inversement).

La métropole exerce de vastes compétences de plein droit, en lieu et place des communes.

- En matière de développement et d'aménagement économique, social et culturel, elle détient le pouvoir de création, aménagement et gestion des zones d'activité industrielle, commerciale, tertiaire, artisanale, touristique, portuaire ou aéroportuaire ; d'actions de développement économique, ainsi que de participation au pilotage des pôles de compétitivité et au capital des sociétés d'accélération du transfert de technologie ; de construction, aménagement, entretien et fonctionnement d'équipements culturels, socioculturels, socio-éducatifs et sportifs d'intérêt métropolitain ; de promotion du tourisme, dont la création d'offices de tourisme ; de programme de soutien et d'aides aux établissements d'enseignement supérieur et de recherche et aux programmes de recherche, en tenant compte du schéma régional de l'enseignement supérieur, de la recherche et de l'innovation.

- En matière d'aménagement de l'espace métropolitain, elle a pour compétences les schémas de cohérence territoriale et schéma de secteur ; le plan local d'urbanisme, document d'urbanisme en tenant lieu ou carte communale ; les définition, création et réalisation d'opérations d'aménagement d'intérêt métropolitain ; les actions de valorisation du patrimoine naturel et paysager ; la constitution de réserves foncières ; l'organisation de la mobilité ; les création, aménagement et entretien de voirie ; la signalisation ; les abris de voyageurs ; les parcs et aires de stationnement et plan de déplacements urbains ; les création, aménagement et entretien des espaces publics dédiés à tout mode de déplacement urbain ainsi qu'à leurs ouvrages accessoires ; la participation à la gouvernance et à l'aménagement des gares situées sur le territoire métropolitain ; et l'établissement, exploitation, acquisition et mise à disposition d'infrastructures et de réseaux de télécommunications.
- En matière de politique locale de l'habitat, elle a en charge le programme local de l'habitat ; la politique du logement ; les aides financières au logement social ; les actions en faveur du logement social ; les actions en faveur du logement des personnes défavorisées ; l'amélioration du parc immobilier bâti, la réhabilitation et la résorption de l'habitat insalubre ; et l'aménagement, l'entretien et la gestion des aires d'accueil des gens du voyage et des terrains familiaux locatifs.
- En matière de politique de la ville, la métropole assure les dispositifs contractuels de développement urbain, de développement local et d'insertion économique et sociale ; les programmes d'action définis dans les contrats de ville ; et les dispositifs locaux de prévention de la délinquance et d'accès au droit.
- En matière de gestion des services d'intérêt collectif, lui sont impartis l'assainissement et l'eau ; les création, gestion, extension et translation des cimetières et sites cinéraires d'intérêt métropolitain, ainsi que les création, gestion et extension des crématoriums ; les abattoirs, abattoirs marchés et marchés d'intérêt national ; les services d'incendie et de secours ; et le service public de défense extérieure contre l'incendie.
- Enfin, en matière de protection et de mise en valeur de l'environnement et de politique du cadre de vie, la métropole a pour compétences la gestion des déchets ménagers et assimilés ; la lutte contre la pollution de l'air ; la lutte contre les nuisances sonores ; la contribution à la transition énergétique ; le soutien aux actions de maîtrise de la demande d'énergie ; l'élaboration et adoption du plan climat-air-énergie territorial en cohérence avec les objectifs nationaux en matière de réduction des émissions de gaz à effet de serre, d'efficacité énergétique et de production d'énergie renouvelable ; la concession de la distribution publique d'électricité et de gaz ; les création, aménagement, entretien et gestion de réseaux de chaleur ou de froid urbains ; les création et entretien des infrastructures de charge nécessaires à l'usage des véhicules électriques ou hybrides rechargeables ; la gestion des milieux aquatiques et la prévention des inondations, dans les conditions prévues à l'article L. 211-7 du Code de l'environnement ; et est l'autorité concessionnaire de l'État pour les plages, dans les conditions prévues à l'article L. 2124-4 du Code général de la propriété des personnes publiques.

Lorsque l'exercice des compétences est subordonné à la reconnaissance de leur intérêt métropolitain, celui-ci est déterminé à la majorité des deux tiers des suffrages exprimés par le conseil de la métropole. Il est défini au plus tard deux ans après l'entrée en vigueur du décret prononçant la création de la métropole. À défaut, la métropole exerce l'intégralité des compétences transférées.

De plus, la métropole peut exercer à sa demande certaines compétences étatiques (essentiellement en matière de logement), ou départementales (par convention, comme en matière de voirie ou d'aides aux jeunes en difficulté), ou régionales (par convention aussi, par exemple en ce qui concerne les bâtiments des lycées). Il est cependant à remarquer qu'à défaut de conventionnement entre le département et la métropole lors de la 2e année qui suit la création de la métropole, le transfert du domaine public routier départemental est opéré de plein droit.

Enfin, la métropole est associée de plein droit à différentes procédures de planification en matière d'aménagement, de transports et d'environnement.

Pour mener à bien toutes ces activités de service public, la métropole dispose des ressources d'une CU et d'une dotation globale de fonctionnement dite territoriale.

Le conseil de la métropole est présidé par le président du Conseil de la métropole ; il est composé de conseillers métropolitains, et dispose des attributions classiques d'un organe délibérant.

La métropole compte aussi une instance de coordination entre la métropole et les communes membres, la conférence métropolitaine, au sein de laquelle il peut être débattu de tous sujets d'intérêt métropolitain ou relatifs à l'harmonisation de l'action de ces collectivités. (Cette instance est présidée de droit par le président du Conseil de la métropole et comprend les maires des communes membres).

Un conseil de développement réunit les représentants des milieux économiques, sociaux, culturels, éducatifs, scientifiques et associatifs de la métropole. Il s'organise librement, et est consulté sur les principales orientations de la métropole, sur les documents de prospective et de planification et sur la conception et l'évaluation des politiques locales de promotion du développement durable du territoire. Il peut donner son avis ou être consulté sur toute autre question relative à la métropole. Il établit un rapport annuel d'activité, qui est examiné et débattu par le conseil de la métropole.

Les élus ruraux s'inquiètent, craignant qu'il ne reste aux départements et régions que les territoires intermédiaires, ceux situés entre deux métropoles (zones de richesse), pauvres et difficiles d'accès, d'où une inégalité de développement.

Bilan de l'actualité

Les lois MAPTAM du 27 janvier 2014, NOTRe du 7 août 2015 et du 28 février 2017 relative au statut de Paris et à l'aménagement métropolitain sont notamment orientées vers de nouveaux instruments de collaboration territoriale.

Le pôle métropolitain, outil souple renouvelé de collaboration entre EPCI

Institué par la loi RCT de 2010 et légèrement remanié par les lois MAPTAM de 2014 et NOTRe de 2015, le pôle métropolitain est créé entre plusieurs EPCI (et le cas échéant la métropole de Lyon), dont un EPCI comptant plus de 100 000 habitants. Ce syndicat mixte multipolaire est institué en vue d'actions d'intérêt métropolitain afin de promouvoir un modèle d'aménagement, de développement durable et de solidarité territoriale. Il en existe actuellement 25.

La création relève de l'initiative et de l'accord des conseils communautaires qui définissent l'intérêt métropolitain des compétences transférées au pôle ; après avis des conseils départementaux et régionaux, un arrêté préfectoral préside à la naissance de cette nouvelle forme de coopération.

Élément de souplesse, la condition d'un EPCI comptant plus de 100 000 habitants est abaissée à 50 000 habitants lorsque cet EPCI est limitrophe d'un État étranger. Les futurs pôles pourront d'ailleurs adhérer à un district européen.

L'enjeu est important : constituer des « corridors » de développement, en permettant la collaboration entre grandes agglomérations ; le pôle métropolitain correspond en particulier aux problématiques des territoires multipolaires et institutionnalise les réseaux des villes de la DATAR, qui estime à environ 50 les territoires concernés par ce nouvel outil, comme le Sillon Lorrain Européen (le premier créé !), Strasbourg-Mulhouse-Colmar, Créa-Seine-Eure en Normandie… Les pôles doivent rester des structures de projets et non pas s'ériger en échelon politique ; ils sont associés à l'élaboration des grands schémas régionaux comme le SRDEII et le SRADDET.

Les pôles d'équilibre territoriaux et ruraux (PETR)

Le pôle d'équilibre territorial et rural est un établissement public soumis aux règles applicables aux syndicats mixtes, constitué par accord entre plusieurs EPCI à fiscalité propre, au sein d'un périmètre d'un seul tenant et sans enclave. Sa création est décidée par délibérations concordantes des organes délibérants des EPCI à fiscalité propre, et approuvée par arrêté préfectoral (en 2021, on en recense 124, comme le PETR de Thiérache).

Une conférence des maires, réunissant les maires des communes situées dans le périmètre du pôle d'équilibre territorial et rural, est notamment consultée lors de l'élaboration, la modification et la révision du projet de territoire.

Un conseil de développement territorial réunit les représentants des acteurs économiques, sociaux, culturels, éducatifs, scientifiques et associatifs du pôle d'équilibre territorial et rural. Il est consulté sur les principales orientations du comité syndical du pôle et peut donner son avis ou être consulté sur toute question d'intérêt territorial.

Dans les douze mois suivant sa mise en place, le pôle d'équilibre territorial et rural élabore un projet de territoire pour le compte et en partenariat avec les EPCI qui le composent, qui définit les conditions du développement économique, écologique, culturel et social dans le périmètre du pôle d'équilibre territorial et rural. Il précise les actions en matière de développement économique, d'aménagement de l'espace et de promotion de la transition écologique qui sont conduites par les établissements publics de coopération intercommunale ou, en leur nom et pour leur compte, par le pôle d'équilibre territorial et rural. Il doit être compatible avec les schémas de cohérence territoriale applicables dans le périmètre du pôle.

Pour la mise en œuvre du projet de territoire, le pôle d'équilibre territorial et rural, d'une part, les EPCI à fiscalité propre qui composent le pôle et, le cas échéant, les conseils départementaux et les conseils régionaux ayant été associés à son élaboration, d'autre part, concluent une convention territoriale.

Elle fixe la durée, l'étendue et les conditions financières de la délégation ainsi que les conditions dans lesquelles les services des EPCI, des conseils départementaux et des conseils régionaux sont mis à la disposition du pôle d'équilibre territorial et rural.

Lorsque le périmètre du pôle d'équilibre territorial et rural correspond à celui ème à fiscalité propre qui le composent, l'élaboration, la révision et la modification de ce schéma.

Le pôle d'équilibre territorial et rural peut constituer le cadre de contractualisation infrarégionale et infradépartementale des politiques de développement, d'aménagement et de solidarité entre les territoires. Il a vocation à remplacer les pays.

Le regain d'intérêt pour les communes nouvelles

Certes, la loi du 16 décembre 2010 relative à la réforme des collectivités territoriales avait instauré un dispositif qui s'apparentait à une fusion de communes, avec la possibilité d'une commune nouvelle en lieu et place de communes contiguës. Cette collectivité est créée à la demande de tous les conseils municipaux, ou de la majorité qualifiée des 2/3 des conseils municipaux d'un EPCI à fiscalité propre représentant plus de 2/3 de la population, ou du conseil communautaire, ou du préfet (mais dans ces deux derniers cas, nécessité de l'accord des conseils municipaux à la majorité qualifiée 2/3 – 2/3). Faute d'accord unanime des conseils municipaux, une consultation référendaire des habitants est organisée. Garantissant l'application du principe constitutionnel de participation des agents publics (cf. 8e alinéa du Préambule de la Constitution de 1946), la loi du 27 décembre 2019 impose la consultation des comités techniques des communes concernées par un projet de commune nouvelle avant toute délibération sur ce sujet.

Des communes déléguées dépourvues de personnalité morale, dotées d'élus selon le système du fléchage sur la liste de la commune nouvelle, permettent la pérennisation des anciennes communes; le maire délégué remplit les fonctions d'officier d'état civil et de police judiciaire, et peut recevoir des délégations du maire de la commune nouvelle.

Les objectifs de ce dispositif sont connus: une meilleure rationalisation de l'action publique, des économies d'échelle, une meilleure représentation dans l'intercommunalité, le maintien et la mutualisation de certains services, et les avantages de conservation de la clause générale de compétences (contrairement aux EPCI)...

La loi relative à l'amélioration du régime de la commune nouvelle pour des communes fortes et vivantes du 16 mars 2015, modifiée par la loi du 8 novembre 2016 rénove le statut, le rendant plus attractif par différents éléments.

En premier lieu, pour lever les réticences psychologiques, est prévu un mécanisme transitoire jusqu'en 2020 : tous les conseillers municipaux des communes déléguées pourront siéger au sein de l'assemblée délibérante de la commune nouvelle. Pour éviter une baisse trop violente du nombre de conseillers de la commune nouvelle à l'issue de la période transitoire, la loi du 1er août 2019 crée un système tampon : à partir de 2020, le nombre de conseillers ne pourra être inférieur au tiers de l'addition des conseillers municipaux élus lors du précédent renouvellement général des conseils municipaux. (Le nombre est dans tous les cas plafonné à 69) Ainsi, la commune nouvelle d'Annecy issue en 2017 de la fusion de 6 communes passe avec cette loi en 2020 de 202 conseillers municipaux (soit la somme des conseillers des 6 communes) à 69.

De plus, la commune historique est préservée à travers la notion de commune déléguée, puisque les maires délégués sont automatiquement adjoints de la commune nouvelle. En matière d'urbanisme, le texte permet la prise en compte des spécificités architecturales et urbanistiques des anciennes communes dans les plans d'aménagement et de développement durable des plans locaux d'urbanisme de la commune nouvelle.

En outre, il est prévu un délai pour le rattachement d'une commune nouvelle issue de la fusion d'un EPCI à fiscalité propre avec ses communes membres à un nouvel EPCI à fiscalité propre : avant le prochain renouvellement général des conseils municipaux et au plus tard vingt-quatre mois après la date de sa création.

Enfin, atouts de taille, les incitations financières devraient séduire. Les communes nouvelles créées avant le 1er janvier 2019 ne subissent pas la baisse des dotations étatiques. La Dotation globale de fonctionnement (DGF) est stabilisée 3 ans pour toute commune nouvelle de moins de 150 000 habitants ; ce pacte financier intègre de plus une bonification de 5 % de la dotation forfaitaire pour les communes de moins de 10 000 habitants. Au 1er janvier 2019, 774 communes nouvelles « lois 2010/2015 » ont été créées, qui regroupent environ 1,9 million d'habitants (la plus grande commune nouvelle étant Annecy qui regroupe 126 000 habitants)... Les avantages financiers (DGF, économies d'échelle, mutualisations), mais aussi le poids politique ainsi conféré séduisent certaines communes rurales, mais aussi des communes urbaines. La question du rattachement de la commune nouvelle (constituée de communes historiques issues d'EPCI à fiscalité propre différents) à un EPCI à fiscalité propre ayant donné lieu à une censure du Conseil constitutionnel (2016-588 QPC 21 octobre 2016 Communauté de communes des sources du lac d'Annecy et autres), a finalement été réglée par la loi du 28 février 2017.

Les relations entre communes nouvelles et intercommunalités posent question... La loi du 1er août 2019 visant à adapter l'organisation des communes nouvelles à la diversité des territoires (dite loi Gatel) crée un nouveau type de collectivité : la commune-communauté : une commune nouvelle issue de toutes les communes d'un

EPCI n'est pas obligée d'adhérer à un EPCI de plus grande taille. Ces communes-communautés (le terme n'est pas employé dans la loi) disposent des mêmes prérogatives et sont soumises aux mêmes obligations que celles que la loi attribue ou assigne aux EPCI. Le maire de la commune nouvelle exerce donc, au-delà des attributions municipales classiques, les mêmes attributions que tout président d'EPCI.

Ce type de collectivités ne devrait pas se généraliser, car la plupart des EPCI à fiscalité propre sont trop vastes pour se transformer en communes.

Perspectives

Les avancées intercommunales de la loi « engagement proximité » du 27 décembre 2019

La loi relative à l'engagement dans la vie locale et à la proximité de l'action publique répond aux irritations des élus locaux, et à la suite du rôle central joué par les maires lors de la crise « des gilets jaunes » conforte chaque maire dans son intercommunalité. Pour mieux associer le maire à la gouvernance de l'EPCI la loi instaure la possibilité pour le conseil communautaire d'établir un pacte de gouvernance permettant aux élus d'être associés sur le fonctionnement quotidien de l'EPCI. La conférence des maires devient obligatoire dans tous les EPCI à fiscalité propre, présidée par le président de l'EPCI, et réunie sur un ordre du jour déterminé à son initiative (ou à la demande d'1/3 des maires mais dans ce cas au maximum quatre fois par an.) L'information de l'ensemble des conseillers municipaux sur les délibérations de l'intercommunalité est instituée.

Le pacte de compétences permet aux élus de s'accorder sur les compétences de l'EPCI. Une procédure de restitution de compétences intercommunales aux communes membres est autorisée, les compétences optionnelles des communautés de communes et d'agglomération disparaissent. Le transfert obligatoire des compétences eau et assainissement à ces communautés est atténué, l'exercice de la compétence promotion du tourisme est assoupli, le rôle des communes dans l'élaboration du plan local intercommunal est affirmé.

Le périmètre des EPCI fait aussi l'objet de dispositions légales nouvelles. L'obligation de réviser le SDCI disparaît, la composition de la CDCI est modifiée en faveur des représentants des communes (de 40 % à 50 %). La procédure dérogatoire permettant le retrait de communes membres d'une communauté de communes est élargie aux membres des communautés d'agglomération. La scission de communautés de communes comme d'agglomération devient possible afin d'éviter une taille critique rendant complexe le fonctionnement et la mise en œuvre d'actions de proximité.

Certains territoires atypiques font l'objet de dispositifs spécifiques. Ainsi en est-il depuis le 1er janvier 2015 de la métropole de Lyon, collectivité à statut particulier, qui résulte de la transformation de la communauté urbaine (COURLY) et, sur son territoire, se substitue au département (loi MAPTAM, et 2 ordonnances du 19 décembre 2014) ;

et de celle d'Aix-Marseille-Provence qui a fusionné le 1er janvier 2016 six intercommunalités en place (soit 92 communes et 1,8 million d'habitants).

Les dispositions institutionnelles spécifiques au Grand Paris

La loi MAPTAM complétée par la loi NOTRe mais aussi la loi du 28 février 2017 tient compte du particularisme de cette région, en raison de son importance démographique, de son caractère stratégique, et de son originalité juridique issue des lois antérieures...

La métropole du Grand Paris (MGP)

Il a été créé au 1er janvier 2016 un EPCI à fiscalité propre à statut particulier dénommé « la métropole du Grand Paris », qui regroupe la commune de Paris; l'ensemble des communes des départements 92, 93 et 94; Argenteuil et les communes de la communauté d'agglomération Les portes de l'Essonne (Calpe). Ce gigantesque EPCI à l'architecture originale, de caractère confédéral, regroupe donc 131 communes, soit 7,2 millions d'habitants, avec des recettes de 3,4 milliards d'euros.

La métropole du Grand Paris est constituée en vue de la définition et de la mise en œuvre d'actions métropolitaines afin d'améliorer le cadre de vie de ses habitants, de réduire les inégalités entre les territoires qui la composent (en assurant une péréquation entre l'est et l'ouest de l'aire métropolitaine), de développer un modèle urbain, social et économique durable, moyens d'une meilleure attractivité et compétitivité au bénéfice de l'ensemble du territoire national.

Elle élabore un projet métropolitain, en association avec les habitants, qui définit les orientations générales de la politique conduite, participe à la mise en œuvre du schéma directeur de la région d'Île-de-France. (Il comporte un diagnostic général, social, économique et environnemental du territoire métropolitain, des orientations stratégiques pour le développement de la métropole ainsi que des domaines d'intervention prioritaires).

La métropole du Grand Paris exerce cinq compétences : le développement et l'aménagement économique, social et culturel; ainsi que la protection et la mise en valeur de l'environnement et la politique du cadre de vie; l'aménagement de l'espace métropolitain, la politique locale de l'habitat et du logement, la gestion des milieux aquatiques et la prévention des inondations. Trois compétences sont partagées avec les établissements publics territoriaux : l'aménagement, le développement économique et la politique de l'habitat.

L'intérêt métropolitain est déterminé à la majorité des deux tiers du conseil de la métropole. Il permet de distinguer dans une compétence partagée les actions qui par leur étendue, leur contenu, leur objet stratégique, leur dimension financière et leur rayonnement doivent être gérées par la Métropole du Grand Paris.

Le conseil de la métropole est composé de 209 conseillers métropolitains élus (en principe un conseiller métropolitain par commune; sauf à Paris qui en compte 62; sauf dans les communes de Boulogne-Billancourt et de Saint Denis qui en ont trois; et sauf pour les communes de Courbevoie, Nanterre, Rueil-Malmaison, Asnières-sur-Seine, Colombes, Argenteuil, Aubervilliers, Aulnay-sous-Bois, Montreuil,

Champigny-sur-Marne, Saint-Maur des Fossés, Créteil et Vitry sur Seine qui ont droit à 2 conseillers). Le président du Grand Paris élu depuis le 22 janvier 2016 est Patrick Ollier.

Comme le prévoit la loi NOTRe, dans le périmètre de la métropole du Grand Paris, ont été créés, au 1er janvier 2016, des établissements publics de coopération intercommunale rassemblant au moins 300 000 habitants, dénommés « établissements publics territoriaux » (EPT). Ces établissements publics sont soumis aux dispositions applicables aux syndicats de communes. D'un seul tenant et sans enclave, ces établissements regroupent l'ensemble des communes membres de la métropole du Grand Paris, à l'exception de Ville de Paris. L'EPT est doté d'un conseil de territoire permettant la représentation des communes qui le composent en fonction de la taille de la population communale ; la désignation s'opère selon les règles de la proportionnelle à la plus forte moyenne.

5 compétences obligatoires sont exercées intégralement depuis le 1er janvier 2016 par tous les EPT : la politique de la ville, le plan local d'urbanisme, le plan climat air énergie, l'assainissement et l'eau, la gestion des déchets ménagers. Deux compétences obligatoires sont soumises à la définition de l'intérêt territorial : les équipements culturels et sportifs, l'action sociale.

Malgré 3,6 milliards de recettes, la MGP n'a un budget propre que de 208 millions d'euros. En effet, un modèle transitoire de partage du produit des impôts économiques (CFE et CVAE) a été établi entre la métropole et les EPT, mais qui devrait aboutir en 2023 à la disparition de toutes recettes fiscales de ce type pour les EPT… Une assemblée des maires de la métropole du Grand Paris, composée de l'ensemble des maires des communes situées dans le ressort territorial de la métropole, se réunit au moins une fois par an pour débattre du programme d'actions et du rapport d'activité de la métropole. Elle formule des avis et des recommandations qui sont transmis au conseil de la métropole.

Un conseil de développement réunit les partenaires économiques, sociaux et culturels de la métropole du Grand Paris. Il est consulté sur les principales orientations de la métropole du Grand Paris.

Ce dispositif fait l'objet de critiques nourries : sa complexité est en particulier dénoncée. En effet au système : communes/EPCI/département, est substitué un système communes/EPT/Métropole du Grand Paris/département… Le constat est sans appel : les inégalités s'aggravent, la mutualisation des compétences et des moyens reste insuffisante, la gouvernance se révèle inefficace. Il reste de plus une incertitude quant au devenir des 3 départements de la 1re couronne…

Il peut être enfin remarqué pour compléter cette présentation, la remise en cause des institutions franciliennes opérée par la loi du 28 février 2017 relative au statut de Paris et à l'aménagement métropolitain. En 2019 a été créée une collectivité à statut particulier « Ville de Paris » en lieu et place de la commune de Paris et du département de Paris. Afin de corriger les écarts de représentativité des conseillers de Paris et de faire des économies, un nouveau secteur regroupe les quatre plus petits arrondissements de Paris (les Ier, 2e, 3e, et 4e). Le maire de Paris augmente ses pouvoirs de police, se rapprochant ainsi du droit commun : police des baignades, des funérailles, de l'habitat insalubre, gestion des fourrières et délivrance des passeports et cartes nationales d'identité. (La loi « sécurité globale » du 25 mai 2021 a permis la création d'un service de police municipale par délibération en juin 2021 du Conseil de Paris.)

Le projet urbain du Grand Paris

Le Grand Paris est un projet urbain, social et économique d'intérêt national qui unit les grands territoires stratégiques de la région d'Île-de-France, au premier rang desquels Paris et le cœur de l'agglomération parisienne, et promeut le développement économique durable, solidaire et créateur d'emplois de la région capitale. Il vise à réduire les déséquilibres sociaux, territoriaux et fiscaux au bénéfice de l'ensemble du territoire national. Les collectivités territoriales et les citoyens sont associés à l'élaboration et à la réalisation de ce projet.

Le réseau de transport du Grand Paris Express

Établissement public industriel et commercial de l'État, la société du Grand Paris (SGP) est régie par la loi du 3 juin 2010 . Sa mission principale est la conception et la réalisation du schéma d'ensemble et des projets d'infrastructures composant le réseau de transport public du Grand Paris Express et d'en assurer la réalisation, qui comprend la construction des lignes, ouvrages et installations fixes, la construction et l'aménagement des gares, y compris d'interconnexion, ainsi que l'acquisition des matériels roulants conçus pour parcourir ces infrastructures. Elle veille également au maillage cohérent du territoire par une offre de transport de surface permettant la desserte des gares du réseau de transport public du Grand Paris Express ; et peut conduire à des opérations d'aménagement ou de construction.

L'établissement peut acquérir, au besoin par voie d'expropriation ou de préemption, les biens de toute nature, immobiliers et mobiliers, nécessaires à la création et à l'exploitation des infrastructures du réseau de transport public du Grand Paris.

La SGP dispose d'un directoire comprenant 3 membres nommés pour 5 ans par décret (le président est actuellement Jean-François Monteils), et d'un conseil de surveillance composé de 11 représentants de l'État, du président du Conseil régional d'Île-de-France, des 8 présidents des conseils départementaux franciliens et d'un maire ou d'un président d'un EPCI. Un comité stratégique composé de 16 membres (élus locaux, parlementaires, représentants des organismes professionnels et consulaires) complète le dispositif.

L'établissement public bénéficie notamment de dotations en capital apportées par l'État, d'apports européens et d'emprunts.

Adopté à l'unanimité par la SGP, le tracé de ce métro automatique, pierre angulaire du Grand Paris devrait coûter près de 38,5 milliards.

Certains commentateurs remarquent que la métropole du Grand Paris vient s'ajouter à la Société du Grand Paris, à Île-de-France Mobilités (ancien Syndicat des transports d'Île-de-France, STIF), aux compétences de Réseau ferré de France (RFF), de la société nationale des chemins de fer français (SNCF) et de la régie autonome des transports parisiens (RATP)… la simplification annoncée comme objectif risque de ne pas être atteinte.

Pour conclure, il est bon de signaler qu'au-delà de la coopération intercommunale, la coopération entre les collectivités territoriales emprunte des formes variées : celle de l'établissement public (comme les ententes interrégionales, les syndicats mixtes ouverts entre collectivités de niveaux différents, ou les agences départementales entre département, communes et EPCI), celle de la coopération contractuelle traditionnelle (comme les ententes, conventions ou conférences intercommunales ou interdépartementales) ou rénovée (la mutualisation), celle des sociétés (sociétés d'économie mixte locales, sociétés publiques locales d'aménagement et sociétés publiques locales). Les Hauts-de-Seine et les Yvelines ont approuvé en 2016 la création d'un établissement public de coopération interdépartementale, première étape du projet de fusion de ces deux départements de l'ouest parisien, dans un objectif de « peser lourd » face à l'État et face à la Métropole du Grand Paris. De même, la Savoie et la Haute-Savoie ont créé un établissement public « Conseil Savoie Mont Blanc », dans l'optique d'une possible réunification.

Bibliographie

- « Une nouvelle loi pour les communes nouvelles », Michel Verpeaux, *AJDA,* n° 44/2019, 23 décembre 2019, p. 2613-2620.
- « Loi engagement et proximité : consécration de la pratique du pacte de gouvernance entre communes et intercommunalité », Floriane Boulay, *Actualité Juridique. Collectivités territoriales*, février 2020, n° 2, p. 76-81.
- « La mutualisation intercommunale des services ; mythe ou réalité ? », Hadi Habchi, *Semaine juridique (la). Administration et collectivités territoriales,* 9 mars 2020, n° 10-11, p. 23-31.
- « Les intercommunalités, relais du plan de relance », [Dossier] *Intercommunalités*, décembre 2020, n° 255, p. 8-21
- « L'intercommunalité du XXIe siècle ou Le Prométhée moderne », Armelle Treppoz Bruant, *Droit administratif*, décembre 2020, n° 12, p. 17-24.
- « Réformer la gouvernance du Grand Paris », Philippe Dallier, Didier Rambaud, 11 mars 2021, Rapport d'information n° 444 (2020-2021), http://www.senat.fr/rap/r20-044/r20-04418.html
- « Métropoles : pour de nouvelles dynamiques territoriales », Françoise Gatel, 11 juin 2021, Rapport d'information n° 679 (2020-2021), Métropoles : pour de nouvelles dynamiques territoriales – Sénat (senat.fr)
- Base nationale d'informations sur l'intercommunalité en France, mise à jour trimestriellement www.banatic.interieur.gouv.fr

Exemples de sujets

- L'intercommunalité, un objectif quantitatif ou qualitatif ?
- La rationalisation de l'intercommunalité
- L'intercommunalité menace-t-elle les communes ?
- Le Grand Paris, enjeux et modalités
- La mutualisation aujourd'hui
- Les communes nouvelles

QCM

L'historique de la coopération intercommunale française

46. Quelles sont les raisons historiques de la nécessaire intercommunalité ?

☐ **A.** Le morcellement communal important issu des 44 000 communes révolutionnaires

☐ **B.** La construction européenne depuis 1957, qui impose le regroupement de communes

☐ **C.** Le manque de moyens financiers lié à la suppression de la taxe professionnelle en 2010

47. Pourquoi dit-on que les structures intercommunales ne sont pas des collectivités territoriales ?

☐ **A.** Parce qu'elles ont des organes qui ne procèdent pas de l'élection

☐ **B.** Parce qu'on se trompe : ce sont des collectivités territoriales

☐ **C.** Parce que ce sont des établissements publics, autre catégorie de personne morale de droit public

48. L'acte I de la décentralisation (1982-1983) a-t-il développé l'intercommunalité ?

☐ **A.** Oui, de façon directe dans les lois Defferre

☐ **B.** Oui, de façon indirecte, l'essor des compétences communales rendant plus pressant l'impératif de coopération intercommunale

☐ **C.** Non, la décentralisation concerne uniquement les collectivités territoriales

49. Pourquoi dit-on que 1999 est une année importante pour l'intercommunalité ?

☐ **A.** Parce que c'est l'année de la ratification du traité d'Amsterdam

☐ **B.** Parce que c'est l'année de la loi dite Voynet et de la loi dite Chevènement

☐ **C.** Parce qu'à la veille de l'an 2000, il y a une prise de conscience sur l'intercommunalité

50. Comment l'acte II de la décentralisation (2003-2004) s'intéresse-t-il à l'intercommunalité ?

☐ **A.** Par la suppression des districts et communautés de villes

☐ **B.** Par le renforcement de dotations pour les EPCI (établissements publics de coopération intercommunale)

☐ **C.** Dans des dispositions constitutionnelles et législatives

L'intercommunalité actuelle

51. Combien y a-t-il de structures intercommunales ?

☐ **A.** Près de 10 000 syndicats, communautés et métropoles

☐ **B.** Autant que de communes, soit environ 34 970

☐ **C.** 2 000 EPCI

52. Quelles sont les 3 caractéristiques des syndicats intercommunaux ?

☐ **A.** Une (ou des) compétence(s) facultative(s), des ressources provenant de contributions communales, une représentation en principe égalitaire des communes membres

☐ **B.** Un périmètre concernant moins de 5 000 habitants, une compétence en matière de déchets ménagers, un président élu par les maires des communes membres

☐ **C.** Un principe de spécialité, un principe d'exclusivité, un principe d'universalité

53. Que signifie le sigle SIVOM ?

☐ **A.** Syndicat intercommunal pour la voirie et les ordures ménagères
☐ **B.** Syndicat intercommunal à vocation multiple
☐ **C.** Syndical intercommunal à vocation et organisation multiple

54. Pourquoi les communautés sont-elles qualifiées d'intercommunalité « fédérative » ?

☐ **A.** Parce qu'elles ont créé une fédération qui défend leurs points de vue
☐ **B.** Parce que cela évoque la fête de la Fédération du 14 juillet 1790, fête de la réconciliation et de l'unité
☐ **C.** Parce qu'elles développent une intercommunalité aboutie

55. Quelles sont les formes actuelles de communautés ?

☐ **A.** Les communautés de communes, les communautés de villes, les communautés urbaines
☐ **B.** Les communautés de communes, les communautés de pays, les communautés urbaines
☐ **C.** Les communautés de communes, les communautés d'agglomération, les communautés urbaines

56. À quoi sert le schéma départemental de coopération intercommunale (SDCI) ?

☐ **A.** À recenser les structures intercommunales créées
☐ **B.** À permettre au conseil départemental d'aider les EPCI
☐ **C.** À généraliser et rationaliser l'intercommunalité dans le département

57. Quelles sont les modifications apportées par la loi engagement proximité de 2019 aux communautés de communes ?

☐ **A.** Cette forme d'EPCI disparaît
☐ **B.** Les compétences sont modifiées
☐ **C.** Elles doivent comporter au moins 75 000 habitants

58. Qu'appelle-t-on un pôle d'équilibre territorial et rural ?

☐ **A.** Un établissement public constitué entre plusieurs EPCI à fiscalité propre
☐ **B.** Un périmètre destinataire du fonds européen d'orientation et de garantie agricole
☐ **C.** Un service économique régional

59. Le pacte de gouvernance institué par la loi du 27 décembre 2019

☐ **A.** Est obligatoire dans toutes les métropoles et communautés
☐ **B.** N'est pas un instrument de rééquilibrage du rôle des maires au sein de l'intercommunalité
☐ **C.** Permet aux élus de se mettre d'accord sur le fonctionnement quotidien de l'EPCI

60. Le président de la communauté dispose-t-il de pouvoirs de police ?

☐ **A.** Non, c'est une compétence du maire
☐ **B.** Oui, mais uniquement dans les communautés urbaines et les métropoles
☐ **C.** Oui, c'est logique que si la gestion est intercommunale, la réglementation le soit aussi

61. À quoi sert le schéma de mutualisation des services ?

☐ **A.** À prévoir l'impact prévisionnel de la mutualisation sur les effectifs et les dépenses de fonctionnement
☐ **B.** À savoir quels sont les agents transférés au niveau intercommunal
☐ **C.** C'est un schéma utile à la DRH de l'intercommunalité pour la mutuelle des agents

62. Depuis 2014, les organes délibérants de tous les EPCI sont-ils élus au suffrage direct ?

- ☐ **A.** Oui, c'est une mesure « phare » de la réforme de 2010
- ☐ **B.** Non : cela ne concerne pas tous les EPCI
- ☐ **C.** Oui, mais uniquement dans les communes de moins de 3 500 habitants

63. Quelles sont les modalités d'élection au suffrage direct des conseillers intercommunaux ?

- ☐ **A.** Lors des élections municipales, « un bulletin, 2 listes »
- ☐ **B.** Le même jour que les élections municipales, mais par un scrutin distinct
- ☐ **C.** À la place des élections cantonales et régionales

64. Le nombre d'élus intercommunaux est-il librement choisi par les statuts de l'EPCI ?

- ☐ **A.** Oui
- ☐ **B.** Il y a un plafonnement fixé par la loi
- ☐ **C.** Un conseiller pour les communes inférieures à 3 500 habitants, deux pour les autres

65. La métropole est-elle un EPCI ?

- ☐ **A.** Oui
- ☐ **B.** Non

66. Quelle est l'affirmation exacte ?

- ☐ **A.** Le pôle métropolitain est un syndicat mixte multipolaire
- ☐ **B.** Le pôle métropolitain est créé par une loi
- ☐ **C.** Le pôle métropolitain est le quartier d'une métropole

67. Une commune nouvelle est-elle un EPCI à fiscalité propre ?

- ☐ **A.** Oui
- ☐ **B.** Non, c'est un syndicat mixte
- ☐ **C.** Non, c'est une collectivité territoriale

68. Que perçoivent les EPCI à fiscalité propre à la place de la taxe professionnelle unique ?

- ☐ **A.** Rien ne va remplacer la disparition de la taxe professionnelle unique
- ☐ **B.** Un régime de fiscalité professionnelle unique (FPU)
- ☐ **C.** Un nouvel impôt sur les transports a été créé en 2016

Réponses

46. Réponse A. Sous la pression de Mirabeau, les 44 000 paroisses françaises sont devenues 44 000 communes, dans un État qui ne comptait que 26 millions d'habitants… Cet émiettement communal pose donc dès le départ le problème du manque de moyens financiers et humains de ces collectivités de proximité.

47. Réponse C. Dès 1890, l'intercommunalité prend la forme juridique d'établissements publics de coopération intercommunale. Cette catégorie de personne juridique se distingue des collectivités territoriales en raison du principe de spécialité qui limite les compétences à celles figurant dans les statuts, et par la composition des organes qui rattache l'établissement public à d'autres personnes publiques. Cependant, depuis le 1er janvier 2015, la Métropole de Lyon, instance d'intercommunalité, est une collectivité à statut particulier (article L. 3611-1 CGCT).

48. **Réponse B.** L'acte I de la décentralisation ne s'est pas attaqué à l'émiettement communal, la réforme de l'architecture administrative française étant complexe juridiquement, et difficile politiquement. Le très fort développement des compétences transférées par l'État aux communes (par exemple dans le domaine de l'urbanisme) a cependant suscité un besoin évident d'intercommunalité, selon la formule bien connue que « l'union fait la force ».

49. **Réponse B.** En 1999, la loi du 25 juin d'orientation pour l'aménagement et le développement durable du territoire, dite loi Voynet, développe une intercommunalité liée à la formule des pays, territoires présentant une cohésion géographique, économique, culturelle ou sociale, à l'échelle d'un bassin de vie ou d'emploi. La loi du 12 juillet 1999 relative au renforcement et à la simplification de la coopération intercommunale, dite loi Chevènement, s'appuie quant à elle sur la technique des communautés, EPCI de projet.

50. **Réponse C.** La révision constitutionnelle du 28 mars 2003 ajoute le terme de « groupements » de collectivités territoriales tant pour l'expérimentation que pour le dispositif de « chef de file » (Article 72 C). La loi du 13 août 2004 relative aux libertés et responsabilités locales comporte un important volet intercommunal, notamment pour améliorer le fonctionnement des communautés et en faciliter la création.

51. **Réponse A.** Le problème de l'émiettement intercommunal vient s'ajouter à la difficulté du morcellement communal ! En effet, au 1er janvier 2021 on compte 21 métropoles, 11 communautés urbaines, 222 communautés d'agglomération, 1009 communautés de communes et près de 9 000 structures syndicales. En 2018, la couverture du territoire par les groupements à fiscalité propre est arrivée à son terme : seules 4 îles mono communales Bréhat, Sein, Ouessant et Yeu bénéficient d'une dérogation législative.

52. **Réponse A.** Si Communautés, métropoles et syndicats ont en commun d'être des établissements publics soumis au principe de spécialité et d'exclusivité, les syndicats se distinguent par leur souplesse. Les communes déterminent librement les compétences qu'elles souhaitent transférer (d'où la qualification de compétences « facultatives ») ; le syndicat n'a en principe pas de pouvoir fiscal et est essentiellement financé par les contributions communales ; enfin la représentation des communes au sein de l'organe délibérant est en principe égalitaire. Cette forme d'intercommunalité a cependant vocation à disparaître avec l'intégration communautaire généralisée par les lois RCT, MAPTAM, et NOTRe.

53. **Réponse B.** Les syndicats, au départ à vocation (c'est-à-dire compétence) unique, peuvent prendre aussi la forme de syndicats intercommunaux à vocation multiple, depuis une ordonnance du 9 janvier 1959.

54. **Réponse C.** Les communautés sont effectivement une forme intégrée d'EPCI. Elles disposent notamment de compétences obligatoires (donc fixées par la loi), et détiennent un pouvoir fiscal (d'où la terminologie d'EPCI « à fiscalité propre »), soit additionnel à la fiscalité communale, soit substitutionnel.

55. **Réponse C.** Trois formes de communautés coexistent : urbaines (établies par la loi du 31 décembre 1966), de communes (instituées par la loi ATR du 6 février 1992), et d'agglomération (nées de la loi dite Chevènement du 12 juillet 1999). La distinction entre les trois catégories relève du niveau de compétences à transférer, de l'intensité de l'intégration fiscale, du seuil démographique ou des modalités de fonctionnement. La loi RCT de 2010 institue les métropoles, rénovées par les lois MAPTAM du

27 janvier 2014, NOTRe du 7 août 2015 et du 28 février 2017.

56. Réponse C. Dans chaque département, il est établi, au vu d'une évaluation de la cohérence des périmètres et de l'exercice des compétences des groupements existants, un schéma départemental de coopération intercommunale prévoyant une couverture intégrale du territoire par des EPCI à fiscalité propre, les modalités de rationalisation des périmètres des intercommunalités existantes, et proposant la création, la transformation, la fusion ou la suppression des structures présentes sur le territoire. En région Île-de-France, la loi prévoit un schéma régional de coopération intercommunale portant sur les départements 91, 77, 95, et 78 élaboré par le préfet de la région d'Île-de-France, sur proposition des préfets de ces départements.

57. Réponse B. Cette loi modifie de façon importante les compétences des communautés de communes : d'une part, elle supprime les compétences dites optionnelles ; d'autre part elle prévoit que la détermination de l'intérêt communautaire s'effectue à la majorité des 2/3 des suffrages exprimés du conseil communautaire. Enfin, elle assouplit la compétence en matière de promotion du tourisme, d'eau et d'assainissement…

58. Réponse A. Les pôles d'équilibre territoriaux et ruraux sont des syndicats mixtes uniquement constitués de communautés. Ils ont vocation à remplacer le pays, sauf délibération contraire des communautés membres à la majorité qualifiée pondérée (2/3 des communautés représentant la moitié de la population, ou inversement).

59. Réponse C. Facultatif, le pacte de gouvernance permet de définir les relations non entre communes, mais entre les communes et leur EPCI. Pour l'EPCI, il est obligatoire d'envisager ce pacte (à la suite du renouvellement général des conseils municipaux ou d'une fusion), mais non de l'adopter ! Le contenu est cadré et comporte des nouveautés comme les commissions spécialisées associant les maires.

60. Réponse C. En principe, le président bénéficie d'un transfert de plein droit du pouvoir de police lié à la compétence intercommunale d'assainissement, de collecte des déchets ménagers et de réalisation d'aire d'accueil des gens du voyage. Pour ce qui est de la voirie, la loi MAPTAM permet un transfert automatique du pouvoir de police administrative spéciale de circulation ainsi qu'en ce qui concerne la délivrance des autorisations de stationnement des taxis. La loi du 22 juin 2020 module ce transfert : dans les communautés où le président de l'EPCI n'exerçait pas pendant le mandat 2014-2020 il n'y a transfert que si le maire ne s'y oppose pas dans les 6 mois ; si le transfert avait été opéré durant le mandat 2014-2020, les maires peuvent s'y opposer dans les 6 mois suivant l'élection du président.

61. Réponse A. Le schéma de mutualisation des services d'un EPCI à fiscalité propre est en effet prévu dans l'article L. 5211-39-1 du Code général des collectivités territoriales qui indique qu'afin d'assurer une meilleure organisation des services, dans l'année qui suit le renouvellement général des conseils municipaux, le président de l'EPCI à fiscalité propre peut établir un rapport relatif aux mutualisations de services entre les services de l'EPCI à fiscalité propre et ceux des communes membres. Ce rapport comporte un schéma de mutualisation des services à mettre en œuvre pendant la durée du mandat. Le projet de schéma prévoit notamment l'impact prévisionnel de la mutualisation sur les effectifs de l'EPCI à fiscalité propre et des communes concernées et sur leurs dépenses de fonctionnement.

62. Réponse B. En ce qui concerne les organes délibérants des communautés et des métropoles de droit commun, le principe de l'élection des organes délibérants par les citoyens, donc au suffrage universel direct, est effectivement prévu par la loi de 2010, mais uniquement dans les communes dotées d'un scrutin de liste, c'est-à-dire dans les communes de 1000 habitants et plus, et par la technique dite « du fléchage ».

63. Réponse A. Le système mis en place pour élire les conseillers intercommunaux dans les communes dotées d'un scrutin de liste a été précisé par la loi du 17 mai 2013. Les conseillers communautaires représentant les communes de 1000 habitants et plus au sein des organes délibérants des communautés de communes, des communautés d'agglomération, des communautés urbaines et des métropoles sont élus en même temps que les conseillers municipaux et figurent sur la liste des candidats au conseil municipal. La loi NOTRe a maintenu le système dit du fléchage, laissant donc en place une élection de conseillers intercommunaux à l'échelle de la circonscription communale… La loi engagement et proximité de 2019 a abrogé les dispositions des lois MAPTAM et du 28 février 2017 prévoyant la suppression du fléchage.

64. Réponse B. La loi plafonne il est vrai le nombre de conseillers du conseil de l'EPCI à fiscalité propre (par exemple 38 si la population est entre 40000 et 49999 habitants); de plus, la répartition des sièges dans les organes délibérants des EPCI à fiscalité propre doit assurer la représentation des territoires sur une base démographique et territoriale.

65. Réponse A. La métropole est un établissement public de coopération intercommunale regroupant plusieurs communes d'un seul tenant et sans enclave, et qui s'associent au sein d'un espace de solidarité pour élaborer et conduire ensemble un projet d'aménagement et de développement économique, écologique, éducatif, culturel et social de leur territoire afin d'en améliorer la compétitivité et la cohésion. Seule la métropole de Lyon est qualifiée par la loi MAPTAM de collectivité territoriale à statut particulier.

66. Réponse A. Le pôle métropolitain est un outil de collaboration entre EPCI, permettant de constituer des « corridors » de développement. Créé par arrêté préfectoral, il doit compter un EPCI de plus de 100000 habitants.

67. Réponse C. Une commune nouvelle est créée en lieu et place de communes contiguës, ou par transformation d'une intercommunalité; il s'agit bien d'une collectivité, soumise aux règles applicables aux communes, sous réserve de dispositions législatives qui lui sont propres. Ainsi, elle dispose de la clause générale de compétences, et est soumise à l'obligation d'être membre d'un EPCI à fiscalité propre (sauf dans le cas d'une commune nouvelle constituant une commune-communauté de la loi du 1er août 2019).

68. Réponse B. La suppression de la taxe professionnelle initiée par la loi de finances 2010 ne prive pas les EPCI de ce type de ressources! En effet, un régime de fiscalité professionnelle unique (FPU) remplace la taxe professionnelle unique (TPU), il s'assoit sur la contribution économique territoriale.

La transformation du contexte local

4 Les déficits de la démocratie locale

Si les rendez-vous électoraux jalonnent traditionnellement la vie locale, l'avancée de la possibilité de participation des citoyens sous l'acte I de la décentralisation et l'apparition constitutionnelle du référendum local sous l'acte II permettent un épanouissement certain de la démocratie locale.
La réforme 2010 des collectivités améliore la démocratie intercommunale par l'utilisation du suffrage universel direct, et multiplie les possibilités de consultation. L'élection des conseillers du département est remodelée en 2013, certaines données électorales sont affinées; la transparence de la vie publique progresse.
La question du cumul des mandats – 100 fois remise sur le métier – trouve une amorce de réponse législative, un véritable statut de l'élu local tarde à être défini, l'extension du droit de vote pour les étrangers n'est pas acquise. Le débat citoyen ne stagne pourtant pas totalement: les lois Lamy et ALUR renouvellent la démocratie participative, la loi NOTRe promeut quelques avancées démocratiques, la loi du 27 janvier 2017 relative à l'égalité et à la citoyenneté tente de répondre démocratiquement aux attentats terroristes. La loi engagement et proximité de décembre 2019 améliore les conditions d'exercice des mandats locaux en simplifiant le fonctionnement du conseil municipal et les règles applicables aux élus. Elle reconnaît et renforce les droits des élus en revalorisant par exemple les indemnités des maires et adjoints au maire dans les plus petites communes. Le taux d'abstention (plus de 65%) aux élections départementales et régionales de juin 2021 interroge cependant…
Dans un contexte européen d'autonomie locale, la mise en œuvre d'une nouvelle gouvernance de l'action publique locale reste à construire.

Historique

La démocratie, ou l'autorité du peuple au sens étymologique littéral, instituée au ve siècle av. J.-C. à Athènes, permet d'élargir la conduite des affaires publiques à un grand nombre de citoyens. Cette conception originelle de la détention de la souveraineté par le peuple est donc dès son apparition d'application locale.

En France, quelques siècles plus tard, la démocratie locale irrigue de façon croissante la lente évolution de la décentralisation territoriale. Concrètement, elle signifie avant tout élections de représentants ayant une aire territoriale infra-étatique.

Les lois révolutionnaires: l'instauration d'élus locaux

Au terme d'un débat entre Condorcet et Mirabeau, la loi du 14 décembre 1789 crée les communes, à partir d'une délimitation largement reprise de celle des 44 000 paroisses constituées dès le Moyen Âge. Les corps municipaux (membres du conseil général de la commune et maire) sont élus pour 2 ans.

La loi du 22 décembre 1789 institue le département; en 1791, le territoire du Royaume est distribué en 83 départements administrés par un conseil général de 36 membres, élus pour 2 ans et renouvelable par moitié annuellement, chaque département étant constitué de plusieurs districts dotés d'un conseil général de district comptant 12 membres élus.

La courte durée des mandats manifeste l'influence de Rousseau, elle porte cependant le risque de l'instabilité.

Le XIXe siècle : l'apparition du suffrage universel pour les conseillers municipaux et généraux

Après une période d'hésitations liées aux conceptions jacobines et à l'autoritarisme du Consulat, la Monarchie de Juillet restaure, par la loi du 21 mars 1831 pour les communes, et par la loi du 22 juin 1833 pour les départements, l'élection au suffrage censitaire des conseillers municipaux et des conseillers généraux (sont électeurs ceux qui paient un cens supérieur à 200 francs). Les maires sont désignés parmi les membres du conseil municipal par le préfet ou le gouvernement, en fonction du nombre d'habitants.

Puis le corps électoral passe de 246 000 électeurs à plus de 9 millions, grâce à l'instauration du suffrage universel proclamé le 5 mars 1848, malgré Guizot qui considérait la revendication de suffrage universel comme un « mal superficiel, une maladie de la peau » !

La loi du 10 août 1871 organise l'élection au suffrage universel du conseil général élu pour six ans et son renouvellement par moitié tous les trois ans, dans le cadre du canton, ce qui permet une représentation des territoires. Ces particularités de désignation perdureront jusqu'en 2014.

La loi du 5 avril 1884, dite charte communale, affirme le principe de l'élection du maire par le conseil municipal et reconnaît l'autonomie communale. On retrouve ici globalement le cadre contemporain de la commune.

Le XXe siècle : la constitutionnalisation d'organes délibérants locaux élus

La Constitution du 27 octobre 1946 inscrit dans son article 87 que les collectivités territoriales s'administrent librement par des conseils élus au suffrage universel. Par contre, elle n'impose pas l'élection des exécutifs locaux, prévoyant uniquement que l'exécution des décisions de ces conseils est assurée par leur maire ou leur président.

Des dispositions similaires figurent dans la Constitution du 4 octobre 1958, qui précise cependant que la libre administration par des conseils élus s'exerce dans les conditions prévues par la loi.

La loi du 2 mars 1982 relative aux droits et libertés des communes, des départements et des régions (dite loi Defferre), généralise le principe de démocratie représentative : organes délibérants et exécutifs locaux sont désormais tous élus, les premiers au suffrage universel direct, les seconds au suffrage universel indirect. Certains n'hésitent alors pas à affirmer que l'élection est le critère de la décentralisation.

L'amplification démocratique réside aussi en ce que les régions passent d'un statut d'établissement public à celui de collectivité territoriale.

Si le creuset de la démocratie locale reste principalement l'élection, se multiplient au fil du temps des outils diversifiés de démocratie participative, comme le préconise l'article 1er de la loi du 2 mars 1982, qui prévoit que des lois détermineront le développement de la participation des citoyens à la vie locale. Ainsi, des techniques d'information, de consultation et de concertation amplifient l'avancée démocratique, le niveau local paraît être particulièrement pertinent pour un renouveau citoyen. La montée des exigences démocratiques semble reposer sur une parole citoyenne plus ouverte.

Les textes relatifs aux modalités démocratiques locales se succèdent, ayant par exemple pour objectif d'accroître la composition du corps électoral déjà élargi en 1974 par l'abaissement de la majorité à 18 ans. Autre illustration de ces avancées législatives, les conditions d'exercice des mandats locaux sont améliorées par une amorce de statut de l'élu, les droits des élus minoritaires sont développés.

Concomitamment se renforce une nouvelle catégorie d'élus locaux: les conseillers intercommunaux qui gèrent les établissements publics de coopération intercommunale (EPCI): syndicats et communautés, élus au suffrage indirect malgré l'importance de leurs attributions...

L'acte II de la décentralisation (2003): la volonté d'une démocratie accomplie

La décentralisation de 1982 étant accusée de produire une confiscation de la démocratie au profit des élus locaux, et de se résumer à un simple outil de gestion, la révision constitutionnelle du 28 mars 2003 élargit les dispositifs démocratiques afin de permettre une adhésion active des citoyens.

De nouveaux instruments sont donc institués, et en premier lieu la création d'un véritable référendum décisionnel dont les conditions sont précisées par la loi organique du 1er août 2003. L'appellation est d'ailleurs redondante puisque par définition un référendum est un vote par lequel les électeurs se prononcent par oui ou non sur une question, il ne s'agit donc pas d'un simple avis que le vocabulaire juridique identifie par le terme consultation!

Certes, l'article 53 de la Constitution exigeait déjà le consentement des populations concernées, mais il s'agissait du cas très particulier d'échange, adjonction ou cession de territoire.

L'article 72-1, 2 C innove, permettant aux électeurs d'une collectivité de se substituer à l'organe délibérant pour prendre une décision, ou à l'exécutif s'il s'agit d'un acte, et remettant en cause l'exclusivité qu'on avait cru accordée au conseil par la formulation de l'article 72 C (« les collectivités s'administrent librement par des conseils élus... »). Ce référendum n'est pas prévu pour les EPCI, par crainte de faire trancher par les électeurs un différend entre communes membres et groupement, alors que les légitimités démocratiques sont différentes.

Le droit de pétition constitue le second apport constitutionnel à la démocratie locale, il permet aux électeurs de chaque collectivité territoriale de demander l'inscription à l'ordre du jour de l'assemblée délibérante de cette collectivité d'une question relevant de sa compétence (article 72-1, 1 C).

Est constitutionnalisée par ailleurs la possibilité d'une procédure de consultation des électeurs sur la création ou la modification de l'organisation d'une collectivité territoriale dotée d'un statut particulier, ou dans le cas de modification des limites des collectivités (article 72-1,3).

À ces progrès démocratiques s'ajoutent les dispositions relatives à l'outre mer (article 72-4 C).

La loi RCT du 16 décembre 2010 : la transformation attendue du mode d'élection des élus intercommunaux

L'apport principal de la loi de 2010 sur le plan démocratique est relatif à l'intercommunalité au déficit démocratique souvent critiqué. Dotés de compétences et pouvoirs conséquents, les établissements publics de coopération intercommunale n'offraient en effet qu'un droit de regard indirect aux citoyens pour ce qui est de la désignation des représentants.

L'institution de l'élection au suffrage universel direct par fléchage des organes délibérants des métropoles, communautés urbaines, communautés d'agglomération et communautés de communes, dans le cadre de l'élection municipale, pour toutes les communes dont le conseil municipal est élu au scrutin de liste constitue une avancée démocratique importante.

Les conseillers communautaires étant élus au suffrage direct, il est donc indispensable d'équilibrer la représentation des communes membres en prenant davantage en compte le critère démographique. Le lien démographique entraîne une représentation plus importante des communes les plus peuplées, les villes centres, mais la règle d'attribution d'un siège à toutes les communes garantit une représentation équitable des plus petites communes.

Enfin, il est à remarquer que les mandats exécutifs des conseillers municipaux dans les EPCI entrent dans le décompte de la limitation des mandats.

En fait, si l'intercommunalité est modernisée, la donne démocratique n'est pas fondamentalement bouleversée ; les équilibres de pouvoir entre maires et présidents des EPCI sont maintenus, car la circonscription électorale reste la commune, et les élus intercommunaux sont choisis sur les listes municipales (c'est ce qui est appelé « par fléchage »), cette solution intermédiaire choisie par le gouvernement visant à éviter les conflits de légitimité entre le niveau communal et le niveau intercommunal.

La loi du 17 mai 2013 : la rénovation des élections départementales et de celles du bloc communal

Cette loi « mosaïque » de la démocratie représentative manifeste une vision pragmatique, un perfectionnement de l'existant, plus qu'un grand élan idéologique dans lequel la démocratie serait le levier de la décentralisation.

La transformation de l'élection des conseillers du département

La nécessité contemporaine de la simplification terminologique, la volonté d'abroger le conseiller territorial – mort avant que d'être né – et la montée en puissance des enjeux de parité sont les fils conducteurs des changements apportés.

La loi de mai 2013 institue donc un nouveau nom à compter de mars 2015... vive le conseiller départemental !

La réforme du mode de scrutin est plus spectaculaire : « Deux candidats pour un super canton ». Depuis 2015, les électeurs de chaque canton du département élisent au conseil départemental deux membres de sexe différent, qui se présentent en binôme de candidats dont les noms sont ordonnés dans l'ordre alphabétique sur tout bulletin de vote imprimé à l'occasion de l'élection. Le conseil départemental devient donc une assemblée strictement paritaire qui se renouvelle intégralement tous les 6 ans, à partir des élections de 2015.

Ce scrutin binominal est majoritaire à 2 tours (ne peuvent se maintenir au 2e tour que les binômes ayant un nombre de suffrage au moins égal à 12,5 % des inscrits). Si l'acte de candidature est commun, chaque membre du binôme exerce son mandat indépendamment, ce qui peut poser des problèmes d'exercice de *leadership* et d'ancrage territorial.

En effet, le cadre de l'élection reste le canton. Pour éviter une assemblée départementale pléthorique, l'article 191-1 du Code électoral prévoit que le nombre de cantons dans lesquels sont élus les conseillers départementaux est égal, pour chaque département, à la moitié du nombre de cantons existant au 1er janvier 2013, arrondi à l'unité impaire supérieure si ce nombre n'est pas entier impair.

L'effort de parité s'illustre aussi par l'élection des vice-présidents au scrutin de liste majoritaire, paritaire à 3 tours, et amène une modification du mode d'élection de la commission permanente, élue au scrutin de liste paritaire à la proportionnelle.

L'amélioration des élections municipales et intercommunales

Souhaités par les États généraux de la démocratie territoriale d'octobre 2012, le renforcement de la légitimité démocratique de l'intercommunalité, et l'ambition récurrente de favoriser l'égal accès des hommes et des femmes aux mandats locaux, conduisent le législateur à abaisser de 3 500 à 1 000 habitants le seuil d'application du scrutin de liste mixte paritaire.

Quel que soit le seuil démographique, une déclaration de candidature est obligatoire pour tous les candidats aux élections municipales. Certains commentateurs regrettent ce dispositif pour les petites communes, privées de la possibilité d'élire par une sorte de « plébiscite » local des citoyens sans vocation politique originelle. [Dans les communes de moins de 100 habitants, pour faciliter la constitution de l'équipe municipale, le nombre de conseillers est réduit à 7 (au lieu de 9).]

Dans le sillage de la loi RCT de 2010, l'élection des conseillers communautaires au suffrage universel direct est précisée par un fléchage complexe, dans les communes de plus de 1000 habitants: « un bulletin, 2 listes ».

Pratiquement, lors des élections municipales figurent sur le même bulletin à gauche la liste des candidats aux élections municipales, et à droite celle des conseillers communautaires. Les règles du nouvel article L. 273-9 du Code électoral relatives à la constitution de la liste communautaire sont enchevêtrées, d'où une perte de lisibilité. La répartition des sièges suit les règles applicables au scrutin municipal.

Ce nouveau système permet la représentation de l'opposition municipale au sein de la communauté ou de la métropole, ce qui amène sans doute une politisation accrue des conseils communautaires. Il permet aussi de sortir de l'ombre l'intercommunalité, et laisse espérer une visibilité accrue des assemblées communautaires.

Il peut être signalé que dans les communes de moins de 1000 habitants, les conseillers communautaires sont les conseillers municipaux désignés dans l'ordre du tableau: on a donc nécessairement le maire puis les adjoints selon l'ordre de leur élection, au détriment peut-être des élus municipaux souhaitant s'impliquer dans les affaires communautaires; on est loin du suffrage direct.

L'apport démocratique limité de l'acte III de la décentralisation

La loi MAPTAM du 27 janvier 2014 ne bouleverse pas la donne démocratique locale. Certains constatent même qu'elle éloigne dans un certain nombre de cas le pouvoir du citoyen, notamment à l'intérieur du périmètre du Grand Paris avec la disparition des communautés de 1re couronne francilienne au profit de la métropole MGP, certes relayée au niveau des territoires mais par des instances aux attributions décisionnelles limitées.

Deuxième étape législative de cet acte III de la décentralisation, la loi du 16 janvier 2015 toilette certaines dispositions relatives aux élections départementales et régionales mais supprime à partir de 2016 les consultations locales obligatoires prévues lorsque les assemblées délibérantes souhaitent modifier les limites d'une région, regrouper plusieurs régions, fusionner des départements, ou créer une collectivité unique (fusion des conseils régionaux et départementaux).

Enfin la loi NOTRe (Nouvelle organisation territoriale de la République) du 7 août 2015 ouvre certaines perspectives…

Au-delà de l'amélioration de l'information financière des membres des assemblées territoriales et du public, la mise à disposition des administrés des données publiques (open Data) dans les collectivités territoriales de plus de 3500 habitants est prévue.

En ce qui concerne les droits politiques des élus, le seuil de population au-delà duquel un règlement intérieur doit être obligatoirement adopté dans les communes est abaissé à 1000 habitants à partir de mars 2020. Les conseils départementaux et régionaux disposent quant à eux de trois mois pour voter leur règlement.

Est aussi imposée l'extension du dispositif des conseils de développement (composé de représentants des milieux économiques, sociaux, éducatifs, culturels, associatifs, environnementaux et scientifiques) à l'ensemble des aires urbaines de plus de 20 000 h (la loi du 27 12 2019 porte ce seuil à 50 000 h). Instances consultatives représentant les milieux économiques sociaux, culturels et associatifs, les conseils de développement ont montré depuis une dizaine d'années leur capacité à relayer auprès des responsables politiques les préoccupations de la société civile et des acteurs du territoire, et à s'ouvrir à des publics diversifiés.

La déception démocratique face à la loi NOTRe vient de l'abandon de l'élection des conseillers communautaires au suffrage universel direct, supprimée par le Sénat par crainte d'une circonscription électorale supra communale menaçante pour l'avenir communal... Plus largement, l'AMF (association des maires de France) relève qu'en raison de sa philosophie intercommunale, le texte tourne systématiquement le dos à la démocratie de proximité.

Connaissances de base

Les éléments constitutifs de la démocratie locale peuvent être déclinés en quelques grandes catégories. Les pratiques de démocratie représentative, élections locales et statut de l'élu local, sont complétées par les multiples modalités de la démocratie dite participative et l'outil référendaire, garant d'une démocratie semi-directe.

Les élections locales, instrument classique perfectible

573 551 conseillers municipaux et intercommunaux, 4 108 conseillers départementaux, 1 910 conseillers régionaux, à élire, sans compter les maires et présidents !

Les différents rendez-vous électoraux locaux offrent de nombreux points communs.

- Tous les organes délibérants des collectivités territoriales (communes, départements, régions) sont élus au suffrage universel direct, ils élisent en leur sein les exécutifs locaux, maires et présidents (suffrage indirect). Pour ce qui est des EPCI, comité syndical et conseil communautaire procèdent d'un suffrage différent, fonction du mode de scrutin communal, quant aux présidents des structures intercommunales ils sont élus par les conseillers intercommunaux.
- Le mode de scrutin applicable à l'élection de l'organe exécutif (maire, président) est uniformément uninominal, majoritaire à 3 tours.
- Les exigences pour être électeur (nationalité française, majorité, inscription sur les listes électorales, capacité) sont comparables, même s'il peut être spécifié que les municipales offrent la particularité d'être ouvertes aux ressortissants européens.
- Enfin, les conditions d'éligibilité se révèlent globalement analogues, les régimes d'inéligibilité et d'incompatibilité en principe similaires, et la durée de mandat

des élus locaux en principe identique : 6 ans. La loi du 22 février 2021 porte exceptionnellement à 7 ans le mandat des conseillers départementaux et régionaux élus en juin 2021.

Existent cependant des éléments spécifiques à chaque élection, fruits de l'histoire ou d'une adaptation au particularisme des enjeux en présence.

- Les modes de scrutin sont de ce point de vue révélateurs.

  Pour permettre une expression pluraliste tout en dégageant une majorité décisionnelle, le mode de scrutin de liste à 2 tours mixte, c'est-à-dire alliant les techniques majoritaire et proportionnelle, est utilisé pour les élections municipales des plus grandes communes et pour les élections régionales.

  Par contre, le mode de scrutin majoritaire à 2 tours a été adopté par exemple pour l'élection des conseillers municipaux dans les communes de moins de 1 000 h, ou celle des conseillers du département, technique simple et claire, mais qui personnalise au plus haut point l'élection.
- La circonscription électorale est variable, coïncidant avec le ressort territorial d'action des représentants élus (comme en ce qui concerne le niveau communal), ou s'en détachant (ainsi les conseillers gérant le département sont élus dans le cadre du canton, quant aux conseillers régionaux ils sont issus de listes régionales comportant des sections départementales).
- La prise en compte de la parité (depuis les lois du 6 juin 2000 et du 31 janvier 2007) impose une alternance stricte femme-homme (principe dit « chabadabada ») dans la composition des listes électorales municipales (dans les communes dotées du scrutin mixte) et régionales, ainsi que pour celles de leurs exécutifs. De plus, l'élection des conseillers départementaux au scrutin binominal paritaire permet depuis 2015 une stricte parité. La loi du 27 décembre 2019 s'engage à ce qu'avant le 31 décembre 2021 le Code électoral soit modifié pour étendre l'égal accès des femmes et des hommes aux fonctions électives dans les communes et leurs groupements. Elle impose aussi que dans les communes de plus de 1000 habitants la liste des candidats aux fonctions d'adjoint soit composée alternativement d'un candidat de chaque sexe.

Le statut de l'élu local, en progrès

Des éléments de statut se mettent progressivement en place, issus des lois du 3 février 1992, du 27 février 2002 et du 31 mars 2015 : garanties accordées dans le cadre du mandat local, droit à la formation, conciliation avec la vie professionnelle, aspect financier, charte consacrant les obligations déontologiques…

- L'élu local dispose d'un droit à l'expression assuré. Ainsi, les bulletins d'information municipale doivent-ils comporter un espace dévolu aux élus minoritaires, selon des modalités fixées par le règlement intérieur, sous contrôle du juge administratif. Au sein même du conseil municipal la liberté d'opinion des conseillers est affirmée par le Conseil d'État : il n'est pas interdit à des conseillers municipaux membres d'une association d'opinion, de délibérer sur des thèmes liés à leur engagement (CE 22 février 2016).

- La formation permet l'adaptation des élus à leurs fonctions. Elle s'exerce dans les conditions prévues par le CGCT (article L. 2123-12 par exemple), qui impose qu'elle soit organisée la première année du mandat pour les élus ayant reçu une délégation, et indique qu'elle constitue une dépense obligatoire pour la collectivité ou l'EPCI. Les pertes de revenu de l'élu sont supportées par la collectivité, dans la limite de 18 jours par élu pour la durée d'un mandat, et d'un plafond d'une fois et demi la valeur du SMIC. La loi du 23 mars 2016 puis du 27 décembre 2019 permet l'application à tous les élus locaux d'un droit individuel à la formation. Force est cependant de constater que les élus, souvent déjà écartelés entre différents mandats, ou entre mandat et vie professionnelle, n'exploitent guère ces possibilités de formation...
- De nombreux dispositifs permettent l'articulation entre le mandat d'élu et le parcours professionnel.

  En premier lieu, l'employeur est tenu d'accorder des autorisations d'absence pour laisser le salarié participer aux réunions du conseil ou des commissions ; un régime de crédit d'heures fournit un volume supplémentaire pour accomplir les fonctions. De plus, l'interruption de l'activité professionnelle est juridiquement organisée pour les exécutifs locaux, de manière individuelle et volontaire, par la voie de la suspension du contrat de travail, ou du détachement s'il s'agit d'un fonctionnaire.

  Enfin, l'octroi de garanties à l'issue du mandat a justifié la mise en place d'une allocation différentielle de fin de mandat, permettant aux maires, adjoints de communes de plus de 10 000 habitants, présidents et vice-présidents de compenser la fin du versement des indemnités de fonction avant la reprise d'une activité professionnelle. Un stage de remise à niveau, une formation professionnelle ou un bilan de compétences peut aussi leur être accordé.
- Pour chacune des collectivités territoriales et des EPCI, la loi régit les conditions d'octroi des indemnités de fonction. Fixées par référence au montant du traitement correspondant à l'indice brut terminal de l'échelle indiciaire de la fonction publique ces indemnités bénéficient aux maires et adjoints, conseillers municipaux (si plus de 100 000 habitants), départementaux et régionaux, présidents et vice-présidents. Par exemple les maires des communes d'une population entre 10 000 et 19 999 habitants touchent 2 515, 93 € (au 1er février 2017).
- La loi « proximité et engagement » de 2019 rend obligatoire la souscription d'un contrat d'assurance visant à assurer la protection fonctionnelle des élus locaux (compensée par l'État dans les communes de moins de 3 500 habitants.) Un compte personnel de formation alimenté par les droits individuels acquis tout au long de la vie fait l'objet d'une ordonnance du 20 janvier 2021 ratifiée par la loi du 17 juin 2021.

Les agressions contre les élus locaux se multiplient (1 276 ont été recensées en 2020), suscitant leur inquiétude et une demande de plus grande effectivité de la réponse pénale, par l'exemplarité et la rapidité des sanctions. Est aussi posée la question de la protection des maires sur les réseaux sociaux par la potentielle création d'une incrimination spécifique dans le cas d'attaque sur ces réseaux.

L'information et la participation des habitants, renouveau hétéroclite

Une des voies de modernisation de la démocratie réside dans l'association des citoyens à la vie politique locale.

La démocratie représentative souffre en effet de plusieurs maux. En premier lieu, elle ne concerne que les citoyens disposant du droit de vote ; en sont exclus les trop jeunes, les étrangers non ressortissants européens, les abstentionnistes (plus de 65 % aux élections locales de juin 2021 !) De plus, il s'agit d'un processus « à éclipses », puisque l'électeur n'est appelé à se prononcer que tous les 6 ans, laissant place à une sorte de confiscation consentie du pouvoir décisionnel pendant toute la durée du mandat. Enfin, la multiplication des « affaires » suscite la défiance publique, et les défauts des techniques électorales mettent en cause la légitimité des élus qui, par le biais de découpages électoraux artificiels ou de modes de scrutins manipulés, ne représenteraient qu'imparfaitement les électeurs.

Les dispositifs de démocratie participative semblent présenter une alternative prometteuse, ils empruntent des formes diversifiées.

- Le droit à l'information est l'élément de base. Il s'agit d'une communication à sens unique du décideur vers le citoyen, soumise ou non à un formalisme juridique. Peuvent être cités la publicité des actes territoriaux, le libre accès aux documents administratifs locaux, l'ouverture au public des séances du conseil, les bulletins d'informations locales, les panneaux lumineux ou les sites internet. (On peut remarquer à ce propos que la loi pour une République numérique du 7 octobre 2016, et le Code des relations entre le public et l'administration entré en vigueur pour les collectivités territoriales le 7 novembre 2016, facilitent l'information des administrés et participent donc de la démocratie.)
- À une échelle supérieure se situe la procédure de consultation, qui permet au citoyen de s'exprimer, sans assurance que son avis sera pris en compte. Les électeurs (1/5 des inscrits dans les communes, 1/10 dans les autres collectivités*) peuvent en avoir l'initiative, demandant par pétition que soit inscrite à l'ordre du jour de l'organe délibérant l'organisation d'une consultation, mais la décision relève uniquement du conseil. L'objet de cette consultation ne porte que sur une affaire relevant de la compétence de la collectivité, sa portée n'est qu'un simple avis. (*Le projet de loi 3DS vise à assouplir les seuils à 1/10 et 1/20).

  Une consultation comparable est possible dans le cadre d'un EPCI (article L. 5211-49 CGCT).

  Des comités consultatifs communaux peuvent de plus être créés, présidés par un élu. La loi du 27 décembre 2019 institue la possibilité dans les communes de moins de 3500 habitants de doter chaque bourg ou hameau, sur demande des habitants, d'un conseil consultatif. Près de 1400 conseils municipaux, départementaux et régionaux d'enfants ou de jeunes ont par ailleurs vu le jour.
- Dans le domaine de l'aménagement et de l'environnement la concertation est généralisée. Il s'agit en principe de s'entendre pour agir ensemble, il y a donc un aller et retour entre élus et citoyens. Le Code de l'urbanisme, comme le

Code de l'environnement, impose par exemple un débat public ou une enquête publique en ce qui concerne l'élaboration des documents locaux et des opérations d'urbanisme, les équipements publics...

- Enfin commissions et conseils constituent des structures prescrites par les textes dans un certain nombre de domaines.

  Il en est ainsi de la loi du 27 février 2002 relative à la démocratie de proximité qui oblige à la création de commissions consultatives des services publics locaux (CCSPL), pour l'ensemble des services publics délégués ou exploités en régie dotée de l'autonomie financière, dans les collectivités de plus de 10 000 habitants ou les EPCI de plus de 20 000 habitants. Ce même texte instaure les conseils de quartier dans les communes de plus de 80 000 habitants.

  La loi du 5 mars 2007 relative à la prévention de la délinquance impose quant à elle un conseil local de sécurité et de prévention de la délinquance, présidé par le maire, dans les communes de plus de 10 000 habitants comprenant une zone urbaine sensible.

  La loi du 12 juillet 2010 portant engagement national pour l'environnement dite « Grenelle 2 », rénove les Conseils économiques, sociaux et environnementaux régionaux qui forment une assemblée consultative délivrant un avis obligatoire sur tout projet rentrant dans leur champ de compétences, et constituant une force de proposition.

Telles sont donc les facettes disparates de l'application de l'article L. 1111-2, 3 CGCT qui inscrit que les communes, les départements et les régions constituent le cadre institutionnel de la participation des citoyens à la vie locale et garantissent l'expression de sa diversité.

S'ajoutent à ce panorama les associations, souvent soutenues par les collectivités, viviers d'une action citoyenne développée. Elles disposent d'ailleurs dans certains domaines d'un droit particulier de participation, par exemple lors de l'élaboration des documents d'urbanisme locaux pour ce qui est des associations locales d'usagers ou de protection de l'environnement agréées. On remarque cependant « un glissement progressif d'une logique partenariale entre associations et collectivités vers une logique de prestation ».

Le référendum local, rupture avec la traditionnelle démocratie représentative

Codifiées au CGCT, les dispositions de la loi organique du 1er août 2003 et de la loi du 13 août 2004 organisent les éléments du référendum local, afin de conjuguer cet instrument de démocratie semi-directe avec les exigences d'un État unitaire craignant le fractionnement de la souveraineté nationale en souverainetés locales.

- L'initiative du référendum peut provenir du conseil, du maire, ou du président, ou des citoyens usant de leur droit de pétition tel qu'exposé ci-dessus. L'organe délibérant détermine les modalités (date, convocation des électeurs, projet de délibération ou d'acte soumis à référendum) : il s'agit donc d'un référendum « descendant », voulu par les élus !

- L'objet du référendum est logiquement limité aux projets de délibération relatifs à une affaire de la compétence de la collectivité, et aux projets d'actes relevant des attributions de l'exécutif exercés au nom de la collectivité, à l'exception des projets d'acte individuel. Le juge administratif exerce un contrôle particulièrement strict sur l'objet, et a ainsi annulé un référendum communal relatif au droit de vote et d'éligibilité des résidents étrangers non communautaires aux élections locales (TA Cergy-Pontoise, 23 février 2006, Préfet de la Seine-Saint-Denis). Pour exemples peuvent être cités le référendum de Malons-et-Elze (Gard) sur l'implantation d'éoliennes en 2007, ou celui de Beauvais (Oise) sur l'armement de la police municipale en septembre 2015.
- La date du scrutin est inscrite dans des délais: au moins 2 mois après la transmission de la délibération organisant le référendum au préfet (qui dispose d'un référé-suspension particulier). Tout référendum est de plus interdit pendant les périodes préélectorales. Une collectivité ne peut organiser plusieurs référendums locaux portant sur un même objet dans un délai inférieur à un an.
- Le projet soumis à référendum est adopté si la moitié des électeurs inscrits a pris part au scrutin, et s'il réunit la moitié des suffrages exprimés; à défaut il n'a qu'une valeur consultative. Le texte adopté fait l'objet des règles de publicité et de contrôle de légalité en vigueur pour une délibération de l'assemblée délibérante ou pour un acte de son exécutif.

Le référendum local engage une nouvelle sorte d'équilibre politique, dans la mesure où il est pris entre une demande citoyenne et un désir d'améliorer les relations entre élus et électeurs. Sa faible utilisation marque cependant la crainte de dépossession des élus face à l'apparition d'acteurs concurrents; est aussi mis en avant le risque d'expression d'intérêts particuliers des électeurs au détriment de l'intérêt général de la collectivité.

Suite à la contestation autour du projet d'aéroport de Notre-Dame-des-Landes, l'ordonnance du 21 avril 2016 sur les projets susceptibles d'avoir une incidence sur l'environnement modifie le Code de l'environnement; elle prévoit que les électeurs d'une aire territoriale déterminée, inscrits sur les listes électorales municipales, peuvent être consultés pour avis sur tout projet d'infrastructure ou d'équipement susceptible d'avoir une incidence sur l'environnement que l'État envisage d'autoriser ou de réaliser, y compris après une déclaration d'utilité publique. Il ne s'agit donc pas d'un référendum décisionnel…

Bilan de l'actualité

La reprise de la question du cumul des mandats

Une des spécificités françaises réside dans le cumul des mandats, tant horizontal (détention simultanée de plusieurs mandats locaux) que vertical (exercice concomitant d'un mandat national et local); de plus, aucune restriction n'est apportée à l'accumulation de mandats locaux dans le temps (Bordeaux par exemple n'a connu que 6 maires depuis 1947!) Cependant, une réforme institutionnelle voulue par

Emmanuel Macron malgré l'opposition du Sénat, réforme rappelée lors du Conseil des ministres du 28 août 2019, prévoit un projet de loi comportant l'interdiction du cumul des mandats des exécutifs locaux dans le temps, au-delà de 3 mandats identiques, complets et consécutifs, sauf pour les maires des communes de moins de 9000 habitants (ceci, il est vrai, ne concernerait alors qu'un millier de maires.)

Source d'absentéisme, moralement choquant, élément de confusion des intérêts en présence… le cumul compte cependant des partisans qui y voient la possibilité d'un ancrage dans la réalité locale pour l'élu national, et le remède à la modestie des indemnités des élus.

Les lois du 5 avril 2000 modifiées ont limité le cumul, interdisant par exemple la détention de plus de deux titres d'exécutif local ou celle de plus de 2 « gros » mandats.

La réforme de 2010, confortée par la loi du 17 mai 2013, renouvelle cependant un cumul obligatoire, avec l'élu intercommunal qui appartient à l'assemblée délibérante municipale et à celle de l'EPCI… Recul du renouvellement du personnel politique ?

De plus, les lois organique et ordinaire du 14 février 2014 interdisant le cumul des fonctions exécutives locales avec les mandats de parlementaire national et européen ont été adoptées. (Depuis 2017, il n'est donc plus possible de cumuler un mandat de parlementaire national ou européen avec un mandat d'exécutif local).

Présenté en Conseil des ministres 9 mai 2018, un projet de loi constitutionnelle clarifie de plus les conditions d'exercice des fonctions de ministre en interdisant leur cumul avec les fonctions exécutives ou de président d'une assemblée délibérante dans les collectivités territoriales ainsi que dans les groupements ou personnes morales qui en dépendent.

Plus largement, ce constat soulève la crainte d'une sorte de confiscation du pouvoir dans les mains de quelques-uns, renforçant la difficulté de représentativité des élus. En effet, trop peu nombreux sont par exemple les actifs ou les personnes issues du privé, en raison de l'importance de la disponibilité et de la professionnalisation exigées par des missions accrues par la décentralisation, de la faible attractivité financière et des problèmes de reclassement ou reconversion à l'issue du mandat. Est en fait posée la question de la précarité, ou de la fragilité du statut de l'élu local, et tout particulièrement du maire des petites communes. Les améliorations apportées par la loi engagement proximité suffiront-elles ?

La transparence de la vie publique

Suite à « l'affaire Cahuzac », deux lois du 11 octobre 2013 ont tenté d'instaurer davantage d'obligations de transparence pour les responsables politiques, notamment certains élus locaux, et à renforcer la lutte contre la délinquance économique et financière.

Les présidents de département et de région, les maires des communes de plus de 20000 habitants, les présidents d'EPCI à fiscalité propre de plus de 20000 habitants, les adjoints au maire des communes de plus de 100000 habitants et les vice-présidents d'EPCI à fiscalité propre de plus de 100000 habitants doivent déclarer leur patrimoine à la Haute autorité pour la transparence de la vie publique. Cette déclaration intervient en début et fin de mandat, et n'est pas rendue publique.

La prévention des conflits d'intérêts (interférence entre un intérêt public, et des intérêts publics ou privés de nature à influencer l'exercice impartial, indépendant et objectif d'une fonction) repose sur une déclaration d'intérêts, la suppléance par un délégataire… (La loi du 20 avril 2016 relative à la déontologie et aux droits et obligations des fonctionnaires prolonge cette lutte contre les conflits d'intérêts en ce qui concerne les fonctionnaires.) Une loi du 20 janvier 2017 précise les sanctions pénales relatives à la prise illégale d'intérêts.

De plus, cette transparence au-delà de son aspect politique concerne aussi la donne administrative. Ainsi, dans la continuité des efforts entrepris depuis plusieurs années, la loi n° 2013-1005 du 12 novembre 2013, accentue la simplification administrative. Si l'inversion du principe traditionnel selon lequel le silence gardé par l'administration sur une demande vaut rejet de celle-ci a été remarquée (malgré les 42 décrets d'application prévoyant des centaines d'exceptions…), l'établissement, d'un Code des relations entre le public et l'administration, augure d'une clarification, facette bienvenue de la démocratie quotidienne.

La loi du 9 décembre 2016 relative à la transparence, à la lutte contre la corruption et à la modernisation de la vie économique combat l'opacité, notamment en ouvrant à la concurrence certains contrats d'occupation du domaine public et en toilettant des dispositions relatives aux marchés publics.

Enfin, les lois pour la confiance dans la vie publique du 15 septembre 2017 non seulement suppriment la réserve parlementaire, accusée de financements opaques et d'iniquité de répartition entre les collectivités et les associations, mais interdisent les emplois familiaux notamment au sein des cabinets des élus locaux. Ces derniers ne peuvent donc plus employer dans leur cabinet leur conjoint, partenaire de pacs ou concubin, parents ou parents du conjoint, enfants ou enfants du conjoint.

Perspectives

Une certaine relance du débat citoyen

Le vote des étrangers, élément possible de rénovation, n'est pas généralisé ; il reste limité aux ressortissants européens, et pour les seules élections municipales depuis la loi du 25 mai 1998.

Si le local est l'espace souhaité de réconciliation des citoyens avec la politique, semblant l'échelle la plus à apte à restaurer la démocratie en facilitant l'insertion citoyenne, une partie importante des habitants ne peut développer un sentiment d'appartenance, faute de disposer du droit de vote. La question est l'objet de débats récurrents, de promesses repoussées…

Les modalités d'élection des conseillers intercommunaux préservent en ce qui les concerne une logique communale vis-à-vis des citoyens, n'obligeant *a priori* pas les candidats aux élections à présenter des problématiques intercommunales…

De plus, malgré l'inflation textuelle et la multiplicité des initiatives, l'effectivité de la participation demeure insatisfaisante. Certes, le dialogue public redonne de la crédibilité à l'action publique, crée du lien social, complète la réflexion du décideur par la valeur ajoutée citoyenne, et permet de réduire les recours contentieux. Mais les défaillances relevées vont du manque d'expertise des administrés, au risque d'instrumentalisation au profit d'une décision déjà prise, sans oublier les difficultés de contribution de certains groupes socio-économiques (comme les minorités ethniques ou les personnes âgées), le manque de légitimité des intervenants, et le désintérêt actuel pour la défense des idéaux collectifs. Cependant, quelques progrès législatifs peuvent être remarqués.

Ainsi la loi du 21 février 2014 de programmation pour la ville et la cohésion urbaine, dite Lamy, inscrit la politique de la ville dans une démarche de co-construction avec les habitants, les associations et les acteurs économiques, s'appuyant notamment sur la mise en place de conseils citoyens. Ces derniers sont composés, d'une part, d'habitants tirés au sort dans le respect de la parité entre les femmes et les hommes et, d'autre part, de représentants des associations et acteurs locaux. Ils sont associés à l'élaboration, à la mise en œuvre et à l'évaluation des contrats de ville. Des représentants du conseil citoyen participent à toutes les instances de pilotage du contrat de ville, y compris celles relatives aux projets de renouvellement urbain.

La loi ALUR (pour l'accès au logement et un urbanisme rénové) du 24 mars 2014 veut placer le citoyen au cœur de la conception des politiques d'urbanisme: elle élargit quant à elle le champ d'application de la participation du public. Elle prévoit notamment que certains projets de travaux ou d'aménagements soumis à permis de construire ou à permis d'aménager, situés sur un territoire couvert par un schéma de cohérence territoriale, par un plan local d'urbanisme ou par un document d'urbanisme en tenant lieu ou par une carte communale peuvent faire l'objet de la concertation réalisée préalablement au dépôt de la demande de permis, à l'initiative de l'autorité compétente pour statuer sur la demande de permis ou, avec l'accord de celle-ci, à l'initiative du maître d'ouvrage.

Quant à la loi du 9 février 2015 relative à la sobriété, à la transparence, à l'information et à la concertation en matière d'exposition aux ondes électromagnétiques, dite loi Abeille, elle impose que le maire ou le président de l'établissement public de coopération intercommunale mette à disposition des habitants les informations liées à toute modification substantielle d'une installation radioélectrique existante nécessitant une nouvelle demande d'accord ou d'avis auprès de l'Agence nationale des fréquences et susceptible d'avoir un impact sur le niveau de champs électromagnétiques émis par celle-ci. L'information s'effectue par tout moyen jugé approprié par les élus; ils peuvent donner aux habitants la possibilité de formuler des observations.

Les conseils départementaux de la citoyenneté et de l'autonomie (CDCA) nés de la loi du 28 décembre 2015 relative à l'adaptation de la société au vieillissement renforcent la démocratie participative au niveau local, en alliant l'expérience des usagers (personnes âgées et personnes handicapées) à l'expertise des professionnels afin d'évaluer les besoins puis de proposer des initiatives adaptées.

L'ordonnance du 17 mars 2016 portant codification des dispositions relatives à la réutilisation des informations publiques dans le Code des relations entre le public et l'administration développe la transparence des données des collectivités territoriales. Les collectivités de plus de 3500 h ainsi que les EPCI à fiscalité propre auxquels elles appartiennent doivent en effet rendre accessibles en ligne de nombreuses informations publiques, lorsque ces informations se rapportent à leur territoire et sont disponibles sous forme électronique.

Trois lois du 1er août 2016 simplifient l'inscription sur les listes électorales (au plus tard au 31 décembre 2019). Est ainsi supprimé le principe de révision annuelle des listes (ce qui permet l'inscription permanente des électeurs), et instauré un répertoire électoral unique tenu par l'INSEE dont seront désormais extraites les listes communales.

La loi du 31 janvier 2018 relative aux modalités de dépôt de candidature aux élections rend obligatoire notamment pour les élections locales la fourniture d'une mention manuscrite de chaque candidat marquant son engagement, afin d'éviter la question des candidats « malgré eux ».

Les améliorations apportées par la loi engagement proximité du 27 décembre 2019

La loi relative à l'engagement dans la vie locale et à la proximité de l'action publique développe de nombreux axes perfectionnant la démocratie.

Le fonctionnement du conseil municipal est simplifié, l'envoi des convocations étant transmis de manière dématérialisée; le maire ayant la possibilité de déléguer une partie de ses fonctions à des conseillers sans priorité pour les adjoints; le conseil étant considéré complet dans les petites communes, même si tous les sièges ne sont pas pourvus à la suite du 2e tour (mais il doit comporter au moins 5 membres s'il y a moins de 100 habitants, et au moins 9 s'il y en a moins de 500).

Les droits des élus locaux sont renforcés de nombreuses manières. Le congé électif est étendu à tous les candidats, quelle que soit la taille de la commune. Le crédit d'heures permettant aux élus locaux de disposer de temps pour leurs fonctions est revalorisé, par exemple pour les conseillers municipaux des communes de moins de 3500 habitants. L'accès au télétravail des conseillers est facilité. La prise en charge des frais de garde et d'assistance est assurée (l'État compensant le montant de cette dépense dans les petites communes.) Les plafonds indemnitaires des maires sont relevés dans les communes de moins de 3500 habitants. La protection fonctionnelle des maires est instituée grâce à l'obligation de souscription d'un contrat d'assurance. La formation des élus est améliorée par ordonnance, notamment celle du 20 janvier 2021.

Le vote par procuration est facilité, ouvert à toute personne sur sa demande. (L'abstention très importante lors des scrutins de juin 2021 relance cependant la question du vote obligatoire, ou par voie électronique, si ce n'est postale.) Les conditions d'exercice du droit de vote des détenus sont améliorées, reposant notamment sur le vote par correspondance qui avait été expérimenté lors des élections européennes en mai 2019.

Cette mosaïque de dispositions vise à inciter les citoyens à s'engager dans la vie publique en actant du niveau important des responsabilités et de l'investissement des élus. Est aussi espérée une meilleure conciliation entre la vie familiale, professionnelle et le mandat.

L'affirmation complexe de la gouvernance

La démocratie locale soulève des enjeux plus fondamentaux encore, car la définition de l'intérêt local qui en est l'axe peut entrer en conflit avec celle d'autres intérêts locaux, ou diverger de celle de l'intérêt général. Au-delà du simple dépassement des finalités particulières transparaît la nécessité de l'articulation des différents niveaux et par là même de l'ajustement des acteurs.

La conception française de la gouvernance repose sur l'exercice de la responsabilité partagée dans la gestion des affaires publiques entre les différents intervenants et entre les échelons. Ainsi, la mise en réseau des interlocuteurs s'interprète comme un partage des connaissances et des savoir-faire de chaque partenaire; l'application du principe de subsidiarité permet aussi de résoudre en partie cette équation, le niveau local constituant un échelon de pouvoir et de citoyenneté de droit commun. Mais la métropolisation issue de la réforme territoriale et développée par les lois MAPTAM et NOTRe risque en particulier de complexifier cette gouvernance.

Les citoyens disposent de droits essentiels inscrits dans la Déclaration des droits de l'homme et du citoyen: le droit de concourir personnellement à la formation de la volonté générale, le droit de constater par eux-mêmes ou par leurs représentants la nécessité de la contribution publique et d'en suivre l'emploi, le droit de demander compte à tout agent public de son administration.

Depuis 1789 sont donc inscrites les clefs de l'équation, réconciliant dans leurs rôles complémentaires les démocraties participative et représentative: l'implication du citoyen, contribuable ou requérant, et la responsabilité de l'élu.

La loi du 27 janvier 2017 relative à l'égalité et à la citoyenneté comporte par exemple des dispositions généralisant la réserve civique tout au long de la vie qui permettra à tout citoyen de s'engager ponctuellement au service de l'intérêt général, et envisage notamment la réserve communale de sécurité civile et la constitution de sections territoriales à l'intérieur de la réserve civique (avec extension à de nouveaux domaines comme les organismes HLM et les services d'incendie et de secours.) De plus, le rôle des conseils citoyens de la loi dite Lamy de 2014 est étendu par la possibilité qui leur est donnée de saisir le préfet des difficultés particulières rencontrées par les habitants.

La démocratie locale évolue aussi avec le numérique: dans un contexte de défiance vis-à-vis du politique qui nourrit l'abstentionnisme, les outils numériques permettent une transmission diversifiée de l'information, et même la co-construction comme dans les budgets participatifs de Rennes ou Paris.

Pour conclure, on remarquera le protocole additionnel à la Charte européenne de l'autonomie locale sur le droit de participer aux affaires des collectivités locales. Dans le préambule de la Charte européenne de l'autonomie locale, les États membres du Conseil de l'Europe reconnaissent en effet le droit des citoyens de participer à la gestion des affaires publiques comme faisant partie des principes démocratiques communs. La Charte ne comporte cependant pas de dispositions de fond sur ce sujet.

Le Protocole additionnel vise à faire entrer dans le champ d'application de la Charte le droit pour toute personne de participer aux affaires d'une collectivité. Il a été ratifié par le Parlement français (loi du 27 janvier 2020)… plus de 10 ans après sa signature à Utrecht (16 novembre 2009).

Bibliographie

- « Démocratie participative et quartiers prioritaires », Ilaria Casillo et Daniel Rousseaux, Commission nationale du débat public, janvier 2019, 116 p.
- « Le maire et la transparence de la vie politique », Aurélien Hélias, Courrier des maires, avril 2019, n° 333, 15 p.
- « Réforme territoriale : retour à la case démocratie ! », Frédéric Ville, Salentes Éditions, collection Territoires, 2019, 290 p.
- « Guide pratique de la déontologie des élus locaux », Elise Untermaier-Kerleo, *Actualité juridique. Collectivités Territoriales,* septembre 2020, n° 9, p. 416-420.
- « La démocratie participative locale dans la loi du 27 décembre 2019 : entre recul(s) et rééquilibrage(s) », *Semaine juridique (la). Administration et Collectivités Territoriales*, n° 41, 12 octobre 2020, p. 23-29.
- « Le tout numérique nuit-il à la démocratie participative ? », [Dossier], *Gazette des communes, des départements, des régions (la)*, n° 2550, 1er février 2021, p. 26-31.
- « Démocratie : crise ou renouveau ? », *Cahiers français*, mars 2021, n° 420/421, p. 15-129.
- « Les budgets participatifs locaux : un outil de participation citoyenne en développement mais aussi en trompe-l'œil ? », Eric Portal, *Revue française des finances publiques*, février 2021, n° 153, p. 245-258.
- « Le statut de l'élu local », AMF, avril 2021, 100 p., www.amf.asso.fr
- « Le guide du maire », juin 2020, www.cohesion-territoires.gouv.fr
- « Charte de l'élu local, Mode d'emploi et bonnes pratiques », Guide SMACL Assurances, 2020 www.smacl.fr/charte-elu
- « Démocratie participative et débat public », www.participation-locale.fr
- « Conseils citoyens », www.conseilscitoyens.fr

Exemples de sujets

- Démocratie participative, entre mythes et réalités
- Les élus locaux
- Le désenchantement démocratique local
- Les outils contemporains de la démocratie locale
- La démocratie locale, finalité ou moyen ?
- « Les institutions communales sont à la liberté ce que les écoles primaires sont à la science ; elles la mettent à la portée du peuple. » Alexis de Tocqueville

QCM

Termes de la démocratie locale

69. Quelle différence entre suffrage et scrutin ?

- ☐ **A.** Les deux termes sont synonymes
- ☐ **B.** L'un s'intéresse à la composition du corps électoral, l'autre à la technique utilisée pour départager les candidats
- ☐ **C.** Le 1er terme est désuet, on préfère aujourd'hui utiliser le second

70. Aux élections locales, le suffrage est universel, que cela signifie-t-il ?

- ☐ **A.** Les Français comme les ressortissants étrangers peuvent voter
- ☐ **B.** Le vote a lieu le même jour dans toute la France
- ☐ **C.** Le droit de vote est largement ouvert, sans condition de richesse, de diplôme…

71. Qu'appelle-t-on la démocratie participative ?

- ☐ **A.** Des procédés permettant aux administrés de participer aux décisions et à la vie locale
- ☐ **B.** Un faible taux d'abstention lors des élections
- ☐ **C.** Le référendum décisionnel local

72. Quelle est l'affirmation exacte ?

- ☐ **A.** Le référendum est une consultation décisionnelle
- ☐ **B.** Référendum et consultation sont deux termes identiques
- ☐ **C.** Le référendum permet de renverser un maire dans lequel on n'a plus confiance

73. Comment s'appelle le principe qui lutte contre la disparité électorale homme-femme ?

- ☐ **A.** La mixité
- ☐ **B.** La parité
- ☐ **C.** La subsidiarité

74. Qu'est-ce que le panachage ?

- ☐ **A.** La faculté pour l'électeur de mélanger les candidats de plusieurs listes
- ☐ **B.** Le mode de scrutin qui mélange des techniques majoritaires et proportionnelles
- ☐ **C.** La possibilité de changer l'ordre de présentation des candidats sur une liste

75. À quoi correspond la notion de suffrages exprimés ?

- ☐ **A.** À l'ensemble des bulletins de vote
- ☐ **B.** À l'ensemble des bulletins, après avoir enlevé les blancs et les nuls
- ☐ **C.** À l'ensemble des électeurs inscrits

76. Comme s'appelle le fait de ne pas voter ?

- ☐ **A.** L'absentéisme
- ☐ **B.** L'abstention
- ☐ **C.** L'abstinence

Les élections locales

77. Quel est le nombre total de conseillers municipaux, départementaux et régionaux ?

- ☐ **A.** Environ 100 000
- ☐ **B.** Environ 350 000
- ☐ **C.** Environ 500 000

78. Qui peut être électeur aux élections municipales ?

- ☐ **A.** Un ressortissant européen
- ☐ **B.** Uniquement un habitant de la commune
- ☐ **C.** Un majeur s'il est sous tutelle

79. Quel est le mode de scrutin des élections municipales ?

- ☐ **A.** Un mode de scrutin proportionnel à 2 tours
- ☐ **B.** Un mode de scrutin majoritaire au premier tour et proportionnel au 2e tour
- ☐ **C.** Cela dépend des communes

80. Quelle est la circonscription électorale pour les conseiller départementaux depuis 2015 ?

- ☐ **A.** La région
- ☐ **B.** Le département
- ☐ **C.** Le canton

81. Quel est le mode de scrutin pour élire les conseillers départementaux depuis 2015 ?

- ☐ **A.** Scrutin de liste proportionnel à 1 tour
- ☐ **B.** Scrutin binominal majoritaire à 2 tours
- ☐ **C.** Scrutin uninominal majoritaire à 2 tours

82. Quelle est la durée du mandat local ?

- ☐ **A.** 3 Ans
- ☐ **B.** 4 Ans
- ☐ **C.** 6 Ans

83. Quelle est l'affirmation exacte ?

- ☐ **A.** Depuis 2016, il n'y a plus de conseillers régionaux
- ☐ **B.** En 2015, les conseillers régionaux ont été élus au scrutin de liste mixte paritaire à 2 tours
- ☐ **C.** Les conseillers communautaires remplacent les conseillers régionaux

84. L'acte III rénove-t-il l'exercice de la démocratie locale ?

- ☐ **A.** Non, car sont prévues des fusions autoritaires de communes en une commune nouvelle
- ☐ **B.** Oui, en ce qui concerne le conseiller communautaire
- ☐ **C.** Oui, parce qu'il opère d'importants transferts de compétence aux régions

85. Depuis 2014, les conseillers communautaires ont-ils plus de légitimité ?

- ☐ **A.** Oui, car ils sont élus au suffrage universel direct
- ☐ **B.** Oui, car ils ne peuvent plus être élus plusieurs mandats de suite
- ☐ **C.** Oui, car ils doivent abandonner tous leurs autres mandats

86. **Comment sont élus les exécutifs locaux ?**

- ☐ **A.** Au suffrage universel indirect, et au scrutin uninominal majoritaire à 1 tour
- ☐ **B.** Au suffrage universel indirect, et au scrutin uninominal majoritaire à 2 tours
- ☐ **C.** Au suffrage universel indirect, et au scrutin uninominal majoritaire à 3 tours

Les insuffisances démocratiques récurrentes

87. **Les lois récentes améliorent-elles la question du cumul des mandats ?**

- ☐ **A.** Oui
- ☐ **B.** Non
- ☐ **C.** Oui et non

88. **La parité progresse-t-elle dans les conseils locaux ?**

- ☐ **A.** Oui
- ☐ **B.** Non
- ☐ **C.** Oui et non

89. **A-t-on procédé récemment à la rédaction d'un véritable statut de l'élu ?**

- ☐ **A.** Oui
- ☐ **B.** Non
- ☐ **C.** Oui et non

90. **Les lois récentes règlent-elles le problème de l'abstention ?**

- ☐ **A.** Oui
- ☐ **B.** Non
- ☐ **C.** Oui et non

Réponses

69. **Réponse B.** Le mode de suffrage en France est universel, mais il peut être direct quand les représentants sont directement désignés par les électeurs (exemple pour les élections municipales), ou indirect quand des grands électeurs désignés par les électeurs choisissent les représentants (exemple pour le choix du maire). À partir du décompte des suffrages, le mode de scrutin permet de désigner ceux qui vont occuper les sièges à pourvoir.

70. **Réponse C.** Depuis 1848, constitutionnalisé à l'article 3 C, le suffrage est universel : il obéit à des conditions estimées minimales de nationalité, de majorité… La question sensible du vote des ressortissants étrangers est posée de façon récurrente, après l'ouverture aux ressortissants européens des seules élections municipales opérée par la loi du 25 mai 1998.

71. **Réponse A.** À côté de la classique démocratie représentative, se sont multipliés des outils diversifiés de démocratie participative : consultations locales (loi ATR 1992, LOADT 1995, loi 13 08 2004), conseils de quartier (loi 27 02 2002), enquêtes publiques, vie associative, etc.

72. **Réponse A.** Le référendum local est un procédé permettant aux électeurs de décider directement, sans passer par l'intermédiaire d'élus. Introduit par la révision constitutionnelle du 28 mars 2003 au niveau local, il n'est décisionnel que si la moitié des électeurs inscrits a pris part au scrutin.

73. **Réponse B.** Fruit de l'histoire et de la sociologie française, la disproportion de représentation des femmes est patente, dans les élections tant de niveau national que local. Les lois du 6 juin 2000, du 10 juillet 2000, du 11 avril 2003, du 31 janvier 2007, du 28 février 2008, du 17 mai 2013 et du 27 décembre 2019 tendent à promouvoir l'égal accès des femmes et des hommes aux mandats électoraux locaux et aux fonctions électives, ce qui est une exigence constitutionnelle (cf. article 1 C). Le haut conseil à l'égalité entre les hommes et les femmes relève cependant que 83 % des conseils régionaux et 90 % des conseils départementaux sont présidés par un homme !

74. Réponse A. Le panachage est bien la faculté pour l'électeur de composer lui-même sa liste, en prenant des candidats de plusieurs listes en présence. Utilisé pour les élections municipales dans les communes de moins de 1 000 habitants, ce procédé permet une représentation pluraliste dans un conseil pourtant élu au scrutin majoritaire.

75. Réponse B. Le nombre de suffrages exprimés est important puisque c'est sur lui que reposent les calculs électoraux. La non prise en compte des bulletins blancs ou nuls est souvent regrettée, car elle assimile les abstentionnistes à ceux qui se sont déplacés pour exprimer leur mécontentement, ou leur manque d'adhésion aux candidats en lice. La loi visant à reconnaître le vote blanc aux élections, dite loi Sauvadet, du 21 février 2014 prévoit que depuis le 1er avril 2014 les bulletins blancs sont décomptés séparément et annexés au procès-verbal. Ils n'entrent cependant pas en compte pour la détermination des suffrages exprimés, mais il en est fait spécialement mention dans les résultats des scrutins.

76. Réponse B. L'abstention est le fait de ne pas prendre part à un vote. Le chiffrage de l'abstention, souvent confondue avec l'absentéisme qui concerne l'absence du milieu scolaire ou professionnel, est un indicateur de la vigueur démocratique et du niveau du débat citoyen.

77. Réponse C. Selon les chiffres de la DGCL 2017, on compte plus de 500 000 conseillers municipaux, près de 4 000 conseillers du département et environ 1 900 conseillers régionaux.

78. Réponse A. Depuis le traité de Maastricht (1992) mis en application par la loi du 25 mai 1998, les citoyens de l'Union européenne résidant en France, autres que les citoyens français, peuvent effectivement participer à l'élection des conseillers municipaux. Pour exercer leur droit de vote, ils doivent être inscrits, à leur demande, sur une liste électorale complémentaire. (Ils peuvent demander leur inscription s'ils jouissent de la capacité électorale dans leur État d'origine, et s'ils remplissent les conditions légales autres que la nationalité française pour être électeurs et être inscrits sur une liste électorale en France).

79. Réponse C. Dans les communes de 1 000 habitants et plus, depuis 2014, il s'agit d'un mode de scrutin de liste à 2 tours mixte, c'est-à-dire alliant les techniques majoritaire et proportionnelle. Par contre, dans les communes de moins de 1 000 habitants, le mode de scrutin est majoritaire à 2 tours, mais avec panachage a été adopté.

80. Réponse C. La loi du 17 mai 2013 conserve le cadre cantonal pour l'élection des conseillers départementaux au scrutin binominal majoritaire. Le maintien du nombre total de conseillers conduit à diviser par deux le nombre de cantons, d'où un redécoupage permettant un ancrage territorial, effectué sur des bases essentiellement démographiques. Le territoire de chaque canton est continu, et le territoire des communes de moins de 3 500 habitants doit être entièrement compris dans le même canton.

81. Réponse B. La loi du 17 mai 2013 instaure pour l'élection des conseillers départementaux un mode de scrutin jusqu'alors inédit en France : le scrutin binominal majoritaire paritaire à 2 tours. Nul binôme ne peut être candidat au second tour s'il ne s'est présenté au premier tour, et s'il n'a obtenu 12,5 % du nombre des inscrits.

82. Réponse C. La durée du mandat local est de 6 ans. Attention, le renouvellement du conseil départemental n'est plus triennal depuis 2014 : il y a renouvellement intégral tous les 6 ans, le président du Conseil départemental dispose donc lui aussi d'un mandat de 6 ans. En 2027 se tiendront les élections présidentielles et législatives… pour éviter un trop grand nombre de scrutins cette année-là, le mandat des conseillers départementaux et régionaux élus en 2021 est porté exceptionnellement à 7 ans : 2021-2028 (cf. loi 21 février 2021).

83. Réponse B. La loi du 17 mai 2013 abroge le conseiller territorial institué par la loi RCT de 2010 pour remplacer le conseiller général et le conseiller régional. En 2015 ont donc été élus les conseillers départementaux et les conseillers régionaux. Ces derniers, conformément à l'article L. 338 du Code électoral, sont élus au scrutin de liste mixte (donc à la fois proportionnel et majoritaire) paritaire à 2 tours, les listes étant constituées d'autant de sections qu'il y a de départements dans la région.

84. Réponse B. Rénover la démocratie locale n'a pas de signification positive ou négative, il s'agit simplement de la modifier. En ce sens est une rénovation l'élection des conseillers intercommunaux au suffrage direct (disposition cependant saluée par tous comme améliorant la légitimité de l'action communautaire). Donc la loi RCT a mis en place « sur le papier » une rénovation qui sera effective sous l'acte III, et amplifiée par lui, en raison de l'importance du niveau intercommunal et donc des prérogatives de ces élus. La révolution démocratique espérée n'a cependant pas eu lieu !

85. Réponse A. À partir de 2014, dans les communes de 1 000 habitants et plus, les conseillers communautaires sont élus au suffrage universel direct, lors des élections municipales dans les communes dotées d'un scrutin de liste, par un système complexe reposant sur le principe « un bulletin, deux listes » : à gauche la liste des candidats au conseil municipal, et à droite la liste des candidats au conseil communautaire.

86. Réponse C. Le maire, comme le président du département, de la région, ou de l'EPCI, est élu au suffrage universel indirect, puisque par l'assemblée délibérante, et en son sein. Le mode de scrutin est identique dans les trois cas : uninominal, majoritaire, et à 3 tours.

87. Réponse A. En effet, les mandats exécutifs des conseillers municipaux dans les EPCI entrent enfin dans le décompte de la limitation des mandats (loi RCT). De plus, depuis 2017 il n'est plus possible de cumuler un mandat de parlementaire européen ou national avec un mandat d'exécutif local (lois du 14 février 2014). Mais le projet de loi adopté en conseil des ministres en mai 2018 limitant aussi le cumul des mandats dans le temps n'est toujours pas voté par le Parlement.

88. Réponse A. Certes, les lois du 16 décembre 2010 et du 17 mai 2013 permettent un essor de la parité dans les conseils communautaires, puisque les élus intercommunaux sont élus sur des listes qui obéissent à la contrainte paritaire forte de l'alternance candidat/candidate (dans les communes dotées d'un scrutin de liste). De plus, l'élection des conseillers départementaux au scrutin binominal permet une stricte parité au sein de l'assemblée délibérante du département depuis 2015. Conformément à l'article 28 de la loi engagement et proximité, la parité dans les communes de moins de 1 000 habitants devrait faire l'objet d'une réforme législative d'ici le 31 décembre 2021, et serait opérante pour les élections municipales de 2026.

89. Réponse B. Le statut des élus est une des conditions d'une démocratie locale aboutie. Les dispositions émanant de la loi du 2 février 1992 relative aux conditions d'exercice des mandats locaux, révisée essentiellement par les lois du 22 février 2002 et du 13 août 2004 n'ont pratiquement pas bougé. Cependant, la loi du 31 mars 2015 (dite J. Gourault et J.-P. Sueur), vise à faciliter l'exercice par les élus locaux de leur mandat : création d'une charte de l'élu local consacrant les obligations déontologiques, organisation d'un nouveau droit individuel à la formation, fixation dans le Code des indemnités qui ne dépendraient donc plus de l'organe délibérant, etc. La loi du 27 décembre 2019 multiplie quant à elle les droits des élus locaux : crédits d'heures, formation, protection fonctionnelle, indemnités… tentant ainsi de faire face au découragement de nombreux élus locaux.

90. Réponse C. En combinant l'élection des conseillers municipaux et communautaires dans les communes de 1 000 habitants et plus, les lois de 2010 et 2013 luttent d'une certaine façon contre l'abstention. On peut cependant s'interroger sur la visibilité de l'action publique locale qui s'éloigne du citoyen avec l'essor de l'intercommunalité, et complexifie la répartition des compétences avec l'essor des délégations et mutualisations. Le citoyen se sentira-t-il concerné ? Il peut être remarqué que la loi du 27 décembre 2019 facilite le vote par procuration, et le vote des détenus, ce qui contribue à la lutte contre l'abstention. Les élections municipales de 2020 ont été fortement « chahutées » par la pandémie de Covid-19, le taux d'abstention du 1er tour de mars 2019, impressionnant : 56 %, n'est donc pas significatif… mais les élections départementales et régionales de juin 2021 enregistrent plus de 65 % d'abstention, ce qui interpelle fortement !

5 Les ambiguïtés de la répartition des compétences

Si le débat entre la clause générale de compétence et les blocs de compétences perdure depuis les lois dites Defferre des années 1980, force est de constater qu'une augmentation croissante des actions des collectivités territoriales aboutit à un enchevêtrement préjudiciable.
Assurer la cohérence et l'efficacité de l'action publique locale, améliorer sa lisibilité et l'identification des responsabilités sont des enjeux majeurs.
Le législateur ayant renoncé à supprimer un niveau d'administration locale, la clarification opérée par une spécialisation tant départementale que régionale est esquissée par la loi RCT et affirmée par la loi NOTRe.
Mais l'essor de l'intercommunalité sous la forme communautaire ou métropolitaine, le recours possible à des conventions de transfert ou de délégation comme la mutualisation, continuent d'opacifier un paysage décentralisé décidément complexe.
Prémices d'un acte IV, la loi engagement proximité de décembre 2019 redéfinit quant à elle les compétences des EPCI, et la loi organique du 19 avril 2021 simplifie les expérimentations, modernisant ainsi le dispositif constitutionnel de 2003.
Le projet de loi dit 3DS adopté en Conseil des ministres le 12 mai 2021 renforce les compétences décentralisées et de leurs groupements dans des thématiques actuelles (logement, transports et transition écologique), et conforte le principe de différenciation territoriale au sein des principes généraux de la décentralisation.

La compétence est définie par le lexique politique Dalloz comme l'aptitude légale, matérielle, territoriale, temporelle et personnelle dont dispose une autorité pour agir.

Les collectivités exercent diverses attributions, accrues au fil du temps par les lois de décentralisation, les choix politiques locaux, et une conception extensive du cercle d'intervention des pouvoirs publics.

Historique

Certes, la loi du 10 août 1871 relative au département inscrit que les conseils généraux délibèrent sur tous les objets d'intérêt départemental, et celle du 5 avril 1884 – dite charte communale – reconnaît que le conseil municipal règle par ses délibérations les affaires de la commune. La Constitution de 1958 n'éclaire guère, précisant uniquement dans l'article 34 C que la loi détermine les principes fondamentaux de la libre administration des collectivités territoriales, de leurs compétences, et de leurs ressources ; l'article 72 C reprenant cette affirmation en déclarant que « dans les conditions prévues par la loi, ces collectivités s'administrent librement par des conseils élus… » La répartition des compétences entre l'État et les collectivités territoriales ne fait l'objet d'une réflexion d'ensemble qu'à partir du grand élan décentralisateur des années 1982 et suivantes.

L’acte I de la décentralisation (1982-1983), l’illusion des blocs de compétences

La loi du 7 janvier 1983 relative à la répartition des compétences entre les communes, les départements, les régions et l’État déclare dès son premier article que les communes, les départements et les régions règlent par leurs délibérations les affaires de leur compétence, et donne la clef du partage avec l’État dans l’article 3: « La répartition des compétences entre les collectivités territoriales et l’État s’effectue, dans la mesure du possible, en distinguant celles qui sont mises à la charge de l’État et celles qui sont dévolues aux communes, aux départements ou aux régions, de telle sorte que chaque domaine de compétences ainsi que les ressources correspondantes soient affectés en totalité soit à l’État, soit aux communes, soit aux départements, soit aux régions ».

Deux mécanismes concomitants sont donc mis en place, sans que soit opéré un choix entre collectivités généralistes, habilitées à toute question d’intérêt local, et collectivités spécialistes, dépositaires d’attributions rationnellement distribuées selon une logique de blocs homogènes, propres à chaque échelon territorial.

Les lois se succèdent, manifestant l’échec de la logique du bloc de compétences, faute d’un choix clair sur l’exclusivité ou la non-exclusivité des compétences transférées. Par exemple, le domaine social est essentiellement attribué aux collectivités départementales, sans que cela n’empêche les communes d’intervenir, lorsqu’elles constatent un besoin de la population et disposent d’un budget communal suffisant, dans le respect de la légalité.

La multiplicité des intervenants dans un domaine donné perdure, malgré des effets d’annonce de clarification peu suivis d’effets, comme la loi d’orientation ATR du 6 février 1992 complétant la loi du 7 janvier 1983 par « les communes, les départements et les régions financent par priorité les projets relevant des domaines de compétences qui leur ont été dévolus par la loi… ».

L’acte II de la décentralisation (2003-2004), une confusion des compétences maintenue

La révision constitutionnelle du 28 mars 2003 tente de répondre à la complexité de la répartition par l’énonciation d’un principe de subsidiarité, selon lequel « les collectivités territoriales ont vocation à prendre les décisions pour l’ensemble des compétences qui peuvent le mieux être mises en œuvre à leur échelon » (Article 72-2 C).

Ce principe, issu de la doctrine sociale de l’Église, repris par le droit européen (Traité de l’Union européenne, article 5 §2) et le droit de la déconcentration (LOATR du 6 février 1992, et charte de la déconcentration du 1er juillet 1992), consiste en général à réserver uniquement à l’échelon supérieur ce que l’échelon inférieur ne pourrait effectuer que de manière moins efficace.

La formulation de 2003 est peu contraignante, elle marque une direction, un objectif et non une obligation, et s’exerce de plus dans le cadre d’un État unitaire. Le choix du législateur d’attribuer une compétence à l’État plutôt qu’à une collectivité territoriale ne pourrait être remis en cause, sur le fondement de cette disposition, que s'il était manifeste qu'eu égard à ses caractéristiques et aux intérêts concernés, cette compétence pouvait être mieux exercée par une collectivité territoriale (DC du 7 juillet 2005 Loi de programme fixant les orientations de la politique énergétique).

On est donc loin de la clarification nette espérée, et certains s'interrogent sur l'apport réel de cette nouvelle disposition constitutionnelle…

De plus, deux modalités d'expérimentation sont promues. La première, à l'initiative de l'État, est inscrite dans l'article 37-1 C, selon lequel la loi et le règlement peuvent comporter, pour un objet et une durée limités, des dispositions à caractère expérimental. La seconde permet, dans les conditions prévues par la loi organique du 1er août 2003, aux collectivités territoriales ou à leurs groupements de déroger, à titre expérimental et pour un objet et une durée limités, aux dispositions législatives ou réglementaires qui régissent l'exercice de leurs compétences. L'article 72-4 C précise que ce champ d'expérimentation doit être ouvert par la loi ou le règlement, et qu'il ne peut concerner les conditions essentielles d'exercice d'une liberté publique ou d'un droit constitutionnellement garanti.

Mise en œuvre par exemple par la loi du 13 août 2004 en ce qui concerne la gestion des fonds structurels européens, ou par la loi du 21 août 2007 en ce qui concerne le revenu de solidarité active (RSA), cette expérimentation diversifie au moins temporairement les compétences de collectivités d'une même catégorie, et n'a d'ailleurs pas rencontré le succès attendu.

Force est de constater que l'acte II n'a donc pas apporté l'éclaircissement escompté, a même pris acte de cet enchevêtrement, en mettant en exergue dans l'article 72-5 C la notion de « collectivité chef de file », prévoyant que lorsque l'exercice d'une compétence nécessite le concours de plusieurs collectivités territoriales, la loi peut autoriser l'une d'entre elles ou un de leurs groupements à organiser les modalités de leur action commune.

La loi du 13 août 2004 relative aux libertés et responsabilités locales (le terme « responsabilités » remplace l'habituel substantif « compétence » !) transfère des attributions nouvelles aux entités décentralisées, selon des modalités complexes, tout en tentant de retrouver une dynamique de blocs initiée en 1983, reposant sur le triptyque région – essor économique/département – action sociale/commune – missions de proximité.

La Charte européenne de l'autonomie locale en vigueur en France depuis le 1er juillet 2007, inscrit dans l'article 4 §2 : « Les collectivités locales ont, dans le cadre de la loi, toute latitude pour exercer leur initiative pour toute question qui n'est pas exclue de leur compétence ou attribuée à une autre autorité ».

La loi RCT 2010, le rendez-vous manqué…

La spécialisation contestée du département et de la région

Si la clause générale reste inchangée en ce qui concerne la commune, le législateur modifie les articles L. 3211-1 CGCT relatif au conseil général, et L. 4221-1 CGCT relatif au conseil régional, à compter du 1er janvier 2015, en ajoutant à la formulation connue « le conseil règle par ses délibérations les affaires de la collectivité » une précision de taille : « dans les domaines de compétences que la loi lui attribue ». Est ainsi espérée une meilleure définition des responsabilités de chacun de ces niveaux.

Le Conseil constitutionnel, dans sa décision du 9 décembre 2010, réfute l'existence d'un principe fondamental reconnu par les lois de la République garantissant une clause générale aux départements et aux régions, et considère donc que sur ce point la loi n'est pas contraire à la Constitution.

Toujours au 1er janvier 2015, il est prévu que les compétences attribuées par la loi aux collectivités le soient à titre exclusif (des dispenses figurent dans le texte du 16 décembre 2010, en matière de tourisme, de culture et de sport qui sont donc partagées entre les communes, les départements et les régions).

Séduisante d'un point de vue de la rationalisation, cette exclusivité inquiète les acteurs locaux et interroge les observateurs. Qu'en sera-t-il si la collectivité attributaire n'a pas les moyens financiers d'exercer la compétence ? Certes, des délégations de compétence sont possibles à une collectivité d'une autre catégorie ou à un EPCI (article L. 1111-8 CGCT), permettant l'adaptation aux circonstances locales, mais où est alors la clarification ? Cette logique retrouvée de bloc de compétences interroge aussi sur les problèmes de frontière entre des attributions confiées à des collectivités différentes. Par exemple, où commence et où finit la culture ? Un système de navette par autobus entre un centre-ville et un monument historique ou un parc d'attractions relève-t-il de la compétence « transports », « tourisme », « culture », « développement économique »... ?

L'acte III, une clarification discutable des compétences

Le titre 1er de la loi MAPTAM est consacré à cet objectif, la loi NOTRe affiche une volonté d'efficacité et de rationalisation des coûts dans un contexte économique difficile.

Une suppression modulée de la clause générale de compétences

La loi NOTRe pour clarifier les compétences de chaque échelon de collectivités territoriales substitue des compétences d'attribution à la clause générale de compétences en ce qui concerne le département et la région. Ainsi l'article L. 3211-1 commence-t-il désormais par « Le conseil départemental règle par ses délibérations les affaires du département dans les domaines de compétences que la loi lui attribue ». Une formulation identique est adoptée pour la région dans l'article L. 4221-1 CGCT.

Pour savoir si ces collectivités peuvent intervenir, il convient donc de rechercher si un texte leur a attribué la compétence, ce qui n'est pas très simple. Une instruction gouvernementale du 22 décembre 2015 s'attelle donc à récapituler dans une annexe de 11 pages les compétences concernées par niveau de collectivité !

Il subsiste des subtilités complexes, comme l'exemple des liaisons aériennes présenté dans cette instruction. « En l'absence de compétence attribuée par la loi, il faut considérer que l'intervention des départements qui se fondait sur la clause générale n'est plus possible, à moins que la liaison ait un caractère touristique indiscutablement prépondérant. En revanche, la région peut organiser ce type de liaison sur la base de sa compétence en matière d'aménagement du territoire et peut donc, le cas échéant, prendre la suite du département. »

Cinq compétences partagées sont conservées par la loi NOTRe, exception au principe qui veut que chaque compétence ne soit dévolue qu'à un seul niveau de collectivité. Communes, départements, régions, et collectivités à statut particulier peuvent donc agir dans les domaines de la culture, du sport, du tourisme, de la promotion des langues régionales, et de l'éducation populaire. De même, la compétence en matière d'aménagement numérique est attribuée à l'ensemble des collectivités. La loi du 27 janvier 2017 relative à l'égalité et à la citoyenneté ajoute la promotion de l'égalité entre les femmes et les hommes.

Le Congrès des pouvoirs locaux et régionaux du Conseil de l'Europe, le 22 mars 2016, se montre préoccupé du chevauchement des compétences et de la suppression de la clause générale de compétence qui restreint le champ des prérogatives des collectivités. Il invite donc les autorités françaises à envisager la réintroduction de la clause générale de compétence afin de respecter la latitude dont disposent les collectivités pour exercer leur initiative pour toute question non exclue de leur compétence par la loi…

Le redéploiement de la technique du chef de filât

La loi MAPTAM développe aussi la technique de collectivités chefs de file pour éviter la compétition entre territoires et assurer la coordination des différents échelons.

La région est chargée d'organiser, en qualité de chef de file, les modalités de l'action commune des collectivités territoriales et de leurs établissements publics pour l'exercice des compétences relatives à l'aménagement et au développement durable du territoire; à la protection de la biodiversité; au climat, à la qualité de l'air et à l'énergie; à la politique de la jeunesse; à l'intermodalité et à la complémentarité entre les modes de transports (notamment à l'aménagement des gares); et au soutien à l'enseignement supérieur et à la recherche.

Le département quant à lui doit organiser, en qualité de chef de file, les modalités de l'action commune des collectivités territoriales et de leurs établissements publics pour l'exercice des compétences relatives à l'action sociale, au développement social et à la contribution à la résorption de la précarité énergétique; à l'autonomie des personnes; et à la solidarité des territoires.

Quant à la commune ou à l'établissement public de coopération intercommunale à fiscalité propre auquel elle a transféré ses compétences, elle organise, en qualité de chef de file, les modalités de l'action commune des collectivités territoriales et de leurs établissements publics pour l'exercice des compétences relatives à la mobilité durable; à l'organisation des services publics de proximité; à l'aménagement de l'espace; et au développement local.

La notion de chef de file est un peu flottante, puisque pas vraiment délimitée par la loi ni par le juge. Comme sus-évoqué, le chef de filât a une assise constitutionnelle (article 72-5 C) mais il ne s'agit que d'organiser les modalités de l'action commune et non de la diriger, l'absence d'autorité juridique de la collectivité ainsi promue prive le dispositif de son efficacité, mais respecte l'interdiction de tutelle entre collectivités.

La promotion de la concertation, grâce aux conférences territoriales de l'action publique (CTAP)

La clarification annoncée des compétences est organisée par les élus locaux eux-mêmes, dans le cadre de la conférence territoriale de l'action publique organisée dans chaque région, chargée de favoriser un exercice concerté des compétences des collectivités territoriales, de leurs groupements et de leurs établissements publics.

En sont membres le président du Conseil régional qui la préside ; les présidents des conseils départementaux ; les présidents des EPCI à fiscalité propre de plus de 30 000 habitants ; un représentant élu des EPCI à fiscalité propre de moins de 30 000 habitants ; un représentant élu des communes de plus de 30 000 habitants de chaque département ; un représentant élu des communes comprenant entre 3 500 et 30 000 habitants de chaque département ; un représentant élu des communes de moins de 3 500 habitants de chaque département.

Installant la 1re CTAP à Nantes, M. Lebranchu a déclaré : « la CTAP constitue [...] une grande avancée en ce qu'elle permet de passer d'un modèle territorial unique à une société du contrat qui favorise l'expérimentation et l'égalité. Le droit, à l'initiative du Gouvernement et du Parlement, a enfin tenu compte de la diversité des territoires. Elle changera profondément la manière de conduire l'action publique, elle favorisera la coopération plutôt que la concurrence. Elle développera une culture du contrat, du pragmatisme et de l'efficacité, au service des citoyens ».

Les conventions territoriales d'exercice concerté d'une compétence fixent les objectifs de rationalisation et les modalités de l'action commune pour chacune des compétences concernées. Chaque projet de convention comprend notamment les niveaux de collectivités territoriales concernés ou les collectivités compétentes définies par des critères objectifs sur l'ensemble du territoire de la région ; les délégations de compétences entre collectivités territoriales, ainsi que les délégations de la région ou du département à un établissement public de coopération intercommunale à fiscalité propre ; les créations de services unifiés ; les modalités de la coordination et des interventions financières ; la durée de la convention, qui ne peut excéder six ans. Les stipulations de la convention sont opposables aux seules collectivités territoriales et établissements publics qui l'ont signée. Elles les engagent à prendre les mesures et à conclure les conventions nécessaires à sa mise en œuvre. La convention peut permettre d'échapper à la participation minimale du maître d'ouvrage de 30 %, et à la règle imposant qu'à l'exception des opérations figurant dans le contrat de plan conclu entre l'État et la région, les projets ne peuvent bénéficier de subventions d'investissement et de fonctionnement que de la région, ou que d'un département.

Connaissances de base

La clause générale de compétence, une liberté d'intervention conditionnée

L'étendue matérielle des compétences des collectivités est un sujet délicat. Comme sus-évoqué, la loi de 1983 habilite toutes les collectivités territoriales (la loi NOTRe n'habilite que la seule commune) à intervenir pour les affaires « de leur compétence ». Cette imprécision, ou cette marge de manœuvre, a été éclairée par les textes et jurisprudences, qui ont énoncé un certain nombre de caractéristiques de l'intérêt local qui préside à l'exercice des compétences.

En premier lieu, doit être présente la réponse à un besoin de la population locale, qu'il soit économique comme une épicerie municipale, culturel tel un orchestre local, social, sportif… Ne peut être pris en considération ni l'intérêt purement politique comme le soutien financier à des grévistes, ni naturellement l'intérêt privé.

La population concernée est celle du territoire de la collectivité. Cependant, pour ne pas « emprisonner » dans un système trop strict préjudiciable à certaines actions de solidarité, le législateur a précisé que si l'urgence le justifie, les collectivités territoriales et leurs groupements peuvent mettre en œuvre ou financer des actions à caractère humanitaire, dans le cadre d'une coopération dite décentralisée (c'est-à-dire avec des autorités locales étrangères). Le projet de loi pour la restauration et la conservation de la cathédrale Notre-Dame de Paris et instituant une souscription nationale à cet effet donne un fondement légal aux collectivités qui souhaitent faire un don (la cathédrale n'étant pas sur leur territoire, il n'y a pas d'intérêt local).

De plus, l'action territoriale doit respecter la loi ! Cette banalité recouvre plusieurs facettes.

Certaines activités sont interdites, parce que détenues de façon exclusive par une autre personne morale publique, en particulier l'État. Ainsi en est-il des prérogatives régaliennes comme la justice ou la Défense, ou des dispositions du Code électoral relatives au financement des partis politiques. D'autres sont exclues parce que contraires au principe de laïcité (comme une subvention du culte), ou au principe de liberté du commerce et de l'industrie. Ce dernier cas soulève la question de ce qu'il est convenu d'appeler le « socialisme municipal » : les initiatives publiques locales ne peuvent s'exercer dans le domaine concurrentiel qu'en cas de défaillance de l'initiative privée. Sera ainsi légal ou non, en fonction de la carence quantitative ou qualitative de l'existant, un cinéma municipal, ou un bar-restaurant créé par une collectivité.

Cette faculté d'action ouverte par la clause générale coexiste avec des compétences précisément transférées par les lois de décentralisation dans une énumération formelle.

Les compétences des collectivités territoriales, un inventaire « à la Prévert » !

Avant de rapidement brosser les différents éléments constitutifs des compétences dites d'attribution, il paraît utile de se pencher sur les modalités empruntées par l'État pour transférer les compétences aux collectivités territoriales.

- Le premier mode, rigide, est caractéristique de celui opéré par l'acte I de la décentralisation : la loi transfère de l'État à une catégorie de collectivité une compétence. Les collectivités sont destinataires de ces nouveaux domaines, constitutifs de lourdes charges financières, indépendamment de leur accord ! Ainsi en est-il des bâtiments d'enseignement confiés aux communes pour les écoles élémentaires et maternelles, aux départements quant aux collèges, et aux régions en ce qui concerne les lycées.
- Assouplissements du dispositif, présentés comme un complément au principe de subsidiarité, les transferts peuvent être opérés par la technique de l'expérimentation qui combine ouverture du domaine par la loi, demande de la collectivité et transfert temporaire (8 ans maximum). La loi du 13 août 2004 offre par exemple 8 domaines à l'expérimentation, préliminaire à un potentiel transfert définitif, comme la propriété, l'aménagement et la gestion de tout port non autonome relevant de l'État ou l'aménagement, l'entretien et la gestion d'aérodromes civils. Force est de constater que dans un contexte de difficultés financières pour les collectivités, l'expérimentation normative locale n'a pas été un franc succès. La loi organique du 19 avril 2021 assouplit la procédure, le projet de loi 3DS envisage des expérimentations, par exemple en matière de voirie nationale.
- Certains transferts sont opérés à la demande des collectivités ; il ne s'agit pas d'expérimentation car le transfert est certain. Par exemple, l'article 66 de la loi du 13 août 2004 prévoit que les communes, ou les établissements publics de coopération intercommunale qui en font la demande, ont la charge de la construction, de la reconstruction, de l'extension, des grosses réparations et de l'équipement des locaux destinés au logement des étudiants.
- Et comment ne pas signaler pour terminer, les transferts insidieux, maintes fois critiqués par les élus locaux, au travers d'une politique partenariale empruntant la forme contractuelle, comme dans le domaine de la sécurité (contrats locaux de sécurité), de la lutte contre l'exclusion (contrats de ville), ou des investissements prioritaires dans une région (contrats de plan État région) ? Sans véritablement transférer la compétence, l'État fait peser la charge financière sur les collectivités…

Le bloc communal, élément de proximité, détient des attributions spécifiques, notamment dans le domaine de la maîtrise des sols : élaboration de documents de planification et délivrance d'autorisations d'urbanisme, dans celui de l'environnement qui comprend la gestion de l'eau (distribution et assainissement) et des déchets ménagers (collecte et traitement), dans celui de la circulation qu'il s'agisse de la voirie ou des transports urbains, et dans celui de l'éducation avec les bâtiments scolaires à entretenir et faire fonctionner.

Le département dispose aussi de compétences conférées par les lois, et tout particulièrement dans l'action sociale : mettant en œuvre la planification, intervenant en direction des personnes âgées, des personnes porteuses de handicap, des précaires, des enfants, et menant une action sanitaire conséquente.

Au-delà de cette vocation prioritaire, la collectivité départementale intervient dans le champ de l'aménagement : gestion de l'ensemble de la voirie départementale (y compris les ex « nationales ») et des ports maritimes de pêche, aide importante à l'équipement rural, politique des espaces naturels sensibles.

Lui reviennent la construction et l'entretien des collèges avec l'aide des personnels techniciens, ouvriers et de service placés sous son autorité, et quelques compétences culturelles, comme les bibliothèques centrales de prêt, les archives et le schéma départemental de développement des enseignements artistiques.

La région hérite quant à elle d'une dominante « développement économique » : schéma régional de développement économique pour coordonner les différentes actions, aides aux entreprises, aménagement du territoire – en particulier par le biais des contrats de plan État région – et politique touristique. Son intervention en matière de transports est une face très visible de ses compétences, sa capacité en matière de lycée ou de formation professionnelle et d'apprentissage est reconnue (plus récente est sa responsabilité pour les formations sociales et paramédicales). Enfin, en ce qui concerne l'environnement, peuvent être citées la création des parcs naturels régionaux et l'élaboration du plan d'élimination des déchets industriels.

Mais le partage de compétences entre collectivités peut prendre la forme de conventions, modalité permettant l'action commune ou le transfert volontaire d'une compétence attribuée à une autre collectivité… ce qui contribue à l'opacité de la répartition des compétences.

Peut être cité l'exemple de l'article L. 263-4 du Code de l'action sociale et des familles, dans lequel le président du Conseil départemental peut, par convention, confier tout ou partie de la gestion du fonds d'aide aux jeunes à une ou plusieurs communes, ou à un ou plusieurs EPCI.

Plus couramment, et par essence, la coopération intercommunale bouleverse l'équilibre des transferts de compétences. Si les syndicats bénéficient de compétences facultatives, c'est-à-dire transférées librement par les communes membres, les communautés, qu'elles soient de communes, d'agglomération, ou urbaines, comme les métropoles reposent sur un socle de compétences obligatoirement transférées.

Les variations possibles dans les compétences facultatives ou la définition de ce que recouvre « l'intérêt communautaire » (ou « l'intérêt métropolitain »), ligne de frontière entre les compétences communales et intercommunales, enrichissent s'il est besoin l'enchevêtrement des compétences.

De plus, bien sûr, la structure intercommunale peut à son tour confier la responsabilité d'un champ de compétence pour tout ou partie à un centre communal d'action sociale, ou bénéficier par convention d'une délégation d'une collectivité, comme en matière d'action sociale… La loi du 27 décembre 2019 ouvre de plus la possibilité de restituer à tout moment à chacune des communes membres les compétences de l'EPCI dont le transfert n'est pas prévu par la loi ou par la décision institutive.

Ainsi, d'une commune à l'autre, les compétences varieront donc en fonction du type d'intercommunalité intégrée, de l'ampleur de l'utilisation de la clause générale, et de conventions intercollectivités. Le citoyen se perd dans ce maquis, les interventions qu'on souhaiterait complémentaires deviennent concurrentes. L'absence de réponse simple au « qui fait quoi ? » pose un problème sérieux tant sur le plan démocratique que d'un point de vue de l'efficacité notamment financière de l'action publique. Le tableau qui suit est éloquent : pratiquement tous les domaines d'action sont éparpillés entre les acteurs publics.

Répartition actuelle des compétences entre collectivités territoriales et l'État

	Région	Département	Commune EPCI	État
1. Formation professionnelle, apprentissage	Définition de la politique régionale et mise en œuvre			Politique nationale (définition et mise en œuvre pour certains publics)
2. Enseignement	Lycées (bâtiments, ATTEE) Schéma régional de l'enseignement supérieur, de la recherche et de l'innovation	Collèges (bâtiments, ATTEE)	Écoles (bâtiments)	Universités (bâtiments, personnel). Politique éducative
3. Culture, vie sociale, jeunesse, sports et loisirs	Culture (en particulier inventaire du patrimoine) Sport (subventions) Tourisme	Culture (éducation, création, bibliothèques départementales de prêt, musées, Archives départementales) Sport (équipements et subventions) Tourisme	Culture (éducation, création, conservatoires, bibliothèques, musées, archives) Enfance (crèches, centres de loisirs) Sport (équipements et subventions) Office du tourisme	Culture (patrimoine, éducation, création, bibliothèques, musées, archives) Sport (formation, subventions) Tourisme
4. Action sociale et médico-sociale	Responsabilité formations sociales & paramédicales	Organisation (PMI, ASE) et prestations (RSA, PCH, APA) Si le souhaite PJJ	Action sociale facultative (CCAS CIAS) Expérimentation de résorption habitat insalubre	Organisation et prestations (AAH, CHRS)

	Région	Département	Commune EPCI	État
5. Urbanisme			PLU/PLUI, SCOT, permis de construire, ZAC	PIG, OIN
6. Aménagement du territoire	Sraddet (élaboration) CPER	Aise à l'équipement rural Schéma régional (avis, approbation)	Schéma régional (avis, approbation)	Politique d'ATR CPER
7. Environnement	Espaces naturels Parcs régionaux Eau (participation au SDAGE) Plan unique régional de prévention et de gestion des déchets	Espaces naturels Eau (participation au SDAGE)	Espaces naturels Déchets (collecte, traitement) Eau (distribution, assainissement) Énergie (distribution) Gemapi	Espaces naturels Parcs nationaux Eau (police, SDAGE) Énergie
8. Grands équipements	Ports fluviaux Aérodromes	Ports maritimes, de commerce et de pêche Aérodromes	Ports de plaisance Aérodromes	Ports autonomes et d'intérêt national Voies navigables Aérodromes
9. Voirie	Schéma régional	Voies départementales	Voies communales	Voies d'intérêt national
10. Transports	Transports ferroviaires régionaux, routiers non urbains, et scolaires, mobilité	Transports des élèves handicapés	Transports urbains et scolaires, mobilité	Réglementation
11. Communication	Gestion des réseaux	Gestion des réseaux	Gestion des réseaux	Réglementation
12. Logement et habitat	Financement	Financement, parc et aides (FSL), plan et office de l'habitat	Financement, parc et aides, PLH, si le souhaite : logement étudiant	Politique nationale du logement

	Région	Département	Commune EPCI	État
13. Développement économique	Schéma régional de développement économique, d'internationalisation et d'innovation (SRDEII) Aides aux entreprises	contribution au financement d'investissements si entreprises de services marchands nécessaires en milieu rural	Aides aux entreprises si convention avec la région Aides immobilières aux entreprises	Politique économique
14. Sécurité		Circulation Prévention de la délinquance Incendie et secours	Police municipale Circulation et stationnement Prévention de la délinquance	Police générale et polices spéciales

Sigles

AAH allocation aux adultes handicapés
APA allocation personnalisée d'autonomie
ASE aide sociale à l'enfance
ATR aménagement du territoire
ATTEE adjoint technique territorial des établissements d'enseignement
CCAS centre communal d'action sociale
CHRS centre d'hébergement et de réinsertion sociale
CIAS centre intercommunal d'action sociale
CPER contrat de plan État région
FSL fonds de solidarité logement
Gemapi gestion des milieux aquatiques et de prévention des inondations
OIN opération d'intérêt national
PCH prestation de compensation du handicap
PIG projet d'intérêt général
PJJ protection judiciaire de la jeunesse
PLH programme local de l'habitat
PLU/PLUI plan local d'urbanisme / plan local d'urbanisme intercommunal
PMI protection maternelle et infantile
RSA revenu de solidarité active
SCOT schéma de cohérence territoriale
SDAGE schéma directeur d'aménagement et de gestion des eaux
Sraddet schéma régional d'aménagement et de développement durable, et d'égalité du territoire
ZAC zone d'aménagement concerté

Bilan de l'actualité

La réponse législative institue une rupture dans l'histoire territoriale fondée sur l'égalité catégorielle, en différenciant les communes généralistes, des départements et régions spécialisés. Des complexités proviennent cependant de l'essor des conventions et des nouvelles formes de collaboration.

Une répartition conventionnelle des compétences territoriales

Les compétences des collectivités territoriales dont l'exercice nécessite le concours de plusieurs collectivités territoriales ou groupements de collectivités territoriales sont mises en œuvre dans le respect de 3 règles.

En premier lieu, comme cela a été explicité, les délégations de compétence sont organisées dans le cadre de la convention territoriale d'exercice concerté.

De plus, est exigée une participation minimale du maître d'ouvrage d'une opération d'investissement : 30 % du montant total des financements apportés par les personnes publiques. Les exceptions sont nombreuses : opération figurant au programme national de rénovation urbaine, ou figurant au contrat de projet État région ou contrat de convergence en outre-mer, ou dont l'État ou un établissement public étatique est maître d'ouvrage, ou dérogation préfectorale (en matière de monuments protégés par le Code du patrimoine, ou en ce qui concerne les projets d'investissement destinés à réparer les dégâts causés par des calamités publiques. La loi engagement proximité étend cette faculté de dérogation préfectorale à toutes les opérations d'investissement du bloc communal : ponts et ouvrages d'art, patrimoine non protégé...).

Enfin, à l'exception des opérations figurant dans le contrat de plan conclu entre l'État et la région, les projets relevant de ces compétences peuvent bénéficier de subventions d'investissement et de fonctionnement soit de la région, soit d'un département.

On remarquera que la coopération entre collectivités territoriales n'a pas à être soumise aux règles communautaires en matière de marchés publics, puisque son objet est d'assurer la mise en œuvre d'une mission de service public commune aux collectivités concernées. La Cour de Justice des communautés européenne a admis que plusieurs collectivités territoriales allemandes aient, sans appel à la concurrence, conclu un contrat pour la construction et l'exploitation d'un équipement d'élimination des déchets sans avoir créé un organisme de droit public (CJCE, arrêt Commission contre République fédérale d'Allemagne du 9 juin 2009).

L'acte III de la décentralisation oscille entre partenariat et autoritarisme en ce qui concerne la répartition des compétences. Le Conseil constitutionnel a d'ailleurs considéré que mettre fin à des difficultés de répartition des compétences et clarifier la définition des pouvoirs et patrimoines respectifs est un but d'intérêt général (DC 23 janvier 2014 Loi MAPTAM). Le Conseil d'État tant dans sa section du contentieux que dans celle de l'intérieur tente de clarifier ce maquis.

L'évolution des périmètres d'exercice des compétences

Au-delà de la loi MAPTAM du 27 janvier 2014, la loi NOTRe se fonde essentiellement sur les régions, agrandies par la loi du 16 janvier 2015, et le niveau intercommunal aux contours actualisés.

Certes, la région et le département perdent leur clause générale de compétence.

La région conserve cependant la possibilité de soutien pour les questions de logement et d'amélioration de l'habitat, la politique de la ville et les politiques d'éducation et d'égalité des territoires. Elle s'affirme nettement comme la collectivité territoriale responsable de la définition des orientations en matière de développement économique, et acquiert l'exclusivité pour les interventions économiques directes et indirectes.

Responsable des transports interurbains, même scolaires, elle peut contribuer au financement des axes routiers constituant des itinéraires d'intérêt régional.

À sa demande, la région peut se voir déléguer par l'État la coordination des intervenants du service public de l'emploi, hors Pôle emploi.

Les départements ont craint de disparaître, puis de devoir transférer les collèges et la voirie départementale aux régions, ce qui leur a finalement été maintenu. Ils peuvent continuer à agir dans des domaines qui ne sont pas de leurs compétences pour des raisons de solidarité territoriale et lorsque l'initiative privée est défaillante ou absente. Ils soutiennent les projets dont la maîtrise d'ouvrage est assurée par les communes, et élaborent avec l'État un schéma départemental d'amélioration de l'accessibilité des services au public avec l'État, en association avec les EPCI. Par voie de convention, les communes et leurs groupements peuvent leur confier la capacité d'agir en leur nom en matière de foncier et d'immobilier d'entreprise. La loi du 27 décembre 2019 développe certains éléments limités en matière d'action économique : cofinancement de crédits européens pour la pêche, aide à des entreprises situées sur leur territoire affectées par une catastrophe naturelle. Au printemps 2020, dans une instruction ministérielle (5 mai 2020) et une ordonnance de suspension du juge des référés du tribunal administratif de Châlons-en-Champagne (15 juin 2020), il a été rappelé avec force que les départements ne peuvent allouer des aides aux entreprises de leur territoire en difficulté depuis le confinement.

Les EPCI ont accru leurs compétences. Ainsi, ils deviennent compétents en matière d'eau, d'assainissement, de gestion des milieux aquatiques et de prévention des inondations (dite Gemapi) et de déchets, en lieu et place de leurs communes membres. Il peut être remarqué que ces transferts donnent lieu à modulation. Ainsi, la compétence Gemapi a fait l'objet de multiples aménagements législatifs sur les dates et modalités de son transfert, cette compétence pouvant d'ailleurs être déléguée par un EPCI à fiscalité propre à un syndicat de communes ou mixte jusqu'au 31 décembre 2020 ! Quant au transfert de la compétence eau et assainissement aux communautés de communes, il peut être repoussé à 2026 sous certaines conditions en ce qui concerne les communautés de communes.

Dans le domaine économique essentiellement porté par la région, les communes et EPCI sont responsables des aides à l'immobilier d'entreprise, et peuvent compléter l'action régionale pour financer des aides d'aides en faveur des entreprises en difficulté (la région peut leur déléguer cette mission). Le rôle des intercommunalités est de plus renforcé dans les politiques locales de commerce et le soutien aux activités commerciales, dans le respect du schéma régional de développement économique qu'elles contribuent à élaborer.

Les projets de maisons de service au public, en refonte pour constituer les Maisons France Services, sont obligatoirement intercommunaux, les EPCI peuvent de plus se substituer à leurs communes membres pour le financement des SDIS (services départementaux d'incendie et de secours).

Enfin, les relations entre EPCI et communes membres sont clarifiées. D'un point de vue financier, une dotation de solidarité communautaire est obligatoire dans tout

EPCI né d'une fusion, si les potentiels financiers des EPCI de départ présentent un écart d'au moins 40 %. En cas de contrat de ville intercommunal, un pacte financier et fiscal est établi, sous peine d'instauration d'une dotation de solidarité communautaire pour les communes intéressées.

De nouvelles possibilités de création de services communs sont instituées et les mutualisations de services entre communes et entre communautés encouragées, grâce à des conventions de coopération.

Le développement de l'intercommunalité à fiscalité propre a fait disparaître 5 500 syndicats intercommunaux à vocation technique, après absorption de leurs compétences…

Les difficultés du nouvel agencement des compétences lié aux métropoles, pôles métropolitains, et pôles d'équilibre territoriaux et ruraux

Dès 2010, l'apparition des métropoles, nouvelle catégorie d'établissement public de coopération intercommunale, bouscule la répartition des compétences… La loi MAPTAM accentue le nombre des « capitales régionales », puisqu'en plus de Nice, Paris, Lyon, et Marseille, 10 intercommunalités de plus de 400 000 habitants deviennent des métropoles, soit par choix, soit de manière autoritaire. La loi du 28 février 2017 en assouplissant les conditions d'accès au statut métropolitain permet la naissance de 7 nouvelles métropoles (par exemple Orléans).

Au-delà des compétences transférées obligatoirement par les communes, comme dans tout EPCI classique – mais ici elles sont très nombreuses (cf. article L. 5217-2-I CGCT) –, la métropole peut exercer par convention à l'intérieur de son périmètre, en lieu et place du département, la gestion des routes transférées dans le domaine public routier départemental, ou les compétences relatives aux zones d'activités ; de même, la région ou l'État peuvent lui déléguer certains domaines, tels l'aide à la pierre ou le DALO. Une certaine confusion est opérée : par exemple, en matière économique, les métropoles ne sont plus confinées au rôle d'aménageurs, mais gagnent en pouvoir stratégique. Elles auront le droit de copiloter les pôles de compétitivité, d'entrer dans la gouvernance des gares et même au capital des sociétés d'accélération du transfert de technologie (SATT). La région, chef de file du développement économique se voit ainsi privée d'atouts importants sur le territoire métropolitain.

L'exercice des compétences transférées à la métropole donne lieu à des conventions précisant l'étendue et les conditions financières du transfert, et après avis des comités techniques paritaires compétents, les conditions dans lesquelles tout ou partie de services départementaux sont transférés à la métropole ce qui évite les doublons.

Le département ou la région peut cependant choisir, dans le cadre d'une bonne organisation des services, de conserver une partie des services concernés qui seront alors mis à disposition de la métropole.

Se pose donc la question de l'articulation entre les politiques, par exemple sociales, menées sur le territoire d'une métropole et dans le reste du département : selon les territoires et les demandes des métropoles, un même champ d'activité relèvera ou non d'une collectivité ou de la métropole… manifestant les failles de la clarification proclamée. Le paysage de répartition des compétences est de plus complexifié par les dispositions spécifiques relatives à la métropole du Grand Paris, les règles particulières à la métropole de Lyon et à celles d'Aix-Marseille-Provence !

On peut enfin rappeler qu'à causes comparables, mêmes effets… La répartition des compétences est aussi affectée, par le pôle métropolitain comme par le pôle d'équilibre territorial et rural qui troublent l'uniformité et la cohérence du partage des attributions… L'enchevêtrement n'est guère estompé, le manque de lisibilité semble patent !

Perspectives

La loi engagement proximité de 2019 : un toilettage en mosaïque des compétences locales

La répartition des compétences entre l'intercommunalité et ses communes membres est impactée par une multiplicité d'assouplissements afin de s'adapter aux réalités locales.

Ainsi une communauté de communes ou d'agglomération a-t-elle la faculté de déléguer tout ou partie des compétences eau et assainissement à l'une de ses communes membres, ou à un syndicat existant au 1er janvier 2019 s'il est totalement inclus dans le périmètre de la communauté.

De plus, les communes érigées en stations classées de tourisme peuvent conserver ou retrouver l'exercice de la compétence « promotion du tourisme dont la création d'office de tourisme. » Le rôle des communes est en outre renforcé dans l'élaboration du plan local d'urbanisme intercommunal, les maires disposant s'ils le souhaitent d'un droit d'initiative d'une modification simplifiée.

La suppression des compétences dites optionnelles dans les communautés de communes et d'agglomération ouvre la voie quant à elle à une intercommunalité plus à la carte, ajustée aux caractéristiques spécifiques du territoire.

Au détour des articles, cette imposante loi engagement et proximité de 118 articles (!) ouvre jusqu'au 31 décembre 2020 la possibilité de déléguer la compétence Gemapi à des syndicats intercommunaux ou mixtes, et enrichit aussi les compétences départementales dans le domaine économique… Les processus de conventions de prestations de services entre communes membres ou non du même EPCI sont fortement assouplis, les délégations de compétences entre les collectivités peuvent ne concerner qu'une partie et non la totalité des compétences.

La clarification espérée cède donc à la volonté du législateur de diminuer la rigidité d'une répartition des compétences homogène, qui ne tiendrait pas compte des choix politiques et particularismes locaux.

Le projet d'attribution différenciée des compétences territoriales

Par deux arrêts (CE, 12 mai 2017, Assemblée des départements de France/CE, 11 octobre 2017, Département des Yvelines) le Conseil d'État avait pris position sur la répartition législative des compétences territoriales. Il validait l'interprétation restrictive de la loi donnée par la circulaire du 3 novembre 2016 relative aux compétences des départements dans le domaine économique (qui relevait alors de la région, et éventuellement s'il existe une convention du bloc communal).

Dans le cadre du projet de loi décentralisation, déconcentration différenciation, et portant diverses mesures de simplification de l'action publique (dit projet de loi 3DS) est envisagée la possibilité d'attribuer des compétences différentes à des collectivités relevant d'une même catégorie, application de la subsidiarité. Prudent, le 3 mai 2018, le Conseil avait attiré l'attention sur le risque d'aggravation de la complexité des compétences des collectivités, mais relevé l'intérêt de cette possibilité si elle est transitoire et conduit à terme à la suppression d'un échelon de collectivités. Le Conseil d'État semble d'autre part positif sur la possibilité très pragmatique de permettre aux collectivités territoriales de déroger à des dispositions législatives ou réglementaires qui régissent l'exercice de leurs compétences, mais fixe un cadre : un objet limité, et pose une exception : la mise en cause des conditions essentielles d'exercice d'une liberté publique ou d'un droit constitutionnellement garanti. Les compétences des collectivités pourraient ainsi s'enrichir de nouvelles compétences dans certains domaines, comme la transition écologique, l'urbanisme et le logement, la santé, la cohésion sociale, l'éducation et la culture.

La loi du 2 août 2019 relative aux compétences de la Collectivité européenne d'Alsace préfigure sans doute le droit à la différenciation, puisque cette collectivité outre les compétences départementales détiendra des compétences concernant la coopération transfrontalière, le bilinguisme, le tourisme, la mobilité et la culture...

De même, dans la loi SRU du 13 décembre 2000, sur la base de critères démographiques et géographiques les communes isolées et les petites communes échappent au quota de logements sociaux : la différenciation ne porte pas sur les compétences détenues par les collectivités au sein d'une même catégorie, il s'agit de la différenciation des normes applicables à l'exercice des compétences locales.

La différenciation s'accompagne dans le projet de loi dit 3DS de possibilités d'expérimentation (art 72-4 C) à la procédure allégée par la loi organique du 19 avril 2021. Le projet de loi prévoit ainsi l'expérimentation pendant 3 ans d'un pouvoir d'instruction du président du conseil départemental et du président du conseil régional à l'égard des gestionnaires des collèges et des lycées. L'expérimentation peut d'ailleurs aller dans le sens d'une recentralisation, comme cela est prévu pour l'instruction administrative de la décision d'attribution et le financement du RSA.

En conclusion, il peut être relevé que le surcoût de l'enchevêtrement est aujourd'hui évalué à presque 11 milliards d'euros pour les départements, et à 7 milliards d'euros pour les régions...

Bibliographie

- « La subsidiarité, pierre angulaire du partage des compétences », Maires de France, n° 363, décembre 2018, p. 52-55.
- « Rapport d'information sur les possibilités ouvertes par l'inscription dans la Constitution d'un droit à la différenciation territoriale », Jean-René Cazeneuve, Arnaud Viala, Délégation aux Collectivités territoriales et à la Décentralisation, 14 février 2019, 95 p. http://www.assemblee-nationale.fr
- « Transferts et partages de compétences au sein du bloc local », *Semaine juridique. Administration et Collectivités territoriales*, n° 10/11, 11 mars 2019, p. 9-32.
- « Pour le retour de la clause de compétence générale », Jean-Marie Pontier, *Pouvoirs locaux*, janvier 2020, n° 117, p. 25-32.
- « Les régions ont-elles les moyens de leur action économique ? », Claire Simon, *Gestion & finances publiques : la revue*, novembre 2020, n° 6, p. 33-45.
- « Différenciation des normes, jeu de dupe », Bertrand Faure, *Revue française de droit administratif*, mars 2021, n° 2, p. 313-317.
- « Quels changements pour l'expérimentation normative locale au lendemain de la loi organique du 19 avril 2021 ? », *Semaine juridique. Administration et Collectivités territoriales*, n° 18, mai 2021, p. 4-6.

Exemples de sujets

- La clause générale de compétence
- La clarification des compétences territoriales et la coordination des acteurs
- Répartition des compétences et principe de libre administration des collectivités territoriales
- Principe de subsidiarité et compétences décentralisées
- Les compétences territoriales « dans l'œil du cyclone »

QCM

Vocabulaire de la compétence territoriale

91. Dans le droit de la décentralisation territoriale, qu'appelle-t-on « bloc de compétences » ?

- ☐ **A.** La logique d'un transfert de compétences reposant sur la spécialisation des collectivités
- ☐ **B.** Le fait de permettre à une collectivité de refuser (« bloquer ») un transfert de compétences
- ☐ **C.** Le cas où les collectivités s'unissent pour exercer ensemble (« en bloc ») une compétence

92. Que signifie le principe de subsidiarité ?

- ☐ **A.** Une répartition des compétences au profit des collectivités les plus riches
- ☐ **B.** Une répartition des compétences au profit du niveau le plus efficace
- ☐ **C.** Une répartition des compétences au profit de l'entité la plus sociale

93. Qu'entend-on par « collectivité chef de file » ?

- ☐ **A.** La région, car c'est la collectivité à la plus grande assise géographique
- ☐ **B.** La commune, car c'est la collectivité la plus ancienne
- ☐ **C.** Une collectivité organisant les modalités d'action commune pour une compétence partagée

94. Quelle est l'affirmation exacte, pour ce qui est de la clause générale de compétence ?

- ☐ **A.** La commune peut agir librement dans tous les domaines
- ☐ **B.** La commune dispose d'une faculté d'action liée à l'existence d'un intérêt public local
- ☐ **C.** La commune a des compétences limitativement énumérées par la loi

95. Comment définir le droit à l'expérimentation ?

- ☐ **A.** Le droit pour une collectivité de faire de la recherche scientifique
- ☐ **B.** La faculté pour une collectivité de recruter des jeunes sans expérience
- ☐ **C.** La possibilité pour une collectivité de déroger à la répartition légale des compétences

Les compétences décentralisées

96. Quelle collectivité a principalement en charge l'action sociale ?

- ☐ **A.** La commune
- ☐ **B.** Le département
- ☐ **C.** La région

97. Quelle est l'affirmation exacte ?

- ☐ **A.** La commune a été la principale bénéficiaire des transferts de compétences de l'acte III
- ☐ **B.** L'acte II a transféré aux départements une grande partie de la voirie nationale
- ☐ **C.** Depuis l'acte III les Universités sont à la charge des régions

98. Que signifie le principe de spécialité pour les établissements publics de coopération intercommunale ?

- ☐ **A.** L'EPCI ne peut agir que dans les domaines de compétence qui lui ont été transférés
- ☐ **B.** Ce principe ne concerne pas les EPCI, mais les départements et les régions à partir de 2017
- ☐ **C.** Les compétences menées par l'EPCI demandent un savoir-faire technique très élevé

99. En quoi la loi NOTRe du 7 août 2015 opacifie-t-elle les compétences décentralisées ?

- ☐ **A.** Elle multiplie les possibilités de délégations ou transferts par voie conventionnelle
- ☐ **B.** Elle ne décrit pas clairement les compétences des métropoles
- ☐ **C.** Elle ne traite pas des compétences des collectivités

100. Qui préside la conférence de l'action territoriale de l'action publique ?

- ☐ **A.** Le préfet
- ☐ **B.** Le président de la métropole
- ☐ **C.** Le président du Conseil régional

101. Qui détient la compétence « collèges » ?

- ☐ **A.** Le département
- ☐ **B.** Le département, ou s'il y a convention : la métropole ou la région
- ☐ **C.** La région

102. Que se passe-t-il lorsque des compétences communales sont transférées à une communauté ?

- ☐ **A.** La commune ne peut plus les exercer
- ☐ **B.** La commune et la communauté peuvent agir dans le même domaine
- ☐ **C.** La structure intercommunale agit matériellement, la commune finance

103. Quelle est l'affirmation exacte en ce qui concerne une collectivité chef de file ?

- ☐ **A.** Elle impose une coordination pour l'exercice de compétences partagées entre différentes collectivités ou groupements de collectivités
- ☐ **B.** Elle organise les modalités de l'action commune pour l'exercice de compétences partagées nécessitant le concours de plusieurs collectivités ou groupements de collectivités

104. Quelles sont les compétences d'un pôle métropolitain ?

- ☐ **A.** L'action sociale et tous les bâtiments scolaires
- ☐ **B.** Le développement économique et informatique du territoire
- ☐ **C.** Elles sont variables et dépendent de ses statuts

105. Quelles sont les compétences obligatoires d'une métropole de droit commun ?

- ☐ **A.** Celles d'une communauté urbaine, plus par conventions certaines compétences départementales, régionales ou étatiques
- ☐ **B.** Toutes celles des communes membres, qui deviennent des communes déléguées
- ☐ **C.** Les compétences des communes membres et du département concerné

106. En ce qui concerne les compétences des collectivités, quelle est l'affirmation exacte ?

- ☐ **A.** Depuis 2017, les compétences départementales sont transférées à la région
- ☐ **B.** La loi NOTRe prévoit des compétences développées pour la région
- ☐ **C.** À partir de 2017, les compétences communales décentralisées sont toutes transférées aux EPCI

107. Quelle différence entre mutualisation et transfert ?

- ☐ **A.** Ce sont deux termes synonymes, il n'y a pas de différence
- ☐ **B.** La mutualisation est la mise en commun de services, sans qu'il y ait transfert de compétences
- ☐ **C.** La mutualisation est le regroupement de services, parce qu'il y a eu transfert préalable

108. L'acte III modifie-t-il les compétences communales ?

- ☐ **A.** Non, elles restent inchangées
- ☐ **B.** Oui, elles sont bouleversées
- ☐ **C.** Oui et non

109. L'Union européenne a-t-elle interdit-elle aux collectivités l'exercice de certaines compétences ?

- ☐ **A.** Oui
- ☐ **B.** Non
- ☐ **C.** Oui et non

110. La loi Engagement proximité clarifie-t-elle la répartition des compétences ?

- ☐ **A.** Oui
- ☐ **B.** Non
- ☐ **C.** Oui et non

Réponses

91. Réponse A. La loi du 7 janvier 1983 relative à la répartition des compétences entre les collectivités et l'État déclare dans l'article 3 : « La répartition des compétences entre les collectivités territoriales et l'État s'effectue, dans la mesure du possible, en distinguant celles qui sont mises à la charge de l'État et celles qui sont dévolues aux communes, aux départements ou aux régions, de telle sorte que chaque domaine de compétences ainsi que les ressources correspondantes soient affectés en totalité soit à l'État, soit aux communes, soit aux départements, soit aux régions ». La technique du bloc de compétences correspond donc à une conception de collectivités spécialistes, dépositaires d'attributions rationnellement distribuées selon une logique de blocs homogènes, propres à chaque échelon territorial.

92. Réponse B. Le principe issu de la doctrine sociale de l'Église, a été repris par le droit européen (Traité de l'Union européenne, article 5 §2) et le droit de la déconcentration (LOATR du 6 février 1992, et charte de la déconcentration du 1er juillet 1992) ; il consiste en général à réserver uniquement à l'échelon supérieur ce que l'échelon inférieur ne pourrait effectuer que de manière moins efficace. Il est affirmé de façon inversée par l'article 72-2 C pour les collectivités : « Les collectivités territoriales ont vocation à prendre les décisions pour l'ensemble des compétences qui peuvent le mieux être mises en œuvre à leur échelon ».

93. **Réponse C.** La révision constitutionnelle de 2003 met en place la notion de « collectivité chef de file », prévoyant que lorsque l'exercice d'une compétence nécessite le concours de plusieurs collectivités territoriales, la loi peut autoriser l'une d'entre elles ou un de leurs groupements à organiser les modalités de leur action commune. L'acte III de la décentralisation s'appuie sur cette dynamique pour opérer une coordination des acteurs territoriaux.
94. **Réponse B.** La commune peut agir et prendre des décisions en s'appuyant sur le fondement de l'intérêt public local. Sur cette base juridique, la commune par exemple dispose d'un pouvoir d'initiative, lui permettant de ne pas limiter son action aux seuls domaines expressément décentralisés par un texte.
95. **Réponse C.** Issu de l'acte II, le droit à l'expérimentation permet, dans les conditions prévues par les lois organiques du 1er août 2003 et du 19 avril 2021, aux collectivités territoriales ou à leurs groupements de déroger, à titre expérimental et pour un objet et une durée limités, aux dispositions législatives ou réglementaires qui régissent l'exercice de leurs compétences. L'article 72-4 C précise que ce champ d'expérimentation doit être ouvert par la loi ou le règlement, et qu'il ne peut concerner les conditions essentielles d'exercice d'une liberté publique ou d'un droit constitutionnellement garanti.
96. **Réponse B.** L'article L. 3211-1 CGCT inscrit que le conseil départemental est compétent pour mettre en œuvre toute aide ou action relative à la prévention ou à la prise en charge des situations de fragilité, au développement social, à l'accueil des jeunes enfants et à l'autonomie des personnes. Il est également compétent pour faciliter l'accès aux droits et aux services des publics dont il a la charge. Il a compétence pour promouvoir les solidarités et la cohésion territoriale sur le territoire départemental, dans le respect de l'intégrité, de l'autonomie et des attributions des régions et des communes.
97. **Réponse B.** L'acte II dans la loi du 13 août 2004, a transféré aux collectivités départementales près de 15000 km de voirie nationale. Une compensation financière prenant en compte les dépenses de fonctionnement et les dépenses d'investissement liées à la gestion de ce domaine routier a été opérée. Le projet de loi dit 3DS prévoit le transfert du réseau routier national non concédé aux départements et métropoles qui le demandent, et la mise à disposition de routes nationales et autoroutes non concédés aux régions volontaires par le biais d'une expérimentation de 5 ans.
98. **Réponse A.** L'intervention d'un EPCI est circonscrite, ce qui signifie qu'à la différence par exemple des communes qui ont une compétence générale, il ne peut exercer que les compétences qui lui ont été transférées, d'où l'importance de la délimitation du champ d'action respectif des communes membres et de l'EPCI.
99. **Réponse A.** La suppression de la clause générale de compétences pour les départements et régions facilite la transparence. Cependant la clarification opérée est mise en cause par le nombre des exceptions, la refonte de l'intercommunalité, la nouvelle répartition des compétences opérée au profit des régions et intercommunalités, et les multiples possibilités de délégation ou transferts par voie conventionnelle…
100. **Réponse C.** La présidence par le président du Conseil régional a d'ailleurs donné lieu à divergence entre l'Assemblée nationale et le Sénat qui aurait préféré que le président soit élu parmi les membres de la conférence.
101. **Réponse B.** Depuis l'acte I, le département a la charge des bâtiments des collèges ; puis, très logiquement, l'acte II a confié à cette même collectivité le personnel technique, ouvrier et de service lié aux collèges. Cependant, par convention passée avec le département saisi d'une

demande en ce sens de la métropole, celle-ci peut exercer à l'intérieur de son périmètre, en lieu et place du département la compétence en matière de construction, d'aménagement, d'entretien et de fonctionnement des collèges (c'est-à-dire l'accueil, la restauration, l'hébergement ainsi que l'entretien général et technique). D'autre part, une collectivité territoriale, par exemple le département, peut déléguer à une collectivité territoriale d'une autre catégorie, par exemple une région, une compétence dont elle est attributaire, par exemple les collèges !

102. Réponse A. En vertu du principe d'exclusivité, les structures intercommunales se trouvent investies, en lieu et place des communes, des pouvoirs de décision et d'exécution sur les compétences transférées. Les communes ne devraient donc plus intervenir dans les domaines qu'elles ne possèdent plus !

103. Réponse B. L'acte III a réécrit l'article L. 1111-9 du CGCT, articulant la clarification des compétences et la coordination des acteurs sur la technique de chef de file, chargé d'organiser les modalités de l'action commune des collectivités territoriales et de leurs établissements publics dans un domaine donné. Par exemple la commune, ou l'EPCI à fiscalité propre auquel elle a transféré ses compétences, est chef de file pour l'exercice des compétences relatives à la mobilité durable.

104. Réponse C. Le pôle métropolitain est constitué par accord entre des établissements publics de coopération intercommunale à fiscalité propre. L'objectif est de mener des actions d'intérêt métropolitain en matière de développement économique, de promotion de l'innovation, de la recherche, de l'enseignement supérieur et de la culture, d'aménagement de l'espace par la coordination des schémas de cohérence territoriale dont le périmètre est identique à celui des établissements publics de coopération intercommunale qui composent le pôle, et de développement des infrastructures et des services de transport, afin de promouvoir un modèle de développement durable du pôle métropolitain et d'améliorer la compétitivité et l'attractivité de son territoire, ainsi que l'aménagement du territoire infradépartemental et intrarégional.

105. Réponse A.
La métropole exerce de très nombreuses compétences en lieu et place de ses communes membres, comme une communauté urbaine. De plus, elle peut exercer des compétences que lui confient département (par exemple la voirie), région (ainsi des lycées), ou l'État (comme l'aide à la pierre) par convention.

106. Réponse B. Certes la suppression de la clause générale de compétence pour la région semble limiter l'action régionale… En fait, les exceptions constituées par les compétences partagées sont nombreuses, la dynamique économique régionale est renforcée, et certaines compétences départementales comme le transport scolaire lui sont octroyées.

107. Réponse B. Comme l'explicite un rapport récent, par mutualisation, on entend la mise en commun, temporaire ou pérenne, de ressources humaines, techniques, patrimoniales ou financières. Les modalités de la mutualisation consistent en l'exercice de compétences sans transfert. C'est donc une pratique moins lourde qu'un transfert ou une délégation de compétence, et qui permet la coexistence de personnel aux employeurs différents au sein d'un même service jusqu'à la fusion de service.

108. Réponse C. La loi MAPTAM donne à la commune des responsabilités de chef de file, notamment en ce qui concerne la mobilité durable, l'organisation des services publics de proximité, l'aménagement de l'espace, et le développement local. Mais d'autre part, la généralisation de l'intercommunalité communautaire et la métropolisation atteignent les compétences communales.

109. Réponse A. Le droit de l'Union européenne est très largement fondé sur le principe de la concurrence. Ceci a des répercussions juridiques sur la notion de service public, et donc sur les possibilités d'intervention des collectivités territoriales, notamment dans le domaine économique.

110. Réponse B. Remettre de la souplesse et du bon sens pour mieux s'adapter à la diversité des territoires, tel est le leitmotiv de la loi du 27 décembre 2019. Loin de réduire l'opacité de la répartition des compétences, elle développe des modalités de flexibilité, laissant le choix aux entités décentralisées de décider qui de l'intercommunalité ou des communes membres agira. La future loi dite 3DS devrait accentuer ces différenciations, la technique du « bloc de compétences » semble totalement oubliée !

6 L'aménagement du contrôle de la légalité des actes décentralisés (non budgétaires)

Se substituant à la tutelle étatique, un système original, alliant conciliation administrative et résolution juridictionnelle, caractérise le contrôle opéré sur les actes non budgétaires des collectivités territoriales et de leurs établissements publics depuis 1982.
Les exigences d'un contrôle efficace justifient petit à petit l'allégement, l'accélération et la dématérialisation des procédures, s'inscrivant *de facto* dans le mouvement de modernisation des politiques publiques.
Le principe de libre administration n'exclut cependant pas des modalités renforcées et diversifiées de contrôle, manifestant la puissance étatique d'un État de droit unitaire et la pénalisation de la vie publique locale.
Si les réformes opérées limitent progressivement les dérives et failles du contrôle, la question plus largement posée est celle du cadre dans lequel il s'inscrit: l'inflation textuelle, les insuffisances persistantes de la justice administrative, et les relations entre l'État et les collectivités. Dans le but de fluidifier ces dernières, la loi engagement et proximité du 27 décembre 2019 instaure un rescrit normatif, sécurisant les élus dans leurs décisions.

Historique

La longue soumission du local à la tutelle étatique

Héritage de l'autorité de l'intendant sur les généralités sous Louis XIV, et de la domination étatique de l'administration napoléonienne, la tutelle, ou forme d'emprise accentuée s'apparentant au pouvoir hiérarchique, régit durant des décennies les relations entre les autorités centrales et locales.

Les chartes départementales de 1871 et municipales de 1884 organisent une autonomie locale limitée par un contrôle *a priori* du préfet, tant dans le domaine administratif que financier.

La Constitution du 27 octobre 1946, dite de la IVe République, prévoit que le contrôle administratif des collectivités territoriales est assuré, dans le cadre départemental, par les délégués du Gouvernement, désignés en Conseil des ministres; il prend alors la forme d'un pouvoir d'approbation et d'autorisation, et donne à son détenteur, le préfet, la possibilité d'annuler ou de substituer sa propre décision à celle de l'auteur de l'acte, pour des raisons de régularité juridique ou d'opportunité.

Le texte originel de la Constitution du 4 octobre 1958 réitère la formulation d'un contrôle administratif exercé par le représentant de l'État; le principe de libre administration des collectivités territoriales énoncé à l'article 72 C s'accommode alors de cette tutelle pourtant contraignante.

Le contrôle est organisé par des textes diversifiés qui utilisent des solutions spécifiques à la catégorie d'actes et à la collectivité.

Certes, cet assujettissement connaît quelques atténuations, notamment grâce au décret du 5 janvier 1959 limitant les cas d'approbation ministérielle du budget départemental, et à la loi du 31 décembre 1970 sur la gestion municipale et les libertés communales, qui consacre son Titre I à l'allégement de la tutelle administrative, permettant aux délibérations d'être en principe exécutoires 15 jours après dépôt en préfecture (donc sans approbation préalable du préfet).

Le rapport d'Olivier Guichard « Vivre ensemble » de 1976 préconise la suppression de la tutelle préfectorale, et invite à confier le contentieux des recours préfectoraux au tribunal administratif…

La loi du 2 mars 1982 : l'apparition du contrôle de légalité

L'acte I de la décentralisation confère de nombreuses compétences aux collectivités territoriales dont les organes sont désormais tous issus du suffrage, et jouissent donc d'une légitimité renforcée. Il promeut le principe de libre administration, et supprime de façon expresse toute tutelle administrative, financière ou technique.

La loi du 2 mars 1982 instaure alors un contrôle fondé sur trois principes : une énumération limitative des actes soumis au contrôle, un contrôle postérieur à l'application de l'acte et portant sur sa seule légalité, l'intervention du représentant de l'État et, le cas échéant, du juge administratif. Pour résumer c'est un contrôle *a posteriori*, de légalité, et contentieux, identique quelle que soit la collectivité. Il remplace une tutelle qui vérifiait la régularité et l'opportunité, et était exercée par le préfet, *a priori* et *a posteriori*.

Le Conseil constitutionnel (137 DC) affirme cette nécessité du maintien du contrôle administratif prévu par l'article 72 C, pour que soient respectées les prérogatives de l'État : le contrôle permet d'assurer le respect des lois, et plus généralement la sauvegarde des intérêts nationaux auxquels se rattache de surcroît l'application des engagements internationaux contractés à cette fin. Cette décision du 25 février 1982 rappelle donc fermement la prééminence de l'État sur les collectivités territoriales, et le caractère constitutionnel de la structure unitaire de la France.

Le contrôle est par conséquent au service de l'État de droit, et contribue à garantir l'équilibre des pouvoirs entre État et collectivités.

Cet assouplissement des relations entre État et collectivités territoriales, par des modalités rénovées du contrôle administratif, dit contrôle de légalité pour manifester s'il est besoin la disparition de tout élément d'opportunité, sera précisé par la loi du 22 juillet 1982.

La judiciarisation est manifeste, elle est constituée par la faculté offerte au préfet de saisir le tribunal administratif aux fins d'annulation.

À la différence du contrôle hiérarchique, le contrôle exercé par le représentant de l'État n'existe que si des écrits le prévoient, et dans les termes prévus par ces textes.

À partir de 1992 : l'amélioration de la possibilité de suspension des actes

Par petites touches disparates, le processus va être adapté à l'évolution de la législation environnante et aux contraintes matérielles des acteurs du contrôle, les réformes successives visant à obtenir une réponse rapide à la présomption d'illégalité relevée par le préfet.

La loi ATR du 6 février 1992 et la loi LOAT du 4 février 1995 affinent les possibilités de suspension, à l'occasion d'un déféré préfectoral exercé dans le cadre du contrôle de légalité. Les délais sont par conséquent explicités, obligeant le juge administratif à une réponse moins tardive.

Non spécifique au contrôle de légalité, mais relative au référé devant les juridictions administratives, la loi du 30 juin 2000 précise les conditions et modalités de cette procédure d'urgence, visant à empêcher l'acte local de produire des effets jusqu'à ce que le magistrat administratif ait statué au fond.

Quant à la loi organique du 1er août 2003 relative à l'expérimentation par les collectivités territoriales, elle aménage, pour les actes pris en application du droit à l'expérimentation, un référé préfectoral adapté par la suite en vertu de la loi organique du 19 avril 2021 : la demande préfectorale de suspension de la délibération par laquelle une collectivité décide de participer à une expérimentation prive d'effets cette délibération jusqu'à ce que le tribunal ait statué.

Certes, la loi organique du 1er août 2003 relative au référendum local a développé des règles particulières, le représentant de l'État ne disposant que d'un délai de 10 jours pour déférer s'il estime illégale la délibération organisant le référendum, et le scrutin ne pouvant intervenir moins de 2 mois après la transmission…

Mais aucun bouleversement n'est donc apporté par les actes II et III de la décentralisation en matière de contrôle de légalité, on assiste, selon la formule éculée, au changement dans la continuité. L'amélioration est qualitative, « traiter la masse, maximiser les compétences, encadrer l'action par une stratégie ».

Une réduction du périmètre des actes soumis à transmission

La loi du 13 août 2004 relative aux libertés et responsabilités locales développe la performance du contrôle en réduisant son champ d'application. « Contrôler moins pour contrôler mieux » est alors le leitmotiv au service du désengorgement des services de la préfecture.

En effet, si en 1982 la transmission concernait 2,9 millions d'actes, l'importance des compétences décentralisées porte ce nombre à près de 8 millions en 2003, sans compter les actes budgétaires. Pour la seule fonction publique territoriale, plus d'un million et demi d'actes sont ainsi transmis chaque année ! La liste des actes à transmettre est modifiée, supprimant cette formalité notamment pour les arrêtés de police de la circulation et de stationnement, les certificats d'urbanisme et les avancements d'échelon des agents locaux.

La loi du 20 décembre 2007 relative à la simplification du droit amplifie cet allégement, et permet une diminution sensible d'actes transmis en préfecture : si l'année 2008 a marqué une augmentation du nombre d'actes, liée au renforcement du transfert de compétences opéré par l'acte II… la décrue est importante, avec 5,387 millions en 2017.

L'ordonnance du 17 décembre 2009 relative à la simplification du contrôle de légalité poursuit la modernisation en soustrayant par exemple à l'obligation de transmission certains actes relatifs à la voirie routière et à la fonction publique territoriale et en ne conservant dans le champ de la transmission obligatoire que les actes les plus sensibles intervenant dans ces domaines.

La loi du 12 mars 2012 relative aux agents publics n'opère qu'un simple toilettage, écartant de la transmission les décisions individuelles prises pour faire face à un besoin lié à un accroissement temporaire ou saisonnier d'activité.

Un cadrage stratégique de l'action préfectorale

L'un des objectifs de la révision générale des politiques publiques est de mieux organiser les services chargés du contrôle de légalité, afin d'en renforcer l'efficacité. Depuis 2007, les moyens nécessaires à l'exercice du contrôle jusqu'alors répartis dans les sous-préfectures sont centralisés en préfecture, tout en maintenant la responsabilité du sous-préfet d'arrondissement à l'égard des élus.

Un nouveau fonctionnement en réseau a été mis en place : les actes locaux sont transmis en sous-préfecture qui assure la sélection des actes prioritaires pour les communiquer au service préfectoral compétent. Ce dernier soumet les lettres d'observations à la signature du sous-préfet, lui conservant par conséquent sa fonction de conseil.

Les services chargés du contrôle sont réorganisés, afin de permettre cette mutualisation entre services et échelons.

D'autre part, des indicateurs permettent l'évaluation de la performance de la fonction « contrôle de légalité » des préfectures, ils figurent au programme « administration territoriale » : taux de contrôle des actes prioritaires, taux de déférés préfectoraux gagnés, taux d'actes transmis par l'application ACTES.

Une priorisation cible le contrôle de légalité sur les actes présentant des enjeux majeurs, et le recentre en particulier sur l'urbanisme et le développement durable, la fonction publique territoriale et la commande publique. Au sein de ces champs, sont définis des actes prioritaires, en fonction de priorités déterminées au niveau national et complétées par chaque préfet au regard de spécificités locales (circulaire du 25 janvier 2012). La loi NOTRe ayant fixé une nouvelle répartition des compétences en matière d'aides aux entreprises et d'interventions économiques, une circulaire du 26 janvier 2017 inscrit les actes des collectivités territoriales en matière de développement économique au nombre des priorités du contrôle de légalité.

Enfin, le pôle interrégional d'appui au contrôle de légalité (PIACL), exerce une mission d'expertise et de conseils juridiques auprès de l'ensemble des préfectures du territoire national hors Île-de-France, lorsqu'elles ont des difficultés à statuer sur la légalité d'un acte d'une collectivité territoriale. Peut aussi être remarquée l'évolution du rôle de l'administration centrale: La direction générale des collectivités locales (DGCL) a entrepris de développer le pilotage de l'activité liée au contrôle de légalité et l'animation d'un réseau pour mieux appuyer les préfectures. Un suivi de la mise en œuvre des directives nationales stratégiques est effectué par ses services. L'organisation d'une journée d'information annuelle à Paris, réunissant les directeurs des relations avec les collectivités territoriales et les chefs de bureau du contrôle de légalité, permet de communiquer sur les directives stratégiques, d'échanger sur les thèmes d'actualité du contrôle de légalité et de faire intervenir des partenaires ministériels extérieurs (ministère de l'économie et des finances, ministère de la transition écologique et solidaire).

Certains dénoncent le contrôle de légalité, qui prendrait aujourd'hui « la forme soit d'une passoire pour les matières non identifiées comme prioritaires, soit d'une louche pour les autres »... Le rapporteur spécial de la commission des finances de l'Assemblée nationale observe cependant que les effectifs alloués au contrôle de légalité dans le cadre du « Plan Préfectures Nouvelle Génération » a évolué de 879 à 921,5 emplois équivalents temps plein travaillé entre 2016 et 2019.

Connaissances de base

Un champ d'application délimité

L'innovation essentielle des lois de décentralisation réside dans le caractère immédiatement exécutoire des actes émanant des collectivités territoriales et de leurs établissements publics, à partir du moment où ils ont été publiés et/ou notifiés, et transmis en préfecture pour les plus importants, comme l'a rappelé le juge administratif dans l'arrêt CE, 21 mai 2008, Madame Louvard.

L'article L. 2131-2 CGCT établit la liste des actes communaux soumis à cet envoi : délibérations du conseil (exceptions en matière de voirie et de fonction publique territoriale) ; décisions réglementaires et individuelles prises par le maire dans l'exercice de son pouvoir de police (sauf celles relatives au stationnement, à la circulation, aux sanctions administratives en matière de protection du domaine public, et à l'exploitation temporaire de buvettes par les associations) ; actes à caractère réglementaire pris par les autorités locales; conventions relatives aux emprunts, aux marchés et aux accords-cadres d'un montant > 214 000 € HT, ainsi que conventions de concession ou d'affermage des services publics locaux et contrats de partenariat; décisions individuelles essentielles de la carrière des agents (sauf exception) ; autorisations d'utilisation du sol délivrées par le maire ou le président de l'EPCI...

Une énumération exhaustive comparable est établie pour les autres collectivités.

Cet inventaire a varié au cours des années, afin d'en diminuer le flux et de soulager les services de la préfecture.

Le Conseil d'État a cependant reconnu au représentant de l'État une faculté générale de former un recours en annulation à l'encontre de tous les actes des collectivités, puisqu'il est investi en vertu de l'article 72 C de « la charge des intérêts nationaux, du contrôle administratif et du respect des lois » (CE, 28 février 1997, Commune du Port). La loi du 13 août 2004 a d'ailleurs confirmé ce pouvoir d'évocation. De plus, les actes peuvent être transmis spontanément, en dehors de toute obligation légale.

Seuls sont exclus du contrôle les actes pris par le maire en tant que représentant de l'État, comme ceux relevant de l'état civil car ils dépendent logiquement du contrôle hiérarchique, et les actes relevant du droit privé, comme ceux liés à la gestion du domaine privé ou certains contrats de recrutement (d'apprentissage, contrats aidés).

Il convient d'ajouter que la transmission opérée doit être complète, le préfet dispose à cet égard d'un pouvoir de demander les documents annexes nécessaires, le mettant à même d'apprécier la légalité et la portée de l'acte, dans le délai de 2 mois de la réception de l'acte transmis (c'est notamment le cas pour les différentes pièces qui doivent accompagner la transmission d'un marché public).

Une procédure en deux étapes

Le préfet peut déférer au tribunal administratif les actes qu'il estime contraires à la légalité dans les 2 mois suivant leur transmission. Il dispose à cet effet d'un pouvoir discrétionnaire, c'est une simple faculté, le préfet ayant de plus la possibilité de se désister (CE 16 juin 1989 Préfet des Bouches-du-Rhône). *In fine*, l'acte de déférer s'inscrit dans une méthode stratégique de dialogue.

La phase administrative

Dans un contexte de partenariat en plein essor, un élément de souplesse est apporté : le contrôle du représentant de l'État peut être exercé, sans qu'il soit sanctionné par une procédure contentieuse. Dans la plupart des hypothèses, une simple lettre d'observations valant recours gracieux permet le retour à la légalité.

Cette négociation entre le représentant de l'État et les collectivités est encouragée par la loi qui prescrit d'informer la collectivité avant tout déféré (mais pas à peine d'irrecevabilité…) Elle est aussi soutenue par la jurisprudence du Conseil d'État, qui accepte la prorogation du délai de 2 mois en cas d'observations adressées aux autorités locales, comme c'est le cas pour les demandes de transmission de documents annexes (CE 4 novembre 1996 Département de la Dordogne).

De plus, en raison de la jurisprudence Ternon du 26 octobre 2001 (qui pourrait rendre impossible la demande préfectorale de retrait de l'acte par un recours gracieux avant l'introduction d'un éventuel recours), la loi du 13 août 2004 a institué un délai obligatoire de transmission au préfet de 15 jours pour les actes individuels, nombreux en matière de fonction publique territoriale, d'urbanisme et de pouvoirs de police afin de préserver au maximum la phase précontentieuse du contrôle de légalité.

L'analyse juridique du préfet s'inscrit dans une appréciation du contexte local, il s'agit de situer les nécessités de la légalité face aux contraintes du service de l'intérêt général par les élus locaux. L'adage de Cicéron « *summum jus, summa injuria* » (sommet du droit, sommet d'injustice) rappelle que l'application trop rigoureuse du droit n'est pas toujours judicieuse.

La régulation non contentieuse peut de la sorte être préférée à la résolution juridictionnelle ; est laissée au préfet la possibilité d'arbitrer une situation au regard des divers enjeux en présence. Le pourcentage d'actes retirés ou réformés par rapport au total des lettres d'observations est d'ailleurs, en moyenne, de 80 %. De plus, sont ainsi contournées les difficultés de la longueur de la procédure juridictionnelle et de l'éventuelle inexécution des décisions de justice.

La question de la vérification non contentieuse de la régularité juridique des actes locaux avait conduit les acteurs territoriaux à consulter les services de contrôle préfectoraux préalablement, « en amont » d'une décision innovante juridiquement, ou d'un marché public complexe. Certains observateurs avaient ironisé sur cette forme modernisée de demande d'approbation, caractéristique de feu la tutelle... L'article 74 de la loi du 27 décembre 2019 institutionnalise cette pratique, grâce à la possibilité pour les élus de demander un rescrit normatif en amont d'une décision (voir dans le module Perspectives de ce chapitre).

La phase juridictionnelle

Comparée à l'ancienne tutelle, l'intervention juridictionnelle dépolitise le contrôle opéré et le rend plus objectif.

Le préfet a la possibilité d'exercer un déféré spontané, ou sur demande (dans le délai de deux mois à compter de la date à laquelle l'acte est devenu exécutoire) d'une personne physique ou morale s'estimant lésée, sans préjudice du recours direct dont elle dispose.

Si le refus du préfet de déférer au tribunal administratif sur demande d'un particulier ne constitue pas une décision susceptible de faire l'objet d'un recours pour excès de pouvoir (CE 25 janvier 1991 Brasseur), la responsabilité de l'État peut cependant être engagée s'il y a faute lourde, caractérisée par une carence manifeste du contrôle de légalité, comme l'abstention prolongée et répétée de déférer des actes dont l'illégalité ressortirait avec évidence des pièces transmises au représentant de l'État (CE 6 octobre 2000 ministre de l'Intérieur c/Commune de Saint Florent, CE 17 juillet 2013 SIVOM Cinarca Liamone).

Les arguments juridiques, ou moyens d'ouverture, présentés dans la requête au juge sont nombreux.

- En premier lieu peuvent être développés des moyens de légalité externe, comme l'incompétence de l'auteur (CE 5 février 2009 SCA), le vice de forme ou de procédure (CE 11 mars 2009 Commune d'Auvers-sur-Oise). Cette dernière source d'illégalité est particulièrement importante en matière d'achat public par les collectivités (CE 7 octobre 2005 Région Nord-Pas-de-Calais).

- Peuvent prospérer aussi les moyens de légalité interne. Ainsi en est-il du détournement de pouvoir comme dans l'arrêt Brasseur sus-cité, qui conduit le juge à annuler l'arrêté de police d'un maire motivé, non par les nécessités de la circulation ni pour des motifs tirés de l'ordre et de la sécurité publics, mais par le souci de protéger les intérêts de certains commerçants de la localité !

  La violation directe de la loi, l'erreur de droit ou de fait peuvent aussi être invoquées (CE 7 avril 1993 Ville de la Courneuve). Le juge exerce un contrôle d'intensité ; par exemple, face à un acte issu du pouvoir discrétionnaire de l'administration locale, seule l'erreur manifeste d'appréciation est sanctionnée, c'est-à-dire l'erreur flagrante (par exemple, en ce qui concerne le juge du référé précontractuel à propos du refus d'une offre anormalement basse par un département CE 1er mars 2012 Département de Corse-du-Sud). En revanche, quand la collectivité use d'une compétence liée, c'est-à-dire quand elle ne peut prendre qu'une seule décision dictée par une norme supérieure, le juge analyse les erreurs relatives à l'exactitude matérielle des faits et à la qualification juridique des faits. Enfin, le contrôle peut être dit « maximum », comme en matière de mesure de police, par définition attentatoire à une liberté fondamentale (CE 19 mai 1933 Benjamin) ou d'expropriation, car préjudiciable à la propriété privée (CE 28 mai 1971 Ville Nouvelle-Est).

  Si en vertu de leur caractère exécutoire, règle fondamentale en droit public liée au privilège du préalable, les actes des collectivités sont présumés légaux, le représentant de l'État peut néanmoins assortir son recours d'une demande de suspension, conditionnée par l'existence d'un moyen sérieux de nature à justifier l'annulation.
- Le délai de réponse de la juridiction administrative à cette demande est en principe d'un mois, mais il peut être réduit à 48 heures lorsqu'une liberté est en jeu, comme dans les cas très médiatisés des « arrêtés couvre-feu » pris par des maires pour limiter la présence nocturne de mineurs non accompagnés sur la voie publique. (Cette décision de suspension est susceptible d'appel devant le Conseil d'État, statuant en ce cas dans un délai de quarante-huit heures).
- Plus rapide encore est la procédure en matière d'urbanisme, de marchés ou de délégation de service public, puisque la demande formulée par le représentant de l'État dans les 10 jours de réception de l'acte entraîne de droit, c'est-à-dire automatiquement, la suspension jusqu'à ce que le président du tribunal administratif ait statué. Au terme d'un délai d'un mois à compter de la réception, si le juge des référés ne s'est pas prononcé, l'acte redevient exécutoire. Des dispositions comparables ont été adoptées pour les actes pris en application du droit à l'expérimentation des collectivités territoriales.
- Il est à remarquer que le préfet est un requérant particulier en matière de référé : contrairement au référé-suspension ordinaire il n'a pas à démontrer l'urgence pour faire prospérer sa demande de suspension ; de plus l'étendue du déféré est élargie par rapport au champ du recours pour excès de pouvoir : contrats locaux et actes préparatoires peuvent en faire l'objet.

Bilan de l'actualité

La promotion de la dématérialisation

Dans le cadre de la rénovation du contrôle, la loi du 13 août 2004 avait autorisé la transmission par voie électronique des actes à la préfecture, avec un recours par les collectivités à des dispositifs de télétransmission garantissant l'identification et l'authentification de la collectivité émettrice, et l'intégrité des flux. Élaboré en concertation avec les principales associations d'élus et conformément aux recommandations de l'Agence pour le développement de l'administration électronique (plan ADELE), le programme ACTES (Aide au Contrôle de légaliTé dématÉrialiSé) est déployé. Il désigne à la fois le projet tendant à dématérialiser la transmission des actes soumis au contrôle de légalité, et l'application permettant aux personnels des préfectures de consulter les actes reçus et suivre le processus de contrôle de légalité de ces actes. Les collectivités ont le choix entre construire elles-mêmes leur dispositif pour se connecter à l'application ACTES, ou recourir à un tiers qui assure la transmission vers les applications du ministère et peut, si besoin, fournir des prestations complémentaires comme l'aide à la constitution de dossiers.

Cette application couvre aujourd'hui l'ensemble des préfectures. En 2018, 60,52 % des actes ont été transmis au contrôle de légalité via l'application.

Cette dématérialisation allège les tâches matérielles (est espérée une économie de papier conséquente), rationalise le contrôle par l'automatisation des tâches répétitives et un meilleur archivage des actes, et assure en principe une plus grande sécurité juridique en fournissant l'expertise préfectorale.

La CNIL, commission nationale de l'informatique et des libertés, a décidé de dispenser de formalité déclarative préalable les traitements mis en œuvre par collectivités et préfectures dans le cadre de cette dématérialisation, car ils ne paraissent pas susceptibles de porter atteinte à la vie privée ou aux libertés dans le cadre de leur utilisation régulière. Cependant, seuls des agents territoriaux ou préfectoraux habilités peuvent être destinataires des informations (Délibération CNIL 2 mars 2006).

La loi NOTRe du 7 août 2015 rend la transmission par voie électronique obligatoire pour les actes des communes de plus de 50 000 habitants, des départements, des régions et des EPCI à partir d'août 2020.

En 2016, la Cour des comptes a cependant regretté une dématérialisation décevante, en raison d'un raccordement à ACTES fondé sur le volontariat des collectivités, et des insuffisances de cet outil en matière d'assistance au contrôle pour les agents contrôleurs malgré un coût annuel de maintien de l'application de près de 600 000 €.

L'article 78 de la loi engagement et proximité prévoit qu'une ordonnance, prise au plus tard le 27 juin 2021, modifiera les règles relatives à la publicité des actes des collectivités territoriales et de leurs groupements. Seront aussi revues les prescriptions liées à leur entrée en vigueur, à leur conservation, ainsi qu'au point de départ du délai de recours contentieux, dans le but de simplifier, clarifier et harmoniser ces règles et de recourir à la dématérialisation.

La mise en cause de l'égalité

La pratique du déféré préfectoral reste marginale Cela révèle que l'action locale respecte généralement la légalité, mais démontre également l'importance de la régulation précontentieuse. En effet, les quelque 30 000 interventions préfectorales pour le retrait et la modification de l'acte ne donnent lieu qu'à près de 1 000 déférés préfectoraux.

Comme déjà explicité ci-dessus, tenant compte de considérations d'intérêt local, le préfet porte une appréciation sur la légalité des actes en rapport avec les situations rencontrées sur le terrain, notamment économiques, et peut ainsi décider de ne pas déférer un acte pourtant illégal.

La phase de dialogue, conjuguée au pouvoir discrétionnaire dont bénéficie le préfet, produit certes des effets positifs : le retrait ou la réformation de l'acte local estimé illégal devient l'enjeu d'un débat sous l'autorité du représentant de l'État qui dispose d'une « arme de persuasion » vis-à-vis de l'élu, l'éventuel déféré.

Cette liberté d'appréciation du préfet amène cependant une certaine diversité, et même hétérogénéité dans les pratiques préfectorales. De fait, le Rapport sur le contrôle *a posteriori* des actes des collectivités territoriales et des établissements publics locaux démontre que les départements et les régions sont quasiment à l'abri du contrôle de légalité, alors que les EPCI semblent particulièrement soumis à vérification…

En partie limité et orienté par l'encadrement stratégique national et préfectoral, le pouvoir d'appréciation du préfet soulève néanmoins la question d'une éventuelle connivence avec les autorités locales, et fait craindre une légalité à géométrie variable. Il arrive qu'à situation comparable, le contrôle soit exercé différemment ; l'idéal républicain de l'égalité devant la loi et de l'uniformité de son application sur le territoire paraît fragilisé, le spectre de la partialité agite les élus qui s'estiment directement et personnellement atteints.

Des voix s'élèvent donc pour réclamer une transparence accrue des « règles du jeu », par une application plus détaillée encore de l'obligatoire rapport triennal du gouvernement au parlement sur le contrôle exercé à l'égard des actes locaux ; selon la formule latine « *Bene diagnoscitur, bene curatur* » (bien diagnostiquer, c'est bien soigner) !

Perspectives

Si le XXIIe rapport du gouvernement au Parlement sur le contrôle se félicite de ce que la mission de conseil des préfectures représente 50 % de l'activité des services de contrôle, le rapport général n° 111 de Mme Michèle ANDRÉ constate les résultats préoccupants de la réorganisation des préfectures et s'en inquiète. « La nouvelle stratégie de contrôle de légalité, recentré sur les actes les plus sensibles et à fort enjeu comporte pour sa part le risque d'un accroissement de l'insécurité juridique, avec à la clef un coût social élevé. (…) En effet, les maires ont vu leurs responsabilités s'accroître dans certains domaines, tels que celui de l'instruction des permis de construire par exemple, et peuvent dès lors se retrouver confrontés à de grandes difficultés si un contrôle suffisant en amont n'est pas opéré».

Quatre thématiques peuvent être de plus sources d'interrogation: la mutation normative, l'incertitude contentieuse, le poids préfectoral, et la pénalisation de la vie publique.

Le défi de l'évolution normative, la possibilité du rescrit normatif

Aujourd'hui, selon Alain Lambert, on compte près de 400000 normes, dont 10500 lois et 127000 décrets, auxquels s'ajoutent 7400 traités et 17000 textes communautaires... Le Conseil d'État estime à un million de mots par an les nouvelles normes! L'inflation législative est liée au phénomène sociétal de la «loi-émotion» qui fait florès, comme le manifeste la succession de textes émis après chaque accident mortel causé par une attaque canine ou une défaillance d'ascenseur; elle est aussi la conséquence de l'apparition de nouveaux domaines, comme le droit relatif aux nouvelles technologies, et de l'intégration européenne; enfin les lois triplent de volume lors du débat parlementaire (telle la loi sur la transition énergétique qui comptait 64 articles au sortir du Conseil des ministres et a été votée avec 215 articles). Le «coût net» des nouvelles normes imposées au secteur public local et sur lesquelles le CNEN a été consulté en 2019 s'élève à 790 millions d'euros!

Le rapport du Sénateur Claude Belot s'élevait déjà contre «la maladie de la norme» qui affecte les collectivités territoriales... «Les lois inutiles affaiblissent les lois nécessaires» (Montesquieu).

La loi du 17 octobre 2013 porte création d'un conseil national d'évaluation des normes applicables aux collectivités territoriales et à leurs établissements publics (Cnen). Une enquête Sénatoriale relève cependant que 63,8% des maires jugent prioritaire la simplification des normes dans le domaine de l'urbanisme et du droit des sols. (Depuis le décret du 14 janvier 2016, un élu peut saisir à titre individuel le Cnen).

Face à un droit cependant encore pléthorique et souvent hermétique, la tâche est malaisée pour l'élu local... comme pour le préfet ou le juge!

Le problème provient aussi de l'application de normes dont la hiérarchisation a parfois été délicate, notamment en ce qui concerne l'intégration des règles européennes. Créant la surprise, le juge administratif avait ainsi annulé une concession de travaux du périphérique lyonnais pour incompatibilité avec une directive européenne (CE 6 février 1998 TEO); il a de plus admis que tout justiciable peut se prévaloir, à l'appui d'un recours dirigé contre un acte administratif non réglementaire, des dispositions précises et inconditionnelles d'une directive lorsque l'État n'a pas pris dans les délais impartis les mesures de transposition nécessaires (CE Ass. 30 octobre 2009 Perreux).

L'instabilité des sources juridiques est enfin déplorée, elle devient une préoccupation croissante pour les acteurs locaux du droit. Sources constitutionnelles, européennes, législatives, jurisprudentielles et réglementaires s'imposent aux collectivités qui sont parfois démunies, surtout en ce qui concerne les petites. On peut pour illustrer, évoquer le Code des marchés publics 2001, laissant place au « nouveau Code des marchés publics » 2004, lui-même remplacé par celui de 2006… modifié plus de 15 fois par le pouvoir réglementaire ou les annulations contentieuses d'article du juge administratif, et soumis à une refonte complète en 2015-2016 en raison de la transposition de directives européennes de février 2014… pour devenir le Code de la commande publique fin 2018 !

Les décisions juridictionnelles semblent donc imprévisibles et aléatoires aux élus, confrontés à des règles de droit trop nombreuses, complexes, mouvantes et parfois inintelligibles.

L'amélioration du contrôle repose donc en partie sur la question récurrente des progrès normatifs : une règle accessible et claire implique un contrôle facilité et accepté…

Issue du droit romain, la procédure de rescrit a pour but de sécuriser, grâce à une prise de position formelle de l'administration qui lui est opposable, sur l'application d'une norme à une situation de fait décrite loyalement dans la demande. Le rescrit de la loi engagement et proximité consiste en une demande de position formelle. Cette procédure est propre à lever l'appréhension des élus face à un nouveau projet, notamment les élus des petites communes dépourvues de service juridique ! Ainsi, avant d'adopter un acte susceptible d'être déféré au tribunal administratif, les collectivités territoriales ou leurs groupements ainsi que leurs établissements publics peuvent saisir le préfet d'une demande formelle relative à la mise en œuvre d'une disposition législative ou réglementaire régissant l'exercice de leurs compétences ou les prérogatives de l'exécutif. Le silence du préfet pendant 3 mois vaut absence de prise de position formelle. Si l'acte est conforme à la prise de position formelle, le préfet ne peut pas, au titre de la question de droit soulevée et sauf changement de circonstances, le déférer au tribunal administratif. Cependant, les tiers ne sont, eux, pas privés de la faculté de former un recours contre l'acte concerné. Restent plusieurs interrogations : la nature des actes concernés, et la fréquence des demandes (sera-t-elle plafonnée ?)

Ce pouvoir d'appréciation préfectoral n'est pas sans rappeler le pouvoir de dérogation aux normes réglementaires pour un motif d'intérêt général, accordé au représentant de l'État par un décret de 2017 (expérimentation) puis du 8 avril 2020 (généralisation).

Le problème de l'insécurité juridictionnelle

L'information de la collectivité par le préfet d'un déféré n'est pas obligatoire : le juge administratif admet ainsi que n'est pas irrecevable le recours préfectoral opéré sans en avertir la commune concernée (CE 24 avril 1985 Ville d'Aix-en-Provence).

De plus, l'évolution jurisprudentielle en matière de délais de recours augmente la période d'incertitude pour la collectivité, en raison de la possibilité de cumuler les deux causes de prorogation (recours gracieux et demande de pièces complémentaires) ;

le délai de deux mois imparti au préfet pour déférer au tribunal connaît donc potentiellement un allongement significatif.

En outre, les collectivités restent parfois donc dans l'attente d'un jugement tardif ce qui accroît le manque de sécurité juridique, des décisions juridictionnelles concernant des autorisations d'occupation du sol peuvent ainsi être rendues après la réalisation des travaux, perdant toute efficacité.

Cette lenteur de la justice administrative est certes combattue par la loi du 30 juin 2000 sur les procédures d'urgence et la diversification des voies de recours, puisqu'au référé-suspension s'ajoutent les référés précontractuels et même contractuels (ordonnance du 7 mai 2009). Le recours au référé reste cependant encore marginal.

L'amélioration des procédures contentieuses, accentuée par l'ouverture de nouvelles voies de recours comme la possibilité de recours direct des tiers contre les contrats administratifs (CE 16 juillet 2007 Société Tropic Travaux Signalisation, CE 4 avril 2014 Département Tarn-et-Garonne, CE 10 avril 2015 Commune de Levallois-Perret), ou le recul de certaines des mesures d'ordre intérieur (CE 10 février 1995 Commune de Coudekerque-Branche à propos d'un règlement intérieur municipal), fragilise d'ailleurs les actes juridiques et développe une inquiétude importante pour les décideurs locaux.

La progression du pouvoir préfectoral de substitution

Si la Charte européenne de l'autonomie locale du Conseil de l'Europe restreint dans son article 8 les contrôles *a priori* ou d'opportunité sur les collectivités, la décentralisation n'a pas fait disparaître tout pouvoir de substitution au profit du représentant de l'État : le contrôle de légalité prend alors une intensité importante qui le rapproche de l'ancienne tutelle. Cette attribution s'exerce il est vrai essentiellement dans le domaine financier mais aussi dans d'autres cas en progression.

Ainsi, classiquement, en matière de pouvoirs de police administrative générale, le représentant de l'État dans le département peut prendre, dans tous les cas où il n'y aurait pas été pourvu par les autorités municipales, toutes mesures relatives au maintien de la salubrité, de la sûreté et de la tranquillité publiques, après une mise en demeure au maire restée sans résultat. Par exemple, la mise en demeure préfectorale étant restée sans suite pendant 3 semaines, un préfet peut se substituer au maire pour interdire les installations de tentes et caravanes afin de garantir la sécurité publique (CE 31 janvier 1997 SARL Camping « Les clos »). Cette faculté préfectorale concerne aussi le président du Conseil départemental pour ce qui est de son pouvoir de police.

De même, en ce qui concerne l'urbanisme, le préfet détient des attributions étendues puisqu'il peut notifier à la commune les modifications qu'il estime nécessaires – par exemple pour caractère insuffisant des dispositions relatives aux besoins de l'habitat –, le document local d'urbanisme doit alors s'y conformer pour être opposable. Le préfet dispose aussi d'un pouvoir de se substituer aux élus locaux défaillants pour mettre en compatibilité un document local (schéma de cohérence territoriale, plan local d'urbanisme) avec des normes supérieures.

La multiplication des hypothèses de substitution peut paraître contestable au regard de la décentralisation territoriale, elle est manifeste et écarte donc l'hypothèse du contrôle de légalité ordinaire. Trois exemples illustrent cette évolution.

- La loi du 5 mars 2007, dite DALO, précise que le préfet peut, par un arrêté motivé pris après avis du comité régional de l'habitat, prononcer la carence de la commune à réaliser le pourcentage de logements sociaux prescrit, puis conclure une convention avec un organisme en vue de la construction ou l'acquisition des logements sociaux nécessaires à la réalisation des objectifs fixés dans le programme local de l'habitat.
- La loi du 24 décembre 2007, modifiant la loi relative à l'accueil et à l'habitat des gens du voyage du 2 juillet 2000, prévoit qu'à l'expiration des délais prévus et après mise en demeure restée sans effet dans les trois mois suivants, le préfet peut acquérir les terrains nécessaires, réaliser les travaux d'aménagement et gérer les aires d'accueil au nom et pour le compte de la commune ou de l'établissement public défaillant. Les dépenses d'acquisition, d'aménagement et de fonctionnement de ces aires constituent des dépenses obligatoires.
- La loi du 12 juillet 2010, dite Grenelle 2, révise le Code de l'environnement, notamment pour ce qui est du pouvoir préfectoral de se substituer à l'autorité locale, pour élaborer ou réviser un plan départemental d'élimination des déchets ou un plan régional pour les déchets industriels spéciaux.

L'inscription du contrôle de légalité dans un contexte de judiciarisation

Le contrôle de légalité restaure si besoin est l'État de droit, il aide aussi les autorités décentralisées à résister aux pressions de la population, des agents et des cocontractants. Il encourage par là même à mettre en place des contrôles internes.

Corollaire indispensable du principe constitutionnel de libre administration des collectivités territoriales, ce contrôle n'interdit pas d'autres actions contentieuses.

Effectivement, il peut être remarqué que le citoyen, mieux informé des actes locaux grâce aux progrès de la transparence administrative, semble peu familier des procédures du contentieux administratif.

Sont en cause peut-être les imperfections de la justice administrative, comme l'autorité incertaine des décisions, malgré les progrès de l'injonction et de l'astreinte apportés par les lois du 16 juillet 1980 et du 08 février 1995.

La lenteur de la procédure, même s'il n'est pas certain que les juridictions judiciaires soient beaucoup plus rapides, est aussi relevée ; le rapport 2020 du Conseil d'État fait cependant état d'un délai moyen pour les affaires en stock de moins d'un an (9 mois et 10 jours pour les tribunaux administratifs, 10 mois et 25 jours pour les cours administratives d'appel, 6 mois et 5 jours au Conseil d'État) à tous les niveaux de juridiction.

Tout ceci explique la non-exclusivité du contrôle de légalité.

Dans de nombreux cas, l'administré paraît préférer au déféré provoqué, ou au recours pour excès de pouvoir, la mise en jeu de la responsabilité pénale.

L'audit de 2003 sur le contrôle de légalité remarquait déjà que « les élus locaux ne peuvent avoir qu'une réaction d'incompréhension lorsque leur responsabilité pénale est mise en cause à propos d'actes soumis antérieurement au contrôle de légalité qui n'avaient alors suscité aucune observation ».

On retrouve ici la confusion entre les mises en œuvre des contrôles exercés respectivement par les juges administratif et répressif (ce qui est illégal n'est pas obligatoirement une infraction). On remarquera que la condamnation en 2016 de l'ancien maire de La Faute-sur-Mer à 2 ans de prison avec sursis pour homicides involontaires et mise en danger de la vie d'autrui incite certainement davantage à la légalité des actes d'urbanisme qu'un contrôle de légalité !

L'action pénale risque de paralyser l'action administrative locale, même si la loi du 10 juillet 2000 vise à rendre plus difficiles les poursuites contre les auteurs de certaines fautes involontaires.

L'article 81 de la loi engagement et proximité de 2019 encourage cependant l'institutionnalisation de la médiation territoriale…

En conclusion, le contrôle sur les collectivités territoriales recouvre de très nombreux aspects : procédures administratives – en particulier préfectorales –, contentieuses sous la direction du juge pénales, administratives ou financières. Ne doit pas être oubliée l'autorégulation très importante, les collectivités étant incitées concrètement à se rappeler elles-mêmes au respect du droit, et mettant en place un contrôle interne ; enfin, signe des temps, la pression médiatique et la censure citoyenne, lors des élections locales ou par l'usage des techniques de démocratie participative, constituent des procédés renouvelés de contrôle des actes des entités décentralisées.

Bibliographie

- « La DGCL au cœur des grandes réformes », *Civique*, n° 245, juin 2018, p. 33-35.
- « Légalité et sécurité juridique, un équilibre rompu ? », *AJDA,* n° 19/2019, 27 mai 2019, p. 1086-1115.
- « Le déclin partiel du contrôle de légalité externe des actes administratifs unilatéraux », Thibaud Mulier, *Revue de droit public,* mai 2019, p. 579-607.
- « Malmené, le contrôle de légalité des actes fait sa mue », [Dossier], *Gazette des communes, des départements, et des régions (la)*, n° 2540, 16 novembre 2020, p. 32-38.
- « La médiation territoriale : une aubaine pour les collectivités ? », Dominique Gely, *Actualité juridique. Collectivités territoriales*, décembre 2020, n° 12, p. 570-574.
- « Rapport relatif à l'intelligibilité et à la simplification des normes applicables aux collectivités territoriales au service de la transformation de l'action publique », Alain Lambert, CNEN, 17 février 2021, 73 p.
- Conseil national d'évaluation des normes www.cnen.dgcl.interieur.gouv.fr

Exemples de sujets

- Le contrôle de légalité des actes locaux : entre mise en cause et mise en ordre
- Le contrôle de légalité sur les actes territoriaux est-il efficace ?
- La modernisation du contrôle de légalité
- Le déféré préfectoral
- N'y a-t-il vraiment plus de tutelle sur les collectivités territoriales ?
- Le bilan contrasté et nuancé du contrôle de légalité
- Principe de légalité et principe de sécurité juridique

QCM

111. En droit territorial, qu'appelle-t-on la tutelle ?

☐ **A.** Le contrôle opéré par l'État sur les collectivités territoriales avant 1982
☐ **B.** Le contrôle exercé par le préfet sur les collectivités territoriales depuis 1982
☐ **C.** Le contrôle hiérarchique de l'employeur territorial sur les agents

112. Quelles sont les 3 caractéristiques du contrôle de légalité ?

☐ **A.** Un contrôle *a posteriori*, de conformité à la loi et d'opportunité
☐ **B.** Un contrôle *a priori*, de régularité juridique et d'opportunité
☐ **C.** Un contrôle *a posteriori*, de régularité juridique, contentieux

113. Pourquoi maintenir un contrôle si on décentralise ?

☐ **A.** Parce que c'est une garantie de l'État de droit unitaire
☐ **B.** Parce que cela permet à l'État de continuer à tout surveiller
☐ **C.** Il n'y a pas vraiment de justification…

114. Quelles sont les deux phases du contrôle de légalité ?

☐ **A.** Une étape permettant au préfet d'annuler l'acte illégal puis une procédure de recours contentieux
☐ **B.** Une étape administrative et une étape juridictionnelle
☐ **C.** Une étape devant le juge administratif, une étape pénale

115. Tous les actes des collectivités sont-ils systématiquement examinés en préfecture ?

☐ **A.** Non, car ils ne sont pas tous envoyés en préfecture
☐ **B.** Oui, cela évite beaucoup d'irrégularités
☐ **C.** Oui, c'est une exigence constitutionnelle

116. Les actes d'état civil relèvent-ils du contrôle de légalité ?

☐ **A.** À l'évidence, puisqu'il s'agit d'actes administratifs locaux
☐ **B.** Non, car il s'agit d'actes pris par le maire en tant qu'autorité déconcentrée
☐ **C.** Non, car toutes les précautions sont prises pour leur éviter toute illégalité

117. Comment le préfet agit-il s'il estime qu'un acte est illégal ?

☐ **A.** Il l'annule sans tarder pour supprimer toute irrégularité
☐ **B.** Il saisit le tribunal administratif, après en avoir averti la collectivité
☐ **C.** Il oblige la collectivité à rectifier l'acte immédiatement

118. Y a-t-il un délai maximum pour saisir le tribunal administratif ?

☐ **A.** Oui, 2 mois en principe
☐ **B.** Oui, 48 heures
☐ **C.** Oui, 15 jours

119. Qu'appelle-t-on un déféré préfectoral ?

☐ **A.** Le courrier adressé par le préfet à la collectivité émettrice de l'acte estimé illégal
☐ **B.** L'arrêté préfectoral annulant l'acte illégal
☐ **C.** L'acte par lequel le préfet saisit le tribunal administratif d'une décision qu'il estime illégale

120. Quelle est l'affirmation exacte ?

- ☐ **A.** Le déféré préfectoral peut être spontané ou provoqué
- ☐ **B.** Le déféré préfectoral peut être simultané ou instantané
- ☐ **C.** Le déféré préfectoral ne saurait être provoqué

121. Que signifie l'expression « référé-suspension » ?

- ☐ **A.** C'est le fait pour une collectivité de demander l'arrêt du recours contentieux
- ☐ **B.** Il s'agit d'une procédure rapide permettant au juge d'interrompre l'application de l'acte
- ☐ **C.** Il s'agit de la technique permettant de demander à un supérieur l'annulation d'un acte

122. Quelle est la condition qu'exige le juge pour suspendre un acte sur demande préfectorale ?

- ☐ **A.** Il doit y avoir urgence à en suspendre l'exécution
- ☐ **B.** Il faut que l'acte concerne un montant > 214 000 €
- ☐ **C.** Il suffit qu'il y ait un doute sérieux sur la légalité de l'acte

123. Quel est le délai de réponse du juge pour un référé-suspension à propos d'un acte concernant une liberté publique ?

- ☐ **A.** 48 Heures
- ☐ **B.** 2 Mois
- ☐ **C.** Le juge n'a pas de délai imposé

124. L'acte II de la décentralisation a-t-il modifié en profondeur le contrôle de légalité ?

- ☐ **A.** Oui
- ☐ **B.** Non
- ☐ **C.** Oui et non

125. La réorganisation des services déconcentrés de l'État concerne-t-elle le contrôle de légalité ?

- ☐ **A.** Oui, c'est l'axe principal
- ☐ **B.** Non, elle ne s'intéresse pas du tout à ce contrôle
- ☐ **C.** Oui, mais ce n'en est qu'un des éléments

126. La procédure du contrôle de légalité est-elle égalitaire ?

- ☐ **A.** Oui, car le principe d'égalité est absolu
- ☐ **B.** Non, car tous les préfets n'ont pas la même approche juridique
- ☐ **C.** Oui, car en cas d'irrégularité, qu'importe la provenance de l'acte, il est annulé

127. Quel est le contenu de l'ordonnance du 17 novembre 2009 portant simplification du contrôle ?

- ☐ **A.** Elle supprime la possibilité de référé-suspension pour certains actes locaux
- ☐ **B.** Elle autorise le préfet à annuler lui-même les décisions réglementaires relatives à la circulation
- ☐ **C.** Elle soustrait certains actes à l'obligation de transmission

128. Qu'apporte l'acte III de la décentralisation à la procédure de contrôle de légalité ?

- ☐ **A.** Rien, il n'y a aucune disposition directement liée au contrôle
- ☐ **B.** Il est prévu que les métropoles contrôlent les communes membres
- ☐ **C.** Très peu de choses !

129. **La pratique du déféré préfectoral est-elle aujourd'hui marginale ?**

- ☐ **A.** Oui, il y a très peu d'actes soumis au contrôle juridictionnel
- ☐ **B.** Non, près d'un acte sur quatre fait l'objet d'un contrôle du juge administratif
- ☐ **C.** Oui, il n'y a que les grosses collectivités qui sont contrôlées

130. **Qu'apporte la loi engagement et proximité de 2019 au contrôle ?**

- ☐ **A.** L'obligation de dématérialiser toute la procédure du contrôle de légalité
- ☐ **B.** La possibilité de rescrit « normatif »
- ☐ **C.** La disparition du contrôle dans les communes de moins de 1000 habitants

131. **Le préfet peut-il désormais disposer d'un pouvoir de substitution en ce qui concerne les actes décentralisés ?**

- ☐ **A.** Oui bien sûr
- ☐ **B.** Non, ce n'est plus possible depuis l'acte I de la décentralisation
- ☐ **C.** Oui, dans certains cas spécifiquement prévus par la loi

132. **L'État peut-il être responsable en cas de défaillance du contrôle préfectoral ?**

- ☐ **A.** Uniquement s'il s'agit d'actes émis par une région
- ☐ **B.** Oui, c'est normal que l'État indemnise s'il y a préjudice
- ☐ **C.** Oui, mais uniquement en cas de faute lourde

Réponses

111. **Réponse A.** La tutelle est la déclinaison du contrôle administratif prévu à l'article 72 C ; elle était opérée par le préfet sur les actes territoriaux avant l'acte I de la décentralisation (1982). Il s'agissait alors d'une vérification en opportunité, se traduisant notamment par un pouvoir d'approbation, d'annulation et de substitution.

112. **Réponse C.** Depuis 1982, les actes des collectivités sont exécutoires de plein droit avant tout contrôle (qui est donc *a posteriori*). Seule la régularité est examinée (d'où le nom du contrôle : « de légalité »), il n'y a donc aucun contrôle d'opportunité. Enfin, le préfet ne peut pas annuler l'acte ; s'il l'estime illégal, il le transmet au juge administratif qui pourra le cas échéant l'annuler : il s'agit donc d'une procédure contentieuse (c'est-à-dire juridictionnelle).

113. **Réponse A.** En vertu de la Constitution, les collectivités s'administrent librement (article 72 C) et l'organisation de la République est décentralisée (article 1 C)… Ces dispositions sont cependant à conjuguer avec le principe d'indivisibilité de la République (article 1 C), garanti par le préfet qui « a la charge des intérêts nationaux, du contrôle administratif et du respect des lois » (article 72 C).

114. **Réponse B.** Le contrôle de légalité s'exerce en 2 temps. Une première phase non contentieuse, dite administrative, est sous responsabilité préfectorale : le préfet examine l'acte et informe l'autorité territoriale des illégalités qu'il a détectées. La collectivité a donc la possibilité de rectifier l'irrégularité ! La deuxième étape du contrôle est contentieuse et donc juridictionnelle. Le tribunal administratif saisi de l'acte concerné examine l'illégalité invoquée, et annule ou confirme l'acte.

115. **Réponse A.** Les actes des collectivités territoriales les plus importants doivent être transmis en préfecture pour être exécutoires. Cependant, afin de désengorger les services préfectoraux, dans une dynamique de « contrôler moins pour mieux contrôler », un certain nombre d'actes ne sont pas systématiquement transmis (comme les arrêtés de stationnement). Cela n'empêche nullement le préfet s'il le souhaite d'en examiner la régularité, et de les déférer le cas échéant.

116. Réponse B. Le maire est en effet sous autorité hiérarchique du procureur de la République lorsqu'il agit comme officier d'état civil; or l'article L. 2131-4 du Code général des collectivités territoriales prévoit notamment que les actes pris par les autorités communales au nom de l'État ne sont pas soumis au contrôle de légalité.

117. Réponse B. Le représentant de l'État dans le département défère au tribunal administratif les actes qu'il estime contraires à la légalité; il en informe sans délai l'autorité territoriale, et lui communique toutes précisions sur les illégalités invoquées à l'encontre de l'acte concerné (sauf en ce qui concerne certaines irrégularités concernant des actes budgétaires).

118. Réponse A. En principe, la saisine du tribunal administratif suit la règle des 2 mois (après transmission pour les actes soumis à cette procédure). Cependant, le délai peut être prorogé, par exemple parce que le préfet demande des pièces complémentaires (comme pour un marché public), ou s'il y a recours gracieux.

119. Réponse C. Le déféré préfectoral est la procédure par laquelle, dans le cadre du contrôle de légalité, le préfet saisit le juge administratif pour faire annuler un acte qu'il estime illégal.

120. Réponse A. Le préfet a la possibilité d'exercer un déféré spontané, ou sur demande (dans le délai de deux mois à compter de la date à laquelle l'acte est devenu exécutoire) d'une personne physique ou morale s'estimant lésée, sans préjudice du recours direct dont elle dispose.

121. Réponse B. Le référé-suspension est une procédure permettant d'obtenir rapidement du juge administratif, avant qu'il soit statué au fond, la suspension d'un acte. Il y a des exemples connus, comme la suspension très médiatisée de certains arrêtés municipaux dits « couvre-feu » pris par des maires, pour limiter la présence nocturne de mineurs non accompagnés d'adultes sur la voie publique (ou pendant la pandémie pour sauvegarder la santé publique).

122. Réponse C. En principe, quand une décision administrative, même de rejet, fait l'objet d'une requête en annulation, le juge des référés, saisi d'une demande en ce sens, peut ordonner la suspension de l'exécution de cette décision, ou de certains de ses effets, lorsque l'urgence le justifie et qu'il est fait état d'un moyen propre à créer, en l'état de l'instruction, un doute sérieux quant à la légalité de la décision. Cependant, quand le préfet assortit son déféré d'une demande de suspension, il est fait droit à cette demande si l'un des moyens invoqués paraît, en l'état de l'instruction, propre à créer un doute sérieux quant à la légalité de l'acte attaqué; il n'y a donc pas de condition d'urgence.

123. Réponse A. Lorsque l'acte attaqué est de nature à compromettre l'exercice d'une liberté publique ou individuelle, le président du tribunal administratif ou le magistrat délégué à cet effet en prononce la suspension dans les quarante-huit heures, comme dans le cas de l'arrêté du maire de Calais interdisant la distribution de repas à des migrants, et suspendu par le Tribunal administratif de Lille (22 mars 2017).

124. Réponse B. La loi du 13 août 2004 a certes apporté des améliorations au contrôle de légalité, mais il s'agit d'ajustements et non de bouleversements. Ainsi, le texte permet la transmission des actes en préfecture par voie électronique; il supprime aussi l'obligation de transmission de certains actes (comme les avancements d'échelon) et fixe un délai de quinze jours à compter de la signature pour la transmission des décisions individuelles.

125. Réponse C. Le contrôle de légalité a été profondément remodelé par la RGPP: ce contrôle, auparavant largement assuré par les sous-préfectures, est désormais centralisé au sein des préfectures de département. De plus, en sus des priorités nationales qui restent fixées périodiquement par circulaire, la définition de priorités locales est déterminée en fonction des spécificités du département. En outre, ont été mis en place les moyens de la dématérialisation (application « ACTES ») et la formation des agents concernés. Dans le cadre du Plan Préfecture Nouvelle Génération, un redéploiement d'effectifs est intervenu. Le nombre d'emplois équivalents temps plein travaillé est passé de 879 à 921,5 entre 2016 et 2019…

126. Réponse B. Le préfet porte une appréciation sur la légalité des actes en rapport avec les situations rencontrées sur le terrain, et peut ainsi décider de ne pas déférer un acte pourtant illégal : il s'agit d'un pouvoir discrétionnaire. Cette liberté d'appréciation du préfet amène une certaine diversité, et même hétérogénéité dans les pratiques préfectorales.

127. Réponse C. L'ordonnance n° 2009-1401 du 17 novembre 2009 portant simplification de l'exercice du contrôle de légalité, adoptée en application de la loi du 12 mai 2009 de simplification et de clarification du droit et d'allégement des procédures, a permis depuis le 1er janvier 2010, de soustraire certains actes à l'obligation de transmission dans les domaines de la fonction publique territoriale (en dehors des actes liés au recrutement) et de la voirie routière.

128. Réponse C. L'acte III de la décentralisation ne modifie que très peu le contrôle de légalité, stabilisé depuis plusieurs années. La loi NOTRe du 7 août 2015 se contente d'imposer dans son article 128 qu'à partir d'août 2020 les actes des communes de plus de 50 000 H, ceux des départements, des régions et des EPCI soumis à l'obligation de transmission préfectorale le soient par voie électronique.

129. Réponse A. La pratique du déféré préfectoral reste marginale : l'action locale respecte généralement la légalité, cela démontre également l'importance de la régulation précontentieuse.

130. Réponse B. Effectivement, le rescrit normatif, ou demande de prise de position formelle par une entité décentralisée au préfet à propos de la mise en œuvre d'une disposition législative ou réglementaire régissant l'exercice de ses compétences est institué par la loi du 27 décembre 2019. La position préfectorale constitue une garantie qu'il n'y aura pas de mise en cause pour un manquement à la règle de droit…

131. Réponse C. Dans une décision de 2001 (DC 2001-452), le Conseil constitutionnel admet un pouvoir de substitution préfectoral, même pour des compétences décentralisées. Ainsi en est-il en cas de carence de la commune en matière de réalisation de logements sociaux, ou d'aménagement d'aire d'accueil des gens du voyage.

132. Réponse C. Au terme d'un long débat jurisprudentiel, dans un arrêt du 6 octobre 2000 ministre de l'Intérieur c/ communes de Saint-Florent, Barbaggio, Farinole, Murato, Oletta, Poggio d'Oletta, Rapale, Rutali, Sorio, Lama, Pietralba et Santo X… di Tenda, le Conseil d'État a accepté de reconnaître la responsabilité de l'État pour carence dans l'exercice du contrôle de légalité, mais en raison de l'existence d'une faute lourde.

7 La montée en puissance de la mise en jeu de la responsabilité territoriale

La responsabilité répond à une finalité au départ élémentaire de réparation du préjudice causé par les collectivités territoriales; elle s'accompagne aujourd'hui du besoin de punir.
Si en matière d'indemnisation, le droit commun de la responsabilité des acteurs publics locaux reste la faute, l'évolution jurisprudentielle et législative permet une extension remarquable de la responsabilité sans faute. La pénalisation de la vie locale incite à la prudence, elle risque cependant de paralyser l'administration territoriale, déjà parfois sclérosée par une responsabilité disciplinaire faiblement mise en œuvre... La responsabilité retiendrait d'agir, et, inhibitrice, deviendrait paradoxalement déresponsabilisante!
La question d'une société dans laquelle est opérée la substitution de la notion de risque à celle de faute accroît le danger d'une déresponsabilisation. L'équilibre entre ce qui relève de l'individuel et ce qui doit être pris en charge par la solidarité collective semble délicat à tenir.

Historique

Le terme de responsabilité apparu au XIIIe siècle est issu du verbe latin *respondere*, on retrouve l'idée de répondre de quelque chose ou de quelqu'un.

Il est aujourd'hui d'acception multiple: ainsi, dans le langage courant, il implique le fait de supporter les conséquences d'un acte, «d'assumer» selon l'expression familière, mais pour le juriste, la responsabilité comprend plusieurs significations qui se rejoignent.

Il s'agit de réparer le préjudice causé à autrui et d'indemniser une victime, ce qui paraît d'une justice fondamentale. Au-delà, cette mise en œuvre de la responsabilité peut permettre aussi de sanctionner l'auteur du dommage: le coupable... héritage d'une morale classique.

Fin XIXe-début XXe: la naissance d'une responsabilité des autorités locales

La célèbre jurisprudence Blanco de 1873 met fin à une longue période d'irresponsabilité des pouvoirs publics, à de rares exceptions près (comme en matière de dommages causés aux propriétaires par des travaux publics pour lesquels la loi du 28 pluviôse an VIII prévoyait des possibilités d'indemnisation).

En 1908 sera reconnue la responsabilité d'un département, à propos d'un incendie allumé par un aliéné évadé d'un asile départemental, ayant consumé deux meules de paille (TC 29 février 1908 Feutry). Le Tribunal des conflits déclare alors que le litige mettant en cause l'organisation et le fonctionnement d'un service à la charge du département est d'intérêt public, l'appréciation des fautes qui auraient pu se produire dans l'exécution du service public n'appartient pas à l'autorité judiciaire.

Peu de temps après, une solution similaire est consacrée pour les communes: une ville est jugée responsable devant le juge administratif des fautes de service commises par ses préposés au fonctionnement des vannes d'un canal (TC 11 avril 1908 de Fonscolombe).

XXe : l'évolution complexe des responsabilités locales

Une responsabilité administrative des décideurs locaux se développe au fil des années, garantie de l'indemnisation des victimes: une jurisprudence abondante et novatrice sur la faute en allège les fondements: absorption de la faute personnelle de l'agent par la faute de service pesant sur la collectivité, et quasi-abandon de la faute lourde dans les années 1990. Les réparations sont de plus facilitées, permettant une évaluation équitable du préjudice causé par les collectivités territoriales.

On assiste aussi à une diversification des responsabilités pesant sur les acteurs locaux, manifestation de l'État de droit. Si la responsabilité financière reste exceptionnelle, la responsabilité disciplinaire de l'agent local – prévue par l'article 89 de la loi du 26 janvier 1984 relative à la fonction publique territoriale – est exercée par les employeurs locaux que sont les maires et présidents. La responsabilité pénale est étendue, bien qu'aménagée, par des réformes législatives du 13 mai 1996 puis du 10 juillet 2000 (loi dite « loi Fauchon »).

Connaissances de base

Plusieurs responsabilités coexistent actuellement: la responsabilité quasi délictuelle, la responsabilité contractuelle, la responsabilité pénale, la responsabilité disciplinaire et la responsabilité financière...

Ces responsabilités pèsent de plus sur des auteurs variés: collectivités et établissements publics locaux, élus, agents...

La diversité des responsabilités territoriales

Les responsabilités indemnitaires: administratives ou civiles

Premièrement peut être citée la responsabilité dite administrative, ou quasi délictuelle. Elle s'appuie sur le droit administratif, essentiellement prétorien, et relève du contentieux administratif. Il s'agit là du type le plus courant de la mise en jeu de la responsabilité d'une collectivité, elle vise à réparer un dommage causé par l'entité territoriale. Comme en droit civil, il s'agit d'indemniser (et non de sanctionner) le préjudice, par exemple attaché à une pollution olfactive causée par un rejet municipal d'eaux usées, ou celui lié à un véhicule endommagé par le mauvais état de la voirie départementale.

L'enjeu est complexe. Dans une conception contemporaine de l'État de droit, il s'agit en effet d'équilibrer les droits des administrés – loin est le temps où il ne s'agissait que de simples assujettis, dans une position subordonnée! – avec les nécessités de l'action publique locale, garante de l'intérêt général, qui doit donc disposer d'une possible marge de manœuvre. Ceci explique que le contentieux de cette responsabilité s'appuie sur des données juridiques à la fois classiques et spécifiques.

Le manquement aux obligations contractuelles constitue une faute génératrice de responsabilité contractuelle, au régime proche de la précédente. Lorsque le dommage se rattache à l'exécution d'un contrat, seule la responsabilité contractuelle peut être mise en œuvre. Laurent Richer qualifie cette solution de la formule imaginée suivante : « le contrat constitue un monde clos ».

La responsabilité peut également être dite civile, c'est-à-dire mise en jeu devant le juge civil, en raison du caractère privé de l'activité locale (comme la gestion du domaine privé de la collectivité, les assurances...), de la mise en cause de libertés fondamentales (en cas de voie de fait, ou d'emprise), ou parce que conséquence d'une loi spéciale, comme celle du 31 décembre 1957 relative au contentieux des dommages causés par les véhicules même administratifs. Bien qu'incriminant l'administration locale, cette responsabilité s'appuie sur les règles du Code civil et est appréciée par le juge judiciaire d'un tribunal de grande instance, d'une cour d'appel ou de la Cour de cassation.

Enfin, il est à remarquer que la responsabilité administrative est engagée devant le juge judiciaire pour les actes de l'état civil mais selon les règles du droit public (Cour de cassation 6 février 2007 F de Panafieu).

Les responsabilités punitives : pénales, disciplinaires ou financières

De plus, existe la responsabilité pénale en cas d'infraction, c'est-à-dire de manquement au Code pénal, comme l'homicide involontaire constitué par le décès d'un enfant sur une aire de jeu municipale, ou le délit de favoritisme lors de la passation d'un marché public. Les sanctions sont d'ordre « social » telle l'amende ou la détention ; c'est un risque majeur pour l'élu, le personnel territorial et la collectivité elle-même. La menace a en fait toujours existé, mais la réforme du code a élargi les incriminations et les auteurs possibles, l'évolution des mentalités exige non seulement un responsable indemnisateur, mais aussi un coupable puni. Seront appliquées les règles du Code pénal et celles du Code de procédure pénale, les juridictions variant en fonction du degré de l'infraction : tribunal de police, tribunal correctionnel, et potentiellement cour d'assises.

On peut aussi citer une autre responsabilité punitive : la responsabilité disciplinaire pesant sur l'agent local, en cas de manquement à ses obligations professionnelles, comme l'atteinte au devoir d'obéissance, ou la transgression du devoir de réserve. La punition a un caractère « interne », dans le milieu de travail, c'est-à-dire avec des répercussions sur la vie professionnelle de l'agent, comme dans le cas d'une rétrogradation ; elle est dispensée par l'employeur territorial, le maire ou le président.

Enfin, la responsabilité est financière quand il y a atteinte aux règles de la comptabilité publique ; la Cour de discipline budgétaire et financière ou la chambre régionale des comptes juge le cas échéant les ordonnateurs, soit les exécutifs locaux, qui se conduisent en comptables de fait, au travers d'associations transparentes dites paramunicipales. Le maniement irrégulier de fonds publics est sanctionné, comme lorsqu'un agent territorial se comporte en comptable public sans arrêté de régie ; il peut alors voir mise en cause sa responsabilité pécuniaire.

L'extension du cercle des personnes responsables

La collectivité territoriale ou l'établissement public local

L'indemnisation du dommage causé peut être imputée à l'administration locale, en raison d'une faute de service, c'est-à-dire d'une défaillance dans le fonctionnement normal de l'entité locale, comme un retard dans la prise de décision ou une négligence à agir.

Le dédommagement pèse alors sur le budget local, il s'agit d'ailleurs d'une dépense obligatoire. Peut ainsi être cité l'exemple de la commune d'Étables-sur-Mer (Côtes d'Armor) condamnée en 2016 à verser 1,5 million d'euros à un baigneur handicapé suite à un plongeon depuis un ponton flottant municipal, en l'absence de tout panneau signalant le danger à marée basse. L'article L. 911-9 II du Code justice administrative prévoit que lorsqu'une décision juridictionnelle passée en force de chose jugée a condamné une collectivité ou un établissement public au paiement d'une somme d'argent dont le montant est fixé par la décision elle-même, cette somme doit être mandatée ou ordonnancée dans un délai de deux mois à compter de la notification de la décision de justice. À défaut, le représentant de l'État dans le département ou l'autorité de tutelle procède au mandatement d'office.

On remarquera que l'ordonnance du 19 janvier 2017 crée une présomption d'imputabilité au service de l'accident survenu à un fonctionnaire quel qu'en soit la cause, dans le temps et le lieu du service, dans l'exercice ou à l'occasion de l'exercice par le fonctionnaire de ses fonctions ou d'une activité qui en constitue le prolongement normal, en l'absence de faute personnelle ou de toute autre circonstance particulière détachant l'accident du service.

La collectivité doit non seulement répondre des agissements de ses agents s'ils ne sont pas dépourvus de tout lien avec le service, mais aussi des manquements des associations transparentes, personnes de droit privé sans autonomie réelle. Ainsi, le conseil d'État reconnaît la responsabilité d'une commune pour un accident survenu à un enfant dans un patronage municipal géré par une association administrative (CE 17 avril 1964 Commune d'Arcueil) ; il affirme la responsabilité d'un département à raison des erreurs commises dans la gestion d'une association transparente (CE 5 décembre 2005 Département de la Dordogne). Dans un arrêt remarqué, le Conseil d'État a reconnu que le principe général du droit faisant peser sur la collectivité les condamnations civiles prononcées contre un agent public mis en cause par un tiers à raison de ses fonctions (dans la mesure où aucune faute personnelle détachable du service ne lui est imputable) et permettant qu'il bénéficie d'une protection fonctionnelle s'étend à toute personne à laquelle la qualité de collaborateur occasionnel de service public est reconnue (CE 13 janvier 2017.) La loi du 3 juillet 2020 ajoute que les « citoyens sauveteurs » sont automatiquement considérés comme tels, et sont donc exonérés de responsabilité civile (sauf en cas de faute lourde ou intentionnelle).

Une atténuation à la responsabilité de la collectivité peut être apportée par la faute de la victime, comme le relève la Cour administrative d'appel de Lyon (6 mai 2010 Commune d'Oullins), qui indique que la circonstance qu'une baignade soit surveillée par des maîtres-nageurs ne dispense pas les adultes de veiller sur les enfants placés sous leur responsabilité. D'autres causes exonératoires peuvent se présenter, comme la force majeure (CE 17 juin 2004 Commune de Port-Louis), rarement reconnue, ce qui est heureux pour la victime qui conserve ainsi ses chances d'être indemnisée, ou l'hypothèse du cas fortuit (projection accidentelle d'un éclat d'obus par l'hélice de coupe d'une tondeuse CE 28 novembre 1986 Communauté urbaine de Lille).

La répartition des responsabilités est parfois complexe, comme dans l'accident subi par des élèves internes sur le chemin du domicile de leurs parents, du fait d'une inondation : carence grave du maire de la commune dans l'exercice de son pouvoir de police, défaut de surveillance de l'établissement d'enseignement et imprudence des victimes qui ont voulu franchir un torrent en crue (CE 14 mai 1986 Commune de Cilaos).

Il arrive en effet que plusieurs personnes publiques soient associées à une même activité, comme dans le cas d'interventions concurrentes entre l'État et une collectivité territoriale. Le juge examine alors quelle est la personne publique pour le compte de laquelle agissait l'auteur du dommage.

Ainsi, la mise en œuvre de secours aux victimes d'accidents de montagne étant en au nombre des attributions de police municipale qui incombent au maire, l'État n'a pas à réparer le décès d'un homme qui, en participant aux opérations d'évacuation par hélicoptère d'une skieuse blessée, participait à un service public communal bien que son concours eût été sollicité par un agent de l'État (CE 19 mars 1982 Mme Ranchoup).

L'article 121-2 du Code pénal prévoit la possibilité que les collectivités territoriales et leurs groupements soient responsables des infractions commises dans l'exercice d'activités susceptibles de faire l'objet de convention de délégation de service public. En conséquence, la Cour de cassation (6 avril 2004) a estimé que la responsabilité pénale d'une commune était engagée suite à l'accident mortel dont avait été victime, dans le théâtre municipal, le salarié d'une entreprise attributaire d'un marché public de travaux. Tel n'était pas le cas par contre dans l'affaire du Drac, la commune de Grenoble n'ayant pas été reconnue responsable du décès de six enfants et d'une accompagnatrice agent territorial lors d'une sortie scolaire, car il s'agissait du service public de l'enseignement, activité non susceptible de faire l'objet d'une délégation (Cour de cassation 18 juin 2002).

L'agent territorial

Le statut de la fonction publique dans son article 11 reconnaît la possible incrimination du fonctionnaire territorial, en organisant sa protection fonctionnelle dans certains cas de condamnations civiles (demandes d'indemnisation), ou de poursuites pénales.

Fonctionnaire ou contractuel, l'agent est en effet celui par lequel arrive le dommage : c'est lui qui conduit le véhicule municipal à l'origine d'une collision, ou qui délivre des informations erronées sur un certificat d'urbanisme amenant à acheter un terrain qui se révèle par la suite inconstructible. La question est donc délicate de déterminer quand il y a préjudice, si l'auteur en est l'agent en tant que représentant de l'administration locale, ou l'agent en tant qu'individu.

La jurisprudence opère une distinction entre la faute personnelle et la faute de service (TC 30 juillet 1873 Pelletier). La compétence est judiciaire lorsque le recours concerne le fait personnel d'un agent : il y a eu faute personnelle.

Une faute commise en dehors des fonctions, sans aucun lien avec le service, ne peut être que personnelle. Elle se révèle en effet totalement étrangère à l'administration, et concerne la vie privée de l'agent local.

Le juge administratif reconnaît cependant aussi la faute personnelle dans celle commise dans le cadre du service, mais « détachable ». Tel est le cas lorsque la faute est intentionnelle, manifestant ainsi des motifs personnels : mauvaises intentions, malveillance, brutalité. De même, il y a faute personnelle si l'agent a commis une faute lourde absolument inexcusable. Ainsi en est-il d'un pompier appartenant au corps communal de sapeurs pompiers qui provoque un incendie involontaire, en jetant un mégot sur de la paille (CE 27 février 1981 Commune de Chonville-Malaumont).

L'agent peut de plus voir mise en jeu sa responsabilité pénale pour des infractions commises volontairement ou non dans le cadre de ses fonctions. Par exemple, un jardinier municipal blesse par inadvertance un collègue avec des cisailles, un fonctionnaire territorial conduit le véhicule de service en état d'ébriété. La Cour de cassation a ainsi le 13 janvier 2016 confirmé la condamnation d'un fonctionnaire à 1 an de prison avec sursis et 10 000 € d'amende pour prise illégale d'intérêts, pour avoir participé à la préparation de la décision d'attribution d'un marché public à une société en rédigeant un rapport d'analyse des offres destiné à éclairer la commission d'appel d'offres, alors qu'il entretenait une relation amicale et professionnelle de longue date avec le gérant de la société.

Ce type de responsabilité punitive est la résultante de l'article 15 de la Déclaration des droits de l'homme et du citoyen du 26 août 1789 : « La société a le droit de demander compte à tout agent public de son administration ».

L'article 121-2,3 du Code pénal précise en effet que la responsabilité pénale des personnes morales n'exclut pas celle des personnes physiques auteurs et complices des mêmes faits, sous réserve de certaines dispositions liées aux auteurs indirects d'infraction involontaires.

L'agent est également responsable d'un point de vue disciplinaire. Il n'existe aucune définition textuelle de la faute susceptible d'être commise, la jurisprudence a donc dû préciser les agissements relevant de cette qualification. Il s'agit principalement de manquements aux devoirs professionnels pendant le temps de service, comme la violation du devoir de neutralité ou du devoir d'intégrité. Cependant, certains comportements relevant de la vie privée constituent des fautes disciplinaires, comme le fait pour un médiateur dans les transports urbains intercommunaux d'avoir commis deux graves agressions, en réunion et avec arme hors temps de service, mais au mépris de l'exemplarité liée à ses fonctions (CE 27 juillet 2006 Agglomération de la région de Compiègne).

Enfin, comme le rappelle un décret du 5 mars 2008, la responsabilité d'un régisseur, agent territorial nommé par décision de l'ordonnateur de la collectivité territoriale ou de l'établissement public local sur avis conforme du comptable public, peut se trouver engagée.

Les régisseurs sont chargés pour le compte des comptables publics d'opérations d'encaissement (régisseur de recettes, comme un agent à la piscine municipale percevant les droits d'entrée) ou de paiement (régisseur d'avances, tel l'animateur territorial payant des billets à l'entrée d'un spectacle). Ils sont personnellement et pécuniairement responsables de la garde et de la conservation des fonds et valeurs qu'ils recueillent ou qui leur sont avancés par les comptables publics, du maniement des fonds et des mouvements de comptes de disponibilités, de la conservation des pièces justificatives ainsi que de la tenue de la comptabilité des opérations.

Il y a donc responsabilité pécuniaire par exemple dans le cas où un déficit en monnaie ou en valeurs a été constaté, ou dans celui où une dépense a été irrégulièrement payée, ou encore si, par la faute du régisseur, l'encaissement d'une recette ou le versement d'une indemnité par l'organisme public à un tiers ou à un autre organisme public a été empêché.

Le régisseur peut s'assurer, il dispose d'ailleurs notamment à cet effet d'une indemnité de responsabilité, au montant fixé selon les dispositions prévues dans l'acte constitutif de la régie et l'acte de nomination du régisseur.

L'élu local

Dès 1918, le juge administratif est sollicité à propos d'une demande d'indemnisation liée à la faute d'un maire en matière d'autorisation d'un tir avec buts flottants (CE 26 juillet 1918 Époux Lemonnier). En confiant de nombreuses compétences aux élus locaux, conseillers, maires et présidents, la décentralisation a accru les risques. Les élus peuvent par exemple ne pas avoir vérifié les installations électriques lors d'un bal communal, s'être abstenus de prendre des mesures de police limitant les nuisances sonores, avoir manipulé des fonds publics au travers d'une association dite transparente…

Le cumul des responsabilités encourues par les décideurs locaux est indéniable, il génère une certaine complexité. Ainsi, à la responsabilité civile qui tend à la réparation du dommage causé, s'ajoute la responsabilité financière de l'ordonnateur ou du comptable de fait, rarement mise en jeu. En fait, l'élu redoute surtout le développement spectaculaire et critiquable de la responsabilité pénale.

Le régime juridique de la responsabilité civile et pénale de l'élu est très comparable à celui de l'agent. La dissociation faute de service – faute personnelle, la notion de faute détachable du service sont ici aussi exploitées.

Le juge administratif considère dès 1971 que la protection fonctionnelle de l'agent public en matière d'indemnisation est applicable à un maire (CE 5 mai 1971

Gillet). La loi engagement et proximité du 27 décembre 2019 rend obligatoire dans chaque commune dans un contrat d'assurance, une garantie visant à couvrir le conseil juridique, l'assistance psychologique et les coûts qui résultent de l'obligation de protection à l'égard du maire et des élus le suppléant ou ayant reçu délégation. Dans les communes de moins de 3500 habitants, l'État compense cette dépense.

Par ailleurs, aux termes du CGCT (article L. 2123-34 en ce qui concerne le niveau municipal, mais dispositions de même type pour les autres structures territoriales), la commune est tenue d'accorder protection à l'exécutif, au membre de l'assemblée suppléant cet exécutif ou ayant reçu délégation, ou à l'un de ces élus ayant cessé ses fonctions, lorsque celui-ci fait l'objet de poursuites pénales. Il est cependant nécessaire que les faits ne constituent pas une faute personnelle de l'élu et n'aient pas le caractère de faute détachable de l'exercice de ses fonctions (CAA Bordeaux 25 mai 1998 André, à propos d'un maire ayant falsifié un document).

On remarquera au demeurant qu'en matière pénale, certaines infractions spécifiques sont particulièrement susceptibles d'être commises par l'élu, comme le délit de favoritisme ou la prise illégale d'intérêts. En raison de sa position, l'élu encourt le risque d'être auteur indirect d'une infraction involontaire, notamment en matière d'accident. Ainsi en mars 2015 Gilles de Robien, ancien maire d'Amiens, a été condamné par le tribunal correctionnel d'Amiens à 10000 euros d'amende, dont la moitié avec sursis, pour homicide involontaire, après la mort d'un jeune de 19 ans tué par la chute d'un mur de la Citadelle lors d'un chantier d'insertion.

Pour ce qui est de la mise en jeu de la responsabilité financière, le contrôle de la Chambre Régionale des Comptes n'offre rien de remarquable en ce qui concerne l'élu ; elle peut être invoquée, de même qu'en ce qui concerne l'agent, pour gestion de fait, notamment à propos d'associations transparentes (comme dans l'arrêt CE 21 mars 2007 Commune de Boulogne). Depuis la loi du 29 janvier 1993, les ordonnateurs élus locaux, sont de plus justiciables de la Cour de Discipline Budgétaire et Financière (CDBF) en cas d'astreintes pour inexécution ou d'exécution tardive d'une décision de justice. Ils le sont également, lorsqu'ils ont engagé leur responsabilité propre à l'occasion d'un ordre de réquisition, et qu'ils ont procuré à autrui un avantage injustifié entraînant un préjudice pour le Trésor ou la collectivité intéressée (article L. 313-6 du CJF). Enfin, leur responsabilité peut être engagée devant la CDBF lorsqu'ils agissent dans le cadre d'activités qui ne constituent pas l'accessoire obligé de leurs fonctions électives, par exemple en tant que dirigeant d'une société d'économie mixte.

Bilan de l'actualité

Une responsabilité disciplinaire classiquement discrète

Le statut de la fonction publique prévoit que le pouvoir disciplinaire appartient à l'autorité investie du pouvoir de nomination, soit l'exécutif territorial (article 89 de la loi du 26 janvier 1984).

Si les sanctions disciplinaires susceptibles d'être infligées à un agent ayant manqué à ses obligations professionnelles sont énumérées par le statut (de l'avertissement à la révocation), les faits susceptibles de donner lieu à une sanction disciplinaire ne le sont pas. Il peut s'agir d'une atteinte à la discrétion professionnelle, du cumul illégal de l'emploi public local occupé avec une activité privée rémunérée, de harcèlement ou de la méconnaissance des règles relatives à l'hygiène et à la sécurité.

Le fonctionnaire à l'encontre duquel une procédure disciplinaire est engagée, a droit à la communication de l'intégralité de son dossier individuel et à l'assistance de défenseurs.

Aucune sanction disciplinaire autre que celles classées dans le premier groupe (avertissement, blâme, exclusion temporaire de moins de 3 jours) ne peut être prononcée sans consultation préalable du conseil de discipline, émanation de la commission administrative paritaire, présidée par un magistrat administratif. Des procédures d'appel sont possibles.

Jusqu'en novembre 2013, le juge administratif vérifiait l'absence d'erreur manifeste d'appréciation entre la faute et la sanction, mais un important revirement jurisprudentiel a été opéré par le Conseil d'État dans un arrêt d'Assemblée du 13 novembre 2013, qui bascule du contrôle restreint exercé jusqu'alors sur la sanction disciplinaire, en un contrôle normal de proportionnalité (« il appartient au juge... de rechercher... si la sanction retenue est proportionnée à la gravité des fautes »).

Si la responsabilité disciplinaire semble donc parfaitement en place, force est de constater qu'il s'agit essentiellement d'une possibilité légale et réglementaire. Les employeurs locaux semblent peu user de la sanction, sauf dans des situations particulièrement graves. Ainsi en est-il du manque de probité, de poursuites pénales (bien que le principe de « l'autonomie du droit disciplinaire » laisse libre l'autorité disciplinaire d'exercer son pouvoir de sanction, même dans le cas d'une poursuite pénale), ou de comportements médiatisés, comme le cas de l'administratrice territoriale écrivant un pamphlet dénonçant les dysfonctionnements du conseil régional où elle travaille, sanctionnée pour manquement à l'obligation de discrétion, manquement à l'obligation de réserve et comportement fautif à l'égard de sa hiérarchie. Peuvent être aussi mentionnées les jurisprudences relatives aux fautes liées à l'alcoolisme, comme la révocation d'un caporal-chef des sapeurs-pompiers d'une ville qui, en service, a sous l'empire de l'alcool, agressé un de ses collègues en le frappant au visage (CE 22 janvier 1993 Gilles).

Une des raisons de l'apparente faiblesse du nombre de sanction est sans doute le problème récurrent auquel est confronté l'employeur local, celui de cerner la limite entre faute et insuffisance professionnelle. L'incapacité d'un agent à exécuter de manière satisfaisante les tâches qui lui sont confiées, son manque d'efficacité, de motivation ou son inaptitude à exécuter de façon satisfaisante les fonctions correspondant à ses qualifications et son cadre d'emplois ne peuvent donner lieu à responsabilité disciplinaire (CCA Paris 21 novembre 2006). De manière générale, seul le cas où l'agent fait montre de mauvaise volonté constitue une faute sanctionnable.

L'absence de toute statistique limite la transparence en ce domaine, suscitant le soupçon d'un exécutif local complaisant, et d'agents territoriaux encouragés à la paresse, comme le souligne le rapport de Bernard Pêcheur. Mais ce manque de données chiffrées signifie peut-être que les sanctions les plus courantes sont les plus faibles, celles qui ne font plus l'objet d'une transmission en préfecture depuis la simplification du contrôle de légalité opérée par la loi du 13 août 2004, et qui ne nécessitent pas non plus un passage devant le conseil de discipline.

Un objectif croissant d'indemnisation des victimes

L'élargissement du préjudice indemnisable

Classique est le cas des dommages causés aux biens mobiliers et immobiliers: dégradation, perte de valeur vénale... La constatation des faits, si besoin par expertise, des atteintes portées à son patrimoine et les éléments de preuve sont faciles à apporter pour la victime. Ainsi, en maintenant l'interdiction de faire fonctionner une microcentrale 6 mois au-delà de la date à laquelle une expertise faisait état de l'absence de tout danger, le maire commet une faute de nature à engager la responsabilité de la commune, d'où une indemnisation de 35 000 € (CE 31 août 2009 Commune de Cregols).

L'atteinte à l'intégrité de la personne physique permet aussi une estimation concrète relativement aisée. C'est d'ailleurs par ce type de préjudice qu'est né le droit de la responsabilité administrative.

La reconnaissance du préjudice moral a été plus tardive mais est aujourd'hui bien établie. Ont peu à peu été reconnues les atteintes à la réputation ou à l'honneur, comme dans le cas du retrait d'agrément d'une assistante maternelle opéré par un département, en raison de fortes suspicions d'agressions sexuelles sur mineur par un membre de son entourage révélées postérieurement inexactes (CAA Nancy, 6 janvier 2005, Corinne X). De même, dans une affaire où une commune utilise l'image d'une enfant de 5 ans sur une affiche et des brochures municipales, sans accord parental, le juge estime la violation du droit à l'image et le préjudice moral à 3 000 € (TA Melun 26 mai 2005).

Quant au pretium doloris, le prix de la douleur, il couvre tant les souffrances physiques que les souffrances morales, qui constituent actuellement un préjudice indemnisable comme tout autre préjudice. Le juge administratif condamne par exemple une commune à indemniser un promeneur accidenté à la suite d'une chute, le préjudice résultant des troubles dans les conditions d'existence étant estimé à près de 122 000 € et le pretium doloris à plus de 15 000 €, sans compter les montants liés à la perte de revenus et à la nécessité d'une assistance pour la vie quotidienne... (CE 20 juin 2007 A). Moins tragique, l'arrêt Zembsh-Schreve (CE 10 janvier 2001) reconnaît le préjudice moral de la requérante causé par la négligence du service cadastral de la commune d'Aix-en-Provence et l'évalue à 50 000 F.

Il est utile de rappeler que pour être indemnisable, le dommage allégué doit recouvrir un nombre limité de caractéristiques, ce qui facilite la mise en œuvre de l'action en responsabilité.

Premièrement, et cela paraît légitime, le préjudice doit être certain (ne sauraient ouvrir droit à indemnisation communale des travaux de sondages non réalisés par les requérants… « le préjudice matériel lié au coût de ces travaux demeure purement éventuel » CAA Douai 12 mai 2005 M. Daniel et Mme Alice Y).

Le préjudice doit de plus porter atteinte à une situation juridiquement protégée. Tel n'est pas le cas pour l'exploitant d'un dancing ne répondant pas aux normes de sécurité, qui souhaite obtenir réparation du préjudice causé par les fautes de la commune dans le contrôle opéré (CE 7 mars 1980 SARL Cinq-Sept, incendie ayant causé la mort de près de 147 personnes). L'hypothèse de la victime s'exposant sciemment à un risque dont elle réclame l'indemnisation obéit à la même idée : il n'y aura pas responsabilité administrative ! Ainsi des randonneurs qui s'engagent sur un chemin avalancheux signalé comme tel ne peuvent ignorer le risque encouru et engager la responsabilité administrative lors d'un accident (CE 11 avril 1975 Département de la Haute-Savoie). On peut signaler à ce propos les enjeux financiers de l'enquête liée à l'accident de ski de M. Schumacher survenu hors piste en janvier 2013 dans une station touristique française…

Le préjudice indemnisable doit enfin être direct : il s'agit de rechercher le lien entre l'administration locale et le dommage ; est ici en cause l'imputabilité. Le juge ne relève donc que la cause qui paraît avoir été décisive, cela le conduit à opérer un choix parfois qualifié de subjectif entre les différentes causes. Ainsi, il estime qu'il n'y a pas de lien direct entre le mauvais état d'une route qui a provoqué des dégâts sur un camion, et l'explosion ultérieure de son moteur due à la réparation défectueuse qui s'en était suivi (CE 14 octobre 1966 Marais).

(La loi peut cependant restreindre les possibilités d'indemnisation, tel l'article L. 105-1 du Code de l'urbanisme en ce qui concerne les préjudices résultant des servitudes d'urbanisme ; de même la jurisprudence peut limiter le droit à réparation, comme la décision CE 16 juin 2008 Commune de Valréas qui indique que « les modifications définitives apportées à la circulation générale, et résultant des changements effectués dans l'assiette ou la direction des voies publiques existantes, ne sont pas de nature à ouvrir droit à indemnité »).

L'absorption de la faute personnelle par la faute de service

La responsabilité des collectivités est en principe fondée sur la commission d'une faute. Comme cela a été exposé, depuis 1873, le juge opère ainsi un choix entre faute de service et faute personnelle ; selon les cas, l'indemnisation sera donc due par la collectivité ou par l'agent. Dans cette dernière hypothèse peut se poser la question de l'insolvabilité de l'auteur du dommage… ce qui a conduit à une jurisprudence de cumul, favorable à la victime.

Il est des circonstances où se conjuguent les deux sortes de faute. Ainsi en est-il lorsqu'au sein du service sont commises une faute de service (un véhicule municipal mal entretenu) et une faute personnelle (un agent territorial ivre). Ce cumul de fautes entraîne un cumul de responsabilités.

Au-delà de cette hypothèse, le cumul peut aussi être celui des responsabilités. Est de la sorte instaurée une fiction juridique profitable à la victime : une faute commise par un agent public entraîne la responsabilité du service aussi bien que celle de l'agent. Par exemple, dans le cas d'une blessure accidentelle causée par la mauvaise installation d'un tir forain avec buts flottants, et résultant de l'absence de précautions du maire, le dommage a pour cause un fait unique : une faute personnelle du maire (cf. arrêt Lemonnier de 1918) ; le juge décide qu'il doit y avoir aussi réparation par l'administration, comme le serait une faute de service… car le service a conditionné l'accomplissement de la faute. Léon Blum formulera que « la faute se détache peut-être du service…, mais le service ne se détache pas de la faute ».

En fait, la faute personnelle présuppose une faute du service, elle est d'ailleurs commise pendant le service, ou sur les lieux du service (CE 16 février 1973 Commune de La Celle Saint Cloud, faute personnelle d'un agent d'un patronage municipal à l'égard d'une fillette).

Dans une finalité d'équité, ce subtil montage juridictionnel est élargi au cas où la faute personnelle est commise en dehors du service. Naît ainsi la notion de faute personnelle « non dépourvue de tout lien avec le service » : comme lors d'accidents causés par des conducteurs de véhicules administratifs les utilisant à des fins personnelles (courses, visite privée…), donc en dehors de leur affectation normale. Le lien avec le service est instrumental : un camion, une arme de service (CE Ass. 26 octobre 1973 Sadoudi : un policier municipal tue accidentellement un collègue hors service, mais avec l'arme qu'il avait l'obligation de détenir toujours avec lui). Le juge administratif, dans le cas d'un maire ayant émis de fausses attestations, avec l'autorité et les moyens que lui conféraient ses fonctions, a même estimé que la faute ainsi commise, alors même que sa gravité lui donnerait le caractère d'une faute personnelle détachable du service, n'est, dans ces conditions, pas dépourvue de tout lien avec celui-ci (CE 2 mars 2007 Sté banque française commerciale de l'océan Indien).

Quand il y a cumul de fautes ou de responsabilités, la victime a le choix : elle peut poursuivre l'agent responsable devant les juridictions judiciaires, ou l'entité territoriale auprès du juge administratif. Cette deuxième possibilité est en principe plus favorable puisque les pouvoirs publics sont toujours solvables, et car cela évite à la victime de savoir quel agent a failli, ce qui est souvent difficile. La reconnaissance de l'action récursoire permet à la collectivité qui a supporté les conséquences d'une faute personnelle de se retourner financièrement contre l'agent, pour qu'il supporte une part de l'indemnisation. Par un raisonnement parallèle, a été reconnu le droit de l'agent à ce qu'une partie de la réparation opérée par lui soit prise en charge par l'administration locale quand il y a cumul de fautes.

Force est enfin de relever que l'action récursoire administration envers l'agent, qui paraissait de nature à concilier la garantie d'indemnisation pour la victime et le rétablissement d'une certaine responsabilité pour le fonctionnaire fautif, n'est pas toujours mise en œuvre. Cette irresponsabilité peut être une des causes de la multiplication de la mise en œuvre de la responsabilité pénale, qui permet en cas d'infraction de faire sanctionner tant une collectivité qu'un agent, au risque de paralyser l'action administrative et de décourager les décideurs publics.

La quasi-disparition de la faute lourde

L'arrêt Blanco de 1873 qualifie la responsabilité administrative comme étant « ni générale, ni absolue »; il ouvre la possibilité que certaines fautes n'emportent pas réparation de la puissance publique… d'où la distinction de faute simple/faute lourde.

Comment mettre en œuvre cette qualification ? Le juge s'est appuyé sur la nature des activités envisagées. Ainsi, dans la plupart des domaines d'activité locale, toute faute, même légère, permettait de mettre en œuvre la responsabilité. Dans certains cas cependant, en considération des difficultés rencontrées pour l'accomplissement de la mission de service public, la jurisprudence exigeait qu'une faute lourde soit commise pour que puisse être engagée l'action en réparation. Ainsi en était-il classiquement du service de police, ou de certaines activités des services d'urgence. Il n'y avait pas de définition précise de la faute lourde, tantôt faute grave, parfois même d'une extrême gravité, tantôt constituée de l'accumulation de fautes simples.

Cette technique jurisprudentielle s'est révélée en général favorable à l'administration, qui pouvait agir sans crainte d'une mise en cause systématique de sa responsabilité, et disposait ainsi d'une marge d'erreur. Dans un objectif accru d'indemnisation, le Conseil d'État a fait reculer progressivement cette conception de la faute lourde.

En matière de police administrative, le juge a commencé par évaluer la difficulté de l'activité en cause, ce qui l'a conduit à n'exiger une faute lourde pour une insuffisance de dispositions réglementaires que dans une situation complexe (CE 20 octobre 1972 Ville de Paris c/Marabout) ; à l'inverse, une faute simple suffisait si l'opération ne présente pas de difficultés particulières (CE 28 avril 1967 Lafont responsabilité d'une commune envers un skieur blessé par une avalanche).

Le juge a peu à peu abandonné l'hypothèse de la faute lourde dans ce domaine, que ce soit en matière de police des nuisances sonores (CE 28 novembre 2003 Commune de Moissy-Cramayel), ou dans le domaine de la police des édifices menaçant ruine (CE 27 septembre 2006 Commune de Baalon). Dans un avis du 29 juillet 2008, le Conseil d'État confirme cette disparition de la faute lourde, pour le cas particulier des pouvoirs de police du maire en cas de présence d'un ours sur le territoire communal… « La responsabilité des personnes investies d'un pouvoir de police peut être recherchée devant le juge administratif pour faute simple résultant soit de l'illégalité de décisions ou d'agissements contraires aux objectifs de protection de l'ours soit, à l'inverse, d'une carence à prendre les mesures nécessaires ou à faire appliquer les mesures prises, qu'il s'agisse de la protection de l'animal ou de la prévention des risques qu'il cause ».

De même, a été opéré un recul de la faute lourde pour des services de lutte contre les incendies pour lesquels la faute simple suffit désormais à engager la responsabilité administrative (CE 29 avril 1998 Commune de Hannapes).

L'essor contemporain du régime de responsabilité sans faute

La victime n'a qu'à démontrer l'existence d'un dommage indemnisable et son lien avec la collectivité pour obtenir réparation, la responsabilité de l'administration territoriale est donc engagée de plein droit, sans nécessité de faute. Ainsi, en raison des pouvoirs dont le département se trouve investi lorsqu'un mineur est placé dans un service ou établissement qui relève de son autorité, sa responsabilité est engagée, même sans faute, pour les dommages causés aux tiers par ce mineur (CE 26 mai 2008 Département des Côtes-d'Armor). Dans un arrêt du 1er juillet 2016 le juge administratif étend ce type de responsabilité du département quand les modalités de l'accueil organisé par le service départemental de l'ASE révèlent une prise en charge « durable et globale de l'enfant ».

Ce système de responsabilité repose sur des considérations d'équité, et a été largement développé tant par la jurisprudence que par le législateur. Cette hypothèse ne peut cependant être que dérogatoire, car comment envisager de façon systématique que l'action administrative régulière entraîne réparation ? Cela conduirait incontestablement à une paralysie administrative, et donc à une atteinte du service de l'intérêt général ainsi assuré.

Deux hypothèses jurisprudentielles principales de responsabilité sans faute sont traditionnellement à considérer.

Premièrement, il arrive que l'administration fasse courir un risque qui dépasse la limite de ce qui est en principe acceptable, et donc semble excessif par rapport à ce que l'intérêt général permet de faire habituellement supporter aux administrés. Ainsi en est-il de la jurisprudence relative aux collaborateurs occasionnels du service public, comme l'habitant blessé en tirant un feu d'artifice à la demande du maire pour une manifestation communale, sans qu'aucune imprudence ne puisse lui être reprochée. La charge du dommage subi, alors qu'il assure l'exécution du service public, dans l'intérêt de la collectivité territoriale, et conformément à la mission qui lui avait été confiée par le maire, incombe à la commune (CE 30 avril 2004 Albert X, reprise d'un arrêt fondateur de 1946). [Pour rappel la loi du 3 juillet 2020 ajoute que les « citoyens sauveteurs » sont automatiquement considérés comme tels, et sont donc exonérés de responsabilité civile (sauf en cas de faute lourde ou intentionnelle).]

Proche de la catégorie de réparation sans faute pour risque, mais plus complexe à mettre en œuvre en raison des qualités que doit recouvrir le préjudice, qui doit avoir un caractère anormal et spécial, la responsabilité pour rupture d'égalité devant les charges publiques semble d'acception plus contemporaine. L'administration peut voir sa responsabilité engagée sur ce fondement pour des préjudices causés par des décisions administratives régulières. Ces mesures administratives peuvent être réglementaires, comme dans le cas où un arrêté municipal de police réglemente le passage de piétons sur un chemin où était établi un vendeur de souvenirs, lui causant un préjudice économique. La décision, parfaitement régulière et justifiée par les nécessités de l'ordre public, engage la responsabilité administrative sans faute (CE 22 février 1963 Commune de Gavarnie).

Nouvelle possibilité jurisprudentielle originale de responsabilité sans faute, celle fondée sur la notion de garde apparaît en 2006 pour les collectivités. Par exemple, le juge administratif a considéré que le maître d'ouvrage est responsable, même en l'absence de faute, des dommages que les ouvrages publics dont il a la garde peuvent causer aux tiers en raison tant de leur existence que de leur fonctionnement (CE 3 mai 2006 Commune de Bollène).

Malgré ces nombreux progrès, l'amélioration de la protection des administrés reste complexe, comme le manifeste de façon exemplaire le cas des dommages liés aux travaux publics. La compétence contentieuse est incertaine : administrative (cas général) ou judiciaire (quand il y a véhicule) ; le fondement peut être la faute prouvée (pour le participant), présumée (pour l'usager qui bénéficie de la présomption de défaut d'entretien normal). Le tiers est dans une position particulière, disposant de l'opportunité d'une responsabilité de la collectivité sans faute (fondée sur le risque) ou pour rupture d'égalité devant les charges publiques (si le dommage est permanent)... !

En conclusion, il peut être rappelé qu'existe une forme de responsabilité contractuelle sans faute : le fait du prince. Selon cette expression légèrement surannée, toute mesure émanant de la collectivité qui a conclu le contrat et portant préjudice au cocontractant est un fait du prince. Il en résulte une indemnisation si le préjudice est direct et certain, dans la mesure où est atteint un élément essentiel du contrat (CE 4 mai 1949 Ville de Toulon : le conseil municipal décide de nouvelles règles de circulation qui aggravent les charges d'un concessionnaire, et à propos d'une limitation d'une subvention CE 18/01/1985 « Association Le relais culturel d'Aix-en-Provence »).

Perspectives

Les ajustements d'une responsabilité pénale omniprésente

Certes, l'obligation d'indemniser une victime n'a rien de réjouissant, parce qu'elle manifeste que le service public a failli, et parce qu'elle « allège le porte-monnaie ». Mais le sentiment d'insécurité, tant des élus locaux que des agents territoriaux, repose essentiellement sur la crainte de voir engagée leur responsabilité pénale. La condamnation médiatique précède l'issue du procès, qui même s'il aboutit à une relaxe ou un non-lieu, laisse entachée la réputation...

Le justiciable, personne physique ou de façon croissante association, privilégie aujourd'hui la responsabilité pénale, rapide, à la procédure inquisitoire esquivant le problème de l'administration de la preuve pour la victime.

Les infractions peuvent être intentionnelles comme les abus d'autorité, les manquements à la probité (concussion ou corruption), les faux en écriture... Elles peuvent aussi être involontaires, ce qui est le cas de la mise en danger d'autrui, ou de l'atteinte à la liberté d'accès et à l'égalité des candidats dans les marchés publics... L'inflation législative contemporaine développe de nouvelles infractions, comme l'atteinte aux droits d'auteur ou à l'environnement ; l'instabilité des règles et procédures du droit de l'urbanisme en font un redoutable « piège à contentieux ».

L'impossibilité de s'assurer contre le risque pénal, la multiplicité des coupables (la reconnaissance de la responsabilité d'un auteur d'infraction n'entraînant que difficilement l'exonération des autres auteurs), la difficulté de résister à des ordres illégaux incitant à ne pas respecter la loi pénale, la non-reconnaissance par le droit pénal de la distinction entre faute de service et faute personnelle… viennent accroître une inquiétude légitime des acteurs locaux.

La responsabilité pénale est classique en ce qui concerne les infractions volontairement commises. Le 21 mars 2017 le tribunal correctionnel de Nice a ainsi condamné à 6 mois de prison avec sursis le maire de Rodilhan (Gard) pour favoritisme lié à l'installation de la pelouse d'un stade. La difficulté quotidienne de la vie territoriale tient surtout au risque de l'infraction non intentionnelle, soumise depuis 2000 à deux régimes différents, obéissant à une logique simple : plus la causalité est proche, plus il est normal de sanctionner la faute, même minime. En revanche plus la causalité est relâchée, plus son renforcement doit être opéré, par la pression d'un manquement suffisamment grave : une faute qualifiée.

L'article 121-3 du Code pénal organise la règle suivante : à causalité directe : faute simple ; à causalité indirecte : faute qualifiée, c'est-à-dire violation délibérée d'une obligation ou faute caractérisée, défaillance inadmissible. On remarquera que face à l'inquiétude des élus et décideurs locaux en raison des risques supposés de responsabilité pénale face à la Covid-19, la loi du 11 mai 2020 a précisé que « l'article 123-1 du code pénal est applicable en tenant compte des compétences, du pouvoir et des moyens dont disposait l'auteur des faits dans la situation de crise ayant justifié l'état d'urgence sanitaire, ainsi que de la nature de ses missions ou de ses fonctions, notamment en tant qu'autorité locale ou employeur. »

Les conséquences tragiques de la tempête Xynthia ont été jugées par la Cour d'appel de Poitiers le 4 avril 2016 qui a condamné l'ancien maire de la Faute-sur-Mer à 2 ans de prison avec sursis pour « homicides involontaires » et « mise en danger d'autrui », et lui a interdit de façon définitive d'exercer toute fonction publique (Cependant, en qualifiant les fautes commises de « fautes non détachables du service », la décision ne fait pas reposer sur l'élu l'indemnisation des victimes). Chaque année, le rapport de l'observatoire Smacl des risques de la vie territoriale dresse un bilan des infractions d'homicide et blessures involontaires. Sur les 25 dernières années ont été pénalement condamnés 1426 élus, 852 fonctionnaires territoriaux et 80 collectivités. [Pour rappel les entités locales ne pouvant voir engagée leur responsabilité pénale qu'à l'occasion d'activités susceptibles de délégation de service public, cela exclue notamment l'exercice du pouvoir de police, principale source de risques.]

En ce qui concerne la prise illégale d'intérêts, la législation a évolué. La loi du 11 octobre 2013 relative à la transparence de la vie publique, clarifie d'une part la définition du conflit d'intérêts comme étant toute situation d'interférence entre un intérêt public et des intérêts publics ou privés qui est de nature à influencer ou à paraître influencer l'exercice indépendant, impartial et objectif d'une fonction. D'autre part, des mesures de prévention sont imposées par cette loi aux titulaires des fonctions exécutives locales qui doivent être suppléés par des délégataires s'ils se trouvent dans une situation répondant à cette situation. Enfin, les élus locaux, jusqu'alors exclus du champ d'application de l'article 432-13 du Code pénal réprimant la prise illégale d'intérêts après la cessation des fonctions, sont désormais concernés par le délit dit « de pantouflage » dans les 3 ans qui suivent la cessation de leurs fonctions.

Peut aussi être remarqué l'article 6 *ter* A. du Statut de la fonction publique, modifié par la loi DDOF du 20 avril 2016, qui énonce qu'aucune mesure concernant notamment le recrutement, la titularisation, la rémunération, la formation, l'évaluation, la notation, la discipline, la promotion, l'affectation et la mutation ne peut être prise à l'égard d'un fonctionnaire ou d'un agent non titulaire de droit public pour avoir relaté ou témoigné, de bonne foi, de faits constitutifs d'un délit ou d'un crime dont il aurait eu connaissance dans l'exercice de ses fonctions.

De plus, la loi du 31 mars 2015 visant à faciliter l'exercice, par les élus locaux, de leur mandat, insère dans le CGCT un article L. 1111-1-1 portant charte de l'élu local qui prévoit notamment que « l'élu local exerce ses fonctions avec impartialité, diligence, dignité, probité et intégrité »; qu'« il s'engage à ne pas utiliser les ressources et les moyens mis à sa disposition pour l'exercice de son mandat ou de ses fonctions à d'autres fins »; et « s'abstient de prendre des mesures lui accordant un avantage personnel ou professionnel futur après la cessation de son mandat et de ses fonctions ».

La loi du 9 décembre 2016 relative à la transparence, à la lutte contre la corruption et à la modernisation de la vie économique fait entrer les contrats de concession (dont font partie les délégations de service public) aux côtés des marchés publics dans le champ d'application du délit de favoritisme, renforçant ainsi considérablement le risque pénal.

L'accroissement des régimes légaux de responsabilité

Les interventions du législateur en matière de responsabilité sont nombreuses, dictées par une volonté de protection des victimes, un désir d'uniformiser les règles, ou un objectif de simplification de la compétence contentieuse.

En ce qui concerne les collectivités territoriales, en plus du régime spécifique déjà cité de la loi du 31 décembre 1957 attribuant compétence aux tribunaux judiciaires pour statuer sur les actions en responsabilité des dommages causés par tout véhicule et dirigés contre une personne de droit public, deux illustrations, une datant de 1983 mais rénovée par une jurisprudence récente, et une contemporaine, peuvent en être données.

En matière de dommages causés par les attroupements et rassemblements, l'article 92 de la loi du 7 janvier 1983, actuel article L. 211-10 du Code de la sécurité intérieure, a posé le principe de la responsabilité civile de l'État. Les dégâts et dommages résultant des crimes et délits commis à force ouverte ou par violence, par des attroupements ou des rassemblements armés ou non armés, soit contre les personnes soit contre les biens obéissent donc à un régime de responsabilité sans faute, mais plus favorable que celui du droit commun puisqu'il ne nécessite pas un préjudice anormal et spécial (CE avis 20 février 1998, Sté Études et construction de sièges pour l'automobile). En vertu de la loi du 9 janvier 1986, la compétence contentieuse est administrative.

L'application de ces dispositions est complexe, comme l'ont montré les arrêts relatifs aux nombreux préjudices (véhicules brûlés, commerces et entrepôts détruits, équipements publics incendiés) occasionnés par les violences urbaines. La responsabilité civile de l'État est subordonnée à la condition que les dommages dont l'indemnisation est demandée résultent de manière directe et certaine de crimes ou de délits déterminés, commis par des rassemblements ou des attroupements précisément identifiés (CAA Douai 11 mars 2010 CAECL de Nogent-sur-Oise). De plus, les dommages doivent revêtir un caractère accidentel et survenir à l'occasion de l'action dont la finalité n'était pas de causer des dommages aux tiers (CAA Nancy 26 novembre 2009 SMACL). Cette limitation, estimée par les acteurs locaux comme trop importante, de la responsabilité de l'État renforce d'autant celle des collectivités territoriales, augmentant de facto le coût du transfert du risque aux assureurs.

La loi du 20 août 2008 instituant un droit d'accueil pour les élèves des écoles maternelles et élémentaires pendant le temps scolaire, à charge des communes en cas de grève des enseignants, organise elle aussi un régime particulier de responsabilité.

Dans tous les cas où le dommage subi par un élève résulte de l'organisation ou du fonctionnement du service d'accueil, la responsabilité de l'État est substituée à celle de la commune. En revanche, la loi ne prévoit pas que la responsabilité de l'État se substitue à celle de la commune, si le dommage subi par l'élève est dû au mauvais entretien des locaux ou des matériels à la charge des communes.

En corollaire, l'État est subrogé aux droits de la commune, notamment pour exercer les actions récursoires qui lui sont ouvertes (lorsque la faute personnelle d'un agent contribue à la réalisation du dommage ou qu'un tiers est à l'origine du dommage).

Dans l'hypothèse de poursuites pénales, et en l'absence de faute personnelle de leur part, les personnels communaux chargés d'accueillir les enfants, même s'ils n'ont pas le statut de titulaires, bénéficient de la protection de la collectivité publique qui les emploie. Il doit cependant être rappelé que toute personne reconnue coupable d'une infraction prévue et réprimée par le Code pénal assume seule la condamnation prononcée par le juge à son encontre.

Enfin, la loi du 10 août 2018 dite ESSOC (pour un État au service d'une société de confiance), dans son article 73, solennise le principe jurisprudentiel solidement établi selon lequel « sauf en cas de faute personnelle détachable de l'exercice de ses fonctions, la responsabilité civile du fonctionnaire ne peut être engagée par un tiers devant les juridictions judiciaires pour une faute commise dans l'exercice de ses fonctions ». Si la formulation n'est pas novatrice, elle acquiert désormais force légale, la préservant ainsi de tout revirement jurisprudentiel !

La réforme de la responsabilité financière

La loi du 13 décembre 2011 relative à la réforme des juridictions financières tend à moderniser le régime de discipline budgétaire et financier, les rapports de la Cour des comptes ayant notamment fait apparaître les failles du régime de responsabilité actuelle et préconisé des adaptations.

En cas de non-respect des règles budgétaires et financières, les élus locaux ne peuvent aujourd'hui être mis en cause que dans des cas très limités. On dénombre d'ailleurs un seul cas de mise en cause de la responsabilité d'un élu local à l'occasion d'un ordre de réquisition (Cour de discipline budgétaire et financière, 30 juin 2006, syndicat à vocation multiple de la région d'Étables-sur-Mer), un seul exemple de mise en cause de la responsabilité d'un élu local pour l'inexécution d'une décision de justice (Cour de discipline budgétaire et financière, 20 décembre 2001 M. Janky contre Région Guadeloupe) et seulement deux ou trois mises en cause d'élus dans des fonctions qui ne sont pas l'accessoire obligé.

L'étude d'impact du projet de loi expose que cette faiblesse du régime de discipline budgétaire et financière explique, pour une bonne part, un déport sur le droit pénal et la pénalisation de certains dysfonctionnements administratifs, qui relèveraient plus opportunément du Code des juridictions financières.

Se pose plus particulièrement une difficulté d'articulation entre le Code des juridictions financières et le Code pénal pour la sanction des délits de favoritisme, le Code pénal prévoyant depuis 1991 des sanctions en cas de non-respect des règles de la commande publique, même sans élément intentionnel, alors que le Code des juridictions financières contenait déjà une disposition permettant de sanctionner ce type d'irrégularités.

La modernisation des garanties disciplinaires des agents

Près de trente ans après la Loi Le Pors de 1983, la loi relative à la déontologie et aux droits et obligations des fonctionnaires du 20 avril 2016, toilette et enrichit le statut général des fonctionnaires. Elle actualise notamment les obligations et garanties fondamentales accordées aux agents, et présente en particulier trois éléments forts relatifs à la responsabilité.

L'article 20 tente de clarifier, d'une part, les droits du fonctionnaire mis en cause, et d'autre part, ceux du fonctionnaire victime et de ses ayants droit. Est introduite la notion d'atteinte volontaire à l'intégrité de la personne qui pourra être mobilisée par l'administration pour fonder l'octroi de la protection dans certaines hypothèses. Le bénéfice de la protection est également reconnu lorsque le fonctionnaire est victime d'agissements constitutifs de harcèlement, sexuel ou moral. De même, lorsqu'un agent est entendu en qualité de témoin assisté, placé en garde à vue ou se voit proposer une mesure de composition pénale dans des cas où les faits conduisant à de tels actes de procédure pénale n'ont pas le caractère d'une faute personnelle détachable de l'exercice de ses fonctions, il est prévu que la protection fonctionnelle lui soit accordée.

En outre, le Gouvernement a souhaité étendre l'octroi de la protection aux conjoints, concubins et partenaires de pacte civil de solidarité, ainsi qu'aux enfants et ascendants directs du fonctionnaire, lorsque ces personnes sont elles-mêmes victimes d'atteintes volontaires à leur intégrité du fait des fonctions exercées par le fonctionnaire.

L'article 36 vise à compléter l'article 19 du titre Ier du statut général pour mettre fin à l'imprescriptibilité de l'action disciplinaire, contraire aux exigences européennes. Est ainsi posé le principe selon lequel tout fait passible de sanction disciplinaire doit être, lorsque l'administration en a connaissance, poursuivi dans un délai de trois ans. L'interruption de ce délai ne serait possible qu'en cas de poursuites pénales. La loi précise que, passé ce délai de trois ans, aucune procédure disciplinaire ultérieure ne peut faire état des faits portés à la connaissance de l'autorité investie du pouvoir de sanction, dans la mesure où ils n'ont pas donné lieu à l'engagement d'une action disciplinaire.

La loi du 6 août 2019 de transformation de la fonction publique, dans ses articles 31 à 33, rénove le droit disciplinaire, avec une nouvelle échelle des sanctions disciplinaires. Le deuxième groupe est enrichi d'une nouvelle sanction : la radiation du tableau d'avancement, qui peut être prononcée à titre principal mais aussi à titre complémentaire des sanctions des deuxième et troisième groupes. Le conseil de discipline de recours est supprimé, mais il reste naturellement la possibilité de saisine du tribunal administratif. Enfin, si aucune sanction n'est intervenue durant une période de 10 ans, l'autorité territoriale devra faire droit à la demande d'un agent de retirer du dossier l'inscription d'une sanction, sans que cela nécessite l'avis du conseil de discipline.

Pour clore le thème, il peut être affirmé que la question principale en matière de responsabilité est celle de la prévention. Certes, les sanctions attachées à la commission d'un préjudice peuvent avoir un effet dissuasif et inciter a minima les collectivités à la prudence pour éviter la réitération d'actions dommageables. Reste qu'il existe une tension constante entre responsabilité et socialisation du risque. « La nécessité de concilier responsabilité, socialisation et prévention exige la recherche d'un point d'équilibre, et le dosage entre la responsabilité et la socialisation du risque relève avant tout d'un choix collectif » (rapport du Conseil d'État).

Bibliographie

- « La prise en compte du risque dans la décision publique », La Documentation française, Les études du Conseil d'État, avril 2018, 122 p.
- « Le préjudice en droit administratif », *Dossier Droit administratif*, n° 8/9, août 2018, p. 15-56.
- « Les imperfections de la responsabilité administrative », Dossier, *Actualité juridique, Droit administratif*, 29 octobre 2018, n° 36, p. 2055-2081
- « Responsabilité pénale des personnes publiques », Sophie Corioland, Dalloz Corpus, novembre 2018, 264 p.
- « La notion de réparation intégrale en droit administratif », *Actualité juridique, Droit administratif*, 22 avril 2019, n° 15, p. 848-856.
- « Le risque pénal dans les collectivités », *Actualité juridique, Collectivités Territoriales*, mai 2019, n° 5, p. 223-238.
- « Analyser le risque de responsabilité pénale des élus et des fonctionnaires territoriaux face au Covid 19 », *Semaine juridique. Administration et Collectivités territoriales*, n° 8, 22 février 2021, p. 24-29.
- Rapport annuel de l'Observatoire Smacl des risques de la vie territoriale, 2020, www.smacl.fr/rapport-obssmacl

Exemples de sujets

- La responsabilité des décideurs locaux
- Le droit de la responsabilité locale doit-il évoluer ?
- L'élu local, responsable et coupable ?
- La notion de responsabilité dans la conduite de l'action des collectivités territoriales
- Les responsabilités du fonctionnaire territorial, un frein à l'initiative ?

QCM

133. La mise en jeu de la responsabilité territoriale est-elle récente ?

- ☐ **A.** Oui, elle date de la réforme de 2010
- ☐ **B.** Pas vraiment, elle date de l'acte I (1982)
- ☐ **C.** Non, elle apparaît dès le début du xxe siècle

134. Qu'appelle-t-on la responsabilité administrative ?

- ☐ **A.** La responsabilité indemnisatrice de l'administration qui a causé un préjudice
- ☐ **B.** Le régime assuranciel de l'administration
- ☐ **C.** La responsabilité des élus vis-à-vis des électeurs

135. Peut-on engager la responsabilité de l'administration devant le juge civil ?

- ☐ **A.** Non, c'est de la compétence du juge administratif
- ☐ **B.** Oui, mais dans des cas très limités
- ☐ **C.** Oui, uniquement si c'est une personne privée qui intente l'action

136. Quelle est l'affirmation exacte ?

- ☐ **A.** Les collectivités territoriales peuvent être pénalement responsables
- ☐ **B.** Les collectivités territoriales ne peuvent pas être pénalement responsables
- ☐ **C.** Toutes les personnes morales de droit public peuvent être pénalement responsables

137. Que signifie le terme « responsabilités » pour ce qui est de la loi relative aux libertés et responsabilités locales ?

- ☐ **A.** La loi renforce les pénalités pour les collectivités qui portent atteinte aux libertés
- ☐ **B.** La loi développe les compétences des collectivités territoriales
- ☐ **C.** La loi assouplit les relations entre supérieurs hiérarchiques et subordonnés

138. La responsabilité disciplinaire est-elle exclusive de toute responsabilité pénale ?

- ☐ **A.** Non, la responsabilité disciplinaire s'exerce sans préjudice de l'action pénale
- ☐ **B.** Oui, on ne peut pas être puni 2 fois pour les mêmes faits
- ☐ **C.** Non, s'il y a sanction disciplinaire, il y a systématiquement sanction pénale

139. Quelles sont les règles applicables en ce qui concerne la responsabilité administrative ?

- ☐ **A.** Essentiellement des règles prétoriennes, issues de la jurisprudence
- ☐ **B.** Les règles du Code général des collectivités territoriales
- ☐ **C.** Les lois du 2 mars et 22 juillet 1982

140. Qu'appelle-t-on « faute de service » ?

- ☐ **A.** La faute commise par plusieurs agents du service
- ☐ **B.** La faute de l'agent public qui n'a pas le sens du service public
- ☐ **C.** La faute qui ne se détache pas des fonctions

141. Peut-il y avoir faute personnelle et faute de service ?

- ☐ **A.** Oui, la victime aura alors le choix : attaquer l'administration ou l'agent
- ☐ **B.** Non, c'est l'une ou l'autre
- ☐ **C.** Oui, mais uniquement pour l'État, pas pour les entités territoriales

142. Pourquoi dit-on que la responsabilité disciplinaire est une fiction ?

- ☐ **A.** Parce que les réformes récentes l'atténuent très fortement pour les agents territoriaux
- ☐ **B.** Parce que les autorités en usent rarement
- ☐ **C.** Parce que les séances du conseil de discipline sont filmées

143. Les sanctions disciplinaires font-elles l'objet d'un contrôle de légalité ?

- ☐ **A.** Non, depuis le 1er janvier 2010, il n'y a plus de transmission obligatoire en préfecture
- ☐ **B.** Oui en ce qui concerne les sanctions des 3e et 4e groupes qui doivent obligatoirement être transmises en préfecture
- ☐ **C.** Non, il s'agit d'actes internes à la collectivité, et donc insusceptibles de recours contentieux

144. Le préjudice moral causé par une collectivité territoriale est-il indemnisable ?

- ☐ **A.** Oui uniquement s'il y a aussi préjudice corporel
- ☐ **B.** Non
- ☐ **C.** Oui

145. Quelles conditions cumulatives doivent présenter le dommage pour être en principe pris en compte par le juge ?

- ☐ **A.** Il doit être évaluable en argent, certain, direct et porter atteinte à un intérêt légitime
- ☐ **B.** Il doit être évaluable en argent, certain et direct
- ☐ **C.** Il doit être évaluable en argent et certain

146. Pourquoi l'absorption de la faute personnelle par la faute de service est-elle favorable aux victimes ?

- ☐ **A.** Parce que le juge administratif indemnise plus généreusement que le juge civil
- ☐ **B.** Parce que l'administration est toujours solvable
- ☐ **C.** Parce que la procédure contentieuse administrative est plus rapide

147. En droit de la responsabilité administrative, qu'appelle-t-on action récursoire ?

- ☐ **A.** L'action exercée par l'administration qui a totalement indemnisé contre l'agent coresponsable (ou inversement)
- ☐ **B.** L'action de la victime pour obtenir des dommages et intérêts
- ☐ **C.** L'action de l'administration contre un requérant abusif

148. Une entité territoriale peut-elle obtenir indemnisation s'il y a faute dans l'exercice du contrôle de légalité ?

- ☐ **A.** Oui, quelle que soit la faute du préfet
- ☐ **B.** Oui, mais uniquement s'il y a faute lourde
- ☐ **C.** Non, pour épargner les finances de l'État, il ne peut y avoir indemnisation

149. La collectivité peut-elle être responsable si elle ne commet pas de faute ?

- ☐ **A.** Non, ce serait injuste
- ☐ **B.** Oui, par souci d'équité, dans certains cas
- ☐ **C.** Oui, mais uniquement en matière de dommages de travaux publics

150. Quelle est l'affirmation exacte ?

- ☐ **A.** Le maire, auteur indirect, ne peut être responsable d'une infraction involontaire
- ☐ **B.** Le maire, auteur indirect, peut être responsable d'une infraction involontaire
- ☐ **C.** La responsabilité pénale du maire ne peut être mise en jeu que pour les infractions volontaires

151. **Les droits de la responsabilité des collectivités et de l'État sont-ils très différents ?**

- ☐ **A.** Oui, pour ce qui est de la responsabilité pénale
- ☐ **B.** Non, ils sont comparables
- ☐ **C.** Oui, pour ce qui est du montant des indemnisations

152. **Pourquoi dit-on qu'il y a pénalisation de la vie publique ?**

- ☐ **A.** Parce que les procès sont médiatisés
- ☐ **B.** Parce que se développe une suspicion à l'égard des élus
- ☐ **C.** Parce qu'il y a une progression de procédures pénales à l'encontre des acteurs publics

153. **Quelles sont les conséquences de cette pénalisation croissante de la vie publique territoriale ?**

- ☐ **A.** Il y a un risque de paralysie administrative
- ☐ **B.** Il n'y a pas de conséquences marquantes
- ☐ **C.** Des conséquences financières justifiant la hausse des impôts locaux

154. **Aujourd'hui, comment éviter la mise en jeu de la responsabilité territoriale ?**

- ☐ **A.** Par 3 actions concomitantes : prévention, formation, information
- ☐ **B.** En changeant les textes, notamment le Code pénal
- ☐ **C.** Par des mutations de magistrat

Réponses

133. Réponse C. La longue période d'irresponsabilité des pouvoirs publics, à de rares exceptions près, prend fin avec la jurisprudence Blanco de 1873.
Dès 1908 est reconnue la responsabilité d'un département à propos d'un incendie allumé par un aliéné évadé d'un asile départemental, ayant consumé deux meules de paille (TC 29 février 1808 Feutry).

134. Réponse A.
La responsabilité administrative est l'obligation qui pèse sur l'administration (c'est-à-dire les personnes publiques comme l'État, les collectivités territoriales ou les établissements publics) de réparer le dommage qu'elle cause. Cette réparation prend la forme de dommages et intérêts versés à la victime.

135. Réponse B. En principe la responsabilité administrative, et c'est logique, obéit aux règles du droit administratif, essentiellement prétoriennes, et relève du juge administratif. Il existe cependant certains cas dans lesquels l'administration pourra voir sa responsabilité engagée devant le juge civil. Ainsi en est-il lorsqu'il y a voie de fait, lorsqu'il s'agit de la gestion du domaine privé de l'administration, ou lorsqu'un véhicule, même administratif, est la cause du dommage.

136. Réponse A.
L'article 121-2 du Code pénal prévoit que « les personnes morales, à l'exclusion de l'État, sont responsables pénalement, […] des infractions commises, pour leur compte, par leurs organes ou représentants. » Il précise que « toutefois, les collectivités territoriales et leurs groupements ne sont responsables pénalement que des infractions commises dans l'exercice d'activités susceptibles de faire l'objet de conventions de délégation de service public ».

137. Réponse B. Le terme responsabilité a en effet deux significations : il peut s'agir d'avoir la charge d'une question, comme dans le titre de la loi du 13 août 2004 ; ou il est question de répondre des conséquences de ses actes ou de ceux des personnes dont on a la charge. La loi du 13 août 2004 a transféré nombre de compétences aux départements et régions, comme 15 000 km de voirie nationale, les agents techniques, ouvriers et de service liés aux collèges et aux lycées…

138. Réponse A. L'article 29 du Statut de la fonction publique (loi du 13 juillet 1983 modifiée) prévoit que toute faute commise par un fonctionnaire, dans l'exercice ou à l'occasion de l'exercice de ses fonctions, l'expose à une sanction disciplinaire sans préjudice, le cas échéant, des peines prévues par la loi pénale.

139. Réponse A. Contrairement à la responsabilité civile, qui relève du Code civil et à la responsabilité pénale encadrée par le Code pénal, la responsabilité administrative est essentiellement jurisprudentielle ; elle est d'ailleurs née véritablement en 1873 de l'arrêt Blanco du Tribunal des conflits. Il y a cependant certains régimes légaux de responsabilité de l'administration, comme celui mis en place par la loi du 31 décembre 1957 (pour les dommages causés par un véhicule), ou celui établi par la loi du 7 janvier 1983 (pour les dommages causés par les attroupements).

140. Réponse C. La faute de service est d'une acception complexe. En 1873, lors de la jurisprudence Pelletier qui établit la distinction entre faute de service et faute personnelle, Laferrière écrit : « Si l'acte dommageable est impersonnel, il révèle un administrateur plus ou moins sujet à erreur. Il faut admettre que la faute de service est constituée soit par un acte impersonnel, ce qui ne signifie pas forcément qu'il soit anonyme, soit par une erreur admissible de la part d'un administrateur moyen ».

141. Réponse A. Dans l'arrêt Anguet (CE 3 février 1911), comme dans la jurisprudence Papon (CE 12 avril 2002), le cumul d'une faute personnelle et d'une faute de service offre un choix à la victime : demander l'indemnisation à l'administration ou demander l'indemnisation à l'agent.

142. Réponse B. En cas de manquement d'un agent à ses obligations professionnelles, l'autorité disciplinaire dispose d'un pouvoir discrétionnaire pour sanctionner : elle a le choix de sanctionner ou non ! Il est fréquemment reproché à l'administration de ne pas sanctionner suffisamment les agents, ce qui les inciterait à un comportement peu dynamique…

143. Réponse A. L'ordonnance 17 novembre 2009 portant simplification du contrôle supprime toute obligation de transmission en préfecture en ce qui concerne les sanctions disciplinaires. Le Conseil d'État a cependant reconnu au représentant de l'État une faculté générale de former un recours en annulation à l'encontre de tous les actes des collectivités, puisqu'il est investi en vertu de l'article 72 C de « la charge des intérêts nationaux, du contrôle administratif et du respect des lois » (CE, 28 février 1997, Commune du Port). La loi du 13 août 2004 a d'ailleurs confirmé ce pouvoir d'évocation (article 140).

144. Réponse C. La reconnaissance du préjudice moral est aujourd'hui bien établie. Ont peu à peu été reconnues les atteintes à la réputation ou à l'honneur, comme dans le cas du retrait d'agrément d'une assistante maternelle opéré par un département, en raison de fortes suspicions d'agressions sexuelles sur mineur par un membre de son entourage, révélées postérieurement inexactes (CAA Nancy, 6 janvier 2005, Corinne X). De même, dans une affaire où une commune utilise l'image d'une enfant de 5 ans sur une affiche et des brochures municipales, sans accord parental, le juge estime la violation du droit à l'image et le préjudice moral à 3 000 € (TA Melun 26 mai 2005).

145. Réponse A. En principe, le préjudice doit présenter ces 4 conditions. Cependant, dans certains cas de responsabilité sans faute, la jurisprudence exige de plus que le dommage présente un caractère anormal (c'est-à-dire d'un niveau de gravité excédant ce qui est ordinaire) et spécial (seules certaines personnes sont touchées).

146. Réponse B. La progressive absorption de la faute personnelle par la faute de service, grâce à la qualification de « faute personnelle non dépourvue de tout lien avec le service », comme dans l'arrêt CE 26 octobre 1973 Sadoudi, laisse le choix à la victime d'attaquer l'agent ou l'administration. L'administration étant toujours solvable, l'indemnisation paraît mieux garantie par cette deuxième possibilité.

147. Réponse A. Depuis 1951, dans les jurisprudences Laruelle et Delville, le conseil d'État ajoute au contentieux de la responsabilité envers les tiers, le contentieux de la contribution finale de la charge entre l'administration et l'agent en cas de faute de service et de faute personnelle. Ainsi, la victime est protégée : elle n'a qu'un interlocuteur qui l'indemnise totalement ; l'action récursoire permet de déterminer à proportion de leur niveau de responsabilité respectif la part de chaque responsable.

148. Réponse B. Si le refus du préfet de déférer au tribunal administratif sur demande d'un particulier ne constitue pas une décision susceptible de faire l'objet d'un recours pour excès de pouvoir (CE 25 janvier 1991 Brasseur), la responsabilité de l'État peut cependant être engagée s'il y a faute lourde, caractérisée par une carence manifeste du contrôle de légalité (CE 6 octobre 2000 ministre de l'Intérieur c/Commune de Saint Florent).

149. Réponse B. Ce système de responsabilité repose sur des considérations de solidarité : réparer les conséquences d'une charge subie par un administré du fait des activités réalisées dans l'intérêt général ; il a été largement développé tant par la jurisprudence que par le législateur. Cette hypothèse ne peut cependant être que dérogatoire, car comment envisager de façon systématique que l'action administrative régulière entraîne réparation ? Cela conduirait incontestablement à une paralysie administrative, et donc à une atteinte du service de l'intérêt général ainsi assuré.

150. Réponse B.
L'article 121-3,4 du Code pénal précise que dans le cas prévu d'infraction involontaire, les personnes physiques (donc éventuellement le maire) qui n'ont pas causé directement le dommage, mais qui ont créé ou contribué à créer la situation qui a permis la réalisation du dommage ou qui n'ont pas pris les mesures permettant de l'éviter, sont responsables pénalement s'il est établi qu'elles ont, soit violé de façon manifestement délibérée une obligation particulière de prudence ou de sécurité prévue par la loi ou le règlement, soit commis une faute caractérisée et qui exposait autrui à un risque d'une particulière gravité qu'elles ne pouvaient ignorer. Ainsi, en 2003, le maire de la commune de Plemeur-Bodou a été reconnu personnellement responsable de la mort d'un enfant tombé accidentellement d'une buse en béton que ses camarades s'amusaient à faire rouler.

151. Réponse A. À la différence des collectivités territoriales, l'État ne peut être reconnu responsable pénalement, comme l'écrit l'article 121-2 du Code pénal : « les personnes morales, à l'exclusion de l'État, sont responsables pénalement… »

152. Réponse C.
La pénalisation de la vie publique a des origines diverses : évolution sociologique vers une société contentieuse dite « à l'Américaine », inflation normative multipliant les infractions non intentionnelles et les sanctions afférentes, caractère opaque de la procédure administrative…

153. Réponse A. La crainte des élus et agents locaux de voir leur responsabilité pénale engagée conduit à une prudence exacerbée, et même à une forme de paralysie administrative : plutôt que de risquer un accident et ses conséquences contentieuses, nombre de collectivités renoncent à organiser une classe de neige, à doter le square de tourniquets pour les enfants, etc.

154. Réponse A. Si la mise en jeu de la responsabilité territoriale a des vertus, c'est notamment celles d'inciter les décideurs locaux à la prévention. Celle-ci est en particulier assurée par des actions de formation et d'information, tant des agents que des administrés. Au-delà d'un objectif certes légitime mais limité d'éviter toute action contentieuse, l'enjeu véritable est d'empêcher tout dommage ou accident !

La diversité des politiques locales

8 Les défis d'un urbanisme local durable

Si l'urbanisme est la discipline de l'affectation de l'espace et de son aménagement, la prise en compte conjointe des enjeux sociaux, économiques et environnementaux s'est imposée au fil du temps, fruit d'une aspiration citoyenne et du contexte international.
Le développement durable, « concept généreux et séduisant » s'inscrit dans une législation foisonnante, articulée autour de documents de planification rénovés et diversifiés. La logique de résultat succède à la logique de moyens, à la recherche d'un urbanisme local épargnant les ressources foncières et énergétiques. La norme HQE, ou l'écoquartier séduit l'élu local, dont la marge de manœuvre semble limitée par une sorte de recentration étatique.
Après le Grenelle de l'environnement, la loi NOTRe (modernisée par l'ordonnance du 17 juin 2020) rénove la planification régionale dans le domaine de l'aménagement du territoire, érige les EPCI à fiscalité propre en échelon territorial de principe pour les compétences environnementales, mais opère une recomposition territoriale bousculant les documents d'urbanisme. Restent cependant posés l'épineuse question du logement social malgré les progrès apportés par les lois « égalité et citoyenneté » de 2017 et ELAN de 2018, ainsi que le défi de la transition énergétique intégré dans les contrats de relance et de transition écologique de 2021...
Les facettes multiples de l'arsenal démocratique permettent d'espérer à terme une véritable gouvernance écologique.

Michèle Pappalardo a défini la ville durable comme celle réduisant les émissions de CO_2, préservant les ressources et équilibres naturels, développant une attractivité pour les entreprises et une accessibilité pour tous les habitants, et attachée à la qualité des espaces : « une ville durable est avant tout une ville où l'on a envie de vivre ».

Historique

Il est habituel d'octroyer à l'espagnol Cerda le premier traité d'urbanisme avec sa *Théorie générale de l'urbanisation* (1867) et son application « Projet de Réforme et d'Extension de Barcelone »...

Les origines du droit de l'urbanisme local

Au Moyen Âge, sous l'égide du clergé et du pouvoir seigneurial, les villes s'érigent en fonction des besoins et de la volonté des puissants. L'urbanisme connaît une dépendance tardive à un droit qui lui soit propre, et utilise initialement les règles existantes. Ainsi, la législation relative au domaine permet de délimiter les voies publiques par des procédures d'alignements individuels (1607 Édit de Sully), complétées en 1791 de plans d'alignement que la loi municipale du 5 avril 1884 prescrit dans toutes les communes. La police de la sécurité et de la salubrité autorise quant à elle d'imposer la démolition des immeubles dangereux ; celle relative à la protection monuments historiques et des sites se développe en 1913 puis 1930...

La formation d'un droit particulier naît de la loi du 14 mars 1919 Cornudet, imposant aux communes de plus de 10 000 habitants d'établir des projets d'aménagement, d'embellissement et d'extension des villes, qui sont en principe à leur charge, avec lesquels les constructions doivent être compatibles. Les lotissements, divisions d'un terrain en lots destinés à recevoir des constructions, sont soumis à autorisation par la loi du 19 juillet 1924.

Les nécessités de reconstruction générées par la deuxième guerre mondiale, l'exode rural, l'immigration et le *baby-boom* justifient un renouveau du droit de l'urbanisme étatique, à la fois réglementaire et opérationnel. La loi du 15 juin 1943 établit le permis de construire dans sa conception contemporaine, celle d'orientation foncière du 30 décembre 1967 met en place 4 outils importants : le schéma directeur d'aménagement et d'urbanisme (SDAU) à dimension supra communale, le plan d'occupation des sols (POS) communal et réglementaire, la zone d'aménagement concerté (ZAC), et la taxe locale d'équipement (TLE) due par le bénéficiaire d'un permis de construire.

La décentralisation d'un urbanisme qualitatif

L'émergence de l'enjeu environnemental

La montée en puissance des considérations environnementales justifie le 7 janvier 1971 la naissance du ministère de l'Environnement, qualifié de « ministère de l'impossible » en raison de son faible budget. La loi relative à la protection de la nature du 10 juillet 1976, et celle du 31 décembre 1976, marquent cette prise en compte de l'environnement, par la protection des espaces naturels et la lutte contre le mitage.

Corrélativement, la maîtrise de l'usage des sols par l'extension du droit de préemption et l'instauration du plafond légal de densité (PLD) transforment le droit de l'urbanisme.

L'acte I de la décentralisation transfère d'importantes compétences aux autorités locales, notamment en urbanisme (lois du 7 janvier et du 22 juillet 1983). Si la maîtrise de l'élaboration des documents d'urbanisme est décentralisée, celle du permis de construire ne l'est que sous réserve de l'existence d'un POS. Ce n'est qu'à cette même condition que l'urbanisme opérationnel, ZAC ou lotissement, et le droit de préemption passent sous responsabilité communale.

Un contexte international axé sur le développement durable

À la suite du rapport Bruntland de 1987, le sommet de la Terre de Rio, en 1992, reconnaît les collectivités comme des acteurs de premier plan, ainsi que le suggère le programme Action 21. L'intérêt général doit prendre en compte les besoins actuels de la société sans compromettre ceux des générations futures, le fil conducteur de cette prise de conscience devient : « Penser globalement, agir localement ».

D'après la conférence des Nations unies, ce sont « les collectivités locales qui construisent, exploitent et entretiennent les infrastructures économiques, sociales et environnementales, qui surveillent les processus de planification, qui fixent les orientations et la réglementation locale en matière d'environnement et qui apportent leur concours à l'application des pratiques de l'environnement adaptées à l'échelle nationale et infranationale. Elles jouent donc, au niveau administratif le plus proche de la population, un rôle essentiel dans l'éducation, la mobilisation et la prise en compte des vues du public en faveur d'un développement durable».

Les objectifs assignés au droit de l'urbanisme se multiplient au fil du temps, tels les enjeux environnementaux révélés par des directives européennes, comme celle du 21 mai 1992 concernant la conservation des habitats naturels ainsi que de la faune et de la flore sauvages dont est issu Natura 2000, transposées par des législations nationales en matière de protection de l'eau (1992), du paysage (1993), et de l'air (1996). Une législation pléthorique développe des finalités de lutte contre l'exclusion par la politique dite de la ville (1991, 1995, 1996), et des perspectives d'aménagement du territoire (1995, 1999). En fait, on assiste à un retour en force de l'État régulateur, garant d'un aménagement équilibré de l'espace; certains auteurs évoquent même une remise en cause de la décentralisation.

L'ambition d'un urbanisme au cœur du développement durable

La loi solidarité et renouvellement urbains (SRU) du 13 décembre 2000 constitue une avancée décisive, ambitieuse, articulant les documents d'urbanisme rénovés que sont en particulier les schémas de cohérence territoriale (SCOT) et les plans locaux d'urbanisme (PLU), sur un projet d'aménagement et de développement durable. Un objectif global d'équilibre dans le développement entre l'urbain et le rural, la diversité des fonctions urbaines et la mixité sociale, une utilisation économe des espaces, en particulier par la maîtrise de l'étalement urbain, constituent le «trépied» de ce qu'impose l'actuel article L 101-2 C.urb., reprise de ce que la Conférence de Rio a prôné depuis 1992: développement économique/progrès social/protection de l'environnement.

Reflet de l'évolution législative générale, le pivot de l'urbanisme local est intercommunal, il s'agit du SCOT. La décentralisation urbanistique laisse persister une action étatique omniprésente, mais s'enrichit de la généralisation des techniques de démocratie participative, comme l'enquête publique, ou la concertation avec les citoyens et les associations.

La volonté d'une action publique locale efficace et rationalisée conduit à développer un urbanisme dérogatoire (loi urbanisme et habitat du 2 juillet 2003), et à simplifier les autorisations d'urbanisme (ordonnance du 8 décembre 2005). L'intégration du droit européen justifie une réforme des concessions d'aménagement (loi du 20 juillet 2005); les nécessités sociales multiplient les textes (loi d'orientation et de programmation pour la ville du 1er août 2003, loi engagement national pour le logement du 13 juillet 2006, loi imposant le droit au logement opposable dite DALO du 5 mars 2007)...

Le développement durable acquiert une valeur juridique suprême en 2005, par l'adossement de la Charte de l'environnement au Préambule constitutionnel; l'article 6 de la Charte précise que «Les politiques publiques doivent promouvoir un développement durable. À cet effet, elles concilient la protection et la mise en valeur de l'environnement, le développement économique et le progrès social».

Le Grenelle de l'environnement, complexe et diversifié

Le processus du Grenelle de l'environnement renouvelle en profondeur l'urbanisme local au travers des dispositions des lois du 3 août 2009 et 12 juillet 2010, et au-delà, développe une prise en considération à caractère pluridimensionnel des transports, du climat, de l'énergie, des déchets…

Des prérogatives étatiques confortées

Les nouvelles directives territoriales d'aménagement et de développement durables (DTADD), élaborées par l'État, ont vocation à devenir l'élément d'ajustement entre la planification urbaine et les enjeux du développement durable. Approuvées par décret en Conseil d'État, elles élargissent le champ d'action des DTA aux critères du développement durable (lutte contre la régression des surfaces agricoles et naturelles, combat contre l'étalement urbain et la déperdition d'énergie, préservation de la biodiversité notamment au travers des « couloirs » écologiques, mise en œuvre de l'amélioration de la performance énergétique des bâtiments).

Autre manifestation de cette intensification de la présence étatique, l'intervention préfectorale dans l'élaboration et le suivi des SCOT est renforcée. Des aires de mises en valeur de l'architecture et du patrimoine (AMVAP) remplacent les zones de protection du patrimoine architectural urbain et paysager (ZPPAUP), fondées sur un diagnostic architectural, patrimonial et environnemental, et élaborées par délibération uniquement après accord préfectoral. (La loi du 7 juillet 2016 leur substituera les sites patrimoniaux remarquables.)

Pour conclure sur ce que certains ont qualifié de « recentration », peuvent être signalées les dispositions relatives à la déclaration de projet. Conçue pour ouvrir aux collectivités territoriales la possibilité de se prononcer sur l'intérêt général d'une opération, la déclaration de projet peut devenir un instrument permettant à l'État d'intervenir en matière de réglementation d'urbanisme relevant normalement de la compétence des communes, en permettant notamment une mise en compatibilité forcée des SCOT et des PLU. La loi Grenelle 2 développe les possibilités d'adaptation obligée en citant les schéma directeur de la région d'Île-de-France (SDRIF), schéma d'aménagement régional des régions d'outre-mer, PADDUC de Corse, charte de parc naturel régional ou de parc national, schéma directeur d'aménagement et de gestion des eaux (SDAGE), schéma d'aménagement et de gestion des eaux (SAGE), schéma régional de cohérence écologique et plan climat-énergie territorial.

Le verdissement des documents d'urbanisme décentralisés

L'apparition de deux nouveaux schémas régionaux

La loi Grenelle 2 impose la mise en place de plans climat-énergie territoriaux (PCET) aux régions, départements, métropoles et communautés comptant plus de 50000 habitants. Transformés en PCAET (plans climat-air-énergie territoriaux) par la loi sur la transition énergétique du 8 août 2016, ces plans fixent un diagnostic, une stratégie territoriale, un programme d'actions et un dispositif de suivi et d'évaluation. En 2020, l'ordonnance de modernisation des SCOT donne à ces derniers la possibilité de valoir PCAET.

Pour protéger la biodiversité, la loi Grenelle 2 modifiée par la loi du 8 août 2016 crée la trame verte et bleue, fondée sur les orientations nationales pour la préservation et la remise en bon état des continuités écologiques à portée nationale ; et le schéma régional de cohérence écologique (SRCE) (article L. 371-3 C env). qui s'impose de façon modulée.

Des SCOT et PLU plus environnementaux

Les objectifs environnementaux des SCOT et des PLU sont élargis, puisque figurent désormais l'utilisation économe des espaces naturels, la réduction des émissions de gaz à effet de serre, la production énergétique à partir de ressources renouvelables, la protection de la biodiversité et la remise en état des continuités écologiques. La clarification de la hiérarchie des normes est effectuée par la prise en compte des schémas régionaux de cohérence écologique et des plans climat. [Une ordonnance du 17 juin 2020 remplace cette prise en compte d'un document sectoriel par un seul type de lien juridique : celui de compatibilité, ce qui simplifie la donne.]

La généralisation du SCOT est programmée à 2017. Le document d'orientation et d'objectifs (DOO) précise les conditions de mise en œuvre du PADD (qui devient projet d'aménagement stratégique dans l'ordonnance 2020) à la vocation développée, en déterminant notamment les orientations générales de l'organisation de l'espace et les grands équilibres entre les espaces urbains et à urbaniser et les espaces ruraux, naturels, agricoles et forestiers.

L'intégration de l'urbanisme commercial dans le droit commun de l'urbanisme est opérée : le document d'aménagement commercial (DAC), rendu obligatoire, délimite des zones dans lesquelles le SCOT pourra subordonner l'implantation d'équipements commerciaux à des conditions de desserte en transports collectifs, de stationnement, de livraisons de marchandises…

Le PLU comporte désormais des orientations d'aménagement et de programmation comprenant des dispositions relatives à l'aménagement, l'habitat, les transports et les déplacements. Le principe d'un PLU intercommunal est posé, afin d'obtenir un document unique intégré. Enfin, les PLU doivent contenir des objectifs de modération de la consommation d'espace, notamment en promouvant une densité minimale des constructions à proximité des transports collectifs.

Un urbanisme local économe en énergie

Au-delà de dispositions favorisant un urbanisme épargnant les ressources foncières, la recherche d'économie porte sur le point de vue énergétique.

Ainsi sont inscrites l'amélioration de la performance des bâtiments par la réalisation de travaux, et la systématisation de la prise en compte de l'objectif d'accessibilité aux personnes handicapées, lors de la rénovation thermique accélérée de l'ensemble des bâtiments publics des collectivités. La possibilité de dépasser les règles relatives au gabarit et à la densité d'occupation des sols jusqu'à 30 %, en cas de bâtiments particulièrement efficients en matière énergétique, offerte par la loi Grenelle 2, est complétée par la loi du 5 janvier 2011 qui inclut dans le dispositif les zones protégées, mais pour un bonus de 20 % seulement. Sont prises en compte de plus des mesures destinées à lutter contre la précarité énergétique dans les plans départementaux pour le logement des personnes défavorisées. L'obligation pour les collectivités comptant plus de 50000 habitants d'établir un bilan de leurs émissions de gaz à effet de serre, et le développement du photovoltaïque sont enfin particulièrement étendus par la loi.

En matière de transports, la loi favorise le développement des transports collectifs urbains et périurbains, en clarifiant les compétences des collectivités pour améliorer la planification et la gestion de tous les modes de transports (auto-partage, vélos en libre-service...) et en étendant la possibilité d'avoir recours à une procédure d'urgence pour construire des infrastructures de transport collectif. De plus, hors Île-de-France, le maire doit réglementer la circulation du service de transports en commun en site propre (TCSP), en particulier bus et tramways assurant un service régulier, sur les voies et les trottoirs adjacents.

L'empilement des réformes du droit de l'urbanisme

Si l'ordonnance du 16 novembre 2011 relative au calcul des surfaces des planchers prises en compte dans le droit de l'urbanisme s'applique depuis mars 2012, celle du 5 janvier 2012 portant clarification et simplification des procédures d'élaboration et d'adaptation des documents d'urbanisme est entrée en vigueur en janvier 2013. S'y ajoute une réforme du droit de préemption urbain. La fiscalité de l'urbanisme et les outils de financement de l'aménagement passent de 8 taxes et 9 régimes de participation à un système de 2 taxes: la taxe d'aménagement et celle pour sous-densité.

Pour compléter s'il est besoin cette inflation textuelle, l'ordonnance du 18 juillet 2013 modifie les règles relatives au contentieux de l'urbanisme: elle tend notamment à prévenir et dissuader les recours abusifs et encadre l'intérêt à agir, notamment en le redéfinissant dans le temps.

La loi dite Macron du 6 août 2015 tente d'accélérer les projets de construction, facilitant l'obtention des autorisations d'occupation du sol, limitant les hypothèses de démolition des constructions illégales, et favorisant le logement par des majorations de densité.

L'ordonnance du 23 septembre 2015 recompose la partie législative du livre 1er du Code de l'urbanisme, un décret du 28 décembre 2015 redessine la partie réglementaire... Les rédacteurs du PLU peuvent prévoir que certains secteurs ne seront pas couverts par un règlement préétabli, ou que dans certaines zones urbaines d'un PLU intercommunal on se contentera d'un renvoi aux articles du RNU (règlement national d'urbanisme).

Le décret du 5 janvier 2016 allonge quant à lui la durée de validité des autorisations d'urbanisme qui est porté de 2 à 3 ans, et simplifie les formalités opposables aux travaux sur construction existante.

Face à la complexité et au foisonnement des normes d'urbanisme, la loi ELAN (évolution du logement, de l'aménagement et du numérique) du 23 novembre 2018 prévoit de faire une pause normative durant le quinquennat, et souhaite accélérer le traitement des recours. La contractualisation des projets partenariaux d'aménagement entre l'État et les collectivités, et la création d'un nouvel instrument juridique les GOU (grandes opérations d'urbanisme) rénovent les dispositifs d'aménagement.

Connaissances de base

La complémentarité des acteurs

Les articles L. 101-1 et L. 101-2 du Code de l'urbanisme, fondateurs puisque porteurs des règles générales d'utilisation du sol, affirment les multiples objectifs, accrus au fil des réformes législatives, que doivent poursuivre les autorités publiques. Ils posent aussi le principe d'un partage de compétences, énonçant en particulier que le territoire français est le patrimoine commun de la nation. Les collectivités publiques en sont les gestionnaires et les garantes dans le cadre de leurs compétences. Elles harmonisent, dans le respect réciproque de leur autonomie, leurs prévisions et leurs décisions d'utilisation de l'espace.

Ainsi l'État, est-il classiquement en charge de l'encadrement, de la protection des enjeux nationaux, et du contrôle de la régularité juridique de l'action décentralisée. Comme pour d'autres politiques, l'action centrale du ministère est relayée au niveau déconcentré : par la direction régionale de l'environnement, de l'aménagement et du logement (DREAL) et la direction départementale des territoires (DDT) qui traite des actions de l'État à impact territorial, notamment dans le domaine de l'équipement, de l'agriculture, et du développement durable et sert de relais des DREAL. Peut aussi être citée, parce qu'intervenant dans les fonctions sociales de la politique de la ville, dans les urgences sociales et pour l'hébergement d'urgence, la direction départementale à l'emploi, au travail et aux solidarités DDETS.

Au niveau décentralisé, les collectivités territoriales et leurs groupements sont au cœur du dispositif. Les régions développent une importante action en matière d'aménagement du territoire, notamment au travers des contrats de plan établis avec l'État. Elles sont aussi initiatrices des parcs naturels régionaux, et ont en charge de nombreux plans spécifiques comme le plan unique régional de prévention et de gestion des déchets, ou le schéma régional d'aménagement, de développement durable et d'égalité du territoire (SRADDET). Enfin, depuis la loi SRU, la région détient l'organisation des services ferroviaires régionaux de transport de voyageurs.

Le département peut mener une politique d'espaces naturels sensibles, il dispose à cet effet d'un droit de préemption particulier ; il élabore également des plans d'itinéraire de randonnée.

Le bloc communal (communes et structures intercommunales) est le principal bénéficiaire des compétences d'urbanisme : élaboration des documents locaux d'urbanisme, mise en place de l'urbanisme opérationnel, délivrance des autorisations d'occupation du sol… C'est aussi à ce niveau qu'une acception concrète des préoccupations environnementales se met en place, au travers de la gestion de l'eau, des déchets ménagers, ou de la politique de mobilité. La lutte contre l'exclusion dans ses diverses facettes, spécialement en matière de logement, d'accessibilité ou de politique de la ville s'inscrit également dans une dynamique de proximité. De plus, le maire au travers de ses pouvoirs de police tient bien sûr un rôle essentiel.

Peuvent être ajoutés les intervenants privés non cités par l'article L. 101-1 du Code de l'urbanisme, pourtant présents dans cet urbanisme local durable. L'article 110-2 du Code de l'environnement précise d'ailleurs dans ses derniers alinéas: « Il est du devoir de chacun de veiller à la sauvegarde et de contribuer à la protection de l'environnement, y compris nocturne. Les personnes publiques et privées doivent, dans toutes leurs activités, se conformer aux mêmes exigences ».

Ainsi en est-il des associations, partenaires comme les conseils d'architecture d'urbanisme et d'environnement (CAUE), ou opposants-requérants; des sociétés d'économie mixte locales souvent associées aux projets d'aménagement, des établissements publics fonciers; et naturellement, centre de l'action, du citoyen: habitant, électeur, contribuable, pétitionnaire… acteur et enjeu de toute politique publique.

La multiplicité des outils d'un urbanisme local responsable

Les documents de planification

Le droit de l'urbanisme local s'intéresse à la maîtrise foncière par les collectivités, aux modalités de l'aménagement et de la rénovation urbaine, et – face la plus visible de l'iceberg réglementaire – aux autorisations d'urbanisme tel le permis de construire. L'édifice s'appuie essentiellement sur le socle constitué par les documents de planification. Depuis la loi SRU, il s'agit essentiellement du schéma de cohérence territoriale, document stratégique établi à l'échelle intercommunale, et du plan local d'urbanisme réglementaire.

Ils s'inscrivent dans un rapport de compatibilité avec un ensemble de normes supralocales, comme les objectifs de l'article L. 101-2 C.urb. sus-cités, les dispositions particulières aux zones de montagne et au littoral, les directives territoriales d'aménagement et de développement durable et d'égalité du territoire, les chartes des parcs naturels régionaux… Ils doivent aussi s'articuler avec les politiques considérées comme prioritaires et inscrites dans les projets d'intérêt général (PIG) comme un tracé TGV, s'harmoniser avec les opérations d'intérêt national (OIN). Les instruments des autres législations contraignent aussi les documents de planification, comme les schémas d'aménagement et de gestion des eaux, et comme les impératifs de préservation du patrimoine bâti ou non.

Le SCOT comporte un projet global de développement territorial ayant, en sus de sa destination d'urbanisme, vocation à fédérer les plans sectoriels que sont le programme local de l'habitat, le plan de déplacement urbain (aujourd'hui plan de mobilité), le schéma de développement commercial, les chartes intercommunales de développement et d'aménagement et les plans de gestion des risques d'inondation s'ils existent. Il peut définir la localisation ou la délimitation d'espaces à protéger. Constitué d'un projet d'aménagement stratégique, d'un document d'orientations et d'objectifs, et d'annexes, chacun de ses éléments peut comporter un ou des documents graphiques. Il est pour la structure intercommunale d'élaboration facultative, mais son absence induit, sauf exceptions, l'impossibilité d'adapter le PLU pour ouvrir à l'urbanisation une zone. Il s'impose aux documents de planification inférieurs tels les PLU, et à diverses opérations d'urbanisme comme les zones d'aménagement concerté (ZAC) et les lotissements. Il obéit à une clause de rendez-vous de 6 ans, permettant une analyse de ses effets et d'éventuels ajustements.

Le PLU est l'instrument d'urbanisme porteur d'un projet politique urbain, il le traduit réglementairement dans des règles relatives à l'utilisation du sol et de l'espace. En principe intercommunal (donc PLUI ou plan local d'urbanisme intercommunal), il comporte un rapport de présentation et un projet d'aménagement et de développement durable, mais détermine le zonage retenu et les prescriptions afférentes dans un règlement. Des documents graphiques matérialisent le règlement et des annexes le complètent. Pour illustration, sont ainsi précisées les orientations d'aménagement relatives à des quartiers à mettre en valeur ou réhabiliter. Le PLU(I) envisage de même la programmation des ZAC, les emplacements réservés « gelés » en attente de leur destination publique future, et les espaces boisés classés particulièrement protégés. L'approbation du PLU(I) par l'organe délibérant transfère les compétences d'urbanisme : permis de construire, autorisation d'aménager, etc.

Ces documents de planification (auxquels on peut ajouter la carte communale) obéissent à des finalités transversales de développement durable, et font l'objet d'une procédure laissant place au citoyen, à travers l'enquête publique et le cas échéant la concertation.

De l'agenda 21 à l'agenda 2030

L'institution d'une démarche générale de développement durable comme le cadre d'un Agenda 21, programme d'action pour le XXIe siècle est née à Rio.

La France compte à l'heure actuelle plus de 1200 collectivités engagées dans la démarche, de l'initialisation à la mise en œuvre des plans d'action ; c'est un engagement collectif, volontaire, officialisé par une délibération du conseil de la collectivité.

Le cheminement, fondé sur un diagnostic concerté, doit promouvoir un projet territorial stratégique, traduit par un plan d'action transversal et concret périodiquement évalué, dans une logique d'amélioration continue. L'Agenda 21 est porté par l'ensemble des acteurs locaux : élus et agents, habitants, associations, services étatiques déconcentrés, entreprises…

Au-delà d'un système de management environnemental, l'Agenda 21 est un programme politique, affichant la rupture avec des modes de développement non durables. On peut citer, comme actions conduites dans ce cadre, l'instauration de la saisonnalité des produits dans la restauration collective, le lancement de sites de covoiturage, l'institution de plans de déplacements d'entreprises…

L'Agenda 21 est un projet territorial de développement durable ; il répond aux 5 objectifs du développement durable : la lutte contre le changement climatique ; la préservation de la biodiversité, des milieux et des ressources ; la cohésion sociale et la solidarité entre les territoires et les générations ; l'épanouissement de tous les êtres humains ; et une dynamique de développement suivant des modes de production et de consommation responsables.

En septembre 2015, les États membres de l'ONU ont adopté le programme de développement durable à horizon 2030 ou Agenda 2030. Avec 17 objectifs de développement durable (ODD) et 169 cibles détaillées, il dépasse largement le cadre de l'agenda 21, renouvelle l'approche territoriale en donnant des objectifs exhaustifs à atteindre et donne une vision plus précise à horizon 2030. La région Nouvelle Aquitaine a utilisé par exemple son Agenda 2030 pour élaborer son SRADDET, Niort utilise les ODD comme outil d'analyse et de mobilisation des acteurs pour de nouveaux projets de service public.

Les instruments territoriaux du logement social

Les logements locatifs sociaux répondent à plusieurs objectifs : améliorer les conditions d'habitat des personnes à revenus modestes, participer à la mise en œuvre du droit au logement et à la nécessaire mixité sociale des villes. L'article L. 2254-1 CGCT inscrit que les communes et les établissements publics de coopération intercommunale doivent, par leur intervention en matière foncière, par les actions ou opérations d'aménagement qu'ils conduisent ou autorisent ou par des subventions foncières, permettre la réalisation des logements locatifs sociaux nécessaires à la mixité sociale des villes et des quartiers.

L'objectif de logement social est donc à l'évidence un des défis de l'urbanisme local durable. Le contexte législatif est tout à la fois conséquent et éparpillé en une mosaïque de textes qui se complètent, s'améliorent et s'entremêlent.

Si loi SRU insiste sur l'objectif de mixité sociale, elle crée aussi le quota de 20 % (aujourd'hui 25 %) de logements sociaux dans les communes de plus de 3 500 habitants. La loi Borloo de 2003 institue l'agence nationale pour la rénovation urbaine (ANRU), celle du 18 juillet 2005 programme 500 000 logements et débloque 3 milliards d'euros. La loi ENL de 2006 développe des mesures pour faciliter la reconstruction de logements sociaux comme le renforcement du droit de préemption. La loi DALO du 5 mars 2007 instaure le cadre juridique garantissant un logement « décent et indépendant ». Enfin, la loi MLLE, dite Boutin, du 25 mars 2009 multiplie les procédés, permettant que le PLU comporte des dispositions relatives à la taille minimale des logements, majorant les règles de densité en cas de réalisation de programmes de logements comportant des logements locatifs sociaux, supprimant le droit de délaissement lié aux prescriptions imposant un pourcentage de logements respectant la mixité sociale dans certains secteurs, instituant un régime dérogatoire pour faciliter l'accessibilité aux handicapés, et créant le projet urbain partenarial qui organise le financement d'équipements publics par les aménageurs ou constructeurs à l'occasion de la délivrance d'une autorisation d'urbanisme.

L'instrument essentiel du logement social reste cependant le PLH, programme local de l'habitat, établi obligatoirement par toute métropole, communauté urbaine, d'agglomération ou de communes compétentes en matière d'habitat de plus de 30 000 habitants comprenant au moins une commune de 10 000 habitants. Il définit, pour une durée de six ans, les objectifs et les principes d'une politique visant à répondre aux besoins en logements et en hébergements, à favoriser le renouvellement urbain et la mixité sociale, et à améliorer l'accessibilité du cadre bâti aux personnes handicapées en assurant entre les communes et entre les quartiers d'une même commune une répartition équilibrée et diversifiée de l'offre de logements.

La loi a tiré simplement les conséquences en termes de compétences de l'apparition de la métropole, facilite les délégations et prestations de service entre collectivités et intercommunalités, et développe l'exercice des pouvoirs de police relatifs à l'assainissement et aux déchets par le président de l'EPCI à fiscalité propre en charge de ces domaines.

Bilan de l'actualité

L'essor des documents d'urbanisme intercommunaux

La loi Alur de mars 2014 modernise les règles d'urbanisme, avec en particulier le transfert automatique et donc obligatoire de la compétence PLU aux communautés, d'où le terme de PLUI, ou plan local d'urbanisme intercommunal. Ce transfert a été opéré en principe, le délai dans lequel 25 % des communes représentant au moins 20 % de la population pouvait s'y opposer ayant expiré le 30 juin 2021.

Le PLUI présente de nombreux avantages. En premier lieu, l'intercommunalité semble l'échelle pertinente dans un nombre important de domaines : transport, habitat, commerce, réseaux, déchets… Planifier la gestion du droit des sols à l'échelle municipale semble donc peu opportun. D'autre part, au-delà de la cohérence, la solidarité paraît un argument important : un maire peut décider de l'implantation d'un lotissement mais doit solliciter la communauté pour l'organisation des transports, le traitement des déchets, etc.

Les exigences de la loi « transition énergétique » d'août 2015 imposant par exemple au PADD d'arrêter les orientations générales concernant les réseaux d'énergie, et de la loi « biodiversité » d'août 2016 confirmant la possibilité pour le règlement de protéger des « espaces de continuités écologiques » contraignent fortement l'élaboration des plans d'urbanisme… Pour apaiser les élus locaux, la loi « égalité et citoyenneté » du 27 janvier 2017 reporte la grenellisation des PLU et des SCOT à leur première révision !

Le ministère du Logement observe que le coût d'un PLUI n'est pas forcément inférieur à l'addition des coûts des PLU sur un territoire, mais il permet une mutualisation des moyens et ouvre des possibilités de subventions.

Les communes non couvertes par un Scot opposable au 1er janvier 2017 ont leur foncier constructible bloqué : il n'est pas possible d'ouvrir à l'urbanisation de nouvelles zones, ni de créer une nouvelle zone commerciale.

La loi engagement proximité de décembre 2019 renforce le rôle des communes dans la procédure d'élaboration des PLUI, le maire ayant la faculté dev prendre l'initiative d'une modification simplifiée, si cette modification ne couvre que le territoire communal, ou en sollicitant l'avis des communes en cas de plans de secteur.

Plus largement, la loi NOTRe avait dès 2015 procédé à un réagencement des compétences communautaires. Selon une programmation par étapes, l'eau et l'assainissement, les déchets ménagers, et la compétence GEMAPI (gestion des milieux aquatiques et prévention des inondations) deviennent donc communautaires ou métropolitains, confirmant la pertinence du niveau intercommunal pour le développement durable.

Le défi de la transition énergétique

La lutte contre le changement climatique, la sécurité d'approvisionnement, la compétitivité de l'approvisionnement en énergie, la sobriété et l'efficacité énergétique, la cohésion sociale et territoriale, la protection de l'environnement et de la santé humaine et le développement de nouvelles filières industrielles, l'utilisation efficace des ressources... tels sont les enjeux de la transition énergétique.

La réussite de la transition énergétique nécessite une appropriation locale des enjeux liés à l'énergie. La loi MAPTAM prévoit que la région est chargée d'organiser en tant que chef de file, les modalités de l'action commune des collectivités territoriales et de leurs établissements publics pour l'exercice des compétences relatives à l'énergie.

Les objectifs de la loi relative à la transition énergétique pour la croissance verte du 17 août 2015 sont ambitieux: réduction des émissions de gaz à effet de serre de 40 %, réduction de 50 % de la consommation d'énergie à horizon 2050, développement des énergies renouvelables, et réduction de la part du nucléaire à 50 % à l'horizon 2025.

La mise en place d'une programmation pluriannuelle énergétique PPE est prévue. Au niveau territorial, sont développées des évolutions simplificatrices des Schémas régionaux de climat, de l'air et de l'énergie (SRCAE) et des Plans climat-énergie territoriaux (PCET) avec une articulation national-local, une simplification, ainsi que la modernisation de la gouvernance de la distribution électrique, sans remise en cause de la péréquation.

La loi fixe l'objectif de rénover énergétiquement 500 000 logements par an. Les bâtiments des collectivités doivent faire preuve d'exemplarité, et être à énergie positive chaque fois que possible. Les entités territoriales sont aussi impactées par le développement des véhicules électriques et hybrides, les dispositions favorisant les infrastructures de recharge et permettant le stationnement sécurisé des vélos. Les pouvoirs de police du maire en matière de réglementation de la vitesse en agglomération sont étendus au-delà du seul critère de sécurité à des motifs liés à la mobilité et à la protection de l'environnement. Les maires et présidents d'EPCI disposent de pouvoirs accrus pour la gestion des épaves. Le recyclage de 70 % des matières et déchets produits sur les chantiers de construction et d'entretien routier est imposé aux collectivités, au plus tard en 2020. En ce qui concerne l'éclairage public, une prime est prévue pour les communes rurales pratiquant une réduction de volume; pour ce qui est de l'information et du conseil, sont mises en œuvre à l'échelle des EPCI des plateformes territoriales de la rénovation énergétique.

Certains élus s'inquiètent d'une uniformité de la norme étatique, brocardant par exemple les contraintes d'isolation imposées de façon identique sans prendre en compte la diversité climatique des territoires !

Depuis 2018 sont aussi déployés par le gouvernement les contrats de transition écologique CTE, concernant près de 80 collectivités et intercommunalités... Ces CTE sont intégrés en 2021 dans les CRTE (contrats de relance et de transition écologique) qui fixent au niveau intercommunal un programme, co-construit par État, entités décentralisées et acteurs économiques, permettant des actions opérationnelles sur 3 ou 4 ans.

En 2019, la loi relative à l'énergie et au climat du 8 novembre consacre les énergies renouvelables dans les projets de construction, imposant par exemple aux nouvelles constructions soumises à une autorisation d'exploitation commerciale et aux parcs de stationnement d'intégrer sur au moins 30 % de la toiture un système de végétalisation garantissant un haut degré d'efficacité thermique et d'isolation, et favorisant la préservation et la reconquête de la biodiversité. Des exceptions sont prévues, comme en cas de difficulté technique insurmontable ou qui ne peut être levée dans des conditions économiquement acceptables.

Le projet de loi portant lutte contre le dérèglement climatique et renforcement de la résilience face à ses effets adopté le 20 juillet 2021 par le Parlement devrait encore améliorer les dispositifs.

Perspectives

L'ordonnance du 26 septembre 2014 ratifiée par la loi du 5 août 2015 précise les modalités des Ad'ap, agendas d'accessibilité programmée, documents de programmation et de financement des travaux de mise en accessibilité, élaborés par les gestionnaires et propriétaires des établissements recevant du public, publics comme privés, en application différenciée selon la nature et la taille du maître d'ouvrage. La loi Elan de novembre 2018 abaisse à 20 % le seuil de logements neufs entièrement accessibles, mais introduit le concept de « logement évolutif ».

Au-delà de cette thématique d'accessibilité et de celle de l'économie circulaire (cf. loi du 10 février 2020 luttant notamment contre le gaspillage et les dépôts sauvages), 3 approches dominent l'actualité d'un urbanisme durable : le logement, la mobilité et la gouvernance écologique.

La préoccupation persistante du logement

Le problème des crédits étatiques non débloqués, et du non-respect par certaines communes de l'obligation de construction de logements sociaux reste récurrent. Certains dispositifs de la loi de finances 2018, comme la réduction du loyer de solidarité, la suppression de l'aide personnalisée au logement et les modifications du prêt à taux zéro... ont dégradé la production de logements et la situation financière des bailleurs sociaux. L'effectivité du droit au logement dépend pour l'essentiel de la disponibilité rapide d'une offre adéquate; en avril 2018, le Haut comité pour le logement des personnes défavorisées dresse un constat alarmant: 100176 recours DALO ont été déposés en 2017, 53367 ménages déclarés « prioritaires et en situation d'urgence » restent à reloger.

Le 25e rapport de la Fondation Abbé-Pierre (2020) fait état de chiffres effrayants: près de 4 millions de personnes mal logées, et même 12 millions si l'on inclut celles en copropriétés en difficulté, en impayés de loyers et/ou de charges, dans des logements trop petits, ou n'arrivant pas à se chauffer correctement.

PLH, SCOT, pourcentage de logements sociaux... La solution demeure en partie liée à la réglementation de l'urbanisme et de la disponibilité du foncier, mais aussi à la fiscalité, et à la maîtrise des coûts de la construction, sur lesquelles les collectivités ou leurs groupements ne sont que partiellement opérantes. Le versement pour sous-densité tente de répondre aux préoccupations de l'étalement urbain, et par là même développe potentiellement la construction de logements, pas uniquement sociaux il est vrai. Les métropoles sont compétentes en matière de politique du logement, ce qui pourrait augurer d'une démarche globale plus opérante.

Pour ce faire, la loi du 18 janvier 2013 modifiée par la loi ELAN du 23 novembre 2018 prévoit une cession facilitée du foncier de l'État pour donner aux collectivités la capacité de produire du logement. De plus, l'obligation de 20% de logements de ce type (article 55 de la loi SRU) dans les communes > 3500 habitants est porté à 25%, les pénalités dont sont passibles les communes en cas de non-respect de ce seuil étant quintuplées. Le bilan triennal établi fin 2017 révèle cependant que 269 communes, en deçà du quota légal, sont proposées à la carence... La loi Alur du 24 mars 2014 puis la loi ELAN de 2018 renforcent de ce fait le droit de préemption urbain au préfet en cas de carence. Le volet logement de la loi Égalité et citoyenneté de janvier 2017 prévoit qu'au moins 25% des attributions annuelles de logements situés en dehors des quartiers prioritaires de la politique de la ville seront réservés au quart des demandeurs les plus pauvres; et que l'ensemble des acteurs du logement à l'échelle intercommunale rendent publics les critères d'attribution des logements sociaux. Il renforce aussi les pouvoirs préfectoraux dans les communes carencées.

Une vaste production d'ordonnances s'attaque à la problématique du logement. Celles du 3 octobre 2013 (procédure intégrée pour le logement (PIL), garantie financière en cas de vente en l'état futur d'achèvement, dérogations aux règles d'urbanisme dans les zones tendues en matière de logements); celles du 19 décembre 2013 (amélioration des conditions d'accès aux documents d'urbanisme et aux servitudes d'utilité publique grâce au géoportail national de l'urbanisme, et augmentation du taux maximal de garantie que les collectivités et leurs groupements peuvent apporter à des emprunts souscrits par un concessionnaire d'aménagement); et enfin celle du 20 février 2014 relative au logement intermédiaire. (La loi pour la croissance, l'activité, et l'égalité des chances – dite Macron – offre, en cas de programmes de logements comportant des logements intermédiaires, la possibilité d'une majoration de constructibilité de 30%).

En ce domaine, la loi pour l'accès au logement et un urbanisme rénové, baptisée Alur, du 24 mars 2014 repose sur une double volonté : réformer les rapports locatifs en régulant le marché, et en aménageant la loi sur les copropriétés ; moderniser les règles d'urbanisme (avec en particulier le transfert automatique de la compétence PLU aux communautés, d'où le terme de PLUI ou plan local d'urbanisme intercommunal, sauf minorité de blocage de 25 % des communes représentant au moins 20 % de la population), et organiser la transition écologique des territoires (par exemple en luttant contre l'étalement urbain et l'artificialisation des sols).

La loi ELAN vient conforter le Plan quinquennal pour le logement d'abord qui prévoit de porter les logements très sociaux à 40 000 par an dès 2018, d'ouvrir sur 5 ans 10 000 places en pensions de famille et de créer 40 000 places supplémentaires dans le parc locatif privé. Au-delà des libertés posées par la loi ELAN, la loi dite ESSOC du 10 août 2018 prévoit des ordonnances d'assouplissement du droit de la construction, pour faciliter la réalisation de projets de construction et favoriser l'innovation. Certes, le logement n'est pas la seule destination de cet article de loi qui peut concourir à y contribuer cependant.

Plus largement, se pose aujourd'hui l'interrogation relative à la politique de la ville, complément des politiques dites de droit commun, de lutte contre les mécanismes de ségrégation urbaine et sociale. Tout à la fois urbains, sociaux, économiques, scolaires, mais aussi d'intégration ou de santé publique, les enjeux sont immenses. La loi de programmation pour la ville et la cohésion urbaine, dite Lamy du 21 février 2014, doit permettre de recentrer cette politique sur les quartiers les plus en difficulté, 1 300 « quartiers prioritaires », où la moitié de la population perçoit moins de 60 % du revenu fiscal médian, soit moins de 11 000 euros. Cette loi se décline en contrats de ville d'une durée de 6 ans, traitant à la fois des volets sociaux et urbains, noués en 2015. Ces contrats s'appuient sur trois piliers intégrés : la cohésion sociale, le renouvellement urbain, le développement économique et l'emploi ; ils sont pilotés par les intercommunalités. La loi de finances 2019 a prorogé les contrats jusqu'en 2022 ; ils ont fait l'objet d'une rénovation sur la base d'une évaluation à mi-parcours.

L'encadrement rénové de la mobilité

La réduction indispensable des fractures sociales et territoriales, le respect de la dynamique croissante de développement durable constituent des enjeux forts auxquels tente de répondre la loi d'orientation des mobilités (LOM) du 24 décembre 2019. Le constat est en effet sans appel : la part du budget transport des familles atteint aujourd'hui 18 %, et sombre avec des zones urbaines souffrant de la congestion automobile, et les zones périurbaines ou rurales dépourvues d'offre adaptée.

La LOM vise donc cinq objectifs : réussir la transition écologique et énergétique des systèmes de transports ; permettre une offre de services plus diversifiée, plus connectée, plus partagée sur l'ensemble du territoire ; mieux accorder les politiques de mobilité avec la réalité du territoire ; connecter la France aux grands systèmes d'échanges européens et mondiaux; garantir des déplacements plus sûrs et un niveau de sécurité élevé.

La loi vise donc à supprimer les «zones blanches» de la mobilité, en couvrant l'ensemble du territoire par une autorité organisatrice de mobilité, obligeant 900 communautés de communes à se positionner sur la compétence mobilité (assurée le cas échéant par les régions). Le passage d'une logique de transports à celle de mobilité élargit l'offre grâce au co-voiturage, aux nouveaux modes de locomotion individuelle (comme les trottinettes ou les gyropodes), le transport à la demande, l'autopartage etc. La généralisation de zones à faibles émissions, les plans mobilité (remplaçant les actuels plans de déplacement urbain sont aussi prônés). Un plan vélo est mis en œuvre.

Certains regrettent cependant l'abandon de dispositifs de financement tels que le péage urbain ou la taxe intérieure de consommation sur les produits énergétiques... L'articulation complexe des différents niveaux d'action tant locaux que nationaux, l'ajustement des différentes autorités organisatrices avec la notion de bassin de mobilité, et la délicate régulation des rapports à opérer avec les opérateurs comme Uber ou Blablacar interrogent aussi les élus locaux.

La question récurrente de la gouvernance écologique

En vertu de l'article 7 de la Charte de l'environnement, la démocratie environnementale repose sur le droit à l'information et celui de participation, éléments de légitimation de l'action publique ouverts à toute personne, indépendamment de sa nationalité.

Le processus participatif du Grenelle s'est ainsi inscrit dans une gouvernance à 5: État, collectivités territoriales, entreprises, syndicats, et associations de protection de l'environnement. Les dispositions relatives aux collectivités chefs de file et aux métropoles bousculent ce partage de responsabilités.

Le Conseil économique, social et environnemental relève qu'«Au nom de la gouvernance à cinq, des dispositifs de consultation convoqués par l'État, par les régions, parfois par les deux dans des délais et des rythmes incompatibles avec les moyens humains, techniques et financiers d'un certain nombre d'acteurs ont été la cause des incompréhensions et du désengagement d'un certain nombre de partenaires». La concertation n'a pas été conduite comme elle aurait dû l'être à l'échelon territorial, les responsables à ce niveau n'ayant pas bénéficié des marges de manœuvre qui auraient été nécessaires.

La loi Grenelle 2 et l'ordonnance du 3 août 2016 procèdent par touches, simplifiant et harmonisant notamment les enquêtes publiques qui passent de 180 à 2 catégories principales, et les études d'impact qui pourront être demandées sur la base de critères de sensibilité des milieux et non plus à partir de seuils automatiques. Elle étend les possibilités de saisine de la Commission nationale du débat public (CNDP). De nouveaux outils de mesure et d'information sur les performances environnementales et sociales apparaissent, comme l'obligation de publier un rapport de développement durable en amont du débat d'orientation budgétaire pour les collectivités de plus de 50 000 habitants.

L'ordonnance du 5 août 2013 explicite la mise en œuvre du principe de participation du public, notamment en ce qui concerne les collectivités. Afin de tenir compte de leur diversité, la possibilité est offerte à certaines d'entre elles de recourir à des modalités de participation du public alternatives à la voie électronique : recueil d'observations sur un registre ou tenue d'une réunion publique. L'ensemble de ces nouvelles dispositions a été conçu dans le but de donner toute sa portée au principe constitutionnel de participation du public, tout en évitant d'imposer aux administrations concernées une charge excessive. Elles permettent ainsi, dans un esprit de proportionnalité, d'adapter les modalités de la participation du public aux enjeux environnementaux réels des décisions concernées. Elles contribueront de la sorte à l'amélioration de la qualité de ces décisions, éclairées par les observations du public, sans nuire à l'efficacité de l'action publique.

Certains observateurs regrettent cependant la réduction du champ de l'enquête publique opérée dans un objectif de simplification pour certains permis de construire et d'aménager. En effet la loi Alur du 24 mars 2014 prévoit une dispense d'enquête publique pour des projets de plus de 40 000 m^2, si est organisée une concertation préalable facultative suivie d'une simple mise à disposition du public du dossier. De plus, la loi de simplification du 20 décembre 2014 prévoit qu'une mise à disposition du public sans commissaire-enquêteur suffit pour des projets de moins de 40 000 m^2 que l'autorité environnementale a décidé de soumettre à étude d'impact.

Le changement des mentalités est en cours mais demande à être développé, grâce à des actions de sensibilisation, et à l'intégration dans les formations scolaires et professionnelles des enjeux durables, mobilisant les acteurs étatiques et territoriaux.

L'ordonnance du 3 août 2016 réforme les procédures destinées à assurer l'information et la participation du public à l'élaboration de certaines décisions susceptibles d'avoir une incidence sur l'environnement (ratifiée par la loi du 2 mars 2018). Trois axes principaux sont développés : une nouvelle définition des objectifs de la participation du public et des droits octroyés au public par la Charte de l'environnement, un renforcement de la concertation en amont par l'élargissement du champ du débat public aux plans et programmes de niveau national et création d'un droit d'initiative citoyenne, généralisation de la dématérialisation de l'enquête publique. Peut aussi être évoquée l'ordonnance du 21 avril 2016 sur les projets susceptibles d'avoir une incidence sur l'environnement qui modifie le Code de l'environnement (cf. projet d'aéroport de Notre-Dame-des-Landes) ; elle prévoit que les électeurs d'une aire territoriale déterminée peuvent être consultés pour avis sur tout projet d'infrastructure ou d'équipement susceptible d'avoir une incidence sur l'environnement que l'État envisage d'autoriser ou de réaliser, y compris après une déclaration d'utilité publique. Enfin, on relèvera les nombreux dispositifs de la loi ASAP du 7 décembre 2020 modifiant la concertation (élargissement à l'ensemble des procédures d'évolution des documents d'urbanisme soumises à évaluation environnementale), réformant le mécanisme d'actualisation de l'étude d'impact des projets, élargissant le champ d'application de l'évaluation environnementale pour les PLU, mais remplaçant certaines enquêtes publiques par de simples consultations en ligne…

En conclusion, on relèvera que le rapport de Roland Peylet « La ville durable, une politique à construire » recense les initiatives multiples de l'État, des collectivités et des acteurs économiques en matière d'aménagement durable, depuis le développement des écoquartiers (ou « écocités ») et de projets urbains exemplaires, jusqu'à la promotion à l'international du savoir-faire français en la matière, et plaide pour leur coordination et leur mise en synergie.

L'Institut pour la ville durable, suite à la COP21, a pour mission de définir un cadre de réflexion et de travail commun à tous les acteurs aujourd'hui dispersés (l'État, les collectivités territoriales, les entreprises et la société civile) ; il est le lieu de capitalisation des innovations urbaines, et d'accompagnement des projets d'avenir pour les habitants.

Bibliographie

- « Le plan local d'urbanisme, outil de protection de l'environnement ? », *Droit administratif* n° 2, février 2018, p. 20-25.
- « Vivre ensemble, vivre en grand », *Rapport Jean-Louis Borloo*, avril 2018 http://www.cohesion-territoires.gouv.fr
- « La planification à bout de souffle ? », *Dossier Urbanisme*, n° 408, avril 2018, p. 30-63.
- « La loi ELAN, aspects de droit public », *Dossier Actualité juridique. Droit administratif,* n° 2/2019, 21 janvier 2019, p. 84-112.
- « Eco-quartiers : quand les villes se mettent au vert », Dossier *Diagonal,* n° 207, novembre 2019, p. 12-24.
- « Energie-climat : les collectivités presque oubliées de la loi du 8 novembre 2019 », *Lettre du cadre territorial (La),* décembre 2019, p 58-59.
- « La territorialisation des politiques du logement », Rapport, janvier 2021, Cour des comptes, La territorialisation des politiques du logement | Cour des comptes (ccomptes.fr)
- « 26e rapport sur le mal-logement », Fondation Abbé Pierre, janvier 2021, www.fondation-abbe-pierre.fr
- « Loi d'orientation des mobilités », *Actualité Juridique. Collectivités Territoriales*, avril 2020, n° 4, p. 177-198.
- « Transition écologique : un mandat pour agir », Ademe, novembre 2020, 170 p.
- « Quand les acteurs territoriaux s'engagent dans la transition écologique », William Buzy, Julien Nessi, Baptiste Gapenne, Nathan Hallegot, Théo Debavelaere, Léa Tramontin, *Horizons publics*, février 2021, N° HS, p. 8-57.
- « L'application de l'article 55 de la loi SRU », Rapport, Cour des Comptes, février 2021, 102 p.
- Site du cadre de référence pour les villes durables européennes : www.rfsc.eu
- L'agenda 2030 en France, www.agenda-2030.fr

Exemples de sujets

- Le droit au logement est-il effectif ?
- Enjeux et limites du développement durable local
- Les applications territoriales du développement durable
- Comment bâtir une ville durable ?
- Collectivités territoriales et logement

QCM

155. Qu'appelle-t-on le développement durable ?

- ☐ **A.** Une politique soucieuse prioritairement de protection de l'environnement
- ☐ **B.** Le développement qui répond aux besoins des générations du présent sans compromettre la capacité des générations futures à répondre aux leurs
- ☐ **C.** L'aménagement d'une ville avec des procédés de construction qui garantissent la pérennité du bâti

156. Le développement durable est-il d'application locale ?

- ☐ **A.** Non, il s'agit d'un concept lié aux relations internationales nord-sud
- ☐ **B.** Oui, il faut penser globalement mais agir localement
- ☐ **C.** Oui, si on est dans une zone écologique à préserver

157. Quels sont les objectifs assignés au droit de l'urbanisme ?

- ☐ **A.** L'aménagement et la construction
- ☐ **B.** L'aménagement, la construction, l'environnement, le logement, la lutte contre l'exclusion…
- ☐ **C.** La construction de bâtiments destinés ou non à l'habitat

158. Quelle est la valeur juridique actuelle du développement durable ?

- ☐ **A.** Valeur de recommandation internationale
- ☐ **B.** Valeur constitutionnelle
- ☐ **C.** Valeur légale

159. Quelle est l'affirmation exacte en matière de logement social ?

- ☐ **A.** En 2017-2019 moins d'une commune sur deux a rempli ses objectifs triennaux (loi SRU)
- ☐ **B.** Le projet de loi dit 3DS prolongerait le dispositif SRU de pourcentage de logements sociaux
- ☐ **C.** Le dispositif de la loi SRU est aujourd'hui obsolète

160. En urbanisme, quel est le niveau territorial « pivot » ?

- ☐ **A.** Le niveau départemental
- ☐ **B.** Le niveau intercommunal
- ☐ **C.** Le niveau communal

161. À quoi sert un schéma de cohérence territoriale (SCOT) ?

- ☐ **A.** À planifier les axes de priorités et objectifs de l'organisation future du territoire intercommunal, dans une perspective de développement durable à 6 ans
- ☐ **B.** À définir les règles d'utilisation et d'affectation des sols de façon contraignante pour les communes du périmètre intercommunal
- ☐ **C.** À harmoniser les monuments classés avec les sites environnants et les constructions à venir

162. Comment le plan local d'urbanisme (intercommunal ou non) peut-il permettre de bâtir un urbanisme durable local ?

- ☐ **A.** En imposant des espaces verts dans toutes les zones
- ☐ **B.** En promouvant une densité minimale des constructions à proximité des transports collectifs
- ☐ **C.** En imposant des constructions avec des matériaux recyclés

163. D'où vient l'appellation « Grenelle » de l'environnement ?

- ☐ **A.** Par référence au processus de négociation entre toutes les parties prenantes, en mai 1968, au ministère de l'emploi situé rue de Grenelle
- ☐ **B.** Par référence au film « Quai de Grenelle » qui valorisait la nature et notamment la forêt
- ☐ **C.** Par référence au duc de Grenelle, et à son action environnementale

164. La loi sur la transition énergétique

- ☐ **A.** Est la loi Alur
- ☐ **B.** Est la loi du 12 juillet 2010 dite Grenelle 2
- ☐ **C.** Date du 17 août 2015

165. Qu'appelle-t-on les nouvelles mobilités ?

- ☐ **A.** Le développement du co-voiturage, le report modal sur les transports en commun, les modes de déplacement actifs, l'essor des véhicules propres…
- ☐ **B.** Les possibilités de mutation d'une fonction publique à l'autre
- ☐ **C.** Les voitures par rapport au chemin de fer

166. Qu'apporte la mise en place des plans climat-air-énergie territoriaux ?

- ☐ **A.** Un programme d'alerte météorologique pour économiser l'énergie
- ☐ **B.** Plus de chauffage pour les mal-logés dans les collectivités
- ☐ **C.** Une stratégie de lutte contre les émissions de gaz à effet de serre au niveau local

167. Qu'appelle-t-on le droit au logement opposable ?

- ☐ **A.** La possibilité d'obtenir une indemnisation en l'absence de logement dans un délai raisonnable
- ☐ **B.** L'obligation pour les collectivités de fournir un logement, même aux opposants politiques
- ☐ **C.** Le droit d'avoir un logement respectant des contraintes écologiques

168. Le programme local de l'habitat est-il obligatoire ?

- ☐ **A.** Oui, dans toutes les communes de plus de 5 000 habitants
- ☐ **B.** Oui, mais dans la plupart des établissements publics de coopération intercommunale
- ☐ **C.** Non, c'est une simple possibilité

169. Quel est le rapport entre la politique de la ville et le développement durable local ?

- ☐ **A.** Le développement durable compte un pilier social
- ☐ **B.** La nécessité pour une ville d'avoir des espaces verts
- ☐ **C.** L'obligation d'une volonté politique pour mener des actions environnementales locales

170. Qu'appelle-t-on la politique de la ville ?

- ☐ **A.** Le projet mené par les élus dans une commune
- ☐ **B.** Une politique de reconstruction urbaine
- ☐ **C.** Une dynamique publique pour réduire les inégalités sociales et les écarts de développement entre territoires

171. La biodiversité a-t-elle sa place dans un environnement urbain ?

☐ **A.** Oui
☐ **B.** Oui, dans les communes littorales
☐ **C.** Non

172. Quel est le sens du sigle TCSP ?

☐ **A.** Taxe et contribution pour les sites et paysages
☐ **B.** Transports en commun sans pollution
☐ **C.** Transport collectif en site propre

173. Comment définir un écoquartier ?

☐ **A.** Un quartier à importante activité économique
☐ **B.** Un quartier fonctionnant sur une démarche de développement durable
☐ **C.** Un quartier où vivent des économiquement faibles

174. Pourquoi vouloir mettre en place une transition énergétique ?

☐ **A.** Pour développer l'énergie nucléaire
☐ **B.** Pour faire des économies
☐ **C.** Pour notamment lutter contre le changement climatique et la précarité énergétique

175. À propos de la réforme des taxes d'urbanisme qui est entrée en vigueur au 1er mars 2012, quelle est l'affirmation exacte ?

☐ **A.** Les taxes d'urbanisme sont limitées à la nouvelle taxe d'aménagement et au versement pour sous-densité
☐ **B.** Les taxes d'urbanisme sont augmentées pour décourager l'excès de construction en zone naturelle
☐ **C.** Les taxes d'urbanisme sont harmonisées au niveau européen

176. Quelles formes la démocratie environnementale prend-elle ?

☐ **A.** Le droit à l'information et celui de participation
☐ **B.** Le financement public des partis écologistes
☐ **C.** Le pouvoir décisionnel octroyé au CESER (conseil économique, social et environnemental régional)

Réponses

155. Réponse B. Selon la définition proposée en 1987 dans le rapport Brundtland, le développement durable est un développement qui répond aux besoins des générations du présent, sans compromettre la capacité des générations futures à répondre aux leurs. En 1992, lors du sommet de Rio, la définition évolue et se précise, reposant sur trois piliers qui doivent être conciliés : le progrès économique, la justice sociale, et la préservation de l'environnement.

156. Réponse B. D'après la conférence de Rio (1992), ce sont « les collectivités locales qui construisent, exploitent et entretiennent les infrastructures économiques, sociales et environnementales, qui surveillent les processus de planification, qui fixent les orientations et la réglementation locale en matière d'environnement et qui apportent leur concours à l'application des pratiques de l'environnement adaptées à l'échelle nationale et infranationale. Elles jouent donc, au niveau administratif le plus proche de la population, un rôle essentiel dans l'éducation, la mobilisation et la prise en compte des vues du public en faveur d'un développement durable».

157. Réponse B. Au fil du temps, les objectifs assignés au droit de l'urbanisme se sont multipliés. Si l'aménagement des villes est la finalité la plus ancienne, les législations successives font émerger des enjeux quantitatifs, puis qualitatifs qui complexifient la politique locale d'urbanisme.

158. Réponse B. Le développement durable acquiert une valeur juridique suprême en 2005, par l'adossement de la Charte de l'environnement au Préambule constitutionnel; l'article 6 de la Charte précise que «les politiques publiques doivent promouvoir un développement durable. À cet effet, elles concilient la protection et la mise en valeur de l'environnement, le développement économique et le progrès social». Cette valeur constitutionnelle apparaît par exemple dans la décision QPC du 11 octobre 2013 à propos d'une loi relative à l'interdiction de délivrance de permis de recherches des gaz de schiste.

159. Réponses A et B. Le dispositif de l'article 55 de la loi SRU prévoit que les communes sont tenues en fonction de leur taille et de leur situation de disposer de 20% ou de 25% de logements sociaux. Les communes ne respectant pas le quota font l'objet d'un arrêté préfectoral de carence fixant des objectifs de rattrapage. Cependant les communes ne les respectent pas toutes! Le projet de loi 3DS du printemps 2021 prévoit la prolongation du dispositif au-delà de 2025 qui était la date butoir.

160. Réponse B. Depuis la loi solidarité et renouvellement urbains de 2000, l'urbanisme s'appuie sur un document de planification intercommunal le SCOT, qui comporte un projet global de développement territorial ayant, en sus de sa destination d'urbanisme, vocation à fédérer les plans sectoriels que sont le programme local de l'habitat, le plan de déplacement urbain (aujourd'hui plan de mobilité), le schéma de développement commercial, les chartes intercommunales de développement et d'aménagement, et les plans de gestion des risques d'inondation s'ils existent. Les plans locaux d'urbanisme doivent lui être compatibles; ils ont d'ailleurs eux aussi une vocation intercommunale depuis le Grenelle de l'environnement et la loi Alur.

161. Réponse A. Constitué d'un projet d'aménagement stratégique (PAS), d'un document d'orientation et d'objectifs (DOO), et d'annexes, le SCOT obéit à une clause de rendez-vous initialement décennale et portée à 6 ans, ce qui permet une analyse de ses effets et d'éventuels ajustements.

162. Réponse B. Le PLU(I) est l'instrument d'urbanisme porteur d'un projet politique urbain, il le traduit réglementairement dans des règles relatives à l'utilisation du sol et de l'espace. Comme le SCOT, il obéit à des finalités transversales de développement durable, et fait l'objet d'une procédure laissant place au citoyen, à travers l'enquête publique et le cas échéant la concertation. Il doit contenir des objectifs de modération de la consommation d'espace, notamment en promouvant une densité minimale des constructions à proximité des transports collectifs, et définir les orientations générales de préservation ou de remise en bon état des continuités écologiques.

163. Réponse A. À partir de 2007, le Grenelle Environnement est un processus de concertation entre État, ONG, collectivités territoriales et établissements publics locaux, associations, syndicats et entreprises… tous concernés par les enjeux environnementaux. Une consultation a de plus été réalisée avec le grand public, donnant finalement naissance aux 2 lois qui déclinent le «Grenelle»: lois des 3 août 2009 et 12 juillet 2010.

164. Réponse C. La loi relative à la transition énergétique pour la croissance verte a été promulguée le 17 août 2015, quelques mois avant la COP21. Les objectifs de ce texte sont multiples: «faire des économies d'énergie, rénover nos logements, lutter contre le réchauffement climatique, soutenir l'artisanat, mais aussi une nouvelle industrie qui émerge grâce à la transition énergétique ». Cette loi est à conjuguer avec la loi énergie et climat du 8 novembre 2019.

165. Réponse A. Ces nouvelles mobilités s'appuient notamment sur les usages numériques. Promues par la loi LOM du 24 décembre 2019 elles ne suppriment pas les modes plus classiques comme la voiture, les transports ferrés ou les bus, mais les complètent et dans un certain nombre de cas les améliorent notamment par le dépassement du cadre modal.

166. Réponse C. La loi du 12 juillet 2010 impose la mise en place de plans climat-énergie territoriaux, qui deviennent des plans climat-air-énergie territoriaux aux termes de la loi biodiversité du 8 août 2016. Outils de planification, ils ont pour but d'atténuer le changement climatique, de développer les énergies renouvelables et de maitriser la consommation d'énergie. Ils comprennent un diagnostic, une stratégie territoriale, un plan d'actions et un dispositif de suivi et d'évaluation, et sont portés par les intercommunalités de plus de 20 000 habitants. Ils doivent être révisés tous les 6 ans.

167. Réponse A. La loi du 5 mars 2007 inscrit que le droit à un logement décent et indépendant est garanti par l'État à toute personne qui, résidant sur le territoire français de façon régulière et dans des conditions de permanence définies par décret en Conseil d'État, n'est pas en mesure d'y accéder par ses propres moyens ou de s'y maintenir. Ce droit s'exerce par un recours amiable puis, le cas échéant, par un recours contentieux. En 10 ans, plus de 123 000 ménages ont été relogés grâce au Dalo.

168. Réponse B.
Le programme local de l'habitat est établi obligatoirement par toute métropole, communauté urbaine, d'agglomération ou de communes compétentes en matière d'habitat de plus de 30 000 habitants comprenant au moins une commune de 10 000 habitants, ainsi que par les métropoles.

169. Réponse A. La politique de la ville est une politique de lutte contre l'exclusion, conduite dans un cadre territorial, en faveur de zones urbaines où la précarité sociale est forte, menée par l'État en partenariat contractuel avec les collectivités territoriales ; elle est donc un élément de justice sociale. Comme sus-évoqué, le développement durable s'appuie en effet sur un pilier social, à côté des 2 autres piliers de progrès économique et de préservation de l'environnement.

170. Réponse C. D'après le site du ministère de la Cohésion des territoires, « la politique de la ville est une politique de cohésion urbaine et de solidarité envers les quartiers les plus défavorisés. Elle vise à restaurer l'égalité républicaine et à améliorer les conditions de vie des habitants. » Elle est caractérisée par une approche globale des problèmes, ne dissociant pas les volets urbain, économique et social. Elle repose sur un partenariat entre l'État, les collectivités territoriales et leurs partenaires (bailleurs sociaux, milieux économiques, CAF, associations…). et s'appuie sur une géographie prioritaire.

171. Réponse A. Pour protéger la biodiversité, la loi Grenelle 2 de 2010 crée la trame verte et bleue, fondée sur les orientations nationales pour la préservation et la remise en bon état des continuités écologiques à portée nationale, et le schéma régional de cohérence écologique (SRCE). La loi pour la reconquête de la biodiversité, de la nature et des paysages du 8 août 2016 prévoit notamment la création d'une agence nationale de la biodiversité, et remplace les termes de trames vertes et bleues par ceux « d'espaces de continuité écologique » qui pourront être inscrits dans les PLU.

172. Réponse C.
Les transports collectifs en site propre (TCSP), sont des transports publics de voyageurs, utilisant une voie ou un espace dédié : autobus, tramways, métros, et même funiculaire ou liaison maritime ! Dans le cadre du Grenelle, l'État apporte un soutien

financier aux projets territoriaux, comme à Chambéry ou à Grasse.

173. Réponse B. Unité urbaine s'inscrivant dans une dynamique de développement durable, l'écoquartier connaît des déclinaisons très diversifiées: gestion de l'eau et des déchets, préservation de la biodiversité, transports « respectueux », consommation énergétique, etc. L'objectif principal est de limiter l'empreinte écologique. Peuvent être cités la ZAC de Bonne (Grenoble), le Bois des Granges (Claye-Souilly) ou le quartier durable « Danube » (Strasbourg).

174. Réponse C. La transition énergétique est le passage d'un système énergétique basé sur des énergies non renouvelables à une offre énergétique basée sur des énergies renouvelables (éolien, solaire biomasse). Les enjeux sont multiples: lutter contre les gaz à effet de serre et le réchauffement climatique, garantir l'indépendance énergétique, générer des emplois nouveaux, lutter contre la précarité énergétique. La loi LOM en est par exemple une composante.

175. Réponse A. La loi de finances rectificative pour 2010 opère une réforme globale sur la fiscalité perçue sur les opérations d'urbanisme, afin de simplifier et rationaliser. Il y a donc création d'une taxe unique d'aménagement (qui se substitue à la taxe locale d'équipement, taxe complémentaire Île-de-France, taxe départementale au profit des conseils d'architecture, d'urbanisme et de l'environnement, taxe spéciale équipement Savoie, taxe départementale des espaces naturels sensibles, et participation au financement des voies nouvelles et réseaux). Un versement pour sous-densité se substitue au versement pour dépassement du plafond légal de densité; facultatif, il vise à promouvoir la politique de lutte contre l'étalement urbain, et ne peut être institué que dans les zones A et AU des PLU.

176. Réponse A. La charte de l'environnement de 2004, à valeur constitutionnelle, affirme le droit à la participation (article 2) et à l'information (article 7). Ce droit s'exerce selon des modalités multiples, développées notamment dans la loi dite Grenelle 2 et l'ordonnance du 5 août 2013: Commission nationale du débat public, enquête publique, consultation, concertation, référendum national ou local, réunions publiques... L'ordonnance du 3 août 2016 relative à la démocratisation du dialogue environnemental prise sur le fondement de la loi dite Macron de 2015 renforce la participation du public en amont du processus décisionnel et modernise la participation aval.

9 Le déploiement d'une intervention publique locale de sécurité

Question sensible, la sécurité est un enjeu étatique ancien, désormais au cœur des préoccupations locales contemporaines, et suscitant une mobilisation générale des politiques publiques.
La coproduction de sécurité entre l'État et les entités territoriales, notamment municipales, s'inscrit dans une tradition jurisprudentielle – en ce qui concerne la police administrative –, et une évolution législative foisonnante – pour ce qui est des activités de police judiciaire.
La décentralisation de la sécurité publique est critiquée, comme porteuse d'un risque d'inégalité territoriale malgré les progrès de l'intercommunalité; elle s'appuie sur des dispositifs coûteux comme la vidéoprotection ou le renforcement de personnels formés et encadrés. Une acuité particulière est de plus portée aux mesures socio-éducatives, et au champ de l'aménagement et de l'urbanisme.
Si la sécurité intérieure est la face la plus visible, rénovée par la loi dite LOPPSI 2, l'intercommunalité croissante, et la réponse à la menace terroriste, la prise en compte des risques naturels ou technologiques et la protection contre les incendies, accidents ou fléaux, augmentent la panoplie d'instruments au service d'une dynamique sécuritaire locale.
Certes, la loi engagement et proximité du 27 décembre 2019 raffermit la place des maires en les dotant de nouveaux pouvoirs de police, mais la pandémie de Covid-19 interroge sur l'étendue possible des restrictions locales à l'exercice des libertés publiques en période d'urgence sanitaire. Quant à la loi pour une sécurité globale préservant les libertés du 25 mai 2021, si elle renforce la mutualisation et les possibilités d'intervention des policiers municipaux et gardes champêtres… elle déçoit par son envergure limitée par le Conseil constitutionnel.

Le terme de sécurité couvre de nombreuses acceptions, il est défini par le grand Robert comme «la situation, les conditions entraînant la protection, l'absence relative de dangers pour les personnes et qui détermine la confiance».

Les enjeux d'une politique de sécurité sont diversifiés et importants: responsabilité, État de droit, attractivité du territoire, égalité…

Le cœur du dispositif local repose sur l'activité de police aux multiples acteurs, objectifs et moyens, qui constituera l'essentiel de l'approche de ce thème.

Historique

La préoccupation ancienne de la sûreté locale

Le terme de police est ambigu, et a connu des acceptions nombreuses dans le temps comme dans l'espace.

Si le terme évoque indéniablement la Grèce antique, puisant sa racine du mot *Polis* «cité», il donne au XVIIe siècle l'idée de maintien de l'ordre dans les villes, et est explicité par l'article 50 de la loi du 14 décembre 1789: «Les fonctions propres au pouvoir municipal, sous la surveillance et l'inspection des assemblées administratives sont: […] de faire jouir les habitants des avantages d'une bonne police, notamment de la propreté, de la salubrité, de la sûreté et de la tranquillité dans les rues, lieux et édifices publics». Il s'agit de limiter les risques de troubles, accidents ou maladie. Ces finalités classiques semblent intangibles, et révèlent une conception concrète de l'ordre public; elles impliquent cependant des exigences qui varieront suivant l'état de la société.

Originellement, la sécurité est une prérogative régalienne, appartenant à l'État *via* ses échelons déconcentrés. La loi du 18 juillet 1837, puis la charte communale du 5 avril 1884, notamment dans son article 97, confirment et précisent le pouvoir de police municipal tout en réservant à l'État et à ses représentants, et tout particulièrement le préfet, d'importantes prérogatives en ce domaine; par contre n'est pas maintenue l'obligation pour toute commune de disposer d'un garde champêtre.

L'essor continu de la dynamique territoriale de sécurité

L'État, principal acteur de la sécurité, s'appuie largement sur les institutions locales, et tout spécialement sur le niveau communal.

Le Code des communes, en particulier dans les articles 131-1 et 131-2, donne au maire la charge de la police, tant municipale que rurale, et de l'exécution des actes de l'État qui y sont relatifs. Les différentes composantes de ce pouvoir sont envisagées, sans caractère exhaustif. En 1996 le Code général des collectivités territoriales reprend dans les articles L. 2212-1 et L. 2212-2 les formulations du Code des communes. Le préfet reste un pivot essentiel de la sécurité au plan local: comme le relève le centre d'études et de recherches sur la police, le représentant de l'État prend en charge les questions d'insécurité objective, les collectivités s'attachent au sentiment d'insécurité et aux incivilités qui y sont liées.

Les lois de décentralisation ne bouleverseront pas ces principes, mais tireront les conséquences des transferts de compétence, par exemple en ce qui concerne la police relative à la voirie départementale, ou celle afférente à des missions intercommunales.

L'évolution sociétale et politique, le développement d'une culture contentieuse de la responsabilité, les problèmes sociaux propres aux banlieues très urbanisées, une approche pragmatique de certaines carences étatiques, modifient peu à peu la conception locale de la sécurité. Aux classiques arrêtés préfectoraux ou municipaux relatifs à la circulation, aux cimetières ou aux établissements recevant du public, s'ajoutent désormais ceux concernant, les sans domiciles fixes ou les mineurs dans la rue en période nocturne...

Prévention et répression s'entremêlent, les textes font florès, organisant la création de polices municipales (loi du 15 avril 1999), se penchant sur la sécurité quotidienne (loi du 15 novembre 2001, notamment relative aux rave-parties) et la sécurité intérieure (lois du 29 août 2002 dite LOPSI et du 18 mars 2003 dite LSI), développant la prévention de la délinquance (loi du 5 mars 2007).

La politique de la ville participe à cette finalité sécuritaire, au travers d'une contractualisation des actions de prévention de la délinquance et de développement de la citoyenneté, visant à réduire la délinquance dans les quartiers en difficulté.

La vidéosurveillance est banalisée, (LOPS du 21 janvier 1995 modifiée par la loi du 2 janvier 2006) ; les chiens dangereux font l'objet de nombreux dispositifs dans les lois des 6 janvier 1999, 5 mars 2007 et 20 juin 2008 qui mettent en place l'obligation d'un permis de détention et une évaluation comportementale pour les chiens des catégories I comme les pitbulls, et II tels les rottweilers.

L'organisation des secours connaît aussi une mutation initiée par les lois des 3 mai 1996, 27 février 2002 transférant le financement des services d'incendie et de secours (SDIS) aux départements, et 13 août 2004 relative à la modernisation de la sécurité civile.

Elle s'institutionnalise dans les SDIS, établissements publics communs au département, communes et EPCI, au caractère bicéphale : si l'autorité administrative est le président du département, l'autorité opérationnelle est le préfet ou le maire.

Les textes se succèdent et se superposent, assis sur une profusion de sigles qu'il s'agisse de CLS (contrats locaux de sécurité), CDV (commission départementale de vidéosurveillance), ou LOPPSI 2 (loi d'orientation et de programmation pour la performance de la sécurité intérieure).

La transformation et l'approfondissement de la coproduction locale de sécurité

Du CLS à la stratégie territoriale

La gestion de la sécurité par l'État, et sa départementalisation sous l'égide du préfet, se modernisent en privilégiant le partenariat avec les entités locales. Cette nouvelle façon de procéder témoigne aussi des insuffisances des moyens traditionnels pour faire face aux problématiques de sécurité. Une nouvelle gouvernance locale de sécurité s'instaure, reposant sur des relations négociées entre acteurs publics et privés.

Le contrat local de sécurité, sans force juridique contraignante, se fonde sur des engagements réciproques et est signé par le préfet, le procureur de la République, le maire ou le président de l'EPCI, et éventuellement le recteur, les directeurs d'établissements scolaires, le président du département, le président du Conseil régional, les services de police et de gendarmerie, les acteurs associatifs, les bailleurs sociaux, les sociétés de transport en commun… Il cible les territoires soumis à une délinquance soutenue, et est une des facettes des contrats liés à la politique de la ville. Par ailleurs, un plan de prévention de la délinquance arrêté par le préfet, fixe dans chaque département les priorités de l'État dans ce domaine.

La méthode comprend quatre phases : un diagnostic local, la mise en placer d'un plan d'action, le suivi et l'évaluation. Ce programme de travail est confondu avec l'instance de pilotage : le CLSPD, conseil local de sécurité et de prévention de la délinquance (on en compte actuellement 805). Obligatoire dans toutes les communes de plus de 5000 habitants ou comprenant une zone urbaine sensible (ZUS), ses attributions sont importantes : favoriser l'échange d'informations entre les responsables des institutions et organismes publics et privés concernés, et définir des objectifs communs pour la préservation de la sécurité et de la tranquillité publique. Dans les communes de plus de 15 000 h, le maire charge un membre du conseil municipal ou un agent public territorial du suivi, de l'animation et de la coordination des travaux du CLSPD (loi du 25 mai 2021).

Le plan national de prévention de la délinquance et d'aide aux victimes met en place la stratégie territoriale de sécurité et de prévention, établie pour une durée de trois ans et ayant vocation à se substituer progressivement aux CLS existants et à être généralisée. Élaborée par le CLSPD, elle se veut un outil de « management » ; un diagnostic opérationnel faisant apparaître les priorités du plan départemental et une série de fiches action qui y répondent. Cette coproduction de sécurité est donc confortée, la consolidation s'effectuant autour du maire.

De nouveaux instruments de prévention fondés sur l'action sociale et éducative

Le maire anime sur le territoire de la commune, la politique de prévention de la délinquance et en coordonne la mise en œuvre. La loi du 5 mars 2007 lui assure donc une information tant en matière de délinquance (par les responsables locaux de la police et de la gendarmerie, ou par le procureur), que d'absentéisme scolaire ou d'exclusion par l'inspecteur d'académie : le président du département est saisi aussi par l'inspecteur d'académie en vue de la mise en place d'un contrat de responsabilité parentale ou de toute autre mesure d'accompagnement. Ce contrat de responsabilité parentale est développé par la loi du 14 mars 2011 : le président peut en proposer la signature directement aux parents d'un mineur condamné pénalement ou contrevenant à ses obligations de couvre-feu ; les parents peuvent aussi solliciter la signature de ce contrat. Est ainsi espérée la relance des contrats, peu nombreux si l'on excepte les 200 signés dans le département des Alpes maritimes.

À l'initiative du maire, le Conseil pour les Droits et Devoirs des Familles est créé par délibération du conseil municipal qui en approuve le principe et en définit la composition. Il peut comprendre des représentants de l'État, des représentants des collectivités territoriales, des personnalités œuvrant dans les domaines de l'action sociale, sanitaire et éducative, de l'insertion et de la prévention de la délinquance. Un éventail de solutions graduées, comme l'accompagnement parental, permet au maire d'adopter la réponse la plus adaptée aux difficultés d'un mineur ou d'une famille, en lien si besoin avec le président du Conseil départemental (aide sociale à l'enfance) ou le juge des enfants. 102 conseils, comme à Castres, Aulnay-sous-Bois, ou Aubervilliers, ont été mis en place… l'échec relatif étant dû à la redondance d'un tel organisme avec le Conseil départemental, qui met lui aussi des mesures d'accompagnement social et familial.

Est instauré le rappel à l'ordre, le cas échéant d'un mineur, injonction verbale adressée par le maire, dans le cadre de son pouvoir de police et de ses compétences en matière de prévention de la délinquance. Sont visés des comportements comme les conflits de voisinage, l'absentéisme scolaire, la présence constatée de mineurs non accompagnés dans des lieux publics à des heures tardives, certaines atteintes légères à la propriété publique, les incivilités comme des tags ou les nuisances sonores liées à un pot d'échappement trafiqué d'un scooter, les incidents aux abords des établissements scolaires… ou encore certaines contraventions aux arrêtés municipaux portées à sa connaissance. L'intervention du maire vise, en agissant sur les comportements individuels, à mettre un terme à des faits qui, s'ils ne constituent pas encore des crimes ou des délits, peuvent y conduire ; 126 maires seulement ont été recensés comme ayant usé de ce dispositif, tel le maire de Perpignan.

Réponse moins solennelle mais plus pédagogique, la transaction permet de réparer un préjudice causé à la commune : divagation d'animaux dangereux, bruits ou tapages injurieux ou nocturnes, menaces de destruction, abandon d'ordures, dégradations ou détériorations légères… Tant que l'action publique n'a pas été mise en mouvement, le maire peut proposer au contrevenant, majeur ou mineur, une transaction consistant en la réparation de ce préjudice ou en l'exécution, au profit de la commune, d'un travail non rémunéré pendant une durée maximale de trente heures.

Enfin, disposition largement contestée par les travailleurs sociaux, l'article L. 121-6-2 Code de l'action sociale et des familles prévoit que lorsqu'un professionnel de l'action sociale constate que l'aggravation des difficultés sociales, éducatives ou matérielles d'une personne ou d'une famille appelle l'intervention de plusieurs professionnels, il en informe le maire de la commune de résidence et le président du Conseil départemental. Le maire peut alors désigner parmi les professionnels qui interviennent auprès d'une même personne ou d'une même famille un coordonnateur, soumis au secret professionnel, après accord de l'autorité dont il relève et consultation du président du Conseil départemental. Le professionnel intervenant seul, ou le coordonnateur sont autorisés à révéler au maire et au président du Conseil départemental les informations confidentielles qui sont strictement nécessaires à l'exercice de leurs compétences.

Certains observateurs s'inquiètent d'une confusion entre les responsabilités État/collectivités, et dénoncent un simple transfert de charges plutôt qu'une coordination entre l'État et la municipalité.

L'extension de la vidéoprotection

La vidéosurveillance, est souvent qualifiée d'outil majeur de prévention, de dissuasion, et d'élucidation des faits de délinquance. Depuis la création du fonds interministériel de prévention de la délinquance (FIPD) en 2007, l'État a consacré 35 millions d'euros pour participer au financement de près de 1 000 projets municipaux qui ont généré l'installation de plus de 40 000 caméras sur la voie publique (la ville de Nice compte 2 348 caméras au 1er janvier 2019).

La nécessité d'un équilibre entre l'atteinte portée aux libertés et notamment à la vie privée (est évoqué le spectre de « Big Brother ») et les exigences de l'ordre public (certains allant jusqu'à prôner « un droit à la sécurité ») ont justifié un encadrement légal.

La loi du 21 janvier 1995 d'orientation et de programmation relative à la sécurité prévoit un régime d'autorisation administrative, effectuée par une commission départementale de vidéosurveillance (CDV), présidée par un magistrat judiciaire, préalable à l'installation de systèmes de vidéoprotection sur la voie publique ou dans les lieux et établissements ouverts au public. Elle détermine les finalités pour lesquelles un système de vidéosurveillance peut être installé: prévention des atteintes à la sécurité des personnes et des biens dans des lieux particulièrement exposés à des risques d'agression ou de vol, constatation des infractions aux règles de la circulation... Elle limite les opérations de visionnage de la voie publique, de telle sorte qu'elles ne visualisent pas les images de l'intérieur des immeubles d'habitation, ni de façon spécifique celles de leurs entrées. Le public est informé de manière claire et permanente de l'existence du système de vidéoprotection. La durée de conservation des images est au plus d'un mois. En cas d'exposition à un risque terroriste, la loi du 23 janvier 2006 permet une procédure particulière.

Une circulaire du 6 septembre 2010 insiste sur l'importance de la vidéosurveillance dans les études de sécurité, obligatoires dans les agglomérations de plus de 100000 habitants et concernant les zones d'aménagement concerté (ZAC) de plus de 100000 m^2 ou les établissements recevant c'est-à-dire recevant plus de 1500 personnes, ou réalisées par le préfet en fonction du contexte.

La loi LOPPSI 2 de mars 2011, insiste sur la mise en place de la vidéoprotection. Ainsi, l'installation sur la voie publique d'un dispositif devient possible pour faire face aux risques naturels, réguler les transports ou prévenir les trafics illicites dans des lieux exposés.

Après information du maire, toute personne morale (publique ou privée) peut mettre en œuvre sur la voie publique un système assurant la protection des abords des bâtiments ou installations, s'il y a un risque particulier d'agression, de vol ou d'actes de terrorisme.

S'il existe une convention avec le préfet, la police municipale peut recueillir des images des parties communes d'immeubles transmises en temps réel par les bailleurs sociaux, dans un but de prévention d'une commission imminente d'une atteinte grave aux personnes et aux biens.

La Commission nationale informatique et liberté (CNIL) est toujours chargée du contrôle de la vidéoprotection de la voie publique, en complément de la mission de contrôle déjà exercée par les commissions départementales de la vidéoprotection, mais perd son pouvoir d'avertissement public. Le juge administratif exerce aussi un contrôle, comme le manifeste l'arrêt de la cour administrative d'appel de Nantes du 13 novembre 2018 annulant l'arrêté préfectoral autorisant l'augmentation de 21 à 40 caméras de vidéoprotection dans la commune de Ploërmel, car disproportionnée au regard des nécessités de l'ordre public.

Ces dispositifs sont critiqués par des élus locaux, inquiets du manque de financement, ou pas toujours convaincus, l'expérience britannique (avec près de 4 millions de caméras) n'ayant guère été concluante: près de 3% seulement de vols commis sur la voie publique élucidés. Selon une étude de l'Institut d'aménagement et d'urbanisme de la région Île-de-France, la vidéoprotection dans les transports en commun a un impact sur la délinquance discuté, et produit sur le sentiment d'insécurité du public un effet incertain… une perception très positive est cependant ressentie par les personnels des entreprises de transport et de la police.

La ville de Saint-Étienne (Loire) a dû renoncer quant à elle en 2019 à l'installation de 50 micros couplés à de la vidéoprotection dans un quartier difficile pour alerter la police municipale en cas de bruit suspect, après avoir reçu un avertissement de la CNIL. Cette dernière a de même estimé qu'un dispositif de reconnaissance faciale à l'entrée de deux lycées de Nice et Marseille présentaient des risques majeurs d'atteinte à la vie privée et aux libertés individuelles (Le tribunal administratif de Marseille a d'ailleurs le 27 février 2020 annulé la délibération régionale lançant cette expérimentation.) L'utilisation de drones par les polices municipales (comme par les services étatiques) a été censurée par le Conseil constitutionnel, faute de garanties suffisantes pour le droit au respect de la vie privée (DC 20 mai 2021).

La montée en puissance de la police municipale

Aujourd'hui, les effectifs de police municipale comptabilisent plus de 21 500 agents (sans compter les 1 000 gardes champêtres et 7 000 agents de surveillance de la voie publique ASVP) ; la loi du 15 avril 1999 avait défini leurs missions et compétences et instauré la convention de coordination, élément de coopération entre les différents services de police, obligatoire aujourd'hui si les agents sont armés, travaillent la nuit ou sont plus de 3 dans la commune.

Au fil des lois, les prérogatives de la police municipale se sont développées, puisque les agents peuvent immobiliser les véhicules, sanctionner les atteintes à la tranquillité…

La loi du 5 mars 2007 en consacrant le rôle du maire dans la politique de prévention conforte celui de la police municipale.

La mission essentielle de la police municipale est celle d'une police administrative de proximité, c'est-à-dire, comme cela a été examiné dans ce chapitre, la prévention et la surveillance du bon ordre, de la tranquillité, de la sécurité et de la salubrité publiques. De plus, les agents règlent la circulation sur le territoire communal.

L'évolution la plus remarquable concerne les missions de police judiciaire : verbalisation des contraventions aux arrêtés de police du maire, verbalisation des infractions à certaines polices spéciales (comme en matière de chiens dangereux ou de nuisances sonores), verbalisation des contraventions au Code de la route (par exemple les excès de vitesse, les refus de priorité, ou les absences de port de la ceinture de sécurité). Agents de police judiciaire adjoints, les policiers municipaux peuvent aussi prescrire l'immobilisation d'un véhicule ou procéder au dépistage d'alcoolémie. La loi Santé du 26 janvier 2016 donne à ce sujet de nouveaux pouvoirs pour procéder au contrôle d'alcoolémie qui peut être désormais opéré pour toute infraction au Code de la route et non plus uniquement pour celles figurant dans une liste limitative. Le partenariat entre la police d'État et la police municipale prospère, fixé par la convention de coordination qui en détermine les modalités (elle est obligatoire s'il y a au moins 3 agents municipaux).

Les élus municipaux restent réservés, craignant une opacité accrue des responsabilités dans le domaine de la sécurité et y décelant un transfert de charges insidieux. On remarquera que la loi relative à la prévention et à la lutte contre les incivilités, contre les atteintes à la sécurité publique et contre les actes terroristes dans les transports collectifs de voyageurs du 22 mars 2016 implique davantage les polices municipales dans la police des transports publics.

La loi du 25 mai 2021 étend largement le domaine de la police municipale. Ainsi, les policiers municipaux peuvent placer des personnes en état d'ébriété dans des lieux publics, dans une cellule de dégrisement du poste de police nationale ou de gendarmerie. Ils peuvent aussi procéder à des inspections visuelles de bagages et à des palpations de sécurité lors de manifestations sportives ou culturelles quelle que soit l'affluence. (Des dispositions de cette même loi concernent les gardes champêtres qui devront obligatoirement porter une tenue et une carte professionnelle et pourront procéder à la mise en fourrière de véhicules en infraction.)

Depuis 1990, la filière a subi de très importantes transformations, par l'adjonction à la classique catégorie C (agents de police municipale et gardes champêtres) d'une catégorie B, et – achevant l'édifice en 2006 – l'institution d'un cadre d'emplois de catégorie A. Un code de déontologie pose les fondamentaux en matière de droits et d'obligations. Tout agent doit être agréé par le préfet et par le procureur et est assermenté ; il peut être armé (50 % des policiers municipaux disposent d'une arme à feu). Le rapport parlementaire Thourot-Fauvergue (2018) propose à ce sujet l'armement obligatoire des policiers municipaux sauf décision motivée du maire…

Signe du glissement opéré entre police municipale et police nationale, la loi de transformation de la fonction publique du 6 août 2019 aligne les règles d'avancement exceptionnel applicables aux agents de police municipale sur celles de la police nationale, en cas de blessure grave ou de décès en service. Les fonctionnaires stagiaires au sein de la police municipale décédés dans l'exercice de leurs fonctions, comme Clarissa Jean-Philippe à Montrouge en janvier 2015, peuvent être titularisés dans leur grade.

Si cette montée en puissance de la police municipale pose la question de l'articulation avec la police nationale, elle ouvre aussi le débat sur les enjeux de l'intercommunalité en matière de police.

Connaissances de base

La délicate différenciation police administrative-police judiciaire

La distinction entre police administrative et judiciaire a été posée par le Code des délits et peines du 3 brumaire An IV. La police judiciaire a pour rôle de rechercher les infractions, d'en rassembler les preuves, et de traduire leurs auteurs au juge répressif, alors que la police administrative mène une action préventive de maintien de l'ordre.

Cette distinction a été consacrée dans les années 1950 : deux régimes juridiques dissemblables pour ces deux catégories de police.

Ces deux polices se complètent, comme l'inscrit tant l'article 1 de la loi du 18 mars 2003 pour la sécurité intérieure, que le Conseil constitutionnel, qui remarque que « la prévention des atteintes à l'ordre public comme la recherche des auteurs d'infraction sont toutes deux nécessaires à la sauvegarde de droits et de principes de valeur constitutionnelle ».

La différenciation n'a, elle, pas valeur constitutionnelle, ce qui permet par exemple de confier des missions de police judiciaire à des personnels de police municipale – en principe limités à des interventions de police administrative – en ce qui concerne l'occupation abusive, souvent par des jeunes, des halls d'immeubles (article L. 126-2 Code de la construction et de l'habitation).

Il est essentiel de distinguer les deux formes de police, en raison du principe de séparation des autorités administratives et judiciaires qui entraîne que la direction et le contentieux de la police judiciaire relèvent de l'autorité judiciaire ; l'administration et le juge administratif n'ont compétence que pour la police administrative.

Ainsi, le dualisme semble clair. Dans le domaine de la compétence contentieuse, la juridiction administrative sera seule compétente pour annuler des décisions de police administrative illégales, le contentieux des activités de police judiciaire sera, lui, dévolu au juge judiciaire. De même, en ce qui concerne la mise en jeu de la responsabilité, les personnes lésées pourront intenter une action en réparation des dommages subis en raison de décisions ou opérations de police administrative auprès des juridictions administratives. Enfin, il est admis classiquement que si la police administrative est exercée au nom de l'État ou d'une personne publique autre (collectivité territoriale…), la police judiciaire est en principe une activité exclusivement étatique.

On constate cependant la complexité de différencier ces deux catégories de police.

Comme cela a été remarqué, la loi du 18 mars 2003, confirmant une orientation engagée en 1999, confie à des agents municipaux des tâches de police judiciaire, notamment en matière de police routière. La communauté des personnels complexifie ainsi la distinction entre police administrative et judiciaire : la qualité de l'auteur d'une décision ne permettra pas de savoir de quelle police relève l'activité ; peut être cité le maire, autorité de police administrative sous contrôle préfectoral, et officier de police judiciaire sous l'autorité du procureur de la République.

D'autre part, les opérations de police sont souvent mélangées, ou polyvalentes. Certaines opérations de police administrative ont un aspect répressif : la dispersion d'une manifestation peut avoir pour effet de mettre fin aux troubles qu'elle engendre. Exemple inverse, l'interpellation d'un individu sur le point de commettre une infraction est une opération de police judiciaire, mais à caractère préventif puisqu'il s'agit d'empêcher la réalisation de cette infraction !

Enfin, il arrive qu'une opération de police administrative se prolonge par une opération de police judiciaire, et inversement…

Les difficultés de la coexistence des polices administratives générale et spéciale

La police administrative est en effet non uniforme, dans la mesure où se distinguent police administrative générale et polices administratives spéciales.

La police générale est la plus ancienne ; elle correspond à la conception classique des autorités publiques ayant en charge la protection de l'ordre public *stricto sensu* ; elle est générale en ce qu'elle concerne l'ensemble des citoyens et est susceptible de s'exercer à l'égard de n'importe quel genre d'activités des particuliers.

Les missions de la police administrative générale sont connues, il s'agit de l'ordre public, décliné par la traditionnelle trilogie de l'article L. 2212-2 CGCT : sécurité, salubrité et tranquillité publiques.

Ainsi, la tranquillité vise à assurer à chacun une vie paisible, que ce soit au niveau des nuisances ou du bruit. Le calme du citoyen est protégé par exemple du tapage nocturne, ou du bruit des tondeuses à gazon.

La sécurité revêt un caractère large, elle concerne les personnes et les biens. L'administration pourra limiter la circulation sur les voies publiques, prendre des mesures d'éclairage public, imposer aux riverains le nettoyage des trottoirs et caniveaux, lutter contre la divagation d'animaux, et même interdire la vente de boissons alcoolisées réfrigérées à emporter en raison du nombre très important d'accidents de la route dus à l'alcoolisme. Les activités sportives, sources d'accidents nombreux, sont aussi réglementées pour éviter tout dommage, qu'il s'agisse de la baignade – qu'elle soit ou non aménagée – du ski – sur piste ou hors piste…

Quant à la salubrité, elle se rapporte à l'hygiène ou à la santé, et semble donc une forme particulière de sécurité qui consiste à prémunir la population des risques de maladie ou de pollution. Peuvent être ici évoqués notamment les arrêtés interdisant la consommation d'une eau non potable, ou les mesures de prévention des inondations.

Le Conseil d'État a ajouté en 1995 une quatrième composante à l'ordre public, relative à la préservation de la dignité humaine (CE 27 octobre 1995 Commune de Morsang-sur-Orge).

En janvier 2014, la légalité de l'interdiction du spectacle « Le mur » de Dieudonné par arrêté municipal est confirmée par le juge arguant du « risque sérieux que soient de nouveau portées de graves atteintes au respect des valeurs et principes, notamment de dignité de la personne humaine, consacrés par la déclaration des droits de l'homme et du citoyen et par la tradition républicaine ». Cette extension imprécise de la notion d'ordre public inquiète… l'ordre public étant « le noyau dur de l'intérêt général » selon la belle formule de Georges Dupuis. Le Conseil d'État statuant au fond le 9 novembre 2015 précise à l'occasion de cette affaire dans quelle mesure la police administrative peut se substituer à la police judiciaire pour empêcher la commission de certaines infractions (« mesures nécessaires, adaptées et proportionnées »).

Parallèlement à cette police générale, il existe de très nombreuses polices dites spéciales, correspondant à une représentation interventionniste, ouvertes par des textes spécifiques aux dispositions précises et permettant d'investir l'autorité de pouvoirs particuliers.

Une des caractéristiques de ces polices spéciales est de ne s'appliquer qu'à certaines catégories d'administrés bien spécifiques, identifiées par les textes; elles régissent par exemple les étrangers, les nomades, la jeunesse…

Leur caractère de spécialité peut s'expliquer aussi par le fait qu'il s'agit de contrôler certains types d'activités (comme la chasse, l'affichage, les jeux, les édifices menaçant ruine, les installations classées…).

La distinction entre ces deux sortes de police est importante, puisqu'elles relèvent d'autorités distinctes: une police spéciale peut être confiée à une autorité ne disposant pas d'un pouvoir de police générale (ainsi en est-il de la police des étrangers confiée au ministre de l'Intérieur).

De même, en matière de sanctions, si le non-respect des mesures de police générale fait l'objet de l'article R. 610-5 du Code pénal, les sanctions en matière de polices spéciales relèvent de textes particuliers.

Le foisonnement des polices administratives occasionne des difficultés. En effet, pour régir un même fait ou une situation unique, plusieurs titulaires de pouvoirs de police peuvent être compétents… ou plusieurs réglementations risquent d'être applicables! Le chevauchement fait naître des conflits qui doivent être résolus, ce qui est l'objet d'une abondante jurisprudence.

Tel est le cas en matière de police de la circulation. En effet, si le Code de la route prévoit une vitesse limitée à 50 km/h en agglomération, le maire d'une commune peut abaisser cette vitesse pour des voies dangereuses, étroites, ou à l'abord des écoles: l'autorité de police générale locale peut aggraver une mesure de police nationale si les circonstances le justifient (CE 8 août 1919 Labonne, possibilité actuelle codifiée à l'article R. 411-8 du Code de la route). Une hypothèse inverse de concurrence entre autorités de police générale peut se présenter, celle de la carence d'une autorité inférieure: l'autorité supérieure aura le devoir de se substituer; elle est dans l'obligation d'intervenir si la réglementation existante n'est pas suffisante (voir en particulier la jurisprudence relative au camping CE 23 octobre Doublet).

Le concours entre une police spéciale et une police générale peut aussi se présenter, comme l'interdiction par un maire – au titre de ses pouvoirs de police générale – de la projection d'un film disposant d'un visa d'exploitation ministériel (police spéciale), en raison de circonstances locales. Le Conseil d'État a cependant rappelé, dans 3 arrêts d'Assemblée du 26 octobre 2011, que le pouvoir de police générale du maire ne lui permet pas d'intervenir pour réglementer l'implantation des antennes relais de téléphonie mobile sur le territoire communal: le législateur a organisé une police spéciale des communications électroniques confiée à l'État qui en est le détenteur exclusif.

La question des arrêtés municipaux anti-pesticides mérite une rapide analyse… Dès le printemps 2019, des maires, usant de leur pouvoir de police générale, ont pris des arrêtés visant à interdire l'usage de pesticides sur l'ensemble du territoire de leur commune. Une jurisprudence constante selon laquelle seuls les ministres de l'Agriculture et de la Santé détiennent le pouvoir de police spéciale en matière de produits de ce type a été transgressée par des maires de plus en plus nombreux, estimant devoir jouer une forme de droit d'alerte. À la suite de divers contentieux et de l'émotion populaire soulevée par cette question, le décret du 27 décembre 2019 encadre l'utilisation à proximité des zones d'habitation. Dans une décision très attendue, le Conseil d'État écrit le 31 décembre 2020 que la réglementation des produits phytopharmaceutiques appartient aux seules autorités de l'État.

S'il y a conflit entre deux polices spéciales, il est nécessaire d'examiner l'objet de la mesure pour savoir en vertu de quelle police spéciale elle peut être exercée ; il y aura alors exclusion réciproque entre les différentes polices spéciales. Ainsi en a jugé le Conseil d'État, à propos d'un arrêté relatif au stationnement des taxis aux abords d'une gare, opposant deux autorités de police spéciale : le maire (au titre de la réglementation des activités économiques des taxis) et le préfet.

La multiplicité des acteurs locaux

Le préfet

Le préfet, représentant de l'État au niveau de la circonscription administrative départementale est autorité de police générale. Il prend des mesures concernant la tranquillité, la sécurité et la salubrité si le champ d'application dépasse le cadre communal ou en cas de carence du maire. Investi de larges compétences, il peut se substituer aux maires de communes limitrophes dont le maintien de l'ordre est menacé. La loi du 2003 permet même qu'en cas d'urgence, si les moyens dont il dispose ne permettent pas de poursuivre les objectifs pour lesquels il détient des pouvoirs de police, le préfet puisse réquisitionner biens et services ou requérir toute personne nécessaire.

Les SDIS sont placés pour emploi sous l'autorité du préfet, autorité de police administrative, qui arrête par exemple le schéma départemental d'analyse et de couverture des risques (SDAC), le règlement opérationnel départemental (ROD), ou les nominations des chefs de centre. En tant que représentant de l'État, le préfet est cosignataire de certains arrêtés de gestion de carrière des officiers subalternes. Le préfet est membre de droit du conseil d'administration.

De nombreux domaines de police spéciale relèvent du préfet, comme celui des établissements classés, de la chasse, des immeubles insalubres, des monuments historiques et sites naturels, de la publicité ou des aliénés.

Nouvelles menaces pour la sécurité publique, les rave-parties font l'objet d'une déclaration permettant le cas échéant au préfet de contrôler l'autorisation du propriétaire du terrain et les conditions d'organisation. Les apéritifs géants, rassemblements festifs ayant provoqué un engouement inédit, relèvent aussi du préfet lorsque la police est étatisée. [Ce régime concerne les communes chefs-lieux de département, et peut être établi dans une commune, si la population permanente et saisonnière est supérieure à 20 000 habitants, et si les caractéristiques de la délinquance sont celles des zones urbaines. Le personnel de la police nationale assure alors la sécurité publique. Ainsi c'est la responsabilité de l'État – et non celle de la commune –, qui a été mise en cause pour une morsure par un chien policier démuselé, lors des festivités du 40e anniversaire du débarquement !] Dans les départements des Hauts-de-Seine, de la Seine-Saint-Denis et du Val-de-Marne, le préfet a de plus la charge de la police de la voie publique sur les routes à grande circulation y compris en ce qui concerne la liberté et la sûreté.

Peut être signalé le rôle du préfet dans la coordination des interventions en matière de sécurité. C'est ainsi qu'il a pour mission d'animer et de coordonner la prévention de la délinquance et de l'insécurité, en lien avec divers partenaires au travers de procédures contractuelles.

La lutte contre le terrorisme accroît très fortement les pouvoirs préfectoraux : périmètres de protection, fermeture de lieux de culte, mesures individuelles de contrôle administratif et de surveillance… (loi sur la sécurité intérieure et la lutte contre le terrorisme du 20 octobre 2017).

Le président du Conseil départemental

Le président du Conseil départemental assure des pouvoirs de police mais limités. Il ne dispose pas comme le maire d'un pouvoir de police administrative générale. Il exerce néanmoins le pouvoir de police spéciale lié à la gestion du domaine départemental, essentiellement à sa conservation, en définissant des règles d'utilisation conformes à l'affectation et à la sauvegarde du domaine, mais aussi en assurant la sécurité des usagers. Avec la départementalisation de la quasi-totalité de la voirie routière nationale par l'acte II de la décentralisation, la responsabilité de la viabilité des voies publiques et de la sécurité des circulations devient une mission importante. Le Conseil d'État a par exemple considéré que le président du Conseil départemental des Alpes-de-Haute-Provence avait pu sans erreur de droit interdire la circulation de véhicules de plus de 26 tonnes sur des portions de routes départementales, afin de sauvegarder l'état de la chaussée et de préserver par là même la sécurité des usagers.

Le président est aussi en charge de la police des ports maritimes départementaux ; à ce titre il prend des règlements particuliers (comme pour le remorquage), complétant la réglementation générale.

De plus, le président du Conseil départemental, joue un rôle remarquable dans la protection de l'enfance, politique qui peut être envisagée sous l'angle social mais aussi sécuritaire. Par exemple, la loi du 28 septembre 2010 renforce son information et son action dans la lutte contre l'absentéisme scolaire. Une circulaire du 16 janvier 2017 insiste sur l'association des conseils départementaux en raison de leurs compétences dans le champ social et de protection de l'enfance au Plan d'action contre la radicalisation et le terrorisme (Part).

Enfin, dans le cadre de la départementalisation des services d'incendie et de secours, les conseils départementaux sont les principaux financeurs des SDIS, une convention pluriannuelle fixe notamment la contribution du département. Le conseil d'administration est présidé en principe par le président du Conseil départemental, il est cosignataire des arrêtés de gestion de carrière des officiers, et nomme seul le directeur administratif et financier.

Le maire/le président de l'EPCI

Le maire exerce un pouvoir de police générale, dans le cadre de ses pouvoirs propres, autrement dit en tant que premier magistrat de la commune. Si cette police administrative municipale, préventive, prend la forme d'arrêtés adaptant la réglementation nationale ou prenant en considération des circonstances locales, elle s'appuie aussi sur des actions matérielles, comme la pose de panneaux de signalisation, ou l'îlotage de policiers municipaux.

L'article L. 2212-2 du CGCT énumère une longue liste des domaines potentiels recouverts par « le bon ordre, la sûreté, la sécurité et la salubrité publiques » : commodité du passage dans les rues, maintien du bon ordre dans les foires ou marchés, inspection sur la salubrité des comestibles exposés à la vente, prévention et cessation des accidents comme les inondations avec distribution des secours nécessaires, prise provisoire de mesures contre les personnes atteintes de troubles mentaux, etc.

Au-delà, les pouvoirs de police du maire peuvent porter sur des objets particuliers, comme en matière de funérailles, de baignades, d'édifices menaçant ruine, ou de contrôle de la sécurité des hôtels meublés. Comme cela sera explicité dans la rubrique « Perspectives » de ce chapitre, la loi engagement et proximité a largement développé certains pouvoirs de police de l'édile municipal.

[En remarque, peut être signalée la particularité de Paris, où les attributions en matière de police sont partagées entre le maire de Paris et le préfet de police. Depuis la loi du 28 février 2017, le maire de Paris est chargé de la police municipale en matière de salubrité de la voie publique, d'édifices menaçant ruine, de bruits de voisinage, de funérailles, de bon ordre des foires et marchés, de baignades, de conservation dans les dépendances domaniales incorporées au domaine public de Paris. À ces compétences de proximité s'ajoute la police de la circulation et du stationnement payant et gênant, y compris la gestion des fourrières ; la loi du 25 mai 2021 instaure d'ailleurs un cadre légal permettant la création d'une police municipale à Paris. Toutefois, le préfet de police conserve le pouvoir de réglementation sur certains sites ou portions de voies quand il existe des motifs liés à la sécurité des personnes et des biens, ou pour assurer la protection des sièges des institutions de la République et des représentations diplomatiques. Un conseil parisien de sécurité réunissant les maires de chaque arrondissement et de Paris, et le préfet est consulté sur les politiques de sécurité et de tranquillité publiques.]

De plus, le maire exerce des pouvoirs de police au nom de l'État, sous l'autorité du préfet, en particulier pour exécuter des mesures de sûreté générale, ou exercer des fonctions spéciales confiées par la loi (article L. 2122-27 du CGCT), comme la loi du 29 décembre 1979 sur la publicité et les enseignes. C'est à ce titre que lui sont confiées la tenue des listes et l'organisation des élections politiques ou socioprofessionnelles, l'authentification de la signature apposée à un acte par un administré, la délivrance d'attestations et de certificats relatifs à la situation des administrés (attestations d'accueil pour les étrangers réclamant un visa de séjour), ou la certification des copies.

Enfin, comme susmentionné, le maire est officier de police judiciaire (article 16 (1) du Code de procédure pénale), sous l'autorité du procureur de la République.

La mission de police judiciaire se limite à la constatation des infractions, au rassemblement des preuves, et à la recherche des auteurs. Il peut par exemple, sur instruction du procureur ou du juge d'instruction, diligenter une enquête sur la personnalité et la situation matérielle, familiale ou sociale de la personne poursuivie. En pratique, Les maires n'exercent ces missions qu'en milieu rural ou faiblement urbain, là où il n'existe pas d'autres officiers de police judiciaire (policiers ou gendarmes).

L'essor de l'intercommunalité a développé peu à peu les pouvoirs de police administrative des présidents des EPCI à fiscalité propre, notamment dans les domaines des aires d'accueil des gens du voyage, de l'assainissement, des déchets, de sécurité des bâtiments publics et des édifices menaçant ruine, et de la voirie intercommunale. [Mais la loi du 22 juin 2020 module le transfert des pouvoirs de police spéciale qui n'est plus automatique au jour de l'élection du président.]

L'importance du contrôle opéré sur les mesures de police

L'exercice de pouvoir de police est délicat, qui obéit à la nécessité d'assurer l'ordre public conforme aux aspirations sociales et à la conception contemporaine d'un État de droit, et se doit en même temps de préserver les droits des citoyens et libertés publiques inhérents à une société démocratique. Ce conflit autorité/liberté explique le caractère de compromis du droit de la police administrative locale, entre prérogatives de puissance publique et garanties des administrés, comme le rappellent la circulaire ministérielle du 6 janvier 2014 et la jurisprudence du Conseil d'État à propos des spectacles « Le Mur » de Dieudonné M'Bala M'Bala.

Trois éléments peuvent être examinés : l'obligation de prendre des mesures de police, l'adéquation de la mesure aux circonstances de l'affaire, et, très rapidement car faisant l'objet d'une étude particulière dans cet ouvrage (cf. fiche 7), la responsabilité administrative du fait de l'exercice de pouvoir de police.

La mission d'assurer l'ordre public n'est pas une simple faculté : la sécurité des personnes et des biens, et ce que certains qualifient de « paix sociale », en dépendent. Lorsque l'autorité de police est confrontée à une situation de fait susceptible d'entraîner des troubles à l'ordre public, elle est soumise à un impératif d'action et doit prendre toute mesure propre à assurer sa mission, juridique ou matérielle. Est par exemple sanctionnée la carence d'un maire à faire cesser les nuisances sonores occasionnées par les activités de tir d'un club.

Cette obligation d'action, ainsi que le régime de responsabilité administrative qui y est attaché en cas d'abstention, pourrait inciter au dessaisissement. Cette éventualité est de plus, souhaitée par de nombreux maires, qui voient dans le pouvoir de police la source principale de risques de mise en cause de leur responsabilité pénale. Ceci est impossible : exercer des pouvoirs de police administrative participe de la souveraineté, il s'agit de limiter l'exercice de libertés, nonobstant les dispositions de l'article 4 de la Déclaration des droits de l'homme et du citoyen de 1789. Les actes normateurs en matière de police sont de ce fait unilatéraux, le maintien de l'ordre public ne supporte pas le contrat : toute convention passée sera donc nulle et inopposable aux tiers. De même, un maire ne saurait non plus se décharger de sa responsabilité de police administrative sur le conseil.

Peut être citée la délibération du conseil municipal de Béziers créant une « garde biterroise » composée de volontaires bénévoles et non armés, destinée à patrouiller et alerter les forces de l'ordre en cas de problème. Le tribunal administratif de Montpellier a annulé cette délibération le 5 juillet 2016, appliquant une jurisprudence constante selon laquelle la police administrative constitue un service public qui par sa nature ne saurait être délégué. Il a jugé que les tâches de surveillance des bâtiments publics et de la voie publique sont partie intégrante dans les communes de la police municipale, et doivent être exercées par le maire ou par des agents placés sous son autorité, sous le contrôle du représentant de l'État. La notion de collaborateur occasionnel du service public a de même été rejetée.

La formule célèbre selon laquelle « la liberté est la règle et la restriction de police l'exception » domine l'état du droit. Le contrôle très étendu de l'exercice du pouvoir de police comporte des spécificités : il est ainsi exigé que la mesure soit nécessaire pour qu'elle soit légale, c'est-à-dire justifiée par une menace réelle pour l'ordre public, reposant sur des circonstances particulières caractérisant le risque de trouble à l'ordre public dans chaque espèce (DC 13 mars 2003). Doit donc être au préalable vérifiée l'existence d'une menace effective de désordre : y a-t-il réellement danger ? Le juge administratif estime par exemple, qu'eu égard à l'affluence exceptionnelle de touristes dans la commune pendant l'été, à l'encombrement qui en résulte sur les plages, à l'atteinte à l'hygiène publique… l'interdiction de stationnement de véhicules destinés à la vente ambulante et de la pratique de cette vente sur les plages est justifiée par les nécessités de tranquillité, salubrité et ordre publics (CE 14 mars 1979 Auclair). Plus anecdotiques sont les arrêtés pris en 2018 par les maires de 20 communes des Pyrénées-Atlantiques interdisant la divagation des ours sur leur territoire, annulés par le tribunal administratif de Pau car ne revêtant pas un caractère nécessaire !

Mais au-delà de cet impératif, le juge examine la justesse de la mesure, c'est-à-dire son adéquation aux circonstances de fait : cette appréciation est rigoureuse, appuyée sur une analyse *in concreto*, elle prend la forme d'un contrôle de proportionnalité. La réponse apportée par l'administration se doit d'être optimale, garantissant de façon pérenne et efficace l'ordre public, en sauvegardant autant qu'il est possible les droits des administrés.

Ceci explique la suspicion jurisprudentielle à l'égard des interdictions trop générales et absolues. À propos d'un arrêté du préfet de police de Paris dans le quartier de Beaubourg, l'interdiction est considérée comme trop générale car elle concerne de façon indifférenciée toute activité musicale (et non uniquement l'utilisation de certains instruments ou appareils de sonorisation particulièrement bruyants) ; toutes les attractions (et non spécifiquement celles qui présentent une gêne ou un danger particulier, comme les cracheurs de feu). Il n'y a pas non plus modulation, ni dans le temps (l'interdiction est permanente), ni dans l'espace (puisqu'est concernée toute la zone piétonne. CE 4 mai 1984 Guez). Le même type de décision se retrouve en matière d'arrêtés anti-mendicité (CAA Douai, 13 novembre 2008, Commune de Boulogne-sur-mer), et d'arrêtés interdisant des publicités de prévention du sida (TA Montreuil, 9 novembre 2017, Ligue des droits de l'homme).

Le contrôle juridictionnel opéré sur les mesures de police est donc particulièrement étendu, c'est un contrôle d'une intensité maximale, comparable à celui opéré en matière d'expropriation depuis 1971, par application de la théorie du bilan.

La pandémie de Covid-19 du printemps 2020 a donné lieu au-delà des règles étatiques à une série d'arrêtés municipaux pour renforcer le confinement : couvre-feu, pratique sportive limitée, port du masque obligatoire…

Le juge des référés du Conseil d'État, le 17 avril 2020, relève que la loi d'urgence du 23 mars 2020 a confié à l'État la responsabilité d'édicter les mesures générales ou individuelles de lutte contre le Covid-19. Les maires par contre ne peuvent de leur propre initiative prendre d'autres mesures destinées à lutter contre la catastrophe sanitaire, à moins que des raisons impérieuses liées à des circonstances locales les rendant indispensables, et à condition de ne pas compromettre la cohérence et l'efficacité de celles prises par les autorités de l'État. Le juge estime donc que tel n'est pas le cas en ce qui concerne l'arrêté du maire de Sceaux en date du 6 avril 2020 imposant le port d'un masque de protection dans l'espace de la commune, la démographie de la commune et la concentration des commerces de première nécessité dans un espace réduit ne constituant pas des raisons impérieuses liées à des circonstances locales, et l'arrêté risquant de nuire à la cohérence des mesures prises par les autorités sanitaires compétentes. De même, le juge des référés a suspendu l'exécution d'un arrêté municipal par lequel le maire de Cholet avait interdit la circulation des personnes sur l'ensemble du territoire de la commune, après 21 h et avant 5 heures.

Les activités réglementaires comme matérielles de police peuvent aujourd'hui relever d'un régime de responsabilité reposant sur une faute simple. Par exemple, l'absence à proximité des lieux de baignade de tout moyen permettant d'alerter rapidement un centre de secours a été qualifiée de « faute de nature à engager l'entière responsabilité de la commune ».

Des hypothèses de responsabilité sans faute peuvent aussi être relevées, fondées sur le risque (comme la jurisprudence relative aux collaborateurs occasionnels permettant de reconnaître la responsabilité de la commune dans la noyade d'un homme qui s'était porté au secours d'un baigneur en difficulté), ou appuyées sur l'égalité devant les charges publiques (comme dans un cas de destruction de tours d'habitation, dans le cadre de la politique de la ville, ayant entraîné la fermeture d'une pharmacie installée sur le site).

Bilan de l'actualité

La réponse locale à la menace terroriste

La vigilance est accrue, elle emprunte des formes diversifiées et repose en parallèle avec la réponse sécuritaire étatique sur les acteurs territoriaux.

Les projets protéiformes de lutte contre la « ghettoïsation » se sont multipliés depuis janvier 2015. Ainsi, le comité interministériel à l'égalité et à la citoyenneté de mars 2015 participe de cette volonté de réponses diversifiées à la question sécuritaire, axées sur quatre thématiques principales : la politique de citoyenneté, la politique de peuplement, l'éducation et l'activité économique.

Par exemple, les communes sont incitées à développer des cérémonies d'accueil dans une nationalité et la citoyenneté, un diagnostic partagé entre l'Éducation nationale et les départements est à l'étude pour créer des secteurs communs à plusieurs collèges.

Pour permettre de lutter contre les discriminations, facteur d'insécurité, le caractère démocratique des voies d'accès à la fonction publique est affirmé notamment dans la loi relative à l'égalité et à la citoyenneté du 27 janvier 2017. De plus, est développée la mixité sociale des recrutements, et généralisée la participation de personnes n'appartenant pas à la fonction publique aux jurys de recrutement sur concours.

Dans le cadre de la nouvelle politique de la ville, lors des opérations de renouvellement urbain, la reconstitution des logements démolis s'opère de façon préférentielle hors des quartiers prioritaires.

Enfin, le dispositif des zones de sécurité prioritaires (ZSP), créées par le gouvernement en 2012 et 2013, qui a séduit les élus locaux par un bilan intéressant, notamment en matière de lutte contre le trafic de stupéfiants, est prolongé.

Face aux risques de radicalisation, les collectivités multiplient la sensibilisation et la formation des agents (policiers municipaux, éducateurs, travailleurs sociaux, animateurs…), veillant à éviter cependant le risque de stigmatisation ce qui est délicat. Les cellules départementales de suivi réunissent préfet, procureur de la République et professionnels de l'action sociale.

Le partenariat local avec la police nationale est développé, notamment par l'échange d'informations. Les élus locaux se sentent cependant démunis et aspirent à être davantage associés à l'action étatique. Le nouveau PART (plan d'action contre la radicalisation et le terrorisme) de mai 2016 manifeste que l'État souhaite nouer un partenariat beaucoup plus actif avec les collectivités territoriales, les services publics gérés par ces dernières ayant un rôle fondamental à jouer dans la prise en charge de certaines personnes radicalisées. Par exemple, le volet citoyenneté des projets éducatifs de territoire est davantage mobilisé pour développer une offre d'activités périscolaires dédiée au développement de l'esprit critique. La circulaire du ministre de l'Intérieur du 13 novembre 2018 rappelle que le maire est fondé à disposer d'une information régulièrement actualisée sur l'état de la menace terroriste sur le territoire de sa commune; il peut même connaître l'identité d'un individu radicalisé et suspecté de pouvoir passer à une action violente, lorsque le préfet le juge utile.

L'armement des policiers municipaux est facilité, le gouvernement mettant à disposition des communes qui le demandent des armes, et co-finançant des gilets pare-balles, et des terminaux de radiocommunication (interopérables avec ceux des forces nationales) aux policiers municipaux. De plus, la loi du 21 juillet 2016 répond à l'attente des policiers municipaux et élus locaux en n'exigeant plus que la nature des interventions et les circonstances justifient le port d'arme. Les policiers municipaux peuvent désormais bénéficier d'un accès direct aux fichiers de permis de conduire et d'immatriculation des véhicules.

En outre sont encouragés les dispositifs locaux classiques des politiques «jeunesse», les actions liées à la politique de la ville, la dynamisation du dialogue interreligieux, le soutien à la parentalité, l'éducation aux médias numériques, et la lutte contre le racisme. Ainsi la loi relative à l'égalité et à la citoyenneté du 27 janvier 2017 vise à encourager la citoyenneté et l'émancipation des jeunes (réserve civique, congé d'engagement, extension du service civique...), favoriser la mixité sociale et l'égalité des chances dans l'habitat (évolution du système d'attribution des logements sociaux et nouvelle politique des loyers du parc social), et renforcer l'égalité réelle.

La loi du 3 juin 2016 renforçant la lutte contre le crime organisé, le terrorisme et leur financement, et améliorant l'efficacité et les garanties de la procédure pénale ouvre la possibilité pérennisée par la loi du 3 août 2018, de munir les policiers municipaux de caméras piétons permettant un enregistrement filmé de leurs interventions. (La loi du 25 mai 2021 dispose que l'information générale du public sur ce dispositif est organisée par le maire.) Lors des grands événements (comme une manifestation sportive ou un spectacle d'envergure tel le 71e festival international du film de Cannes), toutes les personnes ayant accès aux installations doivent être munies d'une autorisation, en dehors des participants et des spectateurs.

La loi du 28 février 2017 relative à la sécurité publique développe une mosaïque de dispositions: le déroulé de la procédure suivie par les policiers municipaux quand ils relèvent l'identité des contrevenants afin que ces derniers demeurent à la disposition des agents de la police municipale pendant le temps nécessaire à l'information et à la décision de l'OPJ, et assortissant le non-respect de cette obligation de sanctions pénales; le bénéfice du nouveau cadre de légitime défense pour les policiers municipaux armés.

Enfin, la loi sur la sécurité intérieure et la lutte contre le terrorisme du 30 octobre 2017 comporte des dispositifs concernant le maire. En effet, l'arrêté préfectoral établissant un périmètre de protection est délivré sans délai au maire et après accord du maire un agent de la police municipale peut y participer à des opérations de contrôle sous l'autorité d'un officier de police judiciaire ; le maire informe et est informé en matière de police judiciaire et peut accéder indirectement à certains fichiers à l'occasion de recrutement, affectation, autorisation, agrément ou habilitation d'agents municipaux (auteurs d'infractions sexuelles, auteurs d'infractions terroristes).

L'essor de l'implication des collectivités en matière de prévention de la récidive

L'un des objectifs de la loi n° 2014-896 du 15 août 2014 relative à l'individualisation des peines et renforçant l'efficacité des sanctions pénales est le renforcement de l'action des collectivités, aux côtés de la justice bien sûr, en ce qui concerne la prévention de la récidive.

Il est désormais spécifié que le service public pénitentiaire est assuré par l'administration pénitentiaire sous l'autorité du garde des Sceaux, ministre de la Justice, avec le concours des autres services de l'État, des collectivités territoriales, des associations et d'autres personnes publiques ou privées. Les maires sont incités à passer des conventions avec les services pénitentiaires d'insertion et de probation sur des actions d'insertion sociale et de prévention de la récidive, avec des objectifs précis.

Le rôle des instances locales de sécurité et de prévention de la délinquance en matière d'exécution des peines et de prévention de la récidive est consacré : les acteurs locaux pourront créer des groupes de travail et d'échange d'informations sur l'exécution des peines et la récidive au sein des CLSPD. La loi toilette aussi (articles 36 et 37) le fonctionnement des conseils départementaux de prévention de la délinquance et prévoit un droit à l'information des parlementaires sur la tenue des réunions des conseils locaux de sécurité et de prévention de la délinquance, avec droit d'y participer.

De plus, les crédits du fonds interministériel de prévention de la délinquance seront conditionnés par la création de postes de travail d'intérêt général, TIG. On peut citer à ce propos que certains services municipaux, comme le centre technique municipal de Saverne (Bas-Rhin), systématisent un accueil collectif de « tigistes ».

Enfin, il peut être signalé l'instauration d'un dispositif de participation citoyenne par circulaires (22 juin 2011, 30 avril 2019). Ce dispositif tend à développer auprès des habitants une culture de la prévention de la délinquance ; à favoriser le rapprochement entre les forces de sécurité de l'État, les élus locaux et la population ; et à améliorer l'efficacité des interventions et l'élucidation des infractions. Des réunions permettent de présenter l'intérêt de la démarche, un protocole est signé entre le maire, le préfet et le représentant de la sécurité publique étatique ; des citoyens référents, bénévoles et volontaires sont détectés. Ces derniers effectuent des signalements auprès des forces de sécurité publique en cas d'évènement suspect, ou lorsqu'ils sont témoins d'un fait ou d'une situation anormale.

Perspectives

Le renforcement du pouvoir de police du maire opéré par la loi engagement proximité

Issues en partie du plan d'action pour la sécurité des maires suite au mouvement des gilets jaunes, les dispositions relatives aux pouvoirs de police du maire constituent le Titre III de la loi du 27 décembre 2019.

Sont ainsi renforcées les prérogatives en matière de fermeture des ERP (établissements recevant du public) et des immeubles menaçant ruine, avec une possibilité d'astreintes journalières. En ce qui concerne le régime des débits de boissons, le maire peut bénéficier à sa demande d'un transfert de la faculté préfectorale de fermeture pour raison d'ordre public. Il peut aussi fixer par arrêté une plage horaire entre 20 heures et 8 heures durant laquelle la vente de boisson à emporter est interdite (par exemple un soir de match de foot!) Est également actualisée et assouplie la réglementation établissant le p@érimètre où l'établissement des débits de boissons à consommer sur place ne peut être autorisé.

De nombreuses amendes et astreintes sont permises au maire: en matière d'urbanisme en cas de non-conformité, en ce qui concerne le débroussaillement ou l'élagage indispensable, comme pour ce qui est du non-enlèvement d'une épave automobile ou des publicités, enseignes ou pré-enseignes contraires à la réglementation. La loi sur l'économie circulaire du 10 février 2020 poursuit dans cette dynamique, le maire pouvant par exemple désormais sanctionner d'une amende maximale de 15000 euros les responsables de dépôts sauvages et d'épaves de voitures... L'astreinte comme l'amende étant recouvrée par la commune (ou l'EPCI compétent).

Le challenge de l'intercommunalité dans la gestion de la sécurité, notamment dans la loi « sécurité globale » du 25 mai 2021

Au terme d'une lente évolution législative (en particulier par les lois MAPTAM, ALUR et NOTRe), 8 pouvoirs de police administrative spéciale sont concernés par un possible transfert aux présidents de communautés: la collecte des déchets, l'assainissement, les aires d'accueil ou terrains de passage des gens du voyage, la défense extérieure contre l'incendie, l'habitat indigne, la circulation et le stationnement dans le cadre de la compétence voirie, les manifestations culturelles et sportives, la délivrance des autorisations aux exploitants de taxis.

Au-delà des apports sus-mentionnés, la loi MAPTAM ne fait que toiletter le Code de la sécurité intérieure, en adaptant certains dispositifs, notamment à la métropole du Grand Paris et à Métropole Lyon.

Ainsi, il est créé un conseil métropolitain de sécurité et de prévention de la délinquance qui coordonne les grandes orientations en matière de prévention de la délinquance sur le territoire de la métropole du Grand Paris. Les modalités de fonctionnement du conseil métropolitain de sécurité et de prévention de la délinquance sont déterminées par le règlement intérieur établi par le conseil de la métropole.

En ce qui concerne la Métropole Lyon, le président du Conseil de la métropole exerce les attributions pour assurer la sécurité des manifestations culturelles et sportives organisées dans les établissements de la métropole; il exerce aussi les prérogatives relatives à la police de la circulation sur l'ensemble des voies de communication à l'intérieur des agglomérations, sous réserve des pouvoirs dévolus au représentant de l'État dans la métropole sur les routes à grande circulation. À l'extérieur des agglomérations, le président du Conseil de la métropole exerce également la police de la circulation sur les voies du domaine public routier des communes et de la métropole, sous réserve des pouvoirs dévolus au représentant de l'État dans la métropole sur les routes à grande circulation. Il est aussi détenteur de la police de la conservation sur les voies du domaine public routier de la métropole de Lyon.

À la demande des maires de plusieurs communes de la métropole, la métropole de Lyon peut recruter, après délibération des deux tiers au moins des conseils municipaux des communes intéressées représentant plus de la moitié de la population totale de celles-ci ou de la moitié au moins des conseils municipaux des communes représentant les deux tiers de la population totale de celles-ci, un ou plusieurs agents de police municipale, en vue de les mettre à disposition de l'ensemble de ces communes.

La loi engagement et proximité du 27 décembre 2019 permet au président d'un EPCI à fiscalité propre de recruter à son initiative (alors que depuis 2007 il fallait la demande des maires de communes membres) un ou plusieurs agents de police municipale mis à disposition des communes membres et pour assurer l'exécution des arrêtés de police intercommunaux. (Il est cependant nécessaire de disposer en sus de la délibération de l'EPCI d'une majorité qualifiée des 2/3 des conseils municipaux représentant plus de la ½ de la population intercommunale ou inversement.) Ce dispositif n'exclut pas le recrutement par une commune membre de ses propres agents de police municipale. Des dispositions analogues concernent les mutualisations de gardes champêtres au niveau intercommunal.

La loi pour une sécurité globale préservant les libertés du 25 mai 2021 facilite la mutualisation des forces de police municipale, en permettant aux communes limitrophes ou appartenant à une même agglomération au sein d'un même département ou à un même EPCI à fiscalité propre d'avoir des agents de police en commun. Les communes peuvent aussi former un syndicat de communes afin de recruter un ou plusieurs agents de police municipale en commun, compétents sur le territoire de chaque commune.

Des dispositifs de mutualisation pour l'acquisition, l'installation et l'entretien de dispositifs de vidéoprotection ainsi que de mise à disposition de personnel sont facilités par cette loi, sous réserve de l'accord de la commune d'implantation, via un EPCI disposant de la compétence relative aux dispositifs locaux de prévention de la délinquance, ou via un syndicat mixte.

En cas de catastrophe naturelle (comme cela a été le cas lors des inondations dans l'Aude) ou technologique, ou de manifestations exceptionnelles, les maires de communes limitrophes peuvent être autorisés par le préfet à utiliser en commun sur le territoire d'une ou plusieurs communes tout ou partie des moyens et des effectifs de leurs services de police municipale, pendant une durée limitée.

Peut aussi être signalée l'extension au niveau intercommunal et métropolitain des contrats de sécurité intégrée, outils permettant la mise en œuvre du principe du continuum de sécurité, formalisant et renforçant les engagements partagés de l'État et des collectivités dans le domaine de la sécurité (cf. circulaire du Premier ministre du 16 avril 2021).

Pour clore ce chapitre, comment ne pas aborder rapidement les risques naturels et technologiques auxquels sont confrontées les collectivités : le risque d'inondation concerne près de 18 000 communes françaises, les feux de forêt presque 15 %... Les arrêtés de catastrophe naturelle ont touché 36 000 communes depuis 1982 ! Quant aux risques technologiques, accidents industriels ou nucléaires, transport de matières dangereuses... ils font naturellement l'objet d'un encadrement important (des directives Séveso aux lois relatives à la sécurité civile en 1987 et 2004, ou à la prévention des risques en 2003), notamment en ce qui concerne les installations classées.

L'État demeure l'acteur principal en la matière, au travers par exemple des plans de prévention comme le PPRNP (plan de prévention des risques naturels prévisibles), les schémas directeurs de prévision des crues, les plans de prévention des risques technologiques (améliorés par l'ordonnance du 22 octobre 2015) ou la procédure relative aux installations classées ; la tempête Xynthia de 2010 rappelle aussi la possibilité d'expropriation dont dispose l'État.

Les collectivités ont, elles, de nombreuses obligations d'information, de prise en compte dans les documents de planification locale et de protection des populations (comme le plan communal de sauvegarde ou le document d'information communal sur les risques majeurs), et l'exercice du pouvoir de police qui, comme cela a été longuement développé, peut se décliner de manière multiple. La loi MAPTAM transfère d'ailleurs la compétence de prévention des inondations aux EPCI à fiscalité propre.

Bibliographie

- « Le maire face aux risques naturels et technologiques », www.interieur.gouv.fr
- « La vidéoprotection sous surveillance », Nathalie Quiblier, *Techni.cités,* juin-juillet 2019, p. 54-55.
- « Les polices municipales », Cour des comptes, octobre 2020, 223 p.
- « Mission flash sur l'évolution et l'amélioration des conseils de sécurité et de prévention de la délinquance », Stéphane Peu, Rémy Rebeyrotte, Assemblée nationale, 14 décembre 2020, 13 p.
- « L'ancrage territorial de la sécurité intérieure », Corinne Féret, Rémy Pointrau, Rapport d'information, 29 janvier 2021, n° 322, Sénat, 56 p.
- « Appréhender les pouvoirs de police du maire en période de crise sanitaire et leur articulation avec les pouvoirs du préfet et la protection des libertés », *Semaine juridique. Administration et Collectivités territoriales*, n° 8, 22 février 2021, p. 18-23.
- « Mise en œuvre du contrat de sécurité intégrée », ID ; Cité, 20 avril 2021.

Exemples de sujets

- Le maire et la sécurité
- Les politiques locales de sécurité
- La police municipale
- Prévention de l'insécurité, les élus locaux en première ligne ?

QCM

177. Qu'appelle-t-on des activités de police administrative ?

- ☐ **A.** Des formulaires administratifs remplis par les policiers
- ☐ **B.** Des missions de prévention visant à assurer l'ordre public
- ☐ **C.** Des inspections ou contrôles dans les administrations

178. Pourquoi est-ce paradoxal d'évoquer aujourd'hui une politique décentralisée de sécurité ?

- ☐ **A.** Parce que la sécurité est traditionnellement une compétence étatique
- ☐ **B.** Parce que la décentralisation ne concerne pas la sécurité locale
- ☐ **C.** Parce qu'il y a de multiples politiques décentralisées de sécurité

179. Comment distinguer police judiciaire et administrative ?

- ☐ **A.** L'une est légale, l'autre réglementaire
- ☐ **B.** L'une est répressive, l'autre préventive
- ☐ **C.** L'une est étatique, l'autre décentralisée

180. Quelle est l'affirmation exacte ?

- ☐ **A.** Le préfet n'a que des pouvoirs de police spéciale (installations classées, étrangers…)
- ☐ **B.** Le préfet ne peut interdire une « rave-party » que sur autorisation ministérielle
- ☐ **C.** Le préfet peut se substituer au maire, en cas de carence de mesure de police

181. Le président du Conseil départemental a-t-il actuellement des pouvoirs de police ?

- ☐ **A.** Oui, il se substitue au maire pour des arrêtés concernant plusieurs communes
- ☐ **B.** Non, c'est le maire et le préfet qui détiennent ce type de pouvoirs
- ☐ **C.** Oui, mais limités

182. Que signifie « le maire a un pouvoir de police générale » ?

- ☐ **A.** Le maire est l'autorité de droit commun en matière de police administrative municipale
- ☐ **B.** Le maire est le supérieur hiérarchique des policiers municipaux
- ☐ **C.** Le maire peut être armé, sur autorisation du procureur de la République

183. À quoi sert le conseil local de sécurité et de prévention de la délinquance (CLSPD) ?

- ☐ **A.** Juger les mineurs pour les petites incivilités
- ☐ **B.** Favoriser les échanges d'information, assurer l'animation et le suivi du contrat local de sécurité
- ☐ **C.** Développer la formation des policiers municipaux et agents territoriaux de sécurité

184. Comment le maire est-il informé par le préfet sur la sécurité et la prévention de la délinquance pour sa commune ?

- ☐ **A.** À sa demande, une fois par an, devant le conseil municipal
- ☐ **B.** Par les fuites dans la presse locale
- ☐ **C.** Par le rapport triennal établi par le ministre de l'Intérieur

185. Le maire peut-il suspendre les prestations familiales d'une famille d'un mineur délinquant ?

- ☐ **A.** Non
- ☐ **B.** Oui, sur avis concordant de l'inspecteur d'académie et du préfet
- ☐ **C.** Oui, mais pour une durée de 6 mois non renouvelables

186. Le maire dispose de la technique du rappel à l'ordre, de quoi s'agit-il ?

- ☐ **A.** D'une sanction en cas d'erreur légère d'un policier municipal
- ☐ **B.** Du pouvoir d'obliger un administré à faire disparaître un dépôt illégal de déchets
- ☐ **C.** D'une injonction verbale qui peut être adressée à un mineur

187. En matière de police, qu'appelle-t-on une transaction ?

- ☐ **A.** La possibilité pour le maire de proposer à un contrevenant une réparation en nature
- ☐ **B.** La possibilité de discuter le montant d'une amende de la circulation
- ☐ **C.** Une vente à la sauvette de stupéfiants ou de cigarettes

188. Doit-on dire « vidéosurveillance » ou « vidéoprotection » ?

- ☐ **A.** Vidéoprotection depuis la loi du 14 mars 2011
- ☐ **B.** Les deux expressions sont synonymes et donc équivalentes
- ☐ **C.** Vidéosurveillance depuis la loi LOPPSI 2

189. Une collectivité peut-elle déléguer l'exploitation et le visionnage des images de surveillance par caméras au secteur privés ?

- ☐ **A.** Oui, si la société a été agréée par la préfecture
- ☐ **B.** Oui, s'il y a risque de terrorisme
- ☐ **C.** Non, le Conseil constitutionnel a censuré cette disposition

190. Les policiers municipaux sont-ils armés ?

- ☐ **A.** Uniquement dans les communes de plus de 10 000 habitants
- ☐ **B.** Non
- ☐ **C.** C'est variable

191. Un policier municipal peut-il procéder à des contrôles d'identité ?

- ☐ **A.** Oui, mais uniquement sur le territoire communal
- ☐ **B.** Non, le Conseil constitutionnel a censuré cette disposition en 2011
- ☐ **C.** Oui, sur commission rogatoire

192. Le président d'une structure intercommunale dispose-t-il d'un pouvoir de police ?

- ☐ **A.** Non, ce pouvoir relève des maires des communes membres
- ☐ **B.** Uniquement si les maires le transfèrent
- ☐ **C.** Oui

193. Quelle est la définition du contrat de responsabilité parentale ?

- ☐ **A.** Un contrat d'assurance permettant d'indemniser les dommages causés par les enfants mineurs
- ☐ **B.** Un document rappelant les obligations des titulaires de l'autorité parentale et comportant des mesures d'aide et d'action sociale
- ☐ **C.** Un règlement intérieur d'un établissement scolaire signé par les parents

194. Les arrêtés dits « couvre-feu » sont-ils légaux ?

- ☐ **A.** Oui, s'ils respectent certaines conditions
- ☐ **B.** Non car ils portent atteinte à la liberté d'aller et venir
- ☐ **C.** Oui, c'est un pouvoir ordinaire du maire

195. De qui dépendent les services de lutte contre l'incendie ?

- ☐ **A.** Du département collectivité territoriale
- ☐ **B.** Du préfet de département
- ☐ **C.** Du président du Conseil départemental et du préfet de département

196. Est-ce à l'État de prendre en charge la prévention des risques naturels ?

- ☐ **A.** Oui, il en est le seul responsable
- ☐ **B.** Non, c'est aux collectivités territoriales ou à leurs regroupements
- ☐ **C.** Oui, avec les collectivités territoriales

197. Quels sont les acteurs de la sécurité routière ?

- ☐ **A.** Le préfet, le président du Conseil départemental, le président de l'EPCI, le maire, la police, la gendarmerie, les usagers
- ☐ **B.** Le maire, en tant que représentant déconcentré de l'État
- ☐ **C.** La police et la gendarmerie

198. À Paris, qui détient le pouvoir de police ?

- ☐ **A.** Le préfet de département
- ☐ **B.** Le maire de Paris
- ☐ **C.** Il y a un partage entre le maire de Paris et le préfet de police

Réponses

177. Réponse B. L'action visant à prévenir les atteintes qui pourraient être portées à l'ordre public constitue ce qu'on appelle la police administrative ; elle s'exerce par l'édiction de normes juridiques réglementaires (par exemple par des arrêtés interdisant la circulation) ou individuelles. Elle se réalise aussi par l'accomplissement d'opérations matérielles comme des barrages routiers de contrôle.

178. Réponse A. Originellement, la sécurité est une prérogative régalienne, appartenant à l'État *via* ses échelons déconcentrés. Cependant aujourd'hui, les textes multiplient les interventions décentralisées en confiant tant au maire, au président de l'EPCI, qu'au président du Conseil départemental d'importantes prérogatives sécuritaires. De plus, la réduction du nombre de fonctionnaires d'État incite indirectement les collectivités à pallier les manques d'effectifs étatiques par des recrutements de territoriaux, notamment en matière de police.

179. Réponse B. Le critère finaliste semble simple : la police administrative a un rôle préventif, celui de la police judiciaire est répressif ; il est cependant complexe d'opérer la distinction dans certains cas, d'où de nombreuses jurisprudences comme les arrêts de 1951 Baud et Noualek. Il est en effet essentiel de différencier les deux formes de police, en raison du principe de séparation des autorités administratives et judiciaires qui entraîne que la direction et le contentieux de la police judiciaire relèvent de l'autorité judiciaire ; l'administration et le juge administratif n'ont compétence que pour la police administrative.

180. Réponse C. L'article L. 2215-1 du CGCT rappelle que la police municipale est assurée par le maire. Il précise que toutefois le représentant de l'État dans le département peut prendre, pour toutes les communes du département ou plusieurs d'entre elles, et dans tous les cas où il n'y aurait pas été pourvu par les autorités municipales, toutes mesures relatives au maintien de la salubrité, de la sûreté et de la tranquillité publiques. Ce droit ne peut être exercé par le représentant de l'État dans le département à l'égard d'une seule commune, qu'après une mise en demeure au maire restée sans résultat.

181. Réponse C. Le président du Conseil départemental ne dispose pas, comme le maire, d'un pouvoir de police administrative générale. Il exerce néanmoins le pouvoir de police spéciale lié à la gestion du domaine départemental, notamment en matière de voirie, et est aussi en charge de la police des ports maritimes départementaux. Enfin, le président du Conseil départemental joue un rôle remarquable dans la protection de l'enfance, politique qui peut être envisagée sous l'angle social comme sécuritaire.

182. Réponse A. Le maire est chargé, sous le contrôle administratif du représentant de l'État dans le département, de la police municipale, de la police rurale et de l'exécution des actes de l'État qui y sont relatifs (article L. 2212-1 CGCT). La police municipale a pour objet d'assurer l'ordre public, c'est-à-dire la classique trilogie sécurité, salubrité et tranquillité, à laquelle s'est ajoutée la défense de la dignité humaine (CE 27 octobre 1995 Commune de Morsang-sur-Orge).

183. Réponse B. Créé par le décret de 2002 et consacré par la loi du 5 mars 2007, le CLSPD est obligatoire dans toutes les communes de plus de 5 000 habitants, ou comprenant un quartier prioritaire de politique de la ville. Ses attributions sont importantes : favoriser l'échange d'informations entre les responsables des institutions et organismes publics et privés concernés, et définir des objectifs communs pour la préservation de la sécurité et de la tranquillité publiques. Il assure également l'animation et le suivi du CLS lorsque le maire et le préfet, après consultation du procureur de la République et avis du conseil, ont estimé que l'intensité des problèmes de délinquance sur le territoire de la commune justifiait sa conclusion.

184. Réponse A. À la demande du maire, le préfet de département ou son représentant (par exemple un officier de gendarmerie ou un commissaire de police) présente une fois par an devant le conseil municipal l'action de l'État en matière de sécurité et de prévention de la délinquance pour la commune concernée (article L. 2121-41 du CGCT créé par la loi engagement et proximité du 27 décembre 2019). Le procureur de la République doit pour sa part informer systématiquement le maire des classements sans suite, mesures alternatives aux poursuites, poursuites engagées et jugements définitifs pour les infractions constatées par les agents de police municipale (art 3 de la loi du 25 mai 2021).

185. Réponse A. L'article L. 131-8 du Code de l'éducation prévoit qu'en cas de persistance du défaut d'assiduité, le directeur de l'établissement d'enseignement réunit les membres concernés de la communauté éducative, afin de proposer aux personnes responsables de l'enfant une aide et un accompagnement adaptés et contractualisés avec celles-ci.

186. Réponse C. L'article L. 132-7 du Code de la sécurité intérieure écrit que lorsque des faits sont susceptibles de porter atteinte au bon ordre, à la sûreté, à la sécurité ou à la salubrité publiques, le maire peut procéder verbalement, à l'endroit de leur auteur, au rappel des dispositions qui s'imposent à celui-ci pour se conformer à l'ordre et à la tranquillité publics, le cas échéant en le convoquant en mairie. Le rappel à l'ordre d'un mineur intervient, sauf impossibilité, en présence de ses parents, de ses représentants légaux ou, à défaut, d'une personne exerçant une responsabilité éducative à l'égard de ce mineur.

187. Réponse A. Pour les contraventions que les agents de police municipale sont habilités à constater par procès-verbal, et qui sont commises au préjudice de la commune au titre de l'un de ses biens, le maire peut, tant que l'action publique n'a pas été mise en mouvement, proposer au contrevenant une transaction consistant en la réparation de ce préjudice. La transaction peut également consister en l'exécution, au profit de la commune, d'un travail non rémunéré pendant une durée maximale de trente heures.

188. Réponse A. Le glissement sémantique entre vidéosurveillance et vidéoprotection date de la loi LOPPSI2 du 14 mars 2011. Sans définition officielle de vidéoprotection, il reste délicat de différencier véritablement les deux techniques, même si la finalité recherchée apparaît distincte : surveiller (avec une éventuelle connotation négative) ou protéger.

189. Réponse C. La décision n° 2011-625 dC du 10 mars 2011 du Conseil constitutionnel rappelle que l'article 12 de la déclaration de 1789 dispose que la garantie des droits de l'homme et du citoyen nécessite une force publique, et que cette force est donc instituée pour l'avantage de tous, et non pour l'utilité particulière de ceux auxquels elle est confiée. Les juges considèrent qu'en confiant à des opérateurs privés le soin d'exploiter des systèmes de vidéoprotection sur la voie publique et de visionner les images pour le compte de personnes publiques, la loi permet d'investir des personnes privées de missions de surveillance générale de la voie publique. Chacune de ces dispositions rend ainsi possible la délégation à une personne privée des compétences de police administrative générale inhérentes à l'exercice de la « force publique » nécessaire à la garantie des droits, ce qui est contraire à la DDHC de 1789.

190. Réponse C. Sur demande motivée du maire, pour un ou plusieurs agents nommément désignés, le préfet du département peut accorder une autorisation individuelle de porter une arme pour l'accomplissement de certaines missions (comme la surveillance dans les services de transports publics de personnes), sous réserve de l'existence d'une convention de coordination des interventions de la police municipale et des forces de sécurité de l'État. Le maire précise dans sa demande les missions habituellement confiées à l'agent, ainsi que les circonstances de leur exercice, et joint un certificat médical attestant de l'état de santé physique et psychique de l'agent. En raison des risques terroristes, le nombre de polices municipales armées est en forte augmentation.

191. Réponse B. Le Conseil constitutionnel a jugé qu'en confiant à des agents de police municipale, qui relèvent des autorités communales et ne sont pas mis de façon effective à la disposition des officiers de police judiciaire, le pouvoir d'opérer des contrôles d'identité à des fins de police judiciaire, il y a méconnaissance de l'article 66 de la Constitution (la police judiciaire doit être placée sous la direction et le contrôle de l'autorité judiciaire, en particulier pour les crimes et délits qui sont punis de peines privatives de liberté). La loi du 28 février 2017 relative à la sécurité publique décrit cependant le déroulé de la procédure suivie par les policiers municipaux quand ils relèvent l'identité des contrevenants afin que ces derniers demeurent à la disposition des agents de la police municipale pendant le temps nécessaire à l'information et à la décision de l'OPJ, et assortit le non-respect de cette obligation de sanctions pénales

192. Réponse C. Au terme de l'article L. 5211-9-2 du CGCT les transferts des pouvoirs de police spéciale (assainissement, collecte des déchets ménagers, aires d'accueil des gens du voyage, voirie, habitat) sont opérés au profit du président de l'EPCI compétent en ce domaine selon 2 modalités. Si lors du mandat 2014-2020 les transferts de police ont été effectués, le président les exerce mais les maires ont 6 mois après l'élection du président pour s'opposer à la reconduction. Si au contraire, le transfert n'a pas été opéré pendant le mandat 2014-2020, il ne sera opéré au profit du président de l'EPCI qu'après un délai de 6 mois suivant son élection, si le maire ne s'y oppose pas.

193. Réponse B. Le contrat de responsabilité parentale, signé par les parents d'un mineur avec le président du Conseil départemental, comporte notamment les motifs et les circonstances de fait justifiant le recours à un tel contrat, ainsi qu'une présentation de la situation de l'enfant et des parents ou du représentant légal du mineur. Il contient de plus un rappel des obligations des titulaires de l'autorité parentale, des engagements des parents ou du représentant légal du mineur pour remédier aux difficultés identifiées dans le contrat, et des mesures d'aide et d'action sociales relevant du président du Conseil départemental de nature à contribuer à résoudre ces difficultés. Sa durée (la durée totale ne peut être supérieure à un an), les modalités du réexamen de la situation de l'enfant et des parents ou du représentant légal du mineur durant la mise en œuvre du contrat, et le rappel des sanctions prévues en cas de manquements y figurent également. Ce contrat peut si nécessaire rappeler les mesures d'aide déjà mises en place.

194. Réponse A. Les arrêtés municipaux dits « couvre-feu » avaient été pris légalement par des maires, en fonction de circonstances locales particulières, sur le fondement de leurs pouvoirs de police générale (articles L. 2212-1 et s. du CGCT), à deux conditions : l'existence de risques particuliers, et un contenu adapté à l'objectif de protection. Le couvre-feu est confié par la LOPPSI 2 au préfet, qui peut prendre une mesure tendant à restreindre la liberté d'aller et venir des mineurs de 13 ans non accompagnés, entre 23 heures et 6 heures, s'ils sont exposés à un risque manifeste pour leur santé, leur sécurité, leur éducation ou leur moralité. S'ajoute la faculté de couvre-feu individuel, dans le cadre d'un contrat de responsabilité parentale, de compétence du juge des enfants.

195. Réponse C. En dehors des cas très particuliers de Paris et sa première couronne, et de Marseille, la lutte contre l'incendie est confiée aux services départementaux d'incendie et de secours (SDIS), établissements publics départementaux. Les SDIS font l'objet d'un double rattachement : si le préfet a un rôle important de planification, de gestion du personnel encadrant et d'organisation ; le président du Conseil départemental préside en général le conseil d'administration, cogère la carrière des officiers ; de plus, le conseil départemental assure principalement le financement.

196. Réponse C. L'État demeure l'acteur principal en la matière, au travers par exemple des plans de prévention comme le PPRNP (plan de prévention des risques naturels prévisibles), les schémas directeurs de prévision des crues, ou la procédure relative aux installations classées. Les collectivités ont de nombreuses obligations d'information, de prise en compte dans les documents de planification locale et de protection des populations (comme le plan communal de sauvegarde ou le document d'information communal sur les risques majeurs), et l'exercice du pouvoir de police qui peut se décliner de manière multiple pour prévenir. La loi MAPTAM consacre d'ailleurs différents articles à la question de la prévention des inondations par les communes et les EPCI.

197. Réponse A. La lutte contre l'insécurité routière est de la compétence de l'État, notamment au travers du pouvoir réglementaire du Premier ministre et du Comité interministériel de la sécurité routière qu'il préside. Le président du Conseil départemental, le président de l'EPCI, et le maire, par les pouvoirs de police qu'ils détiennent sur la voirie qu'ils gèrent jouent naturellement un rôle important. La face répressive de la sécurité routière assurée par les forces de police et de gendarmerie contribue à cet objectif. Les usagers par leur comportement individuel sont les principaux acteurs, aidés par des actions de sensibilisation menées par les assureurs ou les associations, et des incitations organisées par les entreprises (encouragement au covoiturage…).

198. Réponse C. En raison de l'importance stratégique de Paris, capitale de la France et siège des institutions de la République et des représentations diplomatiques, le pouvoir de police est partagé entre le préfet de police et le maire de Paris. La répartition entre ces deux acteurs a été modifiée par la loi du 28 février 2017 relative au statut de Paris et à l'aménagement métropolitain. La loi du 25 mai 2021 instaure un cadre légal permettant la création d'une police municipale à Paris bénéficiant de prérogatives particulières.

10 Les politiques sociales décentralisées

Les collectivités territoriales sont devenues des acteurs majeurs et incontournables des politiques sociales depuis plus d'une trentaine d'années. Cependant, compte tenu de la diversité des politiques en cause, de la diversité des acteurs et des enjeux en présence, l'intervention des collectivités locales en la matière n'est pas uniforme. L'État reste d'ailleurs très présent – à des degrés divers – dans nombre de ces politiques. La décentralisation a compliqué, plus qu'elle n'a simplifié, leur approche. De plus l'efficience de la décentralisation des politiques sociales, n'est pas toujours évidente. Le principe même de la décentralisation de ces politiques est parfois discutable au regard d'autres principes qui les animent, notamment le principe d'égalité. Si bien qu'aujourd'hui les perspectives sont souvent incertaines, entre approfondissement de la décentralisation et recentralisation rampante.

Historique

Origine des politiques sociales

Une politique sociale est une politique publique, c'est-à-dire menée par des autorités publiques, dont l'objet est d'apporter une réponse à une problématique sociale donnée. Elles se sont développées dès la fin du XIXe siècle, lorsque les questions sociales sont devenues pour l'État des enjeux politiques. Ceci n'exclut pas que certaines politiques sociales trouvent leurs origines dans des mécanismes de solidarité plus anciens. En effet, les politiques publiques sociales naissent de la volonté de la puissance publique de répondre à des problèmes sociaux qui jusque-là n'avaient trouvé de réponse qu'au travers d'initiatives privées ou confessionnelles.

Le champ des politiques sociales varie dans le temps. Il n'y a de politique sociale que si les pouvoirs publics reconnaissent à une époque donnée un problème qu'ils qualifient de social ; c'est-à-dire comme pouvant faire l'objet d'une politique publique propre à y apporter une réponse satisfaisante.

Toute politique sociale est adoptée et mise en œuvre pour répondre à des besoins précis d'une population donnée ou plus largement d'un territoire donné. Elles peuvent être universelles et répondre aux besoins de tous, ou bien être spécialisées et répondre à des problématiques spécifiques (visant une catégorie de la population). Les politiques sociales spécialisées sont donc essentiellement catégorielles et s'adressent à des populations spécifiques (personnes âgées, chômeurs, etc.). Transversales par nature, car mobilisant une pluralité d'acteurs et articulant plusieurs modalités d'action, elles font l'objet depuis les lois de décentralisation de nombreuses politiques définies par les collectivités territoriales.

Décentralisation des politiques sociales

Les politiques sociales ont souvent fait l'objet d'une prise en charge par l'État. Cependant, les collectivités locales, notamment communales ont aussi développé une longue tradition d'interventionnisme social. La création de ces services publics locaux à caractère social a été validée la plupart du temps par le Conseil d'État ; celui-ci se fondant sur la clause générale dont bénéficiaient les collectivités territoriales, et sur le constat d'un intérêt général suffisant au niveau local.

À partir de 1983, l'intervention des collectivités territoriales dans le domaine social se trouve considérablement renforcée par l'attribution qui leur est faite de compétences précises en ce domaine. Il s'en est suivi pour chaque catégorie de collectivité une forme de spécialisation dans certaines politiques sociales.

Mais cette spécialisation n'est pas exclusive. Les collectivités communales peuvent intervenir de façon volontaire et facultative, dès lors que :

- La loi ne le leur interdit pas.
- Qu'elles exercent prioritairement leurs compétences obligatoires.
- Qu'un intérêt communal justifie leur intervention. Par exemple, la commune peut intervenir dans le domaine de la santé publique (compétence de l'État) notamment pour prévenir la désertification médicale, et dans le domaine sanitaire et social (compétence du département) pour créer une maison de retraite. Cette situation est rendue possible par la fameuse clause générale de compétence maintenue par la loi NOTRe pour les communes.

Les autres collectivités, notamment régionales, peuvent engager des actions complémentaires à celle d'autres collectivités mais uniquement dans le cadre précisé par les lois et règlements relatifs à la répartition des compétences. On en trouve une illustration dans le Code de la santé publique pour les régions (article L. 1424-1 du Code de la santé publique CSP).

Le département, spécialisé dans l'aide sociale

Avec les lois de décentralisation, le département s'est vu confier par l'État des compétences importantes dans le domaine social qui pèsent lourd dans les budgets départementaux. On en dénombre quatre principales :

- Versement du revenu de solidarité active (RSA) aux personnes sans activité et organisation de leur insertion ;
- Aide sociale à l'enfance (ASE) ;
- Aide sociale aux personnes âgées ;
- Aide sociale aux personnes handicapées.

Ce sont 38,6 milliards d'euros que les départements (hors outre-mer) ont consacré aux dépenses d'aide sociale en 2019 (selon les derniers chiffres disponibles de l'ODAS), soit une progression de 1,9 % par rapport à l'année 2018 (contre des progressions annuelles de plus de 3 % dans les années 2010-2014, et 1,6 % encore en 2017) : dont environ 10,425 milliards pour le RSA, 7,9 milliards pour l'ASE, 7,2 milliards pour l'aide aux personnes âgées et 7,79 milliards pour l'aide aux personnes handicapées (Les chiffres pour l'année 2020 seront disponibles à l'automne 2021 sur le site de l'ODAS). Les départements sont par ailleurs compétents pour mener des politiques d'action sociale à l'égard de ces mêmes populations.

La région, spécialisée dans la formation professionnelle

La décentralisation a progressivement fait de la région l'échelon de droit commun en matière de formation professionnelle des jeunes et des demandeurs d'emploi. Sa compétence en la matière a été accrue par la loi du 13 août 2004 : les régions ont été substituées à l'État pour commanditer les formations subventionnées par l'AFPA (Association pour la formation professionnelle des adultes).

De plus, la politique de formation professionnelle fait l'objet d'un contrat de plan régional de développement des formations professionnelles qui jusqu'à aujourd'hui était signé entre la région et l'État, et qui à compter de 2015 est élaboré par la région, en collaboration avec l'État et d'autres acteurs. La volonté récente de l'État est d'accentuer la décentralisation de cette politique.

La commune et l'intercommunalité, une intervention ancienne et facultative

La compétence des communes en matière sociale est ancienne. Aujourd'hui, 80 % des communes développent des actions en faveur des personnes âges, 40 % en faveur des personnes et enfants en difficultés, et 20 % en faveur des personnes handicapées. Mais la loi ne les oblige pas à mener de telles actions ; elles sont donc facultatives.

Les CCAS (centres communaux d'action sociale, parfois CIAS au niveau intercommunal) – sont créés dans toutes les communes sous forme d'établissement public (mais seulement un peu plus de 7500 ont une autonomie comptable par rapport à la commune). Ils sont régis par les articles L. 123-4 et suivants du CASF (Code de l'action sociale et des familles). Le centre communal d'action sociale anime une action générale de prévention et de développement social dans la commune, en liaison étroite avec les institutions publiques et privées. Il participe à l'instruction des demandes d'aide sociale ou transfère les demandes d'instructions aux autorités compétentes. Il peut gérer des établissements ou services sociaux et médico-sociaux placés sous la tutelle de la commune ou de l'intercommunalité le cas échéant. Il peut aussi exercer les compétences que le département a confiées à la commune par convention. Les CCAS/CIAS sont devenus des acteurs incontournables de l'action sociale locale, leur rôle de proximité étant reconnu en termes d'accès aux droits, de prévention et de maintien du lien social.

Par ailleurs, les communes et les intercommunalités se sont vues attribuer des compétences dans le domaine de la politique du logement, de la politique de la ville, qui par leur transversalité intrinsèque en font des politiques à caractère social.

Enfin, la loi de 2010 renforcée par la loi MAPAM du 27 janvier 2014 crée les métropoles qui vont pouvoir absorber l'essentiel des compétences du département sur leur territoire. Alors qu'on s'acheminait vers la suppression pure et simple des conseils généraux sur le territoire des métropoles, pour le moment ce n'est pas le cas.

Complexité

L'étude des politiques sociales est complexe, du fait de la diversité des populations et des besoins sociaux, de la pluralité des acteurs, de la multiplicité des procédures et des nombreuses difficultés de nature institutionnelle, juridique et financière rencontrées dans la mise en œuvre de ces politiques sur le terrain. L'enchevêtrement des compétences et les financements croisés rendent vain un exposé par catégorie de collectivité. Il convient plutôt d'exposer les principes qui gouvernent ces politiques sociales décentralisées puis d'en analyser le contenu par domaines principaux d'intervention.

Connaissances de base

Les principes fondamentaux des politiques sociales

La solidarité

La solidarité est au cœur des politiques sociales décentralisées. Elle est conçue comme une modalité d'action publique à part entière qui s'oppose à la charité. Alors que la charité se fonde sur des idéaux religieux, philosophiques ou politiques ce qui en fait un mode d'action empreint de subjectivité, la solidarité est le principe qui permet de sortir l'action sociale de la subjectivité et d'en rationaliser le cadre juridique. La sociologie durkheimienne et la notion de justice sociale sont venues appuyer l'essor de la solidarité dans les politiques publiques à partir de la fin du XIXe siècle.

Les mécanismes de solidarité à l'œuvre dans les politiques sociales ont connu un double mouvement dans la période récente.

En premier lieu, dès l'après-guerre, lors de la reconstruction du pays, les politiques sociales ont permis tout à la fois de répartir les fruits de la croissance dans un cadre redistributif, et permis le progrès global de la société, sans que celui-ci ne soit réservé aux plus aisés. La politique du logement est assez emblématique de ce progrès collectif durant les décennies 1950 à 1970. De même l'édification des mécanismes de protection sociale, à travers la généralisation des régimes de Sécurité sociale obéit à des principes similaires. Puis l'État, qui avait pris l'initiative de ces politiques d'action sociale, a transféré aux collectivités locales beaucoup de ses compétences sociales, notamment aux conseils généraux dans le domaine des solidarités.

En second lieu, parallèlement à l'essor de cette prise en charge des besoins sociaux par les collectivités publiques, réapparaissaient des mécanismes de solidarité plus traditionnels, tel que la charité privée. La puissance publique ne pouvant plus faire face, seule, à tous les besoins, les mécanismes traditionnels de solidarité familiale sont réapparus: prise en charge prolongée des enfants en fin d'études et sans travail stable, et à l'autre bout de la chaîne, prise en charge des parents et grands-parents très âgés. De même, des mécanismes de charité réapparaissent notamment sous la forme d'associations caritatives et humanitaires. Ces solidarités anciennes ne sont pas en opposition à la solidarité de la puissance publique; elles interviennent en complément, et l'articulation entre les deux types de solidarité est largement régie par le droit de l'action sociale.

L'accès aux droits sociaux

Les politiques sociales décentralisées organisent l'accès à des droits sociaux (dits aussi droits subjectifs car attachés au sujet, c'est-à-dire à l'individu). Les conditions d'accès à ces droits préalablement reconnus et affirmés, sont précisées par la réglementation édictée par la collectivité publique qui en a la compétence. L'accès aux droits sociaux connaît des évolutions contemporaines de deux ordres.

D'une part, le principe d'accès aux droits est renforcé par la notion d'opposabilité de ces droits. La politique du logement en est typiquement une illustration : le droit au logement opposable (DALO) a été mis en place par la loi du 5 mars 2007. S'il vise à renforcer le droit au logement, il démontre en creux l'échec des politiques de logement – notamment du logement social – ces dernières décennies. Une autre conséquence de l'opposabilité d'un droit est de contribuer à une judiciarisation des relations entre citoyens et collectivités publiques dans la mise en œuvre des droits sociaux. L'État est d'ailleurs régulièrement condamné par les tribunaux administratifs pour non-respect de ces obligations contenues dans la loi DALO.

D'autre part, la notion de discrimination positive (importée des États-Unis d'Amérique) pourrait être à l'avenir une modalité de mise en œuvre des politiques sociales. Il s'agit de créer les conditions d'une égalité entre les individus notamment mais pas uniquement, par l'institution de quotas. C'est aujourd'hui en partie le cas à travers la politique du handicap qui renforce sous peine de sanction l'obligation d'emploi de personnes handicapées dans le milieu ordinaire de travail.

Distinction action sociale/aide sociale

Il est fondamental d'opérer la distinction entre l'aide sociale et l'action sociale pour appréhender nombre de politiques sociales.

L'aide sociale désigne l'ensemble des prestations servies par les collectivités publiques en vue d'aider leurs bénéficiaires à faire face à une situation sociale difficile. Elle est organisée par la loi et constitue une obligation juridique et financière pour les collectivités publiques. Elle recouvre des allocations et des services attribués à des catégories de population considérées comme défavorisées non prises en charge par le système de Sécurité sociale. Depuis 1982, elle est devenue le terrain principal de l'action des conseils généraux en matière sociale.

L'action sociale désigne l'ensemble des services et équipements destinés aux personnes et familles aidées dans leurs difficultés. Elle est complémentaire de l'aide sociale et de la protection sociale.

Les outils de contractualisation

Les schémas départementaux, les PRIAC, les CPOM et les GCSMS sont les quatre outils juridiques mis en œuvre dans le cadre des politiques sociales et médico-sociales.

Les schémas

Un schéma définit les principaux axes d'une politique publique et sert de base à l'action publique. Il détermine les orientations de cette politique, en prenant en compte l'évolution des besoins recensés. Son but est d'assigner à chacun des acteurs de la politique publique son rôle, ses compétences ; il permet d'accompagner les évolutions souhaitées et définies dans le cadre du schéma. Il n'est pas un outil statique, mais est bien un outil du changement, permettant le cas échéant l'expérimentation. En ce sens, un schéma présente une grande utilité dans le pilotage des politiques sociales décentralisées. Les lois prescrivent aux collectivités territoriales de les adopter pour l'organisation de leurs politiques sociales.

Parmi ces schémas, les schémas d'organisation sociale et médico-sociale méritent une attention particulière, du fait de leur caractère central dans l'action des collectivités intéressée, principalement les départements.

Les schémas d'organisation sociale et médico-sociale

En ce qui concerne leur utilisation dans le cadre des politiques sociales décentralisées, les schémas sont principalement départementaux. Ces schémas départementaux sont conçus comme des outils destinés à adapter les réponses publiques aux besoins en matière médico-sociale et d'action sociale. Ainsi par exemple, les articles L. 312-4 et suivants du CASF encadrent les schémas d'organisation sociale et médico-sociale.

Depuis la loi n° 2002-2 du 2 janvier 2002 rénovant l'action sociale et médico-sociale, ces schémas doivent être déclinés aux niveaux national, régional et départemental ; mais ce dernier échelon était bien conçu comme la priorité à une époque où la départementalisation des compétences en la matière était confirmée et accrue. L'assemblée départementale devient pleinement responsable de l'approbation du schéma départemental d'organisation sociale et médico-sociale, et non plus uniquement son président.

Un schéma d'organisation sociale et médico-sociale est généralement le fruit d'une concertation. Si certaines institutions ou organismes sont obligatoirement associés par la loi lorsque celle-ci le prévoit, les collectivités ont aussi la liberté de consulter d'autres acteurs concernés par le schéma. Concrètement la collectivité qui projette un schéma désigne un chargé de projet et crée un comité de pilotage du schéma dans lequel elle invite divers organismes et institutions publics ou privés. Des groupes de travail peuvent être organisés pour approfondir la réflexion et la rendre collective. Le chef de projet rédige un avant-projet de schéma qui est soumis et amendé par le comité de pilotage. Bien que la collectivité soit totalement maîtresse de son schéma, elle tient généralement compte des remarques qui sont largement partagées au sein du comité de pilotage. La collectivité peut décider d'être accompagnée par un cabinet de conseil sur tout ou partie de ce processus de concertation. Puis le projet final, validé par la direction générale est soumis à l'approbation de l'assemblée élue.

Le contenu des schémas d'organisation sociale et médico-sociale

En vertu de la loi de 2002, les schémas d'organisation sociale et médico-sociale apprécient la nature, le niveau et l'évolution des besoins sociaux et médico-sociaux de la population. Ils dressent le bilan quantitatif et qualitatif de l'offre sociale et médico-sociale existante. Ils déterminent les perspectives et les objectifs de développement de l'offre sociale et médico-sociale, notamment lorsque cela nécessite la création, la transformation ou la suppression d'ESMS (établissement social et médico-social). Ils précisent le cadre de la coopération et de la coordination entre les établissements et services. Ils définissent les critères d'évaluation des actions mises en œuvre dans le cadre de ces schémas.

Le schéma doit respecter les orientations souhaitées par l'État pour certaines structures relevant de sa compétence mais incluse dans ce schéma. Il s'agit des établissements et services d'enseignement et d'éducation spéciale, des établissements et services relevant de la PJJ, des CAT/ESAT, des établissements et services pour personnes en difficulté, des FJT (foyer des jeunes travailleurs). Sont également visés les établissements et services dont la tarification des prestations est supportée par l'assurance-maladie et est fixée par l'autorité compétente de l'État (structure pour personnes âgées ou handicapées délivrant des prestations de soin).

Un document annexé peut préciser la programmation pluriannuelle des établissements et services sociaux et médico-sociaux qu'il faudrait créer, transformer ou supprimer.

L'évolution des schémas d'organisation sociale et médico-sociale

On constate depuis plus de trente ans une évolution entre les schémas dits de première génération et ceux de quatrième génération Initialement les schémas étaient souvent composés d'orientations générales, sans grande vision politique et sans portée opérationnelle. Puis la dimension opérationnelle s'est faite plus présente ; une attention plus grande a été apportée à la déclinaison des orientations générales en actions concrètes. Les schémas contemporains tendent à intégrer plus de complexité, dans la mesure où ils tendent à décliner et à articuler des dimensions politiques et stratégiques. Ils sont centrés sur les besoins du territoire de la collectivité, cherchent à être déterminants sur l'évolution ou l'ajustement de l'offre de service, et donnent des indications sur les modes de pilotages recherchés. Idéalement ces schémas devraient être transversaux. Caractérisant cette transversalité, la loi du 13 août 2004 évoque un schéma départemental unique en matière sociale, et non plusieurs schémas. Ceci permettrait de favoriser une lecture moins cloisonnée de l'action sociale, et de favoriser les synergies entre les politiques sociales menées par le département. Mais en pratique, les départements conservent plusieurs schémas (un pour l'autonomie, un pour la protection de l'enfance, etc.), l'action publique « en silos » ayant encore un bel avenir devant elle.

Les PRIAC

Les PRIAC sont les programmes interdépartementaux d'accompagnement des handicaps et de la perte d'autonomie. Ils ont été créés par la loi du 11 février 2005 relative à l'égalité des droits et des chances, à la participation et à la citoyenneté des personnes handicapées. Ils sont conçus comme des outils de programmation pluriannuelle (sur cinq ans) des financements de l'État, de l'Assurance-maladie et de la CNSA en région des établissements et services médico-sociaux. Leur objectif est d'adapter et de faire évoluer l'offre d'accueil en établissement médico-social, pour que chaque personne qui en a le besoin puisse trouver un tel établissement ou service d'accueil dans le territoire où elle se trouve.

Depuis la loi dite HPST (hôpital, patient, santé et territoire) et la création des ARS, le PRIAC est établi par le directeur général de l'ARS. Ainsi, cette loi a fait du PRIAC un élément essentiel du projet régional de santé (PRS) en vue de la réalisation du schéma régional d'organisation médico-sociale. Dans ce cadre, le PRIAC a permis de renforcer le pilotage régional médico-social en vue de préparer la mise en place du nouveau régime d'autorisation.

Sont concernés par le PRIAC tous les établissements et services médico-sociaux accueillant des personnes âgées ou des personnes handicapées, dès lors qu'ils relèvent d'un financement de l'État, de l'Assurance-maladie ou d'un double financement État et conseil général.

Les CPOM

Les CPOM (contrats pluriannuels d'objectifs et de moyens) ont été institués par l'ordonnance du 1er décembre 2005 (art. L. 313-11 du CASF), et précisés par plusieurs textes (décret du 7 avril 2006 et diverses circulaires ministérielles). Les CPOM visent à améliorer l'efficience de l'action sociale. Ils sont une forme de « contrat de confiance » entre les pouvoirs publics et les gestionnaires d'établissements.

Le CPOM est conclu pour une période de 5 ans. Il concerne généralement une association gestionnaire de plusieurs ESMS. Il définit une enveloppe budgétaire globalisée pour l'ensemble des établissements gérés. La pluri-annualité appliquée à une pluralité d'établissements gérés doit permettre notamment une remise à niveau des établissements, un apurement des déficits.

Cette formule se généralise progressivement. Pour les établissements accueillant des personnes handicapées et les services d'aide à domicile, l'article 75 de la loi de financement de la sécurité sociale rend obligatoire les CPOM depuis le début 2017. De même l'article 58 de la loi « adaptation de la société au vieillissement » les rend obligatoire pour le 1er janvier 2017 pour les EHPAD. Ils s'accompagnent de la mise en place d'un état des prévisions de recettes et de dépenses (EPRD) qui est un document budgétaire qui « donne la prééminence aux prévisions de recettes, dont est responsable l'établissement et à partir desquelles il détermine ses prévisions de dépenses et le résultat qui en découle » (Circulaire DHOS/F4/DGCP/5C/2008/98 du 25 mars 2008).

Les GCSMS

Les groupements de coopération sociale et médico-sociale (GCSMS) sont des contrats entre gestionnaires d'établissements ou de services dont l'objectif est de mutualiser les moyens et les ressources des établissements, mais aussi de mener en commun des actions, en vue d'une meilleure efficience et de réaliser des économies d'échelle. Déjà la coopération entre établissements était prévue par la loi du 30 juin 1975, sans pour autant être beaucoup pratiquée. La loi du 2 janvier 2002, puis de nouveau celle du 11 février 2005 ont relancé la coopération.

La formule du GCSMS se caractérise par le volontariat des différents partenaires, par une grande souplesse dans le degré d'engagement, les objectifs, le contenu et l'organisation. Le GCSMS peut être constitué pour une durée indéterminée ou déterminée. C'est la convention constitutive du groupement qui en définit les règles de fonctionnement. Il se veut beaucoup plus souple que les autres types de groupements qui existent, à savoir le GIE (groupement d'intérêt économique qui est une personne morale de droit privé) et le GIP (groupement d'intérêt public qui est une personne morale de droit public).

Pour l'instant le bilan de la création des GCSMS est mitigé. Leur développement est lent, sans doute du fait de la culture associative du secteur médico-social dans son ensemble, où chaque acteur est mu par des valeurs, une histoire et des projets qui lui sont propres. Les pouvoirs publics ont cherché à promouvoir ces groupements, sans grand succès pour le moment.

Le contenu des politiques sociales décentralisées

Les politiques sociales décentralisées sont nombreuses et complexes. Leurs niveaux et degrés de décentralisation sont variables.

La politique de formation professionnelle

La formation professionnelle « vise à permettre à chaque personne, indépendamment de son statut, d'acquérir et d'actualiser des connaissances et des compétences favorisant son évolution professionnelle, ainsi que de progresser d'au moins un niveau de qualification au cours de sa vie professionnelle » (art. 6111-1 du Code du travail). Cette politique sociale, a été initiée par l'État dès 1919 avec la loi « Astier ». Puis elle a été renforcée dans les années 1960-1970. Enfin, elle a fait l'objet de transferts partiels de compétences au profit des régions ; plusieurs lois sont intervenues en ce sens : loi du 7 janvier 1983, loi du 20 décembre 1993, loi du 17 janvier 2002, loi du 13 août 2004, loi du 24 novembre 2009 et loi du 5 mars 2014.

Cette politique se caractérise par sa complexité liée à trois séries de considérations :

1. Les acteurs de cette politique sont nombreux. Il y a tout d'abord les partenaires sociaux et les entreprises : depuis une loi du 16 juillet 1971, ils sont les acteurs et les financeurs de référence de cette politique. Ensuite, l'autre acteur majeur est l'État ; il intervient sur deux fronts : d'une part en formation initiale à travers les lycées professionnels, et d'autre part à travers les politiques en faveur des demandeurs d'emploi dans le cadre de ses nombreuses politiques pour l'emploi. Quant aux régions qui étaient devenues des acteurs majeurs pour la formation des jeunes et des demandeurs d'emploi, sont depuis janvier 2015, en charge d'un véritable service public de la formation professionnelle. Enfin, la loi « avenir professionnel » du 5 septembre 2018 a créé au 1er janvier 2019 l'organisme France compétences, qui regroupe plusieurs organismes préexistants.

Sa mission est de financer et réguler les acteurs de la formation professionnelle et de l'apprentissage, afin d'en améliorer l'efficacité.

2. Les publics concernés sont divers. On trouve en effet en premier lieu les actifs ayant un emploi qui profitent majoritairement du système de la formation professionnelle, avec près de 17,6 milliards d'euros par an (soit près de 48 % du total des sommes consacrées à la formation professionnelle). En deuxième lieu, il y a les jeunes, public bénéficiant largement de cette politique, avec pas moins de 15,7 milliards d'euros par an (soit près de 42 % du total). En troisième et dernier lieu, on trouve les demandeurs d'emploi qui, paradoxalement, ne bénéficient que de 3,5 milliards d'euros des sommes consacrées à la formation professionnelle (soit près de 10 % du total). À chaque public correspondent des besoins différents et donc une politique de formation professionnelle adaptée.
3. Dernière cause de complexité, les opérateurs de la formation professionnelle sont multiples. L'État prend en charge l'enseignement professionnel avec 1 700 lycées professionnels accueillant 700 000 jeunes environs pour les former en CAP, BEP, baccalauréat professionnel. Les Centres de formation des apprentis (CFA) relèvent soit des chambres de commerce et d'industrie (CCI) soit des établissements scolaires, soit des branches professionnelles voire des entreprises. En ce qui concerne la formation professionnelle continue, une offre publique s'organise autour de l'AFPA, du GRETA, du CNAM et des chambres consulaires (CCI, Chambre d'agriculture, Chambre des métiers) ; on trouve aussi une offre privée très abondante avec près de 46 000 organismes habilités recensés.

Dès 1983, la région a reçu des compétences en matière de formation professionnelle, qui est l'héritage direct des compétences des régions administratives de l'État créées au milieu des années 1950. Depuis 2004, elle est l'échelon de droit commun pour la formation des jeunes et celle des adultes en recherche d'emploi. Elle n'était cependant pas considérée comme chef de file en ce domaine. En revanche, la loi sur la formation professionnelle, l'emploi et la démocratie sociale, que le Parlement a définitivement adoptée le 27 février 2014 a pour ambition de faire de la région la collectivité chef de file de la formation professionnelle. À partir de 2015, sont créés dans chaque région un véritable service public régional de la formation professionnelle et un véritable service public régional de l'orientation professionnelle. Les régions sont dorénavant chargées de la formation professionnelle des personnes sous mains de justice (détenus, y compris en détention provisoire, et condamnés bénéficiant d'aménagement de peine), des personnes handicapées et des Français établis hors de France. La compétence des régions s'étendait aussi à l'apprentissage. Mais la loi « Avenir professionnel » du 5 septembre 2018 a transféré les formations en apprentissage aux 329 branches professionnelles organisées en 11 opérateurs de compétences (OPCO). Cette réforme est entrée en vigueur au 1er janvier 2020. À ce récent recul on doit ajouter que les régions n'ont jamais été chargées de la formation continue des salariés, ni même d'ailleurs de celle des fonctionnaires. La région est donc un acteur important de la formation professionnelle, mais la décentralisation à son profit n'a jamais été complète. Dans ses champs de compétence, la région est commanditaire des formations professionnelles réalisées par l'AFPA, ceci en lieu et place de l'État. La région est le troisième financeur de la formation professionnelle

(14 % selon les chiffres disponibles de 2011), après les entreprises (43 %) et l'État (15 %) ; elle consacrait 70 % de ce budget pour la formation des jeunes, le reste servant à financer la formation des chômeurs.

Jusqu'en 2009, les régions devaient élaborer un programme régional de développement de la formation professionnelle (PRDFP) censé définir les lignes principales du financement des formations pour les jeunes et pour les adultes en recherche d'emploi, sur leurs territoires. Avec la loi du 24 novembre 2009, le PRDFP avait été remplacé en 2011 par le contrat de plan régional de développement de la formation professionnelle (CPRDFP) qui était cosigné par le président du Conseil régional et par le préfet de région. Avec la loi votée en février 2014, ce contrat devient le contrat de plan régional de développement des formations et de l'orientation professionnelles (CPRDFOP), élaboré par la région au sein du comité régional de l'emploi, de la formation et de l'orientation professionnelles sur la base des documents d'orientation présentés par le président du Conseil régional, le représentant de l'État dans la région, les autorités académiques, les organisations syndicales de salariés et les organisations professionnelles d'employeurs. Ce contrat a pour objet « l'analyse des besoins à moyen terme du territoire régional en matière d'emplois, de compétences et de qualifications et la programmation des actions de formation professionnelle des jeunes et des adultes, compte tenu de la situation et des objectifs de développement économique du territoire régional ».

La substitution du PRDFP par le CPRDFP n'était pas anodine, puisqu'elle marquait un reflux de la décentralisation de la formation professionnelle. Cette politique qui devait être décentralisée se trouvait alors copilotée par l'État et les régions. Avec la loi du 5 mars 2014, on s'est orienté vers une décentralisation plus vaste de cette politique. Néanmoins, aujourd'hui comme hier, on constate une prépondérance des branches professionnelles, et une présence encore importante de l'État, notamment au travers des politiques de lutte contre le chômage, mais aussi au travers de la réforme de l'apprentissage opéré par la loi du 5 septembre 2018. Or, il n'existe toujours pas d'objectifs partagés au niveau national entre ces trois acteurs majeurs que sont les régions, les branches professionnelles et l'État. La coordination entre ces acteurs et la simplification de la gouvernance du système de formation professionnelle est un enjeu plus que jamais d'actualité, auquel répond partiellement le système actuel. Le développement des offres de formations à destination des chômeurs, est un enjeu d'actualité qui n'avait pas trouvé de réponse totale avec la loi du 5 septembre 2018. Avec la crise du Covid-19 et ses conséquences économiques à venir, cet enjeu devient majeur pour permettre un rebond de l'économie et de l'emploi en France.

La politique de protection de l'enfance

La protection de l'enfance désigne l'ensemble des institutions et des règles dont l'objet est de prévenir les dangers auxquels peuvent être exposés les mineurs. On distingue d'une part la protection administrative et d'autre part la protection judiciaire (qui intervient soit lorsqu'un mineur est l'auteur d'une infraction pénale, soit lorsque ses parents refusent de collaborer aux mesures de protection administrative).

La protection administrative, décentralisée depuis 1983, est assurée par le service départemental de l'aide sociale à l'enfance (ASE), placé sous l'autorité du président du Conseil départemental. Les articles L. 221-1 et suivants du CASF régissent cette compétence départementale. De plus, le département est chargé de mettre en œuvre des mesures éducatives prononcées par l'autorité judiciaire. Toutefois, en ce qui concerne les mineurs délinquants, les mesures prononcées par le juge des enfants sont confiées au service de la Protection judiciaire de la jeunesse (PJJ) qui est un service de l'État placé sous l'autorité du ministère de la Justice.

L'aide sociale à l'enfance accomplit sa mission de protection de l'enfance en danger à travers trois principales catégories d'interventions :

- Par des aides à domicile (aide-ménagère, accompagnement en économie sociale et familiale) ou par des aides financières (à titre exceptionnel, ou sous forme d'allocation mensuelle).
- Par des mesures éducatives, soit à domicile, soit en milieu ouvert, sur décision de l'autorité judiciaire si les parents ne collaborent pas.
- Par le placement de l'enfant soit au foyer d'une assistante familiale, soit dans une MECS (Maison pour enfant à caractère social) qui est un établissement social habilité par le président du Conseil départemental.

Véritable pilote de l'aide sociale à l'enfance, le département est chargé d'organiser concrètement sur son territoire la prise en charge des enfants en difficultés. Il utilise les outils de planification dont il dispose, notamment le schéma départemental d'organisation sociale et médico-sociale en ce qui concerne les établissements d'accueil, et le projet de service de l'ASE que doit élaborer chaque département.

Afin de mieux répondre aux difficultés de l'enfance en danger, le département est chargé de centraliser les informations concernant les enfants en difficultés. Une équipe pluridisciplinaire doit en faire une évaluation avant que soit décidée une action, soit de nature administrative lorsqu'il s'agit de prévention, soit en saisissant l'autorité judiciaire si les faits le commandent ou que la famille ne collabore pas.

Le département agit aussi en tant que financeur de cette politique : en 2019, les départements ont consacré 7,9 milliards d'euros à cette politique, soit environ près du quart de leurs dépenses sociales, dont près de 87 % concernent le financement du placement d'enfants en difficultés en établissements et en famille d'accueil. En 2021 on comptait près de 300 000 enfants pris en charge en protection de l'enfance sur l'ensemble du territoire français, soit environ 2 %% des moins de 18 ans. Le nombre de jeunes majeurs concernés par une prestation est d'environ 21 400 en 2016, ce qui représente 0,92 % des 18-21 ans.

Enfin, le département autorise et contrôle les établissements accueillant des enfants en difficulté. Ces établissements (environs 2 700 pour 122 000 places) sont souvent gérés par le secteur associatif regroupé au sein de la CNAPE (convention nationale des associations de protection de l'enfant).

L'aide sociale à l'enfance est une politique sociale qui s'est caractérisée par une faible progression aussi bien dans les budgets (+1,4 % en 2017, sauf en 2015 avec une progression de 2,7 % du fait de la prise en charge des mineurs étrangers non accompagnés (MNA)), dans les mesures de protections (306 700 mesures en 2013 contre environ 284 000 en 2008), que dans l'offre d'accueil en établissement (on note un développement de seulement 0,3 % entre 1998 et 2013). Cependant en 2018, la progression a bondi à +2,6 % par rapport à 2017, essentiellement pour la même raison qu'en 2015, à savoir la prise en charge des MNA. Ces dépenses ont de nouveau progressé en 2019 de 4,5 % par rapport à 2018, du fait de deux facteurs de dépenses : l'arrivée de MNA supplémentaires et les actions d'insertion des jeunes ayant été accompagnés par l'ASE. On attend pour 2020 et 2021 un bond supplémentaire des dépenses, car la pandémie et les confinements successifs ont eu pour effet d'accroître le nombre d'enfants à protéger de leur milieu familial.

Sur le plan législatif, des évolutions ont eu lieu, sans toutefois changer radicalement la donne. La loi n° 2007-293 du 5 mars 2007 puis la loi 2016-297 du 14 mars 2016 avaient plusieurs objectifs : renforcer les mécanismes de prévention et de signalement, limiter la prépondérance des mesures judiciaires de protection de l'enfance et renforcer les mesures administratives préventives, et enfin assurer un meilleur équilibre entre prise en charge de l'enfant et la préservation de ses liens familiaux.

Et pourtant, c'est le traditionnel placement hors du domicile qui constitue encore à ce jour la dépense la plus importante, alors qu'on constate une légère baisse des dépenses de mesures éducatives en milieu ouvert (à domicile) et des dépenses de prévention. C'est sans doute là que réside l'échec majeur de la protection de l'enfance dénoncé par les médias au travers de quelques situations catastrophiques constituant la trame de « reportages chocs » diffusés pendant l'année 2019.

En 2018 le débat sur l'insertion des jeunes accompagnés par l'ASE a été ouvert par le gouvernement, notamment dans le cadre de sa stratégie de lutte contre la pauvreté. En 2019, la création d'un secrétariat d'État à la protection de l'enfance avec la nomination à sa tête d'Adrien Taquet a lancé une nouvelle dynamique. À la fin de l'année 2019, la stratégie nationale de prévention et de protection de l'enfance pour la période 2020-2022 a été dévoilée. En résumé, elle vise à garantir à chaque enfant les mêmes chances dans la vie et les mêmes droits. Elle s'articule autour de quatre engagements pour les enfants et leurs familles :

- Engament 1 : Agir le plus précocement possible pour répondre aux besoins des enfants et de leurs familles.
- Engagement 2 : Sécuriser les parcours des enfants protégés et prévenir les ruptures.
- Engagement 3 : Donner aux enfants les moyens d'agir et garantir leurs droits.
- Engagement 4 : Préparer leur avenir et sécuriser leur vie d'adulte.

Cette stratégie a d'abord reposé sur la mobilisation de fonds supplémentaires par l'État et sur la contractualisation avec les Départements. Une première vague de contractualisation avec une trentaine de Départements a eu lieu fin 2020 et début 2021.

Enfin, dans le cadre de cette stratégie nationale, le gouvernement a déposé le 16 juin 2021 un projet de loi relatif à la protection des enfants. Il a été adopté en première lecture par l'Assemblée nationale le 8 juillet suivant, et son parcours parlementaire devrait s'achever au début de l'automne 2021.

Ce projet de loi est court (16 articles) et de nature technique. Il ne comporte aucune déclaration de principe. Et sans remettre en cause les lois de 2007 et 2016, il vise plusieurs améliorations:

- améliorer le quotidien des enfants protégés,
- mieux protéger les enfants contre les violences,
- améliorer les garanties procédurales en matière d'assistance éducative,
- améliorer l'exercice du métier d'assistant familial,
- mieux piloter la politique de prévention et de protection de l'enfance,
- mieux protéger les mineurs non accompagnés.

Certaines voix critiques se sont plaintes du manque d'ambition de ce projet de loi jugé très technique. Pourtant, à maints égards, cette loi si elle est adoptée constituera une réelle amélioration de la politique de protection de l'enfance. Mais il s'agit aussi à n'en pas douter d'une forme de reprise en main par l'État de cette politique (cf. infra, sur la recentralisation rampante des politiques sociales).

La politique de garde des jeunes enfants

La politique de garde des jeunes enfants âgés de moins de trois ans s'inscrit plus globalement dans la politique familiale menée par l'État. Cependant, elle réunit différents acteurs dont les collectivités locales, surtout en ce qui concerne l'organisation de l'offre. Cette offre est triple: la garde d'enfant par des assistants maternels agréés, la garde à domicile de l'enfant par une personne employée par les parents, les crèches et les haltes-garderies.

Les départements sont responsables de l'agrément des assistants maternels. Ce sont les services départementaux de la PMI (protection maternelle et infantile) qui assurent les contrôles de compétences et du lieu d'accueil des enfants. L'agrément est délivré par le président du Conseil général dans le respect des articles L. 421-3 et suivants du CASF.

Les communes ou intercommunalités gèrent une part importante des services d'accueil collectif des enfants. Environ 85 % des services d'accueil familiaux, 70 % des crèches et 60 % des haltes-garderies sont gérés par ces collectivités. Les départements ne gèrent en moyenne que 10 % des crèches de quartiers. Pour le reste, ce sont des associations qui gèrent l'essentiel des autres structures d'accueil collectif des jeunes enfants et les CAF en gèrent de façon résiduelle. Pour les collectivités territoriales il s'agit d'une compétence facultative, qu'elles assument en fonction de leur volonté politique et des moyens qu'elles peuvent y consacrer.

On constate une insuffisance globale de l'offre de garde, malgré l'importance croissante des sommes consacrées (8,1 milliards d'euros en 2003, 11,5 milliards en 2008 et 14,5 milliards d'euros en 2012). Fin 2013 (derniers chiffres fiables disponibles, ce qui démontre l'absence d'un outil statistique fiable et dynamique en matière sociale), on comptait 944 000 places auprès d'assistantes maternelles agréées, 48 400 salariés à domicile, 387 000 places en crèches. À quoi on ajoute 94 600 places en école maternelle accueillant des enfants dès deux ans. Soit en moyenne 64 places pour 100 enfants de moins de trois ans. Il existe une grande disparité entre départements et entre zones urbaines et rurales. Les inégalités ne sont pas uniquement géographiques, elles sont aussi sociales ; les hauts revenus ont plus facilement accès à un mode de garde notamment à domicile. En effet, en fonction des aides (de la CAF), les restes à charge demeurent néanmoins élevés pour les familles les plus modestes. On constate également que les familles les plus défavorisées ne bénéficient pas des modes de garde collective, pourtant relativement plus accessibles sur le plan financier. Selon une étude de la DREES publiée en 2014, les parents restent en moyenne à 61 % le premier mode de garde des enfants de moins de trois ans.

Plusieurs solutions ont été proposées, mais aucune n'a pour l'instant été adoptée : ainsi de la proposition de créer un service public de la petite enfance (SPPE) inspiré de ce qui existe au Danemark, ou encore celle d'inscrire un droit opposable à la garde d'enfant. L'absence de moyens et un manque de volonté politique pour arbitrer en faveur de ces évolutions font que dans un avenir immédiat, l'offre restera encore insuffisante.

La politique de la dépendance

La politique de la dépendance désigne aujourd'hui l'action sociale en faveur des personnes âgées dépendantes. Le terme dépendance utilisé par le CASF désigne le fait pour une personne âgée de ne plus pouvoir effectuer seule les actes essentiels de la vie courante, à la suite d'un manque ou d'une perte d'autonomie liés à son état physique ou mental. Ce « risque », identifié récemment et dont on sait aujourd'hui que sa réalisation va s'accroître avec l'allongement de la durée moyenne de vie, n'est pas pris en charge par la Sécurité sociale mais il l'est en partie par des mécanismes de protection sociale ; en partie seulement, car le « reste à charge » des personnes dépendantes et de leurs familles demeure en moyenne élevé (autour de 1 500 euros mensuels pour les personnes hébergées en maison de retraite). Il est dix fois moindre en moyenne pour les personnes dépendantes aidées à domicile.

Cette politique sociale, très largement mise à la charge des départements comprend deux axes : Prestations financières de prise en charge de la dépendance et développement de l'offre de services d'aide à domicile.

L'APA (allocation personnalisée d'autonomie), créée par la loi du 20 juillet 2001, est la principale prestation financière versée aux personnes âgées de plus de 60 ans dépendantes. Elle remplace la PSD (prestation spécifique dépendance) créée par la loi du 24 janvier 1997. Cette PSD avait deux défauts que l'APA a supprimés : premièrement, elle comportait un mécanisme de récupération sur succession qui a eu un effet très dissuasif ; deuxièmement, son montant était fixé par le département, ce qui générait des inégalités d'un département à l'autre. Au contraire, les montants de l'APA sont définis au niveau national par l'État. De plus, cette prestation est versée sans condition de ressources (mais les revenus sont pris en compte dans le calcul de son montant), et ne fait pas l'objet d'une récupération sur succession. Elle est attribuée aux personnes dont la dépendance est classée dans les GIR (groupes iso-ressources) 1 à 4, sachant que la grille AGGIR (autonomie, gérontologie, groupes iso-ressources) de référence compte six degrés de dépendance. Les personnes classées en GIR 1 sont très dépendantes ; les personnes classées en GIR 6 ne le sont pas. L'APA sert soit à financer le plan d'aide pour les personnes dépendantes à domicile, soit à financer une partie de la prise en charge de la dépendance en établissement.

En 2017, on comptait environ 1,26 million de bénéficiaires de l'APA, dont près de 60 % à domicile, pour un coût total de 5,73 milliards d'euros annuels. On constate une faible progression du coût et des bénéficiaires depuis 2009, de l'ordre de 2,5 % par an (derniers chiffres consolidés de la DREES).

L'offre de services de prise en charge de la dépendance comprend pour une part les services à domicile et pour une autre part les services en établissements.

Les services à domiciles concernent les personnes moyennement dépendantes (GIR 4) et comportent deux volets : l'aide à domicile pour la vie courante, et les soins infirmiers à domicile.

Les services en établissements reposent sur trois catégories d'établissements : les maisons de retraite, les foyers et groupes de logements autonomes avec services collectifs, les unités de soins de longue durée des hôpitaux.

Depuis 1997 est mise en œuvre une politique de médicalisation des établissements d'hébergement qui prennent alors l'appellation d'EHPAD (établissement d'hébergement pour personnes âgées dépendantes). Mais tous les établissements ne prennent pas cette forme, bien que la tendance à cette médicalisation soit forte. Une telle transformation repose sur une convention tripartite entre l'établissement, le département et l'État. Elle repose aussi sur un financement tripartite :

- Assurance maladie pour les soins.
- Financement personnel et ASH (aide sociale à l'hébergement) pour l'hébergement.
- APA et financement personnel pour la dépendance.

Selon les chiffres disponibles, on compte environ 10 481 établissements accueillant plus de 728 000 résidents. Les établissements publics représentent 55 % de cette capacité d'accueil.

Les départements sont les véritables maîtres d'œuvre de cette politique sociale, même s'ils ne sont pas les seuls acteurs. Ce sont les départements qui instruisent et versent l'APA aux personnes âgées dépendantes. En outre, les départements planifient le développement de l'offre de places tant à domicile qu'en établissements. Ils le font à travers les schémas départementaux et les PRIAC (cf. *supra*) en coordination avec les ARS et les autres acteurs du secteur. Comme pour les autres catégories d'établissements du secteur médico-social, les départements autorisent, financent et contrôlent les établissements spécialisés dans l'accueil des personnes âgées dépendantes.

Enfin, il faut souligner l'effort financier croissant des départements en ce domaine. L'action sociale pour les personnes âgées représente plus de 20 % des dépenses d'action sociale des départements. Sur les 7,2 milliards d'euros consacrés à cette politique en 2019, 5,06 milliards étaient financés par les départements ; 2,14 milliards l'étaient par la CNSA. Ce financement de la CNSA qui est donc aujourd'hui de près de 38,1 %, dépasse depuis 2017 le niveau de 2004 (37 %) après de nombreuses années où les concours de la CNSA couvraient à peine plus de 30 % des dépenses. Autrement dit, alors que le coût global de l'APA augmentait, ce sont les départements qui en supportaient le poids financier croissant. Depuis 2016 on revient à l'équilibre initial. Cependant, il est constant que les départements ne maîtrisent ni les conditions d'attribution, ni l'évolution du barème de cette prestation, sachant qu'en 2015, les plus de 85 ans sont plus de 2 millions, chiffre qui va croître jusqu'en 2025. Actuellement, il y a environ 400 000 personnes âgées atteintes de la maladie d'Alzheimer. Le poids financier de la dépendance va augmenter dans les années à venir ; dans le contexte actuel de déficit public aggravé, les perspectives de financement sont donc très sombres. Une étude de la Drees publiée en 2011 et toujours d'actualité, évalue à 35 milliards d'euros en 2060 le coût annuel de la prise en charge de la perte d'autonomie, contre 21,1 milliards en 2011. Ce coût global comprend les dépenses de santé, de prise en charge médico-sociale et d'hébergement.

Depuis quelques années, la création « d'un cinquième risque » au sein du système de sécurité sociale pour financer la dépendance est évoquée. En 2020, elle figure à l'agenda du gouvernement. Une refonte du financement de la dépendance est donc à prévoir d'ici quelques mois (pour plus de précisions, voir ci-dessous le « Bilan de l'actualité »).

Notons que la loi n° 2015-1776 du 28 décembre 2015 relative à l'adaptation de la société au vieillissement, a des ambitions modestes, avec notamment une enveloppe de 650 millions d'euros affectés au volet « maintien à domicile » de ce projet. Cependant, comme le notait l'ODAS en juin 2016, cette loi engage une meilleure prise en charge de la perte d'autonomie à domicile (avec le relèvement des plafonds pour bénéficier de l'APA), si bien que « les Départements s'inquiètent donc légitimement de l'augmentation de charge qui pourrait résulter d'une insuffisante compensation de ces nouvelles dispositions à moyen terme ». Cette loi de 2015 a toutefois mis en place un système novateur pour les actions de prévention de la perte d'autonomie, la conférence des financeurs qui est pilotée par le Département et réuni l'ensemble des acteurs et financeurs en ce domaine (caisses de retraite, ARS, etc.) afin de soutenir des porteurs de projets d'actions de prévention.

Par ailleurs, on note la création le 25 février 2014 d'un « fonds sectoriel d'investissement de la Silver économie », fonds dénommé SISA (services innovants pour les acteurs de la santé et de l'autonomie). Ce fonds est doté de 100 millions d'euros et est destiné à soutenir les TPE et PME qui créent des produits innovants (domotique, capteurs, robotiques, objets connectés, etc.) utiles à la préservation à domicile des personnes dépendantes et facilitant la tâche des aidants, ou améliorant la prise en charge en EHPAD.

La politique du handicap

La loi du 30 juin 1975 d'orientation en faveur des personnes handicapées avait en son temps profondément fait évoluer cette politique en passant d'une logique de pure assistance à une logique de droits accordés aux personnes handicapées. Avant 1975 il existait deux modes de prises en charge des personnes handicapées:

- Le versement de prestations d'assurance sociale (assurance-maladie, allocations de la CAF) mais qui bien souvent n'étaient pas adaptées.
- Des aides matérielles discrétionnaires mises en œuvre par des structures caritatives, associatives voire de l'État et des collectivités.

La loi de 1975 définit des prestations légales spécifiques aux personnes handicapées. De même elle a toiletté les règles de droit sanitaire et social, notamment pour la création, l'extension, l'autorisation des établissements accueillant des personnes handicapées.

La politique du handicap a été très largement rénovée avec la loi du 11 février 2005 qui sans rompre avec la loi de 1975, approfondit les droits des personnes handicapées et l'accès à ces droits. Cette rénovation repose sur trois piliers: L'accès aux droits fondamentaux, la solidarité nationale à travers la compensation du handicap et la garantie des ressources, notamment à travers la question de l'emploi des personnes handicapées.

Le premier pilier, l'accès aux droits fondamentaux, comporte deux axes.

Le premier axe consiste à rendre plus accessibles les droits associés à la vie quotidienne, notamment à travers l'accessibilité des bâtiments, habitations et moyens de transport collectifs; la loi imposait d'ailleurs de nouvelles normes d'accessibilité pour l'horizon 2015 (cette échéance a été jugée « irréaliste » par le Premier ministre, qui a adopté l'ordonnance n° 2014-1090 du 26 septembre 2014 pour rééchelonner les échéances, en les reportant à 2025 pour les plus lointaines). On cherche aussi à rendre pleinement accessibles le droit de vote, les activités culturelles et sportives et l'utilisation des nouvelles technologies de l'information et de la communication.

Le deuxième axe consiste à rendre accessibles l'éducation et la scolarisation des enfants et jeunes ayant un handicap. Ceci en favorisant autant que possible la scolarisation en milieu ordinaire. Si ce n'est pas possible, la scolarité s'effectue dans les établissements spécialisés les IME (instituts médico-éducatifs) et les ITEP (instituts thérapeutiques, éducatifs et pédagogiques). Aujourd'hui près de 80 % des enfants handicapés entre 6 et 7 ans sont scolarisés en classe ordinaire. En revanche cette proportion tombe à 30 % pour les jeunes âgés de 19 ans. On comptait en 2009 environ 11 000 étudiants handicapés, alors qu'en 2005, 7 600 étudiants handicapés étaient recensés; ils étaient plus de 15 800 en 2013

Le deuxième pilier est ce droit à la compensation du handicap nouvellement défini par la loi de 2005. L'idée est de procéder à une évaluation du handicap pour adopter ensuite un plan de compensation. La compensation vient aider la personne handicapée à accomplir son projet de vie. Elle prend des formes diverses: recours à une tierce personne, accueil en établissement, aide financière (notamment prestation de compensation du handicap créée par la loi de 2005). Les départements versent la prestation de compensation du handicap (PCH) qui est une aide personnalisée destinée à financer les besoins liés à la perte d'autonomie des personnes handicapées. Cette prestation couvre les aides humaines, aides matérielles (aménagement du logement et du véhicule) aides animalières. Il est possible de bénéficier de la PCH à domicile ou en établissement. Cette prestation est cumulable avec d'autres prestations venant en garantie des ressources.

Pour ce qui est de la garantie de ressources, troisième pilier, la loi favorise le fait que les personnes handicapées puissent accéder plus facilement à l'emploi. Bien évidemment, l'accès à l'emploi en milieu ordinaire est privilégié autant que possible, moyennant un aménagement des postes de travail le cas échéant (pour un coût raisonnable toutefois). Dans cette optique, la loi a mis en avant le principe de non-discrimination à l'embauche assorti d'une obligation faite aux entreprises de plus de 20 salariés d'embaucher 6 % de leurs effectifs parmi les personnes handicapées, sous peine d'une sanction financière. Principe étendu depuis 2005 à la fonction publique. Par ailleurs, des efforts sont aussi entrepris en matière de formation professionnelle adaptée à ce public. Le milieu ordinaire de l'emploi comprend aussi les entreprises dites « adaptées » qui ont la particularité d'employer au moins 80 % de personnes handicapées ; ces entreprises sont soumises au droit commun du travail et des entreprises, mais grâce à un conventionnement avec l'État, elles bénéficient d'aides spécifiques aux postes et de subventions. Enfin, les travailleurs, dont la capacité de travail est inférieure à 1/3 des personnes valides, sont orientés vers les ESAT (établissement social d'aide par le travail) ; bien que non-salariés (au sens du droit du travail), ils bénéficient d'une rémunération garantie variant entre 55 % et 110 % du SMIC en partie prise en charge par l'État.

Pour les personnes handicapées sans travail, plusieurs prestations viennent garantir des ressources minimales : rente d'incapacité ou pension d'invalidité (suite à un accident du travail ou une maladie professionnelle), pensions militaires d'invalidité, allocation pour adulte handicapé (AAH). Cette dernière créée par la loi de 1975 est versée par la CAF et concernait 964 000 personnes en 2012 ; son montant à taux plein est de 810,89 euros par mois en 2017.

Cette politique est partiellement décentralisée au profit des départements, notamment pour ce qui concerne l'accueil des personnes handicapées en établissements spécialisés. La loi de 2005 rénove cependant l'organisation territoriale de cette politique, en obligeant la création de MDPH (maison départementale des personnes handicapées) qui deviennent l'interlocuteur unique de proximité des personnes handicapées. Elles sont constituées sous la forme de GIP (groupement d'intérêt public) regroupant l'ensemble des acteurs de la politique du handicap, et elles sont placées sous la tutelle administrative et financière du département. Elles ont pour missions d'accueillir, d'informer et de conseiller les personnes handicapées et de constituer et valider les dossiers qui serviront ensuite à l'attribution des aides ou à l'orientation en établissements spécialisés. Les MDPH viennent fusionner plusieurs commissions (dont les fameuses COTOREP) et organismes qui existaient auparavant. Au sein de la MDPH, une équipe pluridisciplinaire élabore avec la personne son projet de vie et le plan de compensation personnalisé du handicap. C'est ensuite la CDAPH (Commission des droits et de l'autonomie des personnes handicapées) située au sein de la MDPH qui prend toutes les décisions relatives à l'ensemble des droits à prestation de la personne handicapée.

En dehors de la tutelle administrative et financière qu'il exerce sur la MDPH, le département intervient dans la politique du handicap à d'autres titres. Il est d'une part, chargé de la planification médico-sociale : il autorise, finance et contrôle les établissements spécialisés dans l'accueil des personnes handicapées et des ESAT. C'est un rôle qu'il est amené à partager avec les ARS. En matière de financement, au-delà des établissements, le département est chargé de financer une part importante de la PCH. Il reçoit d'ailleurs le cas échéant pour le financement de cette PCH, un concours de la CNSA (caisse nationale de solidarité pour l'autonomie) chargée justement d'assurer la péréquation entre les départements pour compenser les charges de la PCH. Ainsi, en 2019, les départements ont dépensé 7,8 milliards d'euros en faveur des personnes handicapées (+2,5 % par rapport à 2018) ; le concours de la CNSA s'élevant environ à 585 millions d'euros (570 en 2018, 560 en 2017, 540 en 2016 et en 2015). Soit une charge nette totale d'environ 7,205 milliards d'euros pour les départements (en progression de 2,5 %% par rapport à 2018). L'État et la Sécurité sociale financent les autres prestations.

La politique d'insertion et de lutte contre les exclusions

La lutte contre la pauvreté est une préoccupation très ancienne de la puissance publique. Le devoir d'assistance de la collectivité envers les plus pauvres est affirmé dès la Révolution française. De même, au niveau local, ce fut aussi une préoccupation majeure qui a abouti à la création de nombreux services publics sociaux. Mais la question est devenue plus prégnante depuis près d'un demi-siècle, avec l'avènement des crises économiques répétées et du chômage de masse. Bien que globalement le niveau de vie ait augmenté jusqu'à ces dernières années (la crise financière de 2008 et la crise de l'euro marquent en 2014 le début d'une régression sur ce point), les écarts se creusent au sein de la société et la grande pauvreté est redevenue un phénomène important. En 2017 (dernières statistiques disponibles de l'INSEE), on comptait 14,1 % de la population sous le seuil de pauvreté, soit 8,9 millions de personnes. Est pris en considération ici le seuil de pauvreté monétaire qui en France est estimé à moins de 60 % du niveau de vie médian (soit 1 041 € par mois pour une personne seule). Deux enquêtes de la Drees de février 2014 (sur les bénéficiaires du RSA) démontrent l'accroissement de la pauvreté en France, tout comme une étude publiée le 3 mars 2014 par le Secours catholique selon laquelle la plupart des maires constataient une aggravation de la pauvreté dans leur commune. La pauvreté augmente principalement dans la catégorie des femmes élevant seules un ou plusieurs enfants, et dans la catégorie des jeunes sans emploi. La crise sanitaire du Covid-19 va engendrer une précarisation accrue d'une partie de la population, d'où la nécessité d'une relance économique qui limite d'abord le chômage et créée de l'emploi ensuite. En 2021, le pari fait par le gouvernement sur l'amortissement de la crise par l'injection d'argent public dans l'économie semble produire les effets escomptés, le rebond en « V » est-là.

Si le devoir d'assistance d'abord, la Sécurité sociale ensuite, puis la mise en place de minima sociaux catégoriels (veuvage, invalidité, vieillesse, chômage, monoparentalité, etc.), ont constitué de sérieux filets de sécurité, la création du RMI (revenu minimum d'insertion) par la loi du 1er décembre 1988 marque un tournant: le RMI était en effet une prestation universelle (et non catégorielle) garantissant un revenu minimum, associée à une démarche d'insertion.

Cette politique a été réformée dès 2007 pour aboutir à la création du RSA (revenu de solidarité active), dont l'innovation majeure est de permettre le cumul pérenne de ce revenu de solidarité avec un revenu faible du travail. Cette réforme, initiée par Martin Hirsch vise trois objectifs:

- Simplifier le dispositif des minima sociaux (RMI, API, ASS, etc.) en les regroupant en une seule prestation.
- Lutter plus efficacement contre les « trappes à inactivité ».
- Lutter contre la pauvreté en offrant un complément de ressources aux travailleurs pauvres.

D'abord l'objet d'une expérimentation par les départements volontaires (loi n° 2007-1223 du 21 août 2007), le RSA a été généralisé par la loi n° 2008-1249 du 1er décembre 2008. Il figure depuis aux articles L. 262-1 et suivants du CASF.

Cependant, au-delà du RSA, les politiques d'insertion sont multiples et consistent en la mise en œuvre de tous les moyens utiles disponibles pour sortir une personne d'une situation d'exclusion sociale. Elles sont transversales et font appel aux dispositifs d'hébergement, d'aides spécifiques (comme la CMU par exemple), d'aides à la recherche d'emploi, etc. Mais incontestablement, le RSA en est devenu le pivot central. Autrement dit, la plupart des collectivités publiques sont concernées, mais le département est le pivot majeur via le RSA.

De par la loi, le département est le chef de file des dispositifs d'insertion. Le conseil départemental doit adopter un programme départemental d'insertion (PDI) dont l'objet est de recenser les besoins et l'offre locale dans ce domaine. Il planifie les actions à mener. Ensuite, il conclut avec les autres acteurs (notamment l'État, Pôle emploi, la CAF, la MSA, etc.) un pacte territorial pour l'insertion (PTI) en vue de définir les modalités de coordination. Il est prévu qu'à travers ce pacte, la région apporte son concours aux politiques territoriales d'insertion au titre de la formation professionnelle. Par ailleurs, le conseil départemental finance en grande partie le RSA et plus généralement les politiques d'insertion. Toutefois, il ne verse pas lui-même l'allocation, c'est la CAF ou la MSA qui s'en charge. Enfin, le conseil départemental met en œuvre les dispositifs d'insertion sociale, en lien avec tous les autres acteurs concernés et plus précisément organise les parcours d'insertion des bénéficiaires du RSA, notamment par une orientation vers les services de Pôle emploi pour les bénéficiaires considérés aptes à occuper un emploi.

Le bilan du RSA est mitigé. Dans un premier temps, le RSA était structuré en un « RSA socle » et un « RSA activité ». La montée en charge du « RSA activité », pouvant être cumulé avec un revenu du travail, a été plus faible qu'attendu. En janvier 2011, on dénombrait 1,6 million de bénéficiaires du « RSA socle » et 478 000 bénéficiaires du « RSA activité ». Aujourd'hui il est structuré en un « RSA socle » et un « RSA majoré ». Le « RSA activité » a été fondu avec la prime pour l'emploi dans une nouvelle « prime d'activité ». Par ailleurs, la loi de finances pour 2010 a créé le « RSA jeune » pour les personnes âgées de 18 à 25 ans se trouvant au chômage. En décembre 2011, 9 500 personnes touchaient le RSA à ce titre. Les moins de 25 ans ne représentent en moyenne qu'environ 1 % du total des bénéficiaires (toutes catégories confondues). En 2017, on comptait 2,1 millions de bénéficiaires du RSA toute catégorie confondue. Un autre élément vient questionner ce bilan, c'est les cas de non-recours. Le non-recours aux prestations sociales en général est un problème majeur des politiques sociales : des personnes qui auraient droit à ces prestations ne les sollicitent pas. Malgré un nombre de bénéficiaires élevé, on estime à environ 50 % le taux de recours au RSA et prestations associées (voir les études de la DREES et de la CNAF sur le sujet du non-recours citées en bibliographie).

De nombreuses interrogations demeurent quant à l'impact de cette politique : doutes sur le retour à l'activité des bénéficiaires, doutes sur le risque de générer des « trappes à travail à temps partiel ». Selon le discours officiel du ministère des Solidarités et de la Cohésion sociale, « Les fréquents mouvements d'entrées et sorties au sein du RSA traduisent l'attractivité de la prestation et son impact sur l'accès à l'emploi ». Enfin, le coût de cette politique pèse lourdement sur les budgets des Conseils départementaux. 10,42 milliards d'euros ont été consacrés à l'insertion en 2019, dont 9,9 milliards pour les allocations. L'État ne compense que 51 % à peine de cette dépense en 2019, contre 52 % en 2018, 58 % en 2017 et 79 % en 2012 ; ceci pose clairement la question du financement pérenne de cette politique sociale, et plus largement des politiques sociales décentralisées (cf. : *infra*, bilan de l'actualité).

Le rapport Sirugues, remis en avril 2016 au Premier ministre, proposait d'engager une refonte globale des minima sociaux. Parmi les scénarios proposés, il y a l'instauration d'une couverture socle commune unique se substituant à l'ensemble des minima sociaux existants. C'est le fameux « revenu universel » défendu par certains. L'administration des Affaires sociales et celle des Finances travaillent sur ce sujet.

La politique du logement

La politique du logement est à la marge des politiques sociales, notamment des politiques décentralisées. Paradoxalement, les collectivités n'ont pas beaucoup de leviers en la matière. L'État intervient encore massivement, notamment pour encadrer et impulser la création de logement et leur accessibilité. Ainsi, par exemple, le gouvernement a publié le 20 février 2014 une ordonnance sur le logement intermédiaire (entre le marché locatif privé et l'habitat à loyer modéré) ; l'objectif est de faciliter le logement des ménages qui, en zone urbaine tendue, n'ont ni accès au marché libre dont les loyers sont trop élevés, ni aux logements sociaux car leurs ressources dépassent le plafond légal. Pour autant, il est évident que la politique du logement est une problématique sociale par excellence, compte tenu de ses impacts sur la pauvreté et l'exclusion, et une problématique locale par nature.

Le volet purement social de la politique du logement est constitué par les aides publiques visant à solvabiliser la demande de logement sur le marché locatif. Ces allocations logement sont pilotées par l'État et versées par les CAF ou MSA. De plus, l'État finance en principe les associations assurant l'hébergement d'urgence des personnes sans domicile. Cependant, rien n'empêche les collectivités territoriales, notamment les communes à apporter leur concours. Quant aux départements ils peuvent apporter des aides au maintien dans le logement.

Enfin, l'État est normalement débiteur du droit au logement opposable (DALO) mis en place par la loi n° 2007-290 du 5 mars 2007. Toutefois le bilan de ce DALO est décevant notamment parce qu'il se heurte aux limites de l'offre en logement disponible. En effet, l'essentiel des ressources mobilisables est constitué par le contingent préfectoral destiné aux personnes défavorisées ; il correspond à un quota de 25 % des réservations du parc de logement social représentant 45 000 logements par an. En 2018, 94 240 recours avaient été enregistrés, et 99 759 en 2019 soit une augmentation de plus de 6 % en une année. Sachant qu'on constate une augmentation de 14 % entre 2018 et 2019 des familles dont le recours au DALO a été accepté et qui néanmoins sont en attente d'être relogées (71 719 familles en 2019 contre 62 907 en 2018). Autrement dit, « l'intendance ne suit pas », et les risques de condamnation de l'État sont plus grands. Le 3 mars 2020, le comité de suivi du DALO a exprimé « ses plus vives inquiétudes », constatant « un échec de l'effectivité de la loi » pour sa présidente, Marie-Arlette Carlotti.

Les communes (ou intercommunalités) peuvent donc essentiellement agir sur la politique du logement par le biais de la politique de la ville, prise au sens large. Cette politique se divise en quatre axes principaux.

En premier lieu, les collectivités peuvent mener à bien des actions de politique de rénovation urbaine. Dans ce cas, l'ANRU (agence nationale pour la rénovation urbaine) intervient ; son rôle étant de regrouper et de sanctuariser les crédits affectés à la rénovation urbaine. Elle le fait dans le cadre d'un programme de rénovation urbaine. Actuellement, on en est à la deuxième génération de programme de rénovation urbain, dénommé NPNRU (nouveau programme national de renouvellement urbain), doté de 5 milliards d'euros qui devraient attirer un cofinancement de près de 20 milliards d'euros supplémentaires et se concentrer sur environ 230 quartiers urbains « ayant un vrai problème de configuration des lieux, et pas seulement des problèmes sociaux » selon le directeur général de l'ANRU.

En deuxième lieu, depuis 2009 il existe un nouveau dispositif dénommé programme national de requalification des quartiers anciens et dégradés (PNRQAD). À ce jour, l'État et ses opérateurs, l'Agence nationale pour l'amélioration de l'habitat (ANAH) et l'Agence nationale pour la rénovation urbaine (ANRU), ont mobilisé 380 millions d'euros sur trois ans (2009-2011) en faveur de ce programme, ce qui devrait permettre, grâce à l'effet de levier sur les financements privés et ceux des collectivités territoriales, de réaliser 1,5 milliard d'euros de travaux.

En troisième lieu, la loi Solidarité et renouvellement urbain (SRU) de 2000 prévoit que les communes doivent atteindre un taux de 20 % de logement social sur leur territoire, sous peine de sanctions financières. L'idée étant de rééquilibrer l'offre en logement social dans les communes qui en sont sous-dotées. La loi ALUR (loi pour l'accès au logement et un urbanisme rénové), du 24 mars 2014 comporte quelques mesures relatives au logement social. D'une part, elle généralise le dossier unique informatique de demande de logement social qui était jusque-là expérimenté dans quelques départements. Le système national d'enregistrement (SNE) sera géré par un groupement d'intérêt public créé prochainement et rassemblant l'État, l'Union sociale pour l'habitat, la fédération des entreprises publiques locales et les représentants des réservataires. D'autre part, cette loi renforce le droit à l'information des demandeurs de logement social, notamment sur l'avancée du traitement de leurs demandes. En outre, la loi permet aux EPCI compétents en matière d'habitat de créer une conférence intercommunale du logement chargée de définir les objectifs en matière d'attributions de logements, de relogement, ainsi que les modalités de coopération entre les bailleurs sociaux et les titulaires de droits de réservation. Ces futures conférences intercommunales seront composées des maires des communes membres, du préfet, des représentants du département, des bailleurs sociaux, des réservataires et des associations.

En quatrième lieu, depuis quelques années, les collectivités locales peuvent intervenir dans la lutte contre l'habitat indigne, ou dans la lutte contre la précarité énergétique des logements anciens. En pratique, les collectivités peuvent participer à la détection et au diagnostic des habitats insalubres, elles peuvent aussi apporter des aides en compléments de celles que délivre l'ANAH. Si ce sont principalement les communes ou les intercommunalités qui interviennent dans la réhabilitation des logements anciens, certains départements apportent aussi un soutien financier ou à travers des politiques de sensibilisation du public. Il doit être noté que les maires ont des pouvoirs de police spéciale en matière d'habitat. D'ailleurs, sur ce point, la récente loi ALUR, en vue d'accroître l'efficacité contre l'habitat indigne, transfère aux présidents des intercommunalités exerçant une compétence en matière de logement, les prérogatives de police spéciale des maires.

Pour terminer notons que les collectivités ont l'obligation d'intervenir pour favoriser l'accueil des gens du voyage. La loi du 5 juillet 2000 a institué des schémas départementaux adoptés par le préfet et le président du Conseil général afin de prévoir des aires d'accueil permanent et des emplacements temporaires (pour les grands rassemblements occasionnels).

Bilan de l'actualité

Dans l'actualité récente des politiques sociales plusieurs phénomènes méritent de retenir l'attention par leur importance pour l'avenir du secteur sanitaire et social : les Agences régionales de santé (ARS), la recentralisation rampante de l'action sociale, et la révolution en cours de la politique vieillesse.

Les ARS : un bilan mitigé

Les ARS (Agences régionales de santé) ont été créées par la loi HPST n° 2009-879 du 21 juillet 2009. Les ARS, sont des établissements publics de l'État ; elles ont été conçues comme des autorités sanitaires régionales, délégataires et pleinement responsables de la définition et de la mise en œuvre de la politique de santé dans la région. Mais elles ont des comptes à rendre et sont évaluées sur leur action. De plus, le mandat de directeur général d'ARS relève du Conseil des ministres qui peut y mettre fin à tout moment ; ce sont d'une certaine manière des « préfets sanitaires ». Face au constat d'une complexification croissante des politiques sanitaires et de santé publique, la création des ARS affirmait quatre ambitions :

- Concevoir et porter une politique globale de régulation au niveau régional.
- Renforcer la démocratie sanitaire, par un élargissement du travail collectif lors de la préparation et de l'évaluation de la politique globale de santé menée sur le territoire régional.
- Affirmer les places respectives des choix politiques et des contraintes techniques, en assurant une gestion des questions de santé conciliant efficacité et démocratie.
- Équilibrer les pouvoirs entre les différents acteurs de la politique sanitaire et de santé publique.

Malgré leur appellation, les ARS ne limitent pas leurs interventions à la santé publique. Le législateur leur a donné compétence en matière sanitaire. Le secteur médico-social est donc directement concerné par ce nouvel acteur, qui au niveau de la planification (à travers les PRIAC) intervient comme autorité de décision. Il en va de même pour le contrôle des autorisations et de la gestion des établissements sociaux et médico-sociaux soumis aux règles du CASF.

Ainsi en matière gérontologique, l'ARS est un acteur majeur de la politique de santé et d'accompagnement au service des personnes âgées. La « région sanitaire » devient l'échelon principal de la planification sanitaire et médico-sociale avec un projet régional de santé se déclinant en trois schémas : un schéma régional de prévention, un schéma régional d'organisation des soins et un schéma régional d'organisation médico-sociale (à articuler avec les schémas départementaux gérontologiques établis par les conseils généraux). De plus, la « région sanitaire », est l'échelon principal de la programmation médico-sociale à travers le PRIAC qui dresse les priorités de financement (pour la part des prestations financées sur décision tarifaire du directeur de l'ARS) des créations, extensions ou transformations d'établissements ou de services au niveau régional. Enfin la « région sanitaire », est l'échelon principal de l'attribution des autorisations médico-sociales en lien avec les conseils généraux si les équipements relèvent aussi d'une autorisation du président du Conseil général.

La création de l'agence nationale de santé publique le 1er mai 2016 (Ordonnance n° 2016-462 du 14 avril 2016 portant création de l'Agence nationale de santé publique) ne change pas le rôle majeur des ARS. En effet, cette nouvelle agence nationale reprend l'ensemble des missions, compétences et pouvoirs qui étaient exercés par trois établissements publics sous tutelle du ministre chargé de la santé : l'Institut de veille sanitaire (InVS), l'Institut national de prévention et d'éducation pour la santé (INPES) et l'Établissement de préparation et de réponse aux urgences sanitaires (EPRUS). Elle assure la mise en œuvre d'un système national de veille et de surveillance sanitaire, dont elle définit les orientations, anime et coordonne les actions, dans le respect des missions dévolues aux ARS.

Acteur devenu incontournable du secteur médico-social, l'ARS concurrence le département sur ses propres compétences, en impactant la définition par le département de ses propres politiques sanitaires et sociales. À ce titre, les ARS questionnent la pertinence de la décentralisation de certaines politiques sanitaires et sociales. Toutefois, lors de la crise sanitaire du Covid-19 au printemps 2020, les ARS ont parfois démontré leurs limites. La principale d'entre elles, dont se plaignent tous les partenaires institutionnels, c'est la lourdeur administrative de sa gouvernance. Notamment, l'absence d'une véritable et vaste délégation de signature entre le directeur général de l'ARS et les directeurs territoriaux (qui le représentent au niveau des délégations territoriales de l'ARS en département) génère un effet de centralisation vers le niveau régional (direction générale). On est très loin de « l'administration agile » prônée dans les écoles de la fonction publique !

La recentralisation rampante des politiques sociales

La décentralisation des politiques sociales que l'on connaît depuis une quarantaine d'année s'essouffle pour de multiples raisons. Une sorte de défiance réciproque entre l'État et les collectivités territoriales s'est installée. Si la recentralisation est un sujet tabou rarement posé sur la table, on constate ces dernières années une forme de reprise en main par l'État de certains pans des politiques sociales.

La recentralisation du RSA en question

La recentralisation (ou renationalisation) du RSA était l'un des thèmes principaux du congrès des Départements de France (ADF) à Troyes en octobre 2015. Partant du constat que cette allocation définie par l'État était largement financée par les départements eux-mêmes (4,24 milliards d'euros en 2015 de charge nette pour les départements sur un montant total de 9,84 milliards d'euros dépensés pour cette allocation), que les départements allaient perdre des ressources liées à la nouvelle répartition des compétences au profit des régions (par application de la loi NOTRe) et que beaucoup de départements étaient en grandes difficultés financières (une dizaine environs en 2015), les élus départementaux et le gouvernement étaient conscients de la nécessité de trouver une solution durable à ce problème. La recentralisation étant une des solutions possibles. Une autre solution proposée par quelques présidents de départements consistait à décentraliser totalement cette politique en donnant le pouvoir aux départements de déterminer les conditions d'attribution de l'allocation, son montant, etc. Au final, le gouvernement de l'époque, par la voix de Madame Lebranchu, s'était dit ouvert à une discussion sur la recentralisation du RSA.

Malgré des discussions étroites entre l'État et les départements, il était acquis que la recentralisation du RSA n'aurait pas lieu… tout de suite. Le point d'achoppement de ces discussions était le montant de la compensation financière que les départements auraient eu à verser à l'État.

Mais depuis lors, la petite musique de la recentralisation du RSA n'a jamais vraiment cessée, bien qu'une ligne de fracture existe sur ce sujet au sein de l'ADF entre les élus de droite et les élus de gauche qui sont en majorité pour la recentralisation. D'ailleurs la recentralisation partielle du RSA a eu lieu en Guyane, à Mayotte (depuis 2019) et à la Réunion (depuis 2020) : le directeur de la CAF remplace le Président du Département dans l'octroi du RSA. En 2021, la question refait surface à l'occasion du projet de loi 3DS ou 3DS actuellement en discussion au Parlement. L'article 35 de ce projet officialise l'expérimentation pour cinq ans de la recentralisation de la gestion et du financement du RSA, sur une base volontaire et pour les seuls départements qui connaissent des difficultés chroniques sur le RSA. L'État se verrait transféré l'instruction administrative, la décision d'attribution et le financement du RSA. Mais le département conserverait la compétence d'insertion.

Les stratégies nationales, ou la douce reprise en main des politiques sociales par l'État

Une autre façon pour l'État de reprendre la main en douceur sur certaines politiques sociales ou certains aspects de celles-ci, c'est la définition d'une « stratégie nationale ». Ainsi a-t-on ces trois dernières années plusieurs stratégies nationales pilotées par l'État et obligeant les collectivités à s'impliquer et à suivre ensuite les axes dégagés par cette stratégie. Deux d'entre elles retiendront notre attention ici.

1. En premier lieu, la stratégie nationale de lutte et de prévention de la pauvreté lancée en octobre 2018. Celle-ci décline les cinq objectifs suivants : L'égalité des chances dès les premiers pas pour rompre la reproduction de la pauvreté, Garantir au quotidien les droits fondamentaux des enfants, Un parcours de formation garanti pour tous les jeunes, vers des droits sociaux plus accessibles, plus équitables et plus incitatifs à l'activité, Investir pour l'accompagnement de tous vers l'emploi. Comme on le voit, cette stratégie frappe plusieurs politiques sociales : notamment l'enfance, l'insertion, la formation et l'emploi. Le communiqué de présentation précise que ces objectifs « visent à renouveler nos politiques sociales et à garantir leur efficacité en conservant les principes essentiels de notre modèle social : l'universalité, la progressivité, le lien avec le travail ». Le ton est donné. Il s'agit non seulement de renouveler, mais aussi de conserver le caractère universel des politiques sociales. Or l'universel qui renvoie à l'égalité, est difficilement décentralisable.

   Cependant l'État ne dicte pas que d'en haut, il essai de co-construire avec les acteurs concernés, dont les collectivités territoriales. Pour ce faire, il a régionalisé le processus de dialogue. Il en fait de même pour l'application de la stratégie nationale ainsi définie, à travers la nomination en septembre 2019 de hauts-commissaires à la pauvreté. Ces hauts fonctionnaires sont rattachés à chaque préfet de région et ils ont pour mission d'assurer le pilotage et la mise en œuvre de la stratégie de prévention et de lutte contre la pauvreté dans les territoires. Ils sont les interlocuteurs privilégiés des acteurs engagés sur le terrain dans le cadre de la stratégie pauvreté.

Enfin l'État qui met de l'argent sur la table contractualise avec les collectivités territoriales les actions concrètes à financer et à mettre en œuvre. C'est ce qu'on appelle aussi « l'effet levier » de l'engagement financier de l'État ; puisqu'il s'engage, les autres partenaires sont prêts aussi à s'engager. La contractualisation est le moyen souple pour l'État de reprendre la main sur le cours des choses, sans pour autant dépouiller les collectivités historiquement compétentes.

2. En second lieu, le cas de la stratégie nationale de prévention et de protection de l'enfance marque un pas supplémentaire dans la reprise en main par l'État d'une politique sociale.

   Tout d'abord, il y a eu la création d'un secrétariat d'État en charge de la Protection de l'enfance au printemps 2019 et la nomination d'Adrien Taquet à cette fonction. C'est un signal envoyé par l'État pour affirmer qu'il s'intéresse de près à cette politique publique pourtant très décentralisée, et qu'il compte œuvrer à son amélioration. Ensuite il y a le déploiement d'un processus de concertation qui est demeuré à l'échelon national. Il n'y a pas eu de régionalisation de la démarche comme pour la stratégie pauvreté. Enfin, il y a le projet de loi en discussion au Parlement et qui sera vraisemblablement adopté à l'automne 2021 et qui prescrira certains comportements aux départements. Autant d'éléments qui marquent une reprise en main par l'État de la protection de l'enfance. Ce n'est pas une recentralisation au sens propre, car l'État ne revient pas aux DASS d'avant les lois de décentralisation de 1982-1983 ; il ne se pose en prochain gestionnaire direct de cette action sociale. Mais il prescrit, de manière de plus en plus étroite. Il décide, ils exécutent pourrait-on dire.

   En ce qui concerne la protection de l'enfance, c'est en creux un aveu d'échec de la décentralisation. Les Départements n'ont pas su accorder les moyens d'un accompagnement décent des enfants en danger, de travailler avec leurs familles pour prévenir les placements ou pour envisager un retour en famille après un temps de placement, ni de proposer des études et une insertion professionnelle pour ceux des enfants confiés jusqu'à leur majorité. Est-ce parce que la protection de l'enfance rapporte peu sur le plan électoral ?

La nécessité d'un « big bang » de la gouvernance des politiques sociales

Tout ceci démontre que face aux problèmes financiers des départements, face aux difficultés de tous ordres qu'ils rencontrent pour agir (à commencer par la multiplication des acteurs, des procédures, des voies de financement) il n'y a pas de solution évidente. L'État qui a décentralisé des politiques sociales coûteuses n'a pas envie de les récupérer intégralement. Quant aux départements, ils veulent garder le maximum de compétences, quitte à être en situation de quasi-faillite pour certains (ce fut le cas avec le RSA), afin de conserver leur légitimé d'être des collectivités territoriales à part entière.

En définitive, la question n'est peut-être pas tant celle de la recentralisation totale ou partielle de telle ou telle politique sociale, mais celle d'un « big-bang » des politiques sociales. En effet, si l'on veut retrouver une efficacité de l'action sociale, il n'y a pas d'autre solution qu'une profonde remise à plat de toutes les politiques sociales, de leurs modalités de financement et de leur modalité de gouvernance ; ce qui induit également une remise à plat de la décentralisation.

Le « big bang » de la politique vieillesse a-t-il commencé ?

La création d'un « cinquième risque » pour le financement de la dépendance

La création d'un « cinquième risque » pour financer la dépendance est évoquée depuis une quinzaine d'années. Ces dernières années, alors que certains Départements connaissaient des difficultés financières pour la mise en œuvre de cette politique, l'idée se faisait plus pressante. En juin 2020, le gouvernement met à l'étude la création de cette cinquième branche, laquelle est actée en décembre 2020 par la loi.

Rappelons qu'en 1945, lors de la création de la Sécurité sociale, la dépendance et le handicap n'ont pas été pris en compte de manière spécifique, et seuls quatre risques (i.e. événements de la vie engendrant un surcoût) avaient été identifiés : le risque maladie comprenant la maternité, le risque accident du travail et maladie professionnelle, le risque vieillesse (retraite) et le risque lié à la charge de famille ; Ces quatre risques ont donné naissance aux quatre branches correspondantes de la Sécurité sociale. Dans les débats actuels, la réflexion va porter sur la création d'un cinquième risque ou d'une cinquième branche. La différence se situe dans la prise en charge par la Sécurité sociale qui, dans ce cas, aboutit à la création d'une branche financée par des cotisations sociales. Or, la question est de savoir si le risque dépendance, s'il était reconnu, doit être pris en charge par une nouvelle branche de la Sécurité sociale, alors que son financement pourrait reposer tout à la fois sur des cotisations sociales, des taxes ou impôts, et des assurances privées. Dans ce cas, on resterait dans une logique amorcée avec la création de la CNSA en 2004.

Concrètement le 25 juin 2020, le gouvernement désignait M. Laurent Vachey, inspecteur général des finances, pour formuler des recommandations sur les principes, l'architecture, la gouvernance et le financement de la nouvelle branche autonomie. La loi du 7 août 2020 relative à la dette et à l'autonomie a créé le nouveau risque et la nouvelle branche consacrée à l'autonomie qui figure ainsi au 5° de l'article 200-2 du Code de la sécurité sociale. Cette loi intègre la mission Vachey en cours à l'époque, et reporte à la loi de financement de la sécurité sociale 2021 (FLSS 2021), la définition du cadre juridique plus précis de cette branche autonomie.

La LFSS 2021 adoptée en décembre 2020 confie la gestion de cette cinquième branche à la CNSA. Depuis il est inscrit à l'article 14-10-1 du Code de l'action sociale et des familles que « La Caisse nationale de solidarité pour l'autonomie gère la branche mentionnée au 5° de l'article L. 200-2 du Code de la sécurité sociale » ; les différents rôles que doit remplir la CNSA dans le cadre de cette gestion sont ensuite détaillés, le premier étant de veiller à l'équilibre financier de cette branche.

La LFSS revoit intégralement le financement de la CNSA, et donc maintenant de la cinquième branche. Jusqu'alors le financement de la CNSA comportait une faible proportion de recettes propres et était assuré, pour l'essentiel, par la contribution de l'assurance maladie via l'Ondam médicosocial (objectif national des dépenses d'assurance maladie). À partir de 2021 le financement se compose presque exclusivement de recettes propres : la contribution de l'assurance maladie via l'Ondam est remplacée par l'affectation d'une fraction accrue (1,93 %) de la CSG, qui va représenter désormais 90 % des recettes de la CNSA. Et continuent de s'y ajouter la contribution de solidarité autonomie (CSA) et la contribution additionnelle de solidarité (Casa). Sachant qu'il ne s'agit que d'un début. Le financement de cette cinquième branche va monter en puissance entre 2021 (1 milliard d'euros) et 2024 (de 3 à 5 milliards d'euros). Des arbitrages sont en cours et seront sans doute prêts pour la LFSS 2022. Enfin la LFSS 2021 donne pouvoir au gouvernement de préciser dans les 12 mois par ordonnance l'organisation de cette branche et sa codification dans le code de la sécurité sociale.

Vers la fin des Ehpad ?

Depuis une petite dizaine d'années, le « grand âge » est promis à une grande réforme de structures, d'organisation et de financement. Les travaux de réflexion commencés sous l'ère du gouvernement Ayrault, a abouti à l'adoption puis la promulgation le 28 décembre 2015 de la loi relative à l'adaptation de la société au vieillissement. Cette loi visait à construire une société où chacun puisse bien vieillir. En réalité, cette loi n'avait rien d'une grande réforme, mais plutôt d'ajustements souvent utiles et intéressants.

En juin 2018, le président de la République promettait une grande loi sur la dépendance pour l'horizon 2019-2020. La pandémie de Covid-19 particulièrement meurtrière dans les Ehpad a conforté l'idée de changer de modèle et de penser autrement l'accompagnement du grand âge. La maison de retraite telle que nous l'avons connue, n'est plus en phase avec les aspirations de la société et ne peut plus être l'alpha et l'oméga de la prise en charge des personnes âgées même dépendantes. C'est le maintien à domicile qui doit devenir la règle, tant que cela est possible. La réforme du financement abordée dans la section précédente par la création de la cinquième branche de la sécurité sociale sera suivie d'une réforme de la politique « autonomie ».

Pour l'instant la communication sur le sujet était restreinte. En juillet 2021 quelques prises de positions permettent d'esquisser les axes de la réflexion en cours. Le 5 juillet 2021, les professeurs de gérontologie Claude Jeandel du CHU de Montpellier et Olivier Guérin du CHU de Nice ont remis à la ministre déléguée en charge de l'autonomie, Brigitte Bourguignon, leur rapport sur les soins en Ehpad et en USLD (unités de soins de longue durée), intitulé « 25 recommandations pour une prise en soins adaptée des patients et des résidents, afin que nos établissements demeurent des lieux de vie ». C'est un rapport très technique mais comportant des propositions originales. Ce rapport propose une médicalisation accrue des Ehpad, avec davantage de personnels de santé dédiés et une coordination accrue de tous les acteurs de santé intervenant autour de la personne âgée. Il propose aussi un financement unique et non plus partagé entre la sécurité sociale (via l'ARS) pour la partie soin et le département pour la partie accompagnement. Il prône aussi l'adaptation architecturale des Ehpad à la fois pour mieux faire face à la prévalence élevée des troubles neurocognitifs et comportementaux et pour ouvrir l'Ehpad sur la société, la ville et en faire un vrai lieu de vie. Brigitte Bourguignon a fait savoir par un communiqué qu'il existait une convergence de vues entre les recommandations du rapport et les travaux actuels menés au sein du ministère.

Quelques jours plus tard, lors d'une webconférence intitulée « Dessine-moi l'Ehpad de demain » la ministre déléguée a présenté les priorités gouvernementales du Ségur de la santé et du plan de relance pour l'investissement dans les Ehpad. Elle a évoqué la transformation profonde du modèle des Ehpad dans le sens du rapport Jeandel-Guérin, elle a annoncé qu'a été confié à l'architecte Patrick Bouchain (grand prix de l'urbanisme 2019), une mission pour accompagner la transformation architecturale des Ehpad, au regard des nouveaux usages attendus et pour qu'ils deviennent de véritables lieux de vie. De même que le « Laboratoire des solutions de demain » a été installé le 12 juillet 2021 avec pour mission de guider la transformation de l'offre d'habitat pour personnes âgées en perte d'autonomie, afin que les Ehpad soient plus ouverts sur l'extérieur. Sur le plan financier, la ministre rappelle que 2,1 milliards d'euros de crédits du Ségur de la santé sont mis à disposition des Ehpad et sont pilotés par les ARS. Enfin, la ministre souhaite modifier l'appellation Ehpad et a annoncé son intention de lancer une consultation citoyenne à l'automne sur ce sujet.

Pour conclure un article publié dans le journal Le Monde le 25 juin 2021 basé sur des documents préparatoires émanant du ministère auquel le journal a eu accès, indique que la réforme en cours de réflexion a pour objectif de privilégier le maintien à domicile que le placement en Ehpad. Ce qui justifie la volonté de limiter la création de nouvelles places en Ehpad et de restructurer totalement les services d'aide à domicile. À l'évidence cela aura un impact sur l'action sociale que les départements mènent aujourd'hui dans ce domaine.

Perspectives

Les questions non résolues par la décentralisation de l'action sociale

La difficile conciliation entre décentralisation et principe d'égalité

Le principe d'égalité à une portée doublement limitée en matière sociale : d'une part, il doit être concilié avec le principe de décentralisation, d'autre part, les situations sociales traitées impliquent des traitements différenciés.

Le cadre législatif et réglementaire adopté au niveau national laisse peu de place aux collectivités pour différencier leurs politiques publiques en matière sociale ; on le voit bien avec le département qui, en matière de RSA, APA voire PCH, est un opérateur disposant de peu de marge de manœuvre. Lorsqu'il a eu de telles marges, avec la PSD entre 1997 et 2001, cela lui a été retiré, compte tenu des inégalités qu'engendrait une gestion décentralisée, c'est-à-dire différenciée. Toutefois, même s'il opère dans un cadre contraint, le département n'a pas à rendre compte de ses actes ; il subit un simple contrôle *a posteriori*. Il s'agit donc bien d'un fonctionnement décentralisé. Néanmoins, cela pose la question de savoir si la décentralisation de ces politiques sociales à fortes contraintes est pertinente. Pour autant, l'égalité des règles appliquées par les collectivités locales ne garantit pas une uniformité des politiques sociales menées. Il y a variation des moyens et des pratiques. Ceci était déjà constaté du temps où l'État était entièrement compétent en la matière.

Blocs de compétences

Les compétences sociales transférées par les lois de décentralisation le sont en principe par blocs entiers. Ce principe se vérifie dans une certaine mesure pour les compétences transférées au département telles que le RSA ou l'APA. Mais en pratique cette étanchéité est de façade, voire inexistante. Certes, ce qui est donné de faire au département, lui seul le fait, mais ses compétences s'inscrivent dans un cadre plus large d'une politique d'insertion ou de dépendance qui font intervenir de très nombreux acteurs. Les compétences se croisent ou se superposent. Cela est logique. Il est en effet difficile de mener des politiques sociales étanches tant les frontières sont souvent ténues. Tel est le cas, par exemple, de la politique de l'emploi (État) par rapport à la politique de la formation professionnelle (région) et à la politique d'insertion (département).

La notion de chef de file créée par la loi constitutionnelle de 2003 et mise en œuvre par la loi du 13 août 2004 est un moyen d'articuler ces politiques et ces acteurs. Ainsi en matière d'action sociale, le département est considéré comme chef de file; son rôle consiste alors à coordonner l'action des autres intervenants avec sa propre action. La région semble le devenir à compter de 2015 dans le domaine de la formation professionnelle.

La loi NOTRe adoptée en 2015 supprime la clause générale de compétences des départements et des régions, tout en la laissant intacte pour les communes. Mais compte tenu de la répartition initiale des compétences opérées en matière de politiques sociales et du fort degré de contrainte, notamment financière, pesant sur chacun des acteurs locaux, peu d'interventions se font sur la base de la clause générale de compétence, si bien que cet aspect de la loi NOTRe n'aura pas d'impact important sur les politiques sociales décentralisées. En revanche, la mise en place des métropoles au sens de la loi du 16 décembre 2010 et de la loi MAPAM du 27 janvier 2014 devrait marquer un changement significatif pour certains départements qui verront la métropole gérer les compétences départementales sur le territoire de la métropole. Il n'est pas exclu que cela préfigure un mouvement plus large de recomposition de l'action sociale territoriale dans les années à venir.

Redéfinition du rôle de l'État

L'État continue d'intervenir dans les politiques sociales malgré les vagues de décentralisation. Soit il conserve des compétences propres (exemple: conventionnement des entreprises adaptées), soit il crée des dispositifs qui viennent s'insérer au sein même des politiques décentralisées (exemple: création en 2005 d'un fond d'insertion professionnelles des jeunes géré par l'État, alors que les départements gèrent depuis 2004 le fonds d'aide aux jeunes). Pourtant, la décentralisation aurait dû conduire l'État à se recentrer sur des missions d'animation ou de pilotage; or, en pratique, l'État prescrit dans le détail les normes à respecter (lois et règlements d'application) ; cela s'est vérifié avec acuité lors de la crise sanitaire du Covid-19, avec une production normative abondante (circulaires, instructions, guides, etc.) par les ministères du travail et de la santé notamment. Il exerce avec difficulté sa mission de contrôle : peu d'actes sont soumis au contrôle de légalité en matière sociale, quant au contrôle budgétaire, il est rarement effectué. Sans doute des améliorations sur tous ces points pourraient faire l'objet de réforme dans les années à venir. Le Premier ministre en a fait le constat dans son discours de politique générale du 15 juillet 2020 : « Pour faire face à la crise, pour faire reculer les doutes, pour redonner espoir à celles et ceux qui n'en ont plus, l'ensemble des acteurs publics – au premier rang desquels l'État et le Gouvernement de la République – doivent, d'abord, faire preuve d'une très grande humilité. Ils doivent également faire évoluer profondément et rapidement leurs modes d'intervention, pour les diriger vers la vie quotidienne de nos concitoyens. Je le sais bien, dans un pays qui excelle dans le débat d'idées et dans la conjugaison de grands principes – dont votre assemblée a souvent été la scène –, parler d'exécution, de mise en œuvre et d'efficacité opérationnelle peut sembler trivial ! Toutes ces notions sont, depuis longtemps, reléguées au rang de choses subalternes. C'est une affaire entendue : l'intendance suivra ! Mais depuis longtemps, vous le savez, l'intendance ne suit plus. Les lois que vous votez et les décrets que le Gouvernement promulgue se perdent dans des méandres sinueux et opaques, au point de ne toucher que de manière lointaine, incertaine, et souvent incomprise, la vie quotidienne de nos concitoyens. Les agents publics ne sont pas en cause ; ils sont bien souvent, aussi, les victimes d'une organisation collective inadaptée, dans laquelle se consument l'intelligence et les bonnes volontés. Le règne de l'impuissance publique fait le lit du discrédit de la volonté politique ! Il est urgentissime de faire évoluer le logiciel de l'action publique. L'erreur serait de penser qu'il faudrait, en cela, remettre en cause l'État : car l'État, c'est la France. Mais l'État ne s'est pas adapté à la France. Il a parfois donné l'illusion qu'il pouvait tout régler, alors qu'il doit surtout donner à tous les acteurs de notre société les moyens d'agir et de progresser ». Plus que jamais, cela est vrai pour les politiques sociales.

De plus, l'État pourrait décider de mettre en place un système d'information statistique plus élaboré. Il apparaît, en effet, que le système de statistique actuel manque cruellement d'efficacité : remontée tardive d'information donnant lieu à des publications générales, notamment par les services de l'IGAS (inspection générale des affaires sociales) – telle la DREES (Direction de la recherche, des études, de l'évaluation et des statistiques) –, mais non répercutés sur les acteurs locaux eux-mêmes. Du coup ceux-ci mettent en place leur propre système statistique, sans harmonisation et coordination.

Perspectives financières

Les perspectives financières des politiques sociales départementales sont mauvaises. En effet, en 2010, les dépenses des Départements au titre de l'action sociale atteignaient 30,3 milliards d'euros soit une augmentation de 6 % par rapport à 2009. En 2012, le volume des dépenses est de 32,5 milliards d'euros, soit une progression de 3,3 % par rapport à 2011. Enfin ces dépenses augmentent de 3,6 % en 2013 pour atteindre un montant de 33,6 milliards d'euros, elles passent à 35 milliards d'euros en 2014, soit une augmentation de 4,3 % en un an, puis à 36,1 milliards d'euros en 2015, soit une augmentation de 3,1 %. En 2016, avec 36,83 milliards d'euros la progression n'était que de 1,9 %. Cette tendance se poursuivait en 2017, avec une augmentation de 1,9 % pour un montant total de 37,43 milliards d'euros. La progression des dépenses n'est plus que de 1,3 % en 2018 avec 37,9 milliards d'euros, et 38,6 milliards d'euros en 2019.

Cette augmentation des dépenses sociales, se conjugue avec une dynamique aléatoire des recettes courantes ; en 2015 malgré une hausse de 17 % du produit des droits de mutation, les recettes de fonctionnement des départements n'ont globalement pu progresser que de 1,5 %, deux fois moins que l'augmentation des seules dépenses sociales. Les départements sont confrontés à un réel effet de ciseaux, entre les dépenses et les recettes, qui chaque année accentue leur situation délicate sur le plan budgétaire. La dynamique des recettes, qui est structurellement moins importante que celle des dépenses, se trouve aggravée en cas de crise économique et financière comme entre 2008 et 2016. De plus, l'État baisse ses dotations aux collectivités d'au moins 1,5 milliard d'euros par an entre 2014 et 2017. Enfin les coûts en dépenses de personnel vont mécaniquement augmenter avec le passage en catégorie A de la fonction publique territoriale des cadres d'emplois des infirmiers et des assistants de service social territoriaux. Les budgets départementaux risquent donc connaître de forts déséquilibres dans les prochaines années. Il est vrai que l'année 2016 a vu une augmentation assez inédite des recettes fiscales des départements qui ont compensé la baisse de la dotation globale de fonctionnement. Le constat est le même en 2017 et en 2018. Dans sa lettre d'analyse de Mai 2017, l'ODAS affirmait que « cette évolution reste conjoncturelle et n'annonce pas une résorption de la crise financière des Départements ». Pour l'instant les départements s'en sortent en réduisant considérablement les dépenses d'investissement (-40 % depuis 2010). Or, la rigueur budgétaire, si elle est nécessaire ne sera pas suffisante pour faire face. Notons qu'en augmentant de 1,3 % les dépenses sociales en 2018, les Départements ont respecté la volonté gouvernementale d'augmenter les dépenses de fonctionnement de 1,2 % (cf. Loi de programmation des finances publiques 2018-2022). Mais le poids des dépenses liées aux allocations augmente de 2 % quand les autres ne progressent que de 0,7 % en 2018. Autrement dit, il y a moins d'agents en proportion pour financer des actions de prévention : si on prend l'exemple du RSA on finance les allocations mais on déploie moins de moyens pour aider au retour à l'emploi. Comme l'écrivait l'ODAS dans sa lettre de juin 2015, « le doute n'est plus permis. Sans évolution du mode de financement de leurs compétences obligatoires, les Départements ne pourront plus, dans leur grande majorité, équilibrer leur budget dans un proche avenir ». En 2021 comme en 2015, les politiques sociales décentralisées, sont bel et bien dans une impasse financière. Beaucoup appellent de leurs vœux des réformes structurelles majeures visant à repenser le système des politiques sociales dans son ensemble.

Publications générales

- Borgetto (Michel) et Lafore (Robert), *Droit de l'aide et de l'action sociales,* Paris, Montchrestien, coll. « Domat Droit public », 10e édition, 2018, 819 p.
- Lafore (Robert) (dir.), *Refonder les solidarités – Les associations au cœur de la protection sociales,* Paris, Dunod, coll. « Santé sociale », 2016, 305 p.
- Lhuillier (Jean-Marc), *L'aide sociale à l'enfance*, Paris, Berger-Levrault, coll. « Les indispensables », 10e édition, 2016, 306 p.
- Löchen (Valérie), *Comprendre les politiques sociales*, Paris, Dunod, 5e édition, 2016, 448 p.
- Penaud (Pascal) *et alii, Politiques sociales*, Paris, Presses de Sciences Po et Dalloz, coll. « Amphi », 4e édition, 2016, 1179 p.
- Peroz (Jean-David), *Les politiques sociales en France,* Paris, Dunod, coll. « Aide-Mémoire », 4e éd., 2021, 363 p.
- Stébé (Jean-Marc), *Le logement social en France,* Paris, PUF, coll. « Que sais-je ? », 2016, 128 p.
- Thévenet (Amédée) *et alii, L'aide sociale aujourd'hui,* Paris, ESF Éditeur, coll. « Actions sociales/Référence », 18e édition, 2015, 480 p.
- Dossier « Les ARS dans l'organisation sociale et médico-sociale » *RDSS* mai-juin 2016, p. 405-466.
- Dossier « Politiques sociales locales », *Revue française des Affaires sociales*, n° 4, octobre-décembre, Paris, La Documentation française, 2011, 200 p.

Publications spécialisées

- Dubard (Claude) et Nasser (Catherine), *La formation professionnelle continue,* Paris, La Découverte, coll. « Repères Sociologie », 6e éd., 2015, 128 pp.
- IGAS, Démarche de consensus relative aux interventions de protection de l'enfance à domicile, Rapport, 2019.
- Lecat (Donatien), « Le Huron au tribunal pour enfant, ou réflexions naïves sur les mesures d'assistance éducative des mineurs », *in* Mélanges en l'honneur du professeur Hervé Rihal, Presses universitaires de Poitiers, 2021.
- Rapport d'information de Mmes Dini et Meunier, « La protection de l'enfance : améliorer le dispositif dans l'intérêt de l'enfant », *Sénat*, n° 655, 25 juin 2014, 126 p.

Sites Internet

- http ://www.drees.sante.gouv.fr/
- http ://www.igas.gouv.fr/
- http ://www.insee.fr
- http://www. banquedesterritoires.fr (site d'information Localtis)
- http ://www.odas.net/
- http ://www.onpe.gouv.fr/

Pages Internet spécifiques

- https://solidarites-sante.gouv.fr/affaires-sociales/familles-enfance/pacte-pour-l-enfance/la-reforme-de-l-enfance-protegee/article/strategie-nationale-de-prevention-et-de-protection-de-l-enfance-2019-2022
- https://solidarites-sante.gouv.fr/affaires-sociales/lutte-contre-l-exclusion/lutte-pauvrete-gouv-fr/
- http://www.igas.gouv.fr/spip.php?article753 (Sur la démarche de consensus en protection de l'enfance)

Exemples de sujets

- Les compétences sociales du département
- La contractualisation de l'action sociale
- Le rôle de l'État dans les politiques sociales décentralisées
- La formation professionnelle
- Décentralisation et financement des politiques sociales
- L'essor des politiques sociales décentralisées
- Vers une renationalisation des politiques sociales ?
- La création d'une cinquième branche de la sécurité sociale
- Faut-il davantage décentraliser les politiques sociales ?
- Quelles perspectives pour la politique autonomie ?

QCM

199. Les principes qui régissent l'exercice par les collectivités territoriales de leurs compétences en matière de politique sociales sont :

- ☐ **A.** Le principe de spécialité
- ☐ **B.** Le principe d'exclusivité
- ☐ **C.** Le principe de généralité
- ☐ **D.** Le principe de non-exclusivité

200. Les collectivités territoriales peuvent intervenir dans des domaines de compétences autres que ceux que la loi leur a attribués, à condition toutefois :

- ☐ **A.** Qu'un bloc de compétence soit identifiable
- ☐ **B.** Qu'un intérêt local justifie leur intervention
- ☐ **C.** Que la loi leur autorise explicitement cette intervention
- ☐ **D.** Qu'elles exercent leurs propres compétences obligatoires en préalable à leur intervention
- ☐ **E.** Que la loi n'interdise pas une telle intervention

201. La région est spécialisée dans les politiques sociales suivantes :

- ☐ **A.** La politique de santé publique
- ☐ **B.** La politique du handicap
- ☐ **C.** La politique de l'emploi
- ☐ **D.** La politique de la dépendance
- ☐ **E.** La politique de la formation professionnelle

202. La protection de l'enfance est une compétence de :

- ☐ **A.** La commune
- ☐ **B.** La région
- ☐ **C.** L'intercommunalité
- ☐ **D.** Le département
- ☐ **E.** L'État

203. La région est :

- ☐ **A.** Chef de file en matière de formation professionnelle
- ☐ **B.** Chef de file en matière de politique de l'emploi et de formation professionnelle
- ☐ **C.** Commanditaire des formations professionnelles réalisées par l'AFPA
- ☐ **D.** Compétente pour la formation des jeunes et des adultes en recherche d'emploi
- ☐ **E.** Compétente pour la formation des salariés en formation continue

204. En matière de protection de l'enfance, le département est compétent de plein droit pour :

- ☐ **A.** Assurer la protection judiciaire de la jeunesse
- ☐ **B.** Assurer la prévention des dangers auxquels seraient exposés les enfants
- ☐ **C.** Piloter l'aide sociale à l'enfance
- ☐ **D.** Centraliser et évaluer les informations concernant les enfants en difficultés et en danger
- ☐ **E.** Saisir l'autorité judiciaire lorsque des enfants sont en danger
- ☐ **F.** Mettre en œuvre des décisions de justice concernant les enfants en danger

205. En matière de politique de garde des jeunes enfants, le département est compétent pour:

- ☐ **A.** Piloter le service public d'accueil des jeunes enfants
- ☐ **B.** Agréer les assistants maternels
- ☐ **C.** Mettre en place des points info-familles
- ☐ **D.** Gérer des crèches
- ☐ **E.** Agréer les gardes à domicile
- ☐ **F.** Contrôler les lieux d'accueil

206. La demande d'allocation personnalisée autonomie (APA) est instruite par les services du département. Mais le versement de cette allocation est effectué par:

- ☐ **A.** L'ARS
- ☐ **B.** La CAF
- ☐ **C.** La CPAM
- ☐ **D.** Les caisses de retraite
- ☐ **E.** Le département
- ☐ **F.** La CNSA

207. La création d'un cinquième risque comme solution de financement de la dépendance reposerait sur:

- ☐ **A.** Les cotisations sociales uniquement
- ☐ **B.** L'impôt uniquement
- ☐ **C.** L'assurance privée et les cotisations sociales
- ☐ **D.** L'impôt et les cotisations sociales
- ☐ **E.** L'assurance privée uniquement
- ☐ **F.** L'assurance privée, les cotisations sociales et l'impôt
- ☐ **G.** L'impôt et l'assurance privée

208. Un ESAT est:

- ☐ **A.** Une entreprise adaptée qui emploie des salariés handicapés
- ☐ **B.** Un établissement qui emploie des salariés handicapés
- ☐ **C.** Un établissement qui propose aux personnes handicapées un soutien et une aide par le travail

209. Le rôle de la CDAPH (les Commissions des droits et de l'autonomie des personnes handicapées) consiste à:

- ☐ **A.** Être l'interlocuteur unique des personnes handicapées
- ☐ **B.** Instruire les dossiers de demande d'aides présentés par les personnes handicapées
- ☐ **C.** Prendre les décisions relatives à l'ensemble des droits et des prestations auxquels peuvent prétendre les personnes handicapées

210. Dans le cadre du RSA (revenu de solidarité active) prévu par la loi du 1er décembre 2008:

- ☐ **A.** Le département verse l'allocation
- ☐ **B.** La CAF verse l'allocation
- ☐ **C.** Le département finance largement le dispositif du RSA
- ☐ **D.** Le département finance pour une faible part le dispositif du RSA
- ☐ **E.** La commune est seule responsable des politiques d'insertion dans le cadre du RSA
- ☐ **F.** La région instruit les demandes de RSA
- ☐ **G.** Le département est chef de file des dispositifs d'insertion

211. La loi HPST du 21 juillet 2009 crée les agences régionales de santé (ARS). La compétence de ces agences concerne-t-elle la politique du handicap ?

- ☐ **A.** Oui
- ☐ **B.** Non

212. Les politiques sociales décentralisées sont-elles basées sur :

- ☐ **A.** Une répartition étanche des compétences entre collectivités
- ☐ **B.** Une interdépendance des compétences entre collectivités
- ☐ **C.** Une spécialisation des compétences entre collectivités

213. Avec la décentralisation des politiques sociales, les interventions de l'État consistent à :

- ☐ **A.** Exercer un contrôle de l'égalité
- ☐ **B.** Donner les seules orientations générales
- ☐ **C.** Prescrire les normes légales et réglementaires applicables
- ☐ **D.** Exercer un contrôle budgétaire
- ☐ **E.** Exercer un contrôle de légalité
- ☐ **F.** Intervenir directement dans le champ des politiques sociales
- ☐ **G.** Mettre en œuvre des compétences qui lui sont restées propres
- ☐ **H.** Organiser un système d'information statistique sophistiqué

Réponses

199. Réponses A et D. Les collectivités se sont vues attribuer depuis 1983 des compétences précises par la loi en matière de politique sociale. Par exemple, au département a été attribué la compétence d'aide sociale en matière de handicap ou de protection de l'enfance, à la région a été attribué la compétence de formation professionnelle et à la commune celle d'organiser un CCAS. Il en résulte donc une forme de spécialisation de chaque catégorie de collectivité, sur certaines compétences. Mais cette spécialisation n'est pas exclusive. Les collectivités de catégorie différente peuvent intervenir de façon volontaire et facultative, dès lors que certaines conditions sont réunies.

200. Réponses B, D, E. La décentralisation des politiques sociales n'a pas donné lieu à des transferts de bloc de compétences étanches et exclusifs. Il s'ensuit que les collectivités peuvent intervenir de façon volontaire et facultative sur des domaines pourtant attribués par la loi à d'autres collectivités. Mais, elles doivent pour cela remplir plusieurs conditions. Première condition : la loi ne doit pas leur interdire cette intervention. Deuxième condition : les collectivités doivent exercer prioritairement leurs compétences obligatoires avant d'intervenir. Troisième condition : leur intervention doit être justifiée par un intérêt local.

201. Réponse E. La région est progressivement devenue l'échelon de droit commun en matière de formation professionnelle des jeunes et des demandeurs d'emploi. Elle devient chef de file avec la loi du 5 mars 2014. Sa compétence en la matière a été accrue par les lois du 13 août 2004 et du 24 novembre 2009 : les régions ont ainsi été substituées à l'État pour commanditer les formations subventionnées par l'AFPA (Association pour la formation professionnelle des adultes). À partir de 2015, les régions sont chargées de la formation professionnelle des personnes condamnées, des personnes handicapées et des Français de l'étranger. La politique de formation professionnelle fait l'objet d'un contrat de plan régional de développement des formations professionnelles élaboré par la région.

202. Réponses D et E. La protection de l'enfance se distingue entre la protection administrative et la protection judiciaire. La protection administrative, décentralisée depuis 1983, est assurée par le service départemental de l'aide sociale à l'enfance (ASE) placé sous l'autorité du président du Conseil général. La protection judiciaire reste principalement de la compétence de l'État, à travers l'autorité judiciaire (juge pour enfants notamment) et le service de la protection judiciaire de la jeunesse (PJJ) pour la mise en œuvre des décisions du juge des enfants.

203. Réponses A, C, D. La région est progressivement devenue l'échelon de droit commun en matière de formation professionnelle des jeunes et des demandeurs d'emploi depuis 2004. En 2015 elle récupérera d'autres compétences obligatoires au-delà de ces deux publics. Toutefois avec la loi du 5 septembre 2018 elle a perdu l'apprentissage. Elle tend ainsi à devenir la collectivité chef de file dans le domaine de la formation professionnelle, bien que d'autres acteurs demeurent importants dans ce domaine (État, entreprises et les partenaires sociaux, les branches professionnelles).

204. Réponses B, C, D, E, F. Le département a la compétence principale en matière d'aide sociale à l'enfance, qui concerne essentiellement la protection administrative de l'enfance en danger. Cette action vise à prévenir les dangers auxquels sont exposés des enfants du fait de leur entourage. Pour cela le département à l'obligation de centraliser et d'évaluer toutes les informations qu'il recueille et qui concernent l'enfance en difficulté ou en danger. Au vu de ces informations, il revient au département d'engager une aide préventive, ou si les faits le justifient (identification d'infractions pénales dont sont victimes des enfants) le département par le biais de son président, saisit l'autorité judiciaire des faits délictueux ou criminels. Il peut également saisir l'autorité judiciaire lorsque la réponse administrative échoue, notamment en cas de refus de coopération des titulaires de l'autorité parentale. Enfin, le département est chargé de mettre en œuvre les décisions de justice relatives aux mesures éducatives concernant les enfants en danger. Mais lorsque l'enfant est poursuivi ou jugé pour acte de délinquance, il est pris en charge y compris pour son suivi éducatif par les services de la protection judiciaire de la jeunesse (service de l'État) ; dans ce cas précis, le département n'intervient pas.

205. Réponses B, D, F. En matière de politique d'accueil des jeunes enfants, il n'existe pas de service public obligatoire. Les collectivités locales interviennent donc en fonction des besoins bien sûr, mais surtout de leurs moyens disponibles et de leur volonté d'apporter une réponse locale aux besoins des parents de jeunes enfants. Les communes sont en première ligne pour répondre à ces besoins de proximité ; elles gèrent de nombreuses crèches et mettent en place des points info-familles permettant d'aiguiller les parents vers les crèches ou vers les assistants maternels agréés. Pour sa part, le département assume trois fonctions dont deux principales. Il est chargé d'agréer les assistants maternels (rappelons que les gardes à domicile n'ont pas à recevoir d'agrément), et il est chargé de contrôler les lieux d'accueil (les lieux d'accueil des assistants maternels et les crèches). Enfin, le département peut gérer des crèches.

206. Réponse E. Le département instruit et verse l'APA. Le financement de cette allocation est assuré aux trois quarts par le département et pour un quart par la CNSA, institution mise en place en 2004 pour gérer les fonds issus des prélèvements sociaux relatifs à la journée de solidarité instituée la même année.

207. Réponse D. La création d'une cinquième branche suppose un financement exclusivement basé sur les cotisations sociales et l'impôt. Dans ce système où on raisonne par « branche », l'impôt ne finance pas en principe la Sécurité sociale. Pourtant le financement de la branche autonomie pourrait bien être financé en partie par l'impôt Il n'est pas exclu à ce stade que même dans ce cadre, les organismes complémentaires d'assurance privée interviennent également pour financer le reste à charge qui ne serait pas couvert par la Sécurité sociale.

208. Réponse C. Un ESAT est un Établissement et Service d'Aide par le Travail, anciennement dénommé CAT (Centre d'aide par le travail). Les personnes handicapées qui sont aidées par le travail, ne sont pas salariées au sens du droit du travail ; elles bénéficient toutefois d'une indemnité qui correspond à une forme de rémunération pour le travail accompli. Les ESAT se distinguent en cela des entreprises adaptées qui sont de véritables entreprises qui emploient et salarient majoritairement des personnes handicapées ; elles signent avec l'État une convention et bénéficient de subventions versées par lui pour compenser le coût d'adaptation des postes de travail.

209. Réponse C. La loi de 2005 crée les MDPH (maison départementale des personnes handicapées) qui deviennent l'interlocuteur unique de proximité des personnes handicapées. Elles ont pour missions d'accueillir, d'informer et de conseiller les personnes handicapées et de constituer et valider les dossiers qui serviront ensuite à l'attribution des aides ou à l'orientation en établissements spécialisés. Au sein de la MDPH, une équipe pluridisciplinaire élabore avec la personne son projet de vie et le plan de compensation personnalisé du handicap. C'est ensuite la CDAPH (Commission des droits et de l'autonomie des personnes handicapées) située au sein de la MDPH qui prend toutes les décisions relatives à l'ensemble des droits à prestation de la personne handicapée.

210. Réponses B, C, G. De par la loi du 1er décembre 2008, le département est le chef de file des dispositifs d'insertion. Bien qu'il finance en grande partie le RSA et plus généralement les politiques d'insertion, le département ne verse pas lui-même l'allocation, c'est la CAF ou la MSA qui s'en charge. Enfin, le conseil général met en œuvre les dispositifs d'insertion sociale, en lien avec tous les autres acteurs concernés.

211. Réponse A. Les ARS ont une compétence qui n'est pas limitée au seul domaine de la santé publique. Elles ont une compétence en matière sanitaire qui concerne donc le secteur médico-social. C'est ainsi que la politique du handicap tout comme celle de la dépendance d'ailleurs sont directement impactées par la création de ces agences. Le département qui détient souvent une compétence principale en ces domaines, doit néanmoins sur certains aspects composer avec le directeur général de l'ARS et ses services.

212. Réponse C. Les transferts aux collectivités locales de blocs de compétences en matière sociale ont logiquement abouti à une spécialisation des collectivités dans certaines politiques sociales. Le département a été le principal attributaire de ces transferts de compétences. Mais cette spécialisation n'exclut pas, sauf exception, l'intervention d'autres collectivités en complément de l'action menée par la collectivité attributaire au principal de la compétence.

213. Réponses C, D, E, F, G. L'État continue d'intervenir dans les politiques sociales malgré les transferts de compétences aux collectivités territoriales. Il conserve des compétences propres, il crée des dispositifs qui s'insèrent dans le champ de ces politiques, il prescrit dans le détail les normes à respecter (lois et règlements d'application). Il exerce aussi une mission de contrôle (contrôle de la légalité et contrôle budgétaire). Il ne se contente donc pas de donner de simples orientations générales à travers les lois. Il reste un intervenant de premier ordre. La création des ARS renforce d'ailleurs cette présence de l'État dans le champ des politiques médico-sociales. Enfin, on remarque que pour le moment l'État n'a pas réussi à mettre en place un système d'information statistique élaboré et complet. Cela serait pourtant très utile, tant pour les collectivités territoriales que pour lui dans l'exercice de ses missions de contrôle et d'évaluation.

L'évolution des moyens territoriaux

11 La modernisation de la fonction publique territoriale

1 915 000 agents (hors contrats aidés) travaillent aujourd'hui dans les collectivités territoriales et leurs établissements publics… soit 48 000 employeurs territoriaux. Si les exigences du service public local justifient l'application de règles dérogatoires au droit du travail, le principe de libre administration nécessite des spécificités statutaires, propres aux fonctionnaires territoriaux.
L'acte I puis l'acte II de la décentralisation renforcent l'attractivité de l'emploi local, l'acte III poursuit la dynamique de mutualisation des agents ; le développement du procédé contractuel s'inscrit dans une perspective de recours croissant de l'administration territoriale aux techniques du privé, et dans l'intégration obligatoire du droit européen… les collectivités deviendraient-elles des employeurs de droit commun ?
Le débat relatif aux valeurs nourrit la loi DDOF du 20 avril 2016, la question récurrente du nombre de fonctionnaires territoriaux questionne l'avenir ; le devenir du droit de la fonction publique territoriale s'insère plus largement dans celui de la fonction publique en général…
La loi du 6 août 2019 de transformation de la fonction publique impacte fortement le droit de la fonction publique, incitant certains à évoquer une « déconstruction du droit statutaire ».

Historique

Le lent avènement du droit relatif aux agents territoriaux

Gardes champêtres, sonneurs de cloche ou trésoriers… le personnel communal se développe au fil des siècles. L'article 88 de la loi du 8 avril 1884 sur l'organisation municipale, reprenant les dispositions de la loi de juillet 1837, dispose que « le maire nomme à tous les emplois communaux pour lesquels les lois, décrets et ordonnances actuellement en vigueur ne fixent pas un droit spécial de nomination. Il suspend et révoque les titulaires de ces emplois. Il peut faire assermenter et commissionner les agents nommés par lui, mais à la condition qu'ils soient agréés par le préfet ou le sous-préfet ». Cette conception de libre recrutement conféré au maire permet que le personnel communal soit nommé « selon des critères locaux, sociaux, familiaux, affinitaires et méritocratiques » (Emmanuel Ballanger).

De plus, par l'arrêt Cadot du 13 décembre 1889, le Conseil d'État reconnaît sa compétence concernant les agents communaux, comme pour les agents de l'État ; c'est l'inauguration d'un statut jurisprudentiel.

Une grande grève des communaux, en particulier ceux de la voirie et des pompes funèbres est à l'origine de la loi du 23 octobre 1919, qui impose aux communes de plus de 5 000 habitants de donner un statut à leurs fonctionnaires, et fixe les principes encadrant ces statuts ; à défaut, un statut-type est appliqué d'office. Cette obligation est étendue aux autres communes en 1930.

La loi de finances du 31 décembre 1937 fixe un principe de parité de rémunération entre fonctionnaires d'État et agents locaux.

Si en 1946 est adopté un statut des fonctionnaires de l'État, fondé sur le principe de la carrière et de la séparation du grade et de l'emploi, il faudra attendre la loi du 28 avril 1952 pour que soient établies des prémices de statut pour les agents des communes et des établissements publics communaux et intercommunaux, titularisés dans un emploi permanent à temps complet. La loi reconnaît les syndicats, crée les commissions paritaires, et prévoit l'avancement, la rémunération et la discipline. La conception d'une fonction publique fondée sur le système de l'emploi domine alors; la mutation n'existe pas.

1972 voit la création du Centre de formation du personnel communal, établissement public assurant la bourse des emplois, et institue une possibilité de mutation entre communes; le décret du 15 novembre 1978 crée le grade d'attaché communal, de catégorie A.

L'emprise étatique est très forte, l'abondance normative manifeste: le statut général du personnel communal compte ainsi 800 pages en 1978.

Le personnel territorial obéit à une mosaïque de règles, variables selon les collectivités. Si l'agent communal bénéficie d'une amorce de statut, l'agent départemental sous responsabilité préfectorale ne dispose que de quelques garanties jurisprudentielles, comme la communication du dossier, jusqu'en 1964, où une circulaire ministérielle instaure un statut-type dans chaque département comparable à celui des agents communaux. Le personnel régional est fort limité: les circulaires du 13 janvier 1975 n'autorisent le recrutement que de huit agents, dont quatre d'encadrement, pour le fonctionnement des assemblées. Quant à la circulaire du 28 février 1978, elle permet le recrutement de cinq agents supplémentaires pour la gestion et l'entretien des immeubles régionaux...

L'acte I de la décentralisation: le statut de la fonction publique territoriale

La loi du 2 mars 1982 relative aux droits et libertés des communes, départements et régions pose dès l'article 1 la question des garanties statutaires accordées au personnel des collectivités territoriales.

La loi du 13 juillet 1983 portant droits et obligations des fonctionnaires établit une nouvelle architecture statutaire: trois principes fondant l'unité pour une fonction publique à «trois versants» (fonction publique d'État, territoriale et hospitalière). Le principe d'égalité, référence à l'article 6 de la Déclaration des droits de l'homme et du citoyen, justifie une entrée par concours dans la fonction publique. De plus le principe d'indépendance, repris sur la loi des officiers de 1834, s'exprime par le système de la carrière reposant sur la séparation du grade, propriété du fonctionnaire, et de l'emploi, à disposition de l'administration. Enfin, le principe de responsabilité, issu de l'article 15 de la Déclaration des droits de l'homme et du citoyen, confère au fonctionnaire les droits du citoyen.

L'unification intégrale entre fonctions publiques d'État et territoriale est impossible, en raison du principe de libre administration des collectivités territoriales de l'article 72 C. Pour respecter les particularités à la fois juridiques et professionnelles des fonctionnaires territoriaux, une loi spécifique leur est consacrée le 26 janvier 1984, complétée par celle du 12 juillet 1984 organisant la formation. Le statut de la fonction publique territoriale issu de cette combinaison législative est constitué des titres I et III du Statut général de la fonction publique.

Les « va-et-vient législatifs » typiques de la fonction publique territoriale (O. Schramek)

Loin d'être stable, la loi de 1984 sera modifiée plus de soixante fois, notamment par la loi Galland du 13 juillet 1987 qui consacre le triomphe de l'organisation en cadres d'emplois sur l'organisation en corps, comme dans la fonction publique de l'État ; les collectivités territoriales recrutent et gèrent elles-mêmes leurs agents.

La loi du 27 décembre 1994, dite loi Hoëffel, assouplit le régime de recrutement des agents de catégorie C et celui du déroulement des carrières. Grâce à l'organisation de « concours réservés », la résorption de l'emploi précaire est initiée par la loi du 16 décembre 1996 dite Perben, confortée par celle du 3 janvier 2001 dite Sapin, qui approfondit le dispositif et le complète par la possibilité de recrutements directs ; elle encadre aussi le temps de travail.

Enfin, étape importante, la loi du 26 juillet 2005 portant diverses mesures de transposition du droit communautaire à la fonction publique crée un statut de contractuel à durée indéterminée sur des emplois permanents. Elle achève l'ouverture de la fonction publique aux ressortissants européens, exception faite des emplois dont les attributions soit ne sont pas séparables de l'exercice de la souveraineté, soit comportent une participation directe ou indirecte à l'exercice de prérogatives de puissance publique.

2007 : une nouvelle dynamique pour « les fantassins de la décentralisation »

L'amélioration de l'adéquation aux compétences décentralisées

Le principe de mutabilité du service public et les impératifs de qualité de l'action publique locale sont à l'origine des lois du 2 février 2007 de modernisation de la fonction publique, et du 19 février 2007 relatives à la fonction publique territoriale. Elles rénovent en profondeur la formation professionnelle des agents territoriaux, reproduisant en grande partie le système applicable au secteur privé, mis en place par la loi de 1971 modifiée en 2004.

Les transferts opérés par l'acte II de la décentralisation, les nouvelles techniques, les besoins changeants des administrés… exigent une fonction publique territoriale performante et adaptée. La réforme territoriale bouleversera d'ailleurs les missions des collectivités, induisant des transferts de services et la mutualisation des moyens, notamment humains. De façon indirecte, le personnel est concerné, notamment au regard des progrès de l'intercommunalité (généralisation et rationalisation).

Un dispositif de formation professionnelle tout au long de la vie comportant des formations obligatoires d'intégration et de professionnalisation, et des formations facultatives comme celles de perfectionnement ou de préparation aux concours et examens, permet aux agents d'évoluer dans leur savoir et savoir-faire, pour répondre au mieux aux politiques publiques développées. L'accès des agents de catégorie C à la formation d'intégration répond à des objectifs d'égalité, tout fonctionnaire territorial bénéficie désormais d'une formation initiale de 5 jours (10 jours pour les catégories A et B).

De plus, prend place un droit individuel à la formation (DIF) qui disparaît au profit du compte personnel d'activité dans l'ordonnance du 19 janvier 2017.

La validation des acquis de l'expérience (VAE) de la loi du 17 janvier 2002 de modernisation sociale est encouragée, qui permet d'acquérir un diplôme sans suivre les études; elle est ainsi accompagnée par le CNFPT pour le CAP petite enfance dont les collectivités ont grand besoin. La reconnaissance de l'expérience professionnelle permet quant à elle de passer des concours sans avoir le titre exigé.

La réorganisation des organes de gestion de la fonction publique territoriale

La clarification des missions confiées aux institutions de la fonction publique territoriale résulte notamment de cet extraordinaire développement du droit à la formation.

La loi du 19 février 2007 puis celle du 6 août 2019 élargissent les compétences du Conseil supérieur de la fonction publique territoriale (CSFPT) qui devient l'instance représentative de la fonction publique territoriale. Ce collège d'employeurs publics et de représentants syndicaux doit être saisi pour avis des projets de lois et d'ordonnances relatifs à la fonction publique territoriale; il sera aussi destinataire tous les 3 ans d'une feuille de route gouvernementale indiquant les orientations de gestion des ressources humaines et leur impact prévisionnel sur les collectivités et des établissements publics en relevant.

Le Centre national de la fonction publique territoriale, CNFPT, établissement public administratif national comptant 28 délégations régionales (mais la loi du 6 août 2019 prévoit qu'une délégation du CNFPT est établie dans chaque région), est recentré sur la mission de formation. Corollaire indispensable de cette mission, cet organisme paritaire assure la gestion de l'observatoire des emplois, des métiers et des compétences. Enfin, depuis 2010, il propose des services en matière d'emploi pour les cadres de direction des collectivités, et ne conserve qu'une compétence résiduelle en matière de concours (administrateurs, conservateurs du patrimoine, conservateurs de bibliothèques et ingénieurs en chef territoriaux).

Les centres de gestion, établissements publics en principe départementaux, dirigés par un conseil d'administration composé exclusivement d'élus locaux, jouent un rôle essentiel dans le recrutement, par l'organisation des concours et examens professionnels, l'établissement de listes d'aptitude, et la publicité des créations et vacances d'emplois. Ils participent à la gestion des carrières: fonctionnement des commissions administratives paritaires et conseils de discipline pour les collectivités affiliées; prise en charge de fonctionnaires privés d'emploi. Ils peuvent de plus exercer des fonctions facultatives, par exemple en matière de retraite et d'invalidité, pour le compte des employeurs publics locaux. Enfin, une expérimentation de médiation préalable obligatoire pour les contentieux de la fonction publique a été confiée à 39 centres de gestion, en application de la loi du 18 novembre 2016 de modernisation de la justice du XXIe siècle. La loi de transformation de la fonction publique élargit la possibilité de centres interdépartementaux et impose une coordination entre les centres de gestion et le CNFPT à un niveau régional.

La mise en œuvre du télétravail

Introduite par la loi du 12 mars 2012 (aménagée par la loi TFP du 6 août 2019), la possibilité d'exercer ses fonctions dans le cadre du télétravail a été précisée par un décret du 11 février 2016 modifié par celui du 5 mai 2020. Au regard des changements de lieu de travail liés à la réorganisation territoriale (nouveau découpage régional, modification des périmètres intercommunaux induits notamment par les nouveaux seuils de la loi NOTRe, création des métropoles, communes nouvelles), un agent peut souhaiter exercer par exemple à domicile de façon régulière certaines de ses fonctions en utilisant les technologies de l'information et de la communication pour éviter des trajets allongés.

Le temps de présence sur le lieu d'affectation ne peut être inférieur à deux jours par semaine (ce qui limite la quotité de temps de télétravail à un maximum de trois jours par semaine, sauf dérogation justifiée par l'état de santé de l'agent). Les modalités d'organisation sont fixées par l'assemblée délibérante, après avis du comité technique et information du CHSCT, en ce qui concerne les activités éligibles, les règles à respecter en ce qui concerne la sécurité des systèmes d'information et celle de la santé de l'agent, les modalités de prise en charge des coûts des matériels…

Le télétravail repose sur un principe du volontariat et de réversibilité. La demande provient donc de l'agent, par écrit, et donne lieu à une autorisation de l'autorité territoriale. Cette dernière apprécie la compatibilité de la demande avec la nature des activités exercées et l'intérêt du service. L'autorisation est formalisée par un arrêté individuel (ou un avenant au contrat) et est accordée pour une durée maximale d'un an, renouvelable par décision expresse. (La loi du 6 août 2019 ouvre la possibilité du télétravail ponctuel, le décret du 5 mai 2020 facilite l'utilisation du matériel informatique personnel de l'agent et prévoit de nouvelles dispositions relatives au lieu d'exercice du télétravail, aux garanties pour les agents et à la formalisation de l'autorisation.)

Au-delà du simple cadre matériel et juridique, le travail à distance suppose une réorganisation du management, avec un fonctionnement repensé par objectifs, et le cas échéant une réflexion sur le regroupement des tâches réalisables en télétravail.

Pour rappel, la pandémie de Covid-19 du printemps 2020, avec la mise en œuvre du confinement, a soudainement transformé le télétravail en norme dans la sphère publique comme privée. Le décret du 5 mai 2020 permet d'ailleurs de déroger à la limitation à 3 jours de télétravail par semaine en cas de situation exceptionnelle perturbant l'accès au site ou le travail sur le site.

Connaissances de base

Des principes généraux communs à l'ensemble des fonctionnaires

Le fonctionnaire territorial est soumis au statut de la fonction publique, qui le place dans une situation légale et réglementaire vis-à-vis de son administration, et suppose des règles relatives aux conditions générales d'accès, aux positions administratives, ou à l'avancement.

Les droits et obligations ne sont pas non plus particuliers aux territoriaux, ils s'imposent pour tous les fonctionnaires. En effet, l'agent local est soumis à des obligations d'obéissance ou conformité aux instructions du supérieur hiérarchique (sauf ordre manifestement illégal et de nature à compromettre gravement un intérêt public), de probité, de discrétion, et à l'impossibilité de principe de cumul. De nature jurisprudentielle, le devoir de réserve contraint les territoriaux à observer une retenue dans l'expression de leurs opinions, notamment politiques ou religieuses, et suppose également une loyauté à l'égard de l'employeur. La violation de ces obligations peut être sanctionnée, au terme d'une procédure disciplinaire (voir à ce propos la fiche 7 relative à la responsabilité, notamment disciplinaire).

Le fonctionnaire territorial dispose de droits classiques d'un travailleur (rémunération, formation, participation, grève avec quelques aménagements notamment l'article 56 de la loi de transformation de la fonction publique…), et de droits plus typiques de la sphère publique, comme la protection du grade et le droit à la carrière.

La fonction publique, territoriale ou non, se caractérise par les garanties inhérentes au système de la carrière, en vertu duquel un fonctionnaire n'est pas lié à un emploi déterminé; il intègre un cadre d'emplois et est affecté à un poste de travail, ou emploi, auquel le grade dans lequel il est titularisé lui donne accès. Le changement d'activité ou d'employeur territorial n'influe pas sur la continuité de la carrière.

Ce principe de séparation du grade et de l'emploi présente l'avantage d'une sécurité pour l'agent qui ne peut être licencié pour suppression de l'emploi occupé, et de la possibilité de s'ajuster aux nécessités mouvantes de l'intérêt public local pour l'employeur territorial.

Des adaptations aux spécificités locales

La pluralité des employeurs (près de 48 000 !) est une caractéristique de la fonction publique territoriale : maires, présidents de conseil départemental, présidents de régions, présidents d'établissements publics locaux, essentiellement intercommunaux, sans oublier les exécutifs des collectivités à statut particulier comme la Corse ou la métropole de Lyon, ou ceux des collectivités d'outre mer. (Les fonctionnaires parisiens ont leur propre statut).

Les exigences de la libre administration territoriale ont dû être articulées avec l'impératif proclamé de dispositions statutaires uniques pour l'ensemble des fonctionnaires territoriaux.

Des concours aménagés

Le principe révolutionnaire d'égal accès aux emplois publics impose un recrutement reposant sur le concours; des dérogations prévues par la loi en exemptent cependant certains agents de catégorie C, des personnes porteuses de handicap (actuellement 6,39 % des effectifs de la territoriale), et celles recrutées pour des emplois supérieurs. La loi du 27 janvier 2017 élargit les conditions de recrutement sans concours du dispositif PACTE, notamment aux chômeurs de longue durée de plus de 45 ans. La loi de transformation de la fonction publique prévoit de plus que le gouvernement par ordonnance peut réformer les modalités de recrutement des cadres d'emplois de catégorie A, afin notamment de diversifier leurs profils.

Dans la fonction publique territoriale, des modalités particulières de concours sont mises en place. L'organisation des concours territoriaux relève ainsi en principe des centres de gestion, et accessoirement du Centre national de la fonction publique territoriale; les lauréats sont inscrits sur une liste d'aptitude à valeur nationale, valable au maximum 4 ans (depuis la loi DDOF), et qui ne vaut pas recrutement; ils doivent trouver une collectivité acceptant de les nommer, d'où l'éventualité de « reçus-collés » (candidats ayant réussi et ne trouvant pas de poste...) Ce système se montre respectueux de l'employeur local qui conserve une certaine latitude pour choisir ses collaborateurs.

Une architecture distincte

Les fonctionnaires territoriaux, comme les autres, appartiennent à une catégorie, classement lié au niveau de qualification et de responsabilité, représenté par la lettre A (conception et encadrement), B (application), ou C (exécution).

Ils ont la singularité de se répartir dans une soixantaine de cadres d'emplois, ou regroupement de fonctionnaires soumis au même statut particulier (application du statut général), et d'être titulaires d'un grade leur donnant vocation à occuper certains emplois correspondants. Ces cadres d'emplois recouvrent plus de 270 métiers: jardinier, informaticien, acheteur public, auxiliaire de puériculture... Leur gestion est assurée au niveau de chaque collectivité (comme les primes ou les conditions de travail).

Le grade représente le niveau hiérarchique du fonctionnaire local dans son cadre d'emplois, c'est un titre lui donnant vocation à occuper un des emplois définis par le statut particulier. Par exemple, le cadre d'emplois des attachés territoriaux comprend les grades d'attaché, d'attaché principal, et d'attaché hors classe.

Une rémunération propre à chaque employeur local

Des textes nationaux régissent le traitement indiciaire lié à la qualification et à l'ancienneté dans le grade, le supplément familial de traitement et l'indemnité de résidence. Certains agents peuvent aussi bénéficier de la nouvelle bonification indiciaire (NBI), en raison d'une responsabilité ou d'une technicité particulière (par exemple la tenue d'une régie financière).

L'organe délibérant de l'entité locale définit le cas échéant le régime indemnitaire, les « primes », en respectant un cadre légal et réglementaire ; ceci explique les variations de rémunération entre collectivités.

On remarquera que la loi du 6 août 2019 inscrit dans le statut général des principes de fixation de la rémunération des contractuels.

Une mobilité importante

Le fonctionnaire territorial jouit d'une possibilité de « circulation » entre toutes les structures locales, puisque par voie de détachement, mais surtout de mutation externe, il peut changer d'employeurs tout au long de sa vie professionnelle, tout en conservant son grade. Cette possibilité est appréciable, elle est notamment explorée par l'agent en cas de changements politiques lors des élections locales, ou pour bénéficier d'un régime indemnitaire ou de conditions de travail lui apparaissant plus attrayants.

Il est vrai que la loi MPP du 3 août 2009 encourage le développement des mobilités, en renforçant les facultés de détachement et d'intégration entre corps et cadres d'emplois comparables des différentes fonctions publiques. La création d'un droit au départ, par l'encadrement des refus opposés aux vœux de mobilité, la suppression des obstacles juridiques au détachement et à l'intégration entre corps et cadres d'emplois de même catégorie et de même niveau, la création d'un droit à l'intégration au-delà d'une période de 5 ans de détachement, la reconnaissance mutuelle des promotions obtenues en position de détachement, et la possibilité d'intégration directe visent à faire progresser les mobilités et lever tous les verrous. L'ordonnance du 13 avril 2017 renforce le droit à mobilité, en ouvrant notamment la possibilité de créer des cadres d'emplois ou corps pouvant être régis par des dispositions communes à deux ou trois fonctions publiques ; et en conservant le bénéfice des droits aux congés acquis au titre d'un compte épargne-temps en cas de changement de fonction publique.

On notera à titre accessoire que la loi du 6 août 2019 comporte des mesures visant à favoriser la mobilité… des fonctionnaires de l'État notamment vers la fonction publique territoriale (article 66) !

Des agents territoriaux au régime diversifié

Sauf dérogation légale, en vertu de l'article 3 de la loi du 13 juillet 1983, les emplois permanents des collectivités territoriales et de leurs établissements publics à caractère administratif sont occupés par des fonctionnaires, c'est-à-dire des agents titularisés dans un grade de la hiérarchie administrative.

Les stagiaires constituent des sortes de fonctionnaires débutants, dans une période probatoire et provisoire qui se conclue par la titularisation ou le licenciement.

Le cas original d'agents de l'État sous autorité territoriale mérite d'être souligné : les personnels techniciens, ouvriers et de service attachés aux lycées et collèges ont été transférés aux collectivités territoriales régionales et départementales, avec un droit d'option par la loi du 13 août 2004. [2/3 des agents ont choisi d'intégrer la fonction publique territoriale, mais 1/3 sont restés fonctionnaires d'État, en position de détachement sans limitation de durée (la proportion est de ¾ – ¼ pour les agents de l'équipement).]

Force est de constater que les employeurs publics locaux recourent fréquemment à des personnels non titulaires (environ 22 % de l'effectif), qui ne forment pas une catégorie homogène d'agents.

Les « contractuels » sont soumis au droit public depuis la jurisprudence Berkani de 1996, et plus exceptionnellement au droit privé comme les personnels recrutés dans le cadre de dispositifs d'emplois aidés (soit 3 % des agents territoriaux, tels les « parcours emploi compétences »), et les apprentis. Le contrat n'est en principe possible que dans un nombre limité d'hypothèses, comme pour répondre à des besoins saisonniers ou en remplacement, ou pour des cadres A lorsque la nature des fonctions ou les besoins du service le justifient. La loi du 27 janvier 2017 instaure un dispositif expérimental de recrutement de personne sans emploi en qualité de contractuel sur des emplois de catégorie A ou B. Il existe aussi un régime dérogatoire pour les petites communes et les services départementaux d'incendie et de secours. Quant à la loi de transformation de la fonction publique du 6 août 2019, elle multiplie les possibilités de contrats, comme cela sera plus longuement exposé dans les paragraphes « Perspective » de ce chapitre.

Ces contrats d'une durée limitée sont éléments de souplesse pour les collectivités, mais sources de précarité pour les agents, ils peuvent se transformer en CDI depuis les lois du 26 juillet 2005 et du 12 mars 2012 dite uvadet, sous certaines conditions.

Une remarque termine ce rapide inventaire : l'article 14 ter de la loi du 13 juillet 1983 fait obligation, en cas de transfert de l'activité d'une personne morale de droit privé (telle une association) vers une personne morale de droit public (comme une collectivité), à cette dernière de proposer un contrat de droit public à chaque salarié de droit privé, à durée déterminée ou indéterminée selon la nature du contrat dont ils étaient titulaires… ce qui manifeste une progression de la présence contractuelle dans l'emploi territorial.

Bilan de l'actualité

L'agent public n'est pas au cœur de l'acte III de la décentralisation, même si les lois MAPTAM en affirmant les métropoles et NOTRe en redéfinissant les périmètres intercommunaux opèrent de facto un transfert d'agents. Les dispositions sont classiques, l'agent transféré conservant s'il y a intérêt le bénéfice du régime indemnitaire qui lui était applicable, ainsi qu'à titre individuel certains avantages acquis dans la collectivité d'origine.

La loi du 16 janvier 2015 en redessinant la carte des régions, la montée en puissance de la mutualisation… ont de plus un impact sur les ressources humaines ; les élections de 2015 (départementales et régionales) ont influé sur un recrutement déjà limité par un contexte budgétaire très contraint… Les agents territoriaux s'alarment sur leur devenir, inquiétude accrue par la banalisation du droit de la fonction publique…

Le rapprochement entre le droit de la fonction publique territoriale et le droit privé du travail

Le phénomène de l'imprégnation du droit du travail dans la sphère publique n'est pas récent, mais connaît un accroissement remarquable.

L'aménagement et la réduction du temps de travail déjà évoqués, la lutte contre le harcèlement (loi 17 janvier 2002)… les exemples abondent de l'influence et de l'application du droit du travail aux agents publics. De même, la loi du 3 août 2009 relative à la mobilité et aux parcours professionnels modernise les outils de gestion des ressources humaines, par l'expérimentation dans la fonction publique territoriale de l'entretien en lieu et place de la notation. (Un décret du 16 décembre 2014 pérennise ce dispositif d'entretien, toiletté par la loi du 6 août 2019).

Plus saisissant encore, le statut de la fonction publique territoriale écrit que dans les services des collectivités et de leurs établissements publics, les règles applicables en matière d'hygiène et de sécurité sont celles définies par les livres Ier à V de la 4e partie du Code du travail et par les décrets pris pour leur application.

Enfin, peut être citée la participation des employeurs territoriaux à une complémentaire santé et prévoyance, sorte de parallèle à l'accord national interprofessionnel qui engage les employeurs à couvrir leurs salariés par une complémentaire santé.

La prise en considération financière du mérite

Prévalente dans le système privé, la rémunération de la performance est développée par la loi du 5 juillet 2010, estompant le sacro-saint principe égalitaire d'une rémunération de l'agent public fondée essentiellement sur l'ancienneté.

Est ainsi consacrée la prise en considération du mérite de l'agent, les collectivités pouvant par délibération mettre un régime indemnitaire de ce type, si les services de l'État servant de référence bénéficient de la prime de fonctions et de résultats (PFR). Dans un objectif d'harmonisation des régimes indemnitaires des fonctions publiques étatique et territoriale, afin de prendre en considération l'abrogation intervenue le 31 décembre 2015 de la prime de fonction et de résultats (PFR) et de l'indemnité forfaitaire représentative de sujétions et de travaux supplémentaires (IFRSTS), la loi DDOF précise que les régimes indemnitaires des collectivités territoriales et de leurs établissements publics peuvent tenir compte des conditions d'exercice des fonctions et de l'engagement professionnel des agents.

Il est aussi indiqué que lorsque les services de l'État servant de référence bénéficient d'une indemnité servie en deux parts, l'organe délibérant détermine les plafonds applicables à chacune de ces parts et en fixe les critères, sans que la somme des deux parts dépasse le plafond global des primes octroyées aux agents de l'État. Le législateur poursuit donc une finalité de simplification, incitant les entités décentralisées à instaurer un régime unique avec une part « fonctions » et une part « résultats ».

Le régime indemnitaire tenant compte des fonctions, des sujétions, de l'expertise et de l'engagement professionnel (Rifseep) instauré par un décret du 20 mai 2014, peut donc se mettre en place progressivement. Le nouveau système de rémunération s'appuie aussi sur la transformation des primes en points d'indice, une refonte des grilles de rémunération accompagnée d'une hausse du point d'indice en juillet 2016 et février 2017 après un gel depuis 2010.

Bien que non signé par l'ensemble des organisations syndicales, le protocole relatif aux parcours professionnels, carrières et rémunérations (PPCR) modernise la fonction publique, en affirmant de nouvelles possibilités de mobilité entre les 3 fonctions publiques par des passerelles, une meilleure affectation des fonctionnaires par une indemnité de résidence rénovée. Ce protocole a surtout pour ambition de rendre les carrières plus attractives et les rémunérations « plus justes ».

Pour éviter le plafonnement au bout de 15 ou 20 ans, il est prévu que chaque fonctionnaire pourra effectuer une carrière complète sur au moins 2 grades. Ainsi, en catégorie C, les agents recrutés sans concours (comme les adjoints administratifs) ont une carrière se déroulant sur 3 grades au lieu de 4, et celle de ceux recrutés par concours (comme les ATSEM) en compte 2 au lieu de 3.

Afin de rééquilibrer progressivement la rémunération indiciaire, une transformation des primes en points d'indice est engagée (4 points pour les catégories C, 6 pour les catégories B, et 9 pour les catégories A). Ainsi cette augmentation indiciaire devrait se traduire par une amélioration du pouvoir d'achat et une augmentation de la retraite.

Le transfert primes/points s'applique à tous les agents. Un cadencement unique (disparition de l'avancement d'échelon au temps minimum) permet donc de faire évoluer la carrière.

L'avancée de l'égalité entre les sexes dans la fonction publique

La problématique de l'égalité homme/femme présente dans la sphère professionnelle privée, se retrouve de façon comparable dans la fonction publique. En 2017, la proportion de femmes dans les emplois de l'encadrement supérieur et dirigeant de la fonction publique territoriale n'était que de 40 %... La Territoriale a été sanctionnée pour ne pas remplir ses obligations en matière de nomination équilibrée pour un montant total de 2,16 millions d'euros.

Certains progrès sont déjà « anciens », notamment en matière de retraite en ce qui concerne la bonification d'ancienneté pour enfant élevé (loi 21 08 2003 liée à la jurisprudence européenne CJCE 29 novembre 2001, CE 29 juillet 2002 Griesmar), et pour ce qui est de l'accès aux concours pour homme ou femme ayant élevé 3 enfants.

La loi du 12 mars 2012 réalise une avancée de l'égalité entre les sexes dans la fonction publique pour l'accès aux emplois de haute responsabilité. Le protocole du 8 mars 2013 relatif à l'égalité professionnelle entre les hommes et les femmes dans la fonction publique fait l'objet d'une circulaire du 8 juillet 2013 articulée sur 4 thèmes : le rôle du dialogue social dans la mise en œuvre de la politique d'égalité professionnelle ; la mise en place d'une politique volontariste de suppression des inégalités salariales et d'accompagnement des femmes et des hommes dans leur parcours professionnel au sein de la fonction publique ; un meilleur équilibre et un meilleur partage entre vie professionnelle et vie personnelle ; et la prévention des violences sur les lieux de travail.

La loi DDOF du 20 avril 2016 inscrit dans le statut le congé de paternité et d'accueil de l'enfant de 11 jours avec traitement (possibilité de fractionner le congé en deux périodes). Elle ouvre la possibilité de prendre ce congé au père fonctionnaire, au conjoint fonctionnaire de la mère, au fonctionnaire lié par un PACS ou vivant en concubinage avec elle. Elle impose aussi une représentation équilibrée hommes-femmes dans les élections professionnelles pour favoriser leur égal accès aux responsabilités professionnelles et sociales. (Le renouvellement général des instances de représentation du personnel du 6 décembre 2018 a appliqué pour la 1re fois ce dispositif.)

La loi du 6 août 2019 impose aux collectivités et EPCI de plus de 20 000 habitants l'élaboration d'un plan d'action pluriannuel comportant des mesures d'articulation entre vies professionnelle et personnelle, détaillant les actions mises en œuvre en matière de promotion et d'avancement de grade garantissant un égal accès hommes-femmes, évaluant et prévenant si besoin les écarts de rémunération entre les deux sexes.

Enfin, l'ordonnance du 17 février 2021 instaure une obligation de négociation des plans d'action sur l'égalité professionnelle femmes-hommes.

La prévention des risques psychosociaux (RPS)

Les exigences croissantes des usagers, les réformes territoriales impactant une organisation modifiée de l'action publique locale (fusion de régions et d'intercommunalités, communes nouvelles, mutualisations…), l'externalisation de services en raison de la baisse des dotations étatiques favorisent les RPS.

L'obligation de sécurité est une obligation de résultats en matière de protection de la santé physique et mentale ; elle incombe à l'ensemble des employeurs, publics comme privés.

Définis comme « les risques pour la santé mentale, physique ou sociale, engendrés par les conditions d'emploi et les facteurs organisationnels et relationnels susceptibles d'interagir avec le fonctionnement mental », les risques psychosociaux empruntent différentes formes : stress, harcèlement, violences, épuisement professionnel (burn-out), mal-être, insécurité professionnelle…

Au-delà des nombreuses normes liées à ce domaine, identiques pour les sphères privée et publique, notamment l'article 108-1 de la loi du 26 janvier 1984, et les articles 6 *ter* (harcèlement sexuel) et 6 quinquiès (harcèlement moral) de la loi du 13 juillet 1983, un accord sur la prévention des risques psychosociaux dans la fonction publique a été signé le 22 octobre 2013.

Il porte une volonté commune de développer une nouvelle politique de prévention des risques professionnels, plus efficace, dans laquelle les conditions de travail sont prises en compte à tous les niveaux de responsabilité et dans chaque acte de gestion ou d'organisation des services.

Cet accord fixe un cadre commun à l'ensemble de la fonction publique. Son application conduit à la mise en œuvre, par chaque employeur public, d'un plan d'évaluation et de prévention des risques psychosociaux (mais absence de toute sanction en cas de carence...). Aujourd'hui les démarches de prévention des RPS sont effectives essentiellement dans les collectivités importantes, par exemple au département de Seine-Saint-Denis (93) et à Évry (91)...

La réussite de ces plans de prévention repose sur la conduite par chaque employeur d'un dialogue social nourri, mené au niveau local, qui associe à chaque étape tant les comités d'hygiène, de sécurité et des conditions de travail que les agents concernés.

Un plan national d'action pour la prévention des risques psychosociaux s'accompagne de mesures immédiates de renforcement des acteurs de la prévention, afin de leur permettre de jouer pleinement leur rôle : déploiement de plans de formation des encadrants, développement des moyens en temps des comités d'hygiène, de sécurité et des conditions de travail, et mesures permettant l'élargissement du vivier de la médecine de prévention. La circulaire du 9 mars 2018 insiste sur la lutte contre les violences sexuelles et sexistes.

Le compte personnel d'activité (ordonnance du 19 janvier 2017)

Une fois encore, le droit de la fonction publique se rapproche du droit du travail. L'article 44 de la loi « travail » du 8 août 2016 habilite le gouvernement à prendre par ordonnance toute mesure tendant à étendre le compte personnel d'activité existant pour les salariés à chaque agent public, et à renforcer les garanties en matière de formation.

Ce compte est constitué du CPF compte personnel de formation (qui permet de suivre des formations pour acquérir une nouvelle qualification ou de développer des compétences) et du compte d'engagement citoyen CEC (recensement des activités bénévoles ou de volontariat ouvrant droit à des heures mobilisables pour des actions de formation.) Le CPF est alimenté de 24 heures par an jusqu'à 120 heures, puis 12 heures par an dans la limite d'un plafond total de 150 heures. (Pour certains fonctionnaires de catégorie C, l'alimentation du CPF peut atteindre 48 heures par an avec un plafond de 400 heures.)

La mobilisation du CPAF repose sur un accord entre le fonctionnaire et son employeur qui ne peut s'opposer à une demande relevant du socle de connaissances et de compétences que la scolarité obligatoire doit normalement garantir à chaque élève.

Le DIF disparaît au profit du compte personnel d'activité, mais les heures acquises à ce titre ne sont pas perdues. La mise en œuvre d'un accompagnement personnalisé est de plus organisée par cette ordonnance afin d'aider l'agent à élaborer et mettre en œuvre son projet, notamment dans le cadre d'un conseil en évolution professionnelle. Le texte réaffirme le droit à la formation professionnelle tout au long de la vie.

La loi de transformation de la fonction publique de 2019 confie aux règlements la fixation des montants en heures des droits à formation et des plafonds des CPF, y compris en ce qui concerne les majorations applicables aux agents peu qualifiés de catégorie C. Elle garantit aussi la portabilité des droits acquis en cas de mobilité entre les secteurs privés et publics. Elle impose enfin que lors de l'entretien professionnel annuel, l'agent reçoive une information sur l'ouverture et l'utilisation de ses droits afférents au CPF.

La loi relative à la déontologie et aux droits et obligations des fonctionnaires (DDOF) du 20 avril 2016

Plus de trente ans après la loi dite « Le Pors » du 13 juillet 1983, elle vise à renforcer la déontologie, moderniser les droits et obligations des fonctionnaires, et à transposer dans le statut les acquis en matière d'exemplarité des employeurs publics.

Les valeurs portées par les agents publics, jusqu'à présent défendues par la jurisprudence des juridictions administratives ou éparpillées dans des textes non spécifiques aux fonctionnaires, figurent dans le statut toiletté : dignité, intégrité, neutralité, impartialité, laïcité et probité. (Peuvent être critiquées la redondance de cette énumération…) De plus, l'obligation de remplir des déclarations d'intérêts et de situation patrimoniale est étendue à certains responsables administratifs, la protection des « lanceurs d'alerte » (déjà assurée par la loi du 6 décembre 2013 relative à la lutte contre la fraude fiscale et la grande délinquance économique et financière et développée par la loi Sapin 2 de 2016) est développée dans le cadre de la lutte contre les conflits d'intérêts, et l'agent comme son chef de service sont érigés en gardiens des valeurs de la fonction publique. La commission de déontologie (dont les compétences ont été transférées à la Haute autorité pour la transparence de la vie publique HATVP par la loi du 6 août 2019) dispose de pouvoirs développés, en particulier en matière de cumuls d'activités et de départs dans le privé. Les possibilités de cumul d'activités pour les agents à temps complet sont limitées, ce durcissement – justifié par des considérations déontologiques – constituant un recul des dispositions de la loi du 2 février 2007…

La loi du 20 avril 2016 actualise les garanties et obligations fondamentales accordées aux agents depuis 1983. La simplification et l'harmonisation des positions statutaires permettent de développer la mobilité entre les trois fonctions publiques. La prescription est introduite dans la procédure disciplinaire (3 ans). Parallèlement, la protection fonctionnelle est étendue aux familles des fonctionnaires, lorsqu'elles sont victimes.

Enfin, comme cela a été sus-évoqué, le protocole du 8 mars 2013 relatif à l'égalité professionnelle entre les femmes et les hommes est traduit dans la loi. Figurent donc une évolution des congés parentaux (de paternité, de maternité et d'adoption), et la sécurisation des parcours des agents non titulaires. Le dispositif dit Sauvadet (loi du 12 mars 2012) a été prolongé jusqu'en 2018, permettant la cédéisation de certains contractuels ou leur titularisation.

Perspectives

La diversité tant dans l'administration que dans les écoles de service public est un enjeu important aujourd'hui. La loi égalité et citoyenneté du 27 janvier 2017 a facilité l'accès au troisième concours de la fonction publique, en incorporant le temps passé en apprentissage ou en contrat de professionnalisation dans le calcul de la durée d'activité exigée. Les chômeurs de longue durée de plus de 45 ans bénéficiaires des minima sociaux comme les jeunes peu ou pas diplômés jusqu'à 28 ans peuvent accéder à un emploi de catégorie C sans concours grâce au dispositif PACTE (parcours d'accès aux carrières de la fonction publique). Un contrat de droit public a de plus été créé pour accompagner certains chômeurs à passer les concours administratifs de catégorie A et B.

Les perspectives en matière de droit de la fonction publique s'articulent cependant essentiellement autour de sa refonte opérée par la loi de transformation de la fonction publique du 6 août 2019. Près de 80 ans après la création du statut des fonctionnaires, une concertation avec les organisations syndicales représentatives et les représentants des employeurs publics a été lancée par le gouvernement pendant près d'un an.

La loi s'articule autour de cinq axes : promouvoir un dialogue social plus stratégique et efficace dans le respect des garanties des agents publics ; transformer et simplifier le cadre de gestion des ressources humaines pour une action publique plus efficace ; garantir la transparence et l'équité du cadre de gestion des agents publics ; favoriser la mobilité et accompagner les transitions professionnelles des agents publics ; et renforcer l'égalité professionnelle, tant entre femmes et hommes, qu'en ce qui concerne les personnes en situation de handicap.

Sont ainsi prévues la facilitation des mobilités au niveau local ; la création d'une instance unique de dialogue social (par fusion du comité technique et du comité d'hygiène, de sécurité et des conditions de travail en un comité social territorial). Le contrat est à l'honneur : élargissement du recours au contrat pour les emplois de direction ainsi que pour certains emplois de catégorie A et B territoriaux, et possibilité de contrat de projet dans la limite de 6 ans. La lutte contre la précarité sur les emplois à temps non complet des collectivités territoriales repose sur l'ouverture du recours au contrat si la quotité de travail est inférieure à 17 heures 30 par semaine.

L'harmonisation du temps de travail dans la fonction publique est opérée par la suppression des dérogations à la durée légale de 1 607 heures. L'accompagnement des transformations publiques avec une priorité d'affectation locale, la création d'un dispositif de rupture conventionnelle pour les agents en contrat à durée indéterminée et, à titre expérimental, pour les fonctionnaires ; la lutte contre les écarts de rémunération entre les hommes et les femmes ; de nouvelles garanties pour les personnes en situation de handicap complètent cette rénovation importante du droit de la fonction publique.

Deux axes méritent une attention particulière : la promotion d'un dialogue social plus stratégique, et le renouveau de l'emploi de contractuels.

L'amélioration du dialogue social

Dès la loi de 2010, une volonté d'assurer la diversification du paysage syndical permet désormais aux organisations syndicales de fonctionnaires, légalement constituées depuis 2 ans et satisfaisant aux critères de respect des valeurs républicaines et d'indépendance, de se présenter aux élections professionnelles.

Ces nouvelles règles en 2010 ont été mises en œuvre pour les principales instances de concertation de la fonction publique territoriale. Ainsi, un conseil commun de la fonction publique a vu le jour, composé de 4 collèges (organisations syndicales et représentants des employeurs des 3 fonctions publiques) et présidé par le ministre de la Fonction publique, qui donne un avis consultatif sur les projets de loi ou d'ordonnances (la loi DDOF de 2016 élargit sa compétence aux projets de décrets). Dans le conseil supérieur de la fonction publique territoriale, les sièges des représentants syndicaux ont été répartis à la proportionnelle, la suppression du paritarisme numérique devant donner plus de poids au contenu sur la forme du dialogue social.

Les conditions d'exercice du droit syndical ont été profondément remaniées et complétées par un décret du 24 décembre 2014. A été ainsi introduite la notion de « crédit de temps syndical », et modifié le calcul des contingents. La loi DDOF du 20 avril 2016 avait quant à elle accru les garanties de carrière et de rémunération des agents déchargés d'activité de service pour raison syndicale, et étendu le crédit de temps syndical.

La loi de transformation de la fonction publique du 6 août 2019 rénove en profondeur l'architecture des instances de dialogue social internes aux collectivités et aux EPCI.

Ainsi, les commissions administratives paritaires (CAP), en charge des questions individuelles relatives aux agents (comme un refus de temps partiel), déjà touchées par la disparition du monopole des syndicats représentatifs en 2010 font l'objet d'une réorganisation. Il devient par exemple possible de créer une CAP unique pour plusieurs catégories hiérarchiques quand l'insuffisance des effectifs le justifie. De plus, le constat d'un certain manque d'efficacité explique un allègement des missions des CAP dont l'avis préalable sur les questions de promotion interne et d'avancement, comme de mutation et de transfert d'agents entre collectivités disparaît.

Le recul du paritarisme et la réforme des comités techniques (CT), organismes consultatifs, compétents notamment pour les questions collectives comme l'organisation et le fonctionnement des services, les effectifs, les grandes orientations en matière de politique indemnitaire ou le plan de formation, se sont inscrits en 2010 dans la « travaillisation » du droit de l'emploi public, le modèle semblant celui des comités d'entreprise du privé. Le comité d'hygiène et de sécurité est devenu alors CHSCT, l'extension des attributions aux conditions de travail justifiant l'apparition des deux dernières lettres dans le sigle. (Ici aussi, il y avait eu perte du paritarisme, seuls les représentants syndicaux prenant part au vote des avis.) La loi du 6 août 2019 institue une seule instance : le comité social territorial (CST) issu de la fusion du CT et du CHSCT à partir de 2022, dans toute collectivité ou établissement de plus de

50 agents. Il est cependant possible d'instituer au sein du comité une formation spécialisée en matière de santé, de sécurité et des conditions de travail FSSCT (c'est obligatoire s'il y a plus de 200 agents.) Présidé en principe par l'autorité territoriale, le CST regroupe en les consolidant les attributions des CT et CHSCT, tout en évitant les chevauchements. Les lignes directrices de gestion, constituent des instruments innovants instaurés par la loi de 2019. Arrêtées par l'autorité territoriale, après avis du CST, elles déterminent la stratégie pluriannuelle de pilotage des ressources humaines dans la collectivité, notamment en ce qui concerne la gestion prévisionnelle des emplois et des compétences, et fixent les orientations générales en matière de promotion et de valorisation des parcours.

Au 1er janvier 2021, entre en vigueur le rapport social unique (RSU), renseigné notamment par des données statistiques, et se substituant au bilan social annuel, au rapport de situation comparée femmes-hommes de la loi dite Sauvadet et au rapport sur l'obligation d'emploi des travailleurs en situation de handicap. Il indique les moyens budgétaires et en personnel dont dispose la collectivité.

L'ordonnance du 17 février 2021 relative à la négociation et aux accords collectifs dans la fonction publique a pour objectif de promouvoir un dialogue social de qualité et de proximité en donnant les moyens aux acteurs de terrain de trouver les solutions collectives les plus adaptées aux enjeux des territoires et des services publics. Elle encourage notamment la passation d'accords locaux.

La confirmation de l'essor contractuel

La loi de transformation de la fonction publique vise à écarter les rigidités du statut, répondant notamment aux revendications des employeurs territoriaux de recourir plus largement à des contractuels sans intégrer une charge fixe au budget local. Le principe d'occupation des emplois permanents par des fonctionnaires est amplement écorné par de très nombreuses exceptions…

L'élargissement des possibilités de recours à l'emploi contractuel

Certes, la loi du 3 août 2009 relative à la mobilité et aux parcours professionnels dans la fonction publique avait déjà accru les possibilités de recrutement de contractuels. S'inspirant des dispositions de la loi du 26 juillet 2005 relative aux modalités de transfert d'activités entre des organismes privé et public, elle avait introduit en particulier un nouveau mécanisme de reprise des contrats des agents non titulaires concernés par des transferts d'activités entre personnes morales de droit public (comme ceux opérés par la loi du 13 août 2004), les clauses substantielles du contrat – qui peut être à durée indéterminée – étant reprises par la structure d'accueil.

Avaient aussi été développées les possibilités conventionnelles, en harmonisant les conditions de cumul d'activités des fonctionnaires et agents non titulaires employés pour une durée comprise entre un mi-temps et 70 % de la durée légale du travail, avec celles des agents employés pour une durée inférieure. Enfin, l'ouverture au procédé contractuel s'illustrait aussi par la faculté de recours à l'intérim, en cas d'impossibilité pour les centres de gestion d'assurer la mission de remplacement nécessaire. Cependant, la rentabilité et l'image sociale renvoyée avaient fait hésiter les collectivités.

Rompant avec les petites mesures égrainées au fil des réformes, la loi du 6 août 2019 de transformation de la fonction publique donne de nouvelles marges de manœuvre aux encadrants dans le recrutement de leurs collaborateurs.

Sont ainsi ouverts par la voie contractuelle les emplois fonctionnels des communes et EPCI à fiscalité propre de plus de 40 000 habitants, comme les directeur général des services, directeur général adjoint et directeur général des services techniques. Un nouveau contrat à durée déterminée, 6 ans maximum, le contrat de projet apparaît. (L'échéance est la réalisation du projet.) Le recours au contrat sur emploi permanent pour les agents de catégorie A lorsque les besoins des services et la nature des fonctions le justifient est étendu aux catégories B et C. Ainsi, l'emploi nécessitant une qualification particulière, ou une politique de restructuration des services permettra de légitimer de tels recrutements... Une condition du caractère infructueux du recrutement du fonctionnaire offre cependant une petite garantie pour réserver ces emplois à des titulaires.

L'apparition d'un quasi-statut pour les agents sous CDI

La présence de nombreux contractuels dans la sphère publique locale soulève naturellement la question de leur parcours professionnel, de leur « carrière ».

La loi du 19 février 2007 a amélioré la question de la mobilité, en ouvrant notamment une faculté de mise à disposition des agents bénéficiant d'un CDI dans une autre collectivité. De plus, répondant à de multiples interrogations, la loi prévoit que le détenteur d'un CDI en conserve le bénéfice en cas de changement de fonction au sein de la même collectivité, à condition que le nouvel emploi soit de même nature que celui exercé précédemment.

En outre, la rémunération des agents employés à durée indéterminée fait l'objet d'un réexamen au minimum tous les trois ans, notamment au vu des résultats de l'évaluation triennale obligatoire.

Le juge administratif a estimé dans un arrêt du 25 septembre 2013 qu'il résulte d'un principe général du droit, qu'il incombe à l'administration, avant de pouvoir prononcer le licenciement d'un agent contractuel recruté en vertu d'un contrat à durée indéterminée pour affecter un fonctionnaire sur l'emploi correspondant, de chercher à reclasser l'intéressé.

La loi du 12 mars 2012 opère la résorption des situations de précarité grâce à un système spécifique d'accès professionnalisé à l'emploi titulaire (sous certaines conditions d'emploi et d'ancienneté), dispositif critiqué car il écarte les agents recrutés à titre temporaire, et peut aboutir à une baisse de rémunération, et repose pour une part sur des sélections professionnelles peu objectives. Mais cette loi conforte aussi le système du contrat à durée indéterminé (CDI) : l'autorité territoriale est tenue de proposer un CDI à tout agent non titulaire qui a été recruté sur le fondement de l'article 3 de la loi du 26 janvier 1984 dans son ancienne rédaction, et justifie de six ans de services publics pour le compte de la collectivité dans les 8 ans antérieurs à la loi.

Depuis le décret du 29 décembre 2015, l'acte d'engagement est obligatoirement un contrat dont le contenu est listé avec précision (le fondement juridique de recrutement et le motif doivent être définis). La période d'essai est clarifiée. L'entretien professionnel devient annuel et se rapproche de celui des fonctionnaires territoriaux. L'exclusion temporaire des fonctions et le licenciement doivent être précédés de la consultation préalable de la commission consultative paritaire qui deviendra unique, sans distinction de catégorie en 2022.

L'extension du droit à la mobilité est opérée puisqu'en cas de transformation du besoin ou de l'emploi qui a justifié le recrutement de l'agent contractuel recruté pour un besoin permanent, l'autorité territoriale a la possibilité de lui proposer la modification d'un élément substantiel de son contrat, ou une modification de ses fonctions, dans le respect de ses qualifications professionnelles. L'encadrement du non-renouvellement du contrat, les nouveaux cas de licenciement et de reclassement parachèvent ce que certains dénomment « le statut bis », équilibre délicat entre flexibilité et stabilité.

La loi du 20 avril 2016 procède à de nouveaux ajustements des règles applicables aux agents contractuels., modernisant les dispositions relatives à l'évolution salariale, imposant un recrutement après appréciation de la capacité à exercer les fonctions à pourvoir, et renforçant les commissions consultatives paritaires.

Enfin, la loi du 6 août 2019 instaure une indemnité de précarité de fin de contrat, précise dans le statut que la rémunération des contractuels est fixée en tenant compte des fonctions exercées, de la qualification requise pour leur exercice et de leur expérience. Elle peut tenir compte de leurs résultats professionnels et des résultats collectifs du service. L'expérimentation de la rupture conventionnelle apparaît comme particulièrement audacieuse, même si elle reste très encadrée : pendant 5 ans (jusqu'au 31 décembre 2025). Il peut aussi être remarqué que l'obligation de formation des contractuels s'aligne sur celle des fonctionnaires.

Années après années, avec l'affranchissement de la logique de carrière, émerge donc une fonction publique contractuelle parallèle à la traditionnelle fonction publique ! La Cour des comptes dans un rapport de septembre 2020 remarque que si l'augmentation tendancielle du nombre des agents contractuels traduit des difficultés d'adaptation du service public, les modalités de gestion à l'issue de la loi de 2019 rigidifient le régime des agents contractuels. Elle appelle donc à organiser la coexistence entre agents titulaires et contractuels.

Véritable « serpent de mer », le Code général de la fonction publique (qui devrait être adopté par ordonnance au plus tard le 6 août 2021) permettrait de renforcer la clarté et l'intelligibilité du droit de l'emploi public. Prospèrent en effet aujourd'hui sans classement environ 350 lois ou articles de lois et 650 décrets ou articles de décrets, sans compter les nombreux principes généraux du droit de la fonction publique, comme l'interdiction de principe de licencier une femme enceinte dans les services publics (CE Ass. 8 juin1973 Peynet), ou l'interdiction d'une rémunération inférieure au SMIC (CE 23 avril 1982 Ville de Toulouse).

En conclusion, plus de 37 ans après sa création, la fonction publique territoriale écarte la crainte récurrente d'une régression liée à la possibilité de recourir à la délégation de service public ou à la commande publique, même si le service de l'intérêt général décentralisé réclame un subtil équilibre entre droit public et droit privé. Les recrutements opérés par les entités territoriales, même s'ils se stabilisent peu à peu, sont regrettés par ceux qui appellent à la mutualisation…

La fonction publique territoriale a acquis au fil du temps ses lettres de noblesse, certains auteurs la considèrent aujourd'hui comme « boussole » aux réformes de la fonction publique État. Ainsi, Anicet Le Pors déclare : « Dans ce mouvement d'ensemble, aucune fonction publique ne peut prétendre être « l'avant-garde » des autres. Mais, la fonction publique territoriale, grâce à sa diversité, ses potentiels, son pragmatisme, la proximité qu'elle entretient avec les besoins des populations, peut apporter une contribution d'une grande richesse ».

Bibliographie

- Rapport annuel sur l'égalité professionnelle entre les femmes et les hommes dans la fonction publique 2020.
- Rapport annuel sur l'état de la fonction publique, politiques et pratique des ressources publiques, 2020, 692 p.
- « La loi de transformation de la fonction publique : une transformation par l'affranchissement idéologique », Ludivine Clouzot, *Droit administratif (Lexisnexis),* décembre 2019, n° 12, p. 14-24.
- « Le référent déontologue dans les collectivités territoriales », Jacques Ferstenbert, *Actualité juridique. Droit administratif,* 13 mars 2020, n° 14/2020, p. 783-788.
- « Le contrat de projet », *Informations administratives et juridiques*, avril 2020, n° 4, p. 22-26.
- « Les agents contractuels dans la fonction publique, Exercice 2010-2019 », Cour des comptes, septembre 2020, 177 p.
- « Le fonctionnaire territorial, un travailleur comme les autres ? », [Dossier], *Revue de droit public et de la science politique en France et à l'étranger*, n° 1, janvier 2021, p. 45-120.
- « Droit syndical et dialogue social après la loi TFP », [Dossier], *Actualité juridique. Collectivités territoriales*, janvier 2021, n° 1, p. 7-22.
- « Fonction publique : publication de l'ordonnance sur la protection sociale complémentaire », Marie-Christine de Montecler, *Actualité juridique. Droit administratif,* 1er mars 2021, n° 08/2021, p. 421.
- « L'agent territorial », Frédéric Colin, Gualino, mars 2021, 204 p.
- « Transformation du droit de la fonction publique », Dossier, *Actualité juridique. Droit administratif,* 17 mai 2021, n° 18/2021, p. 1005-1031.
- « Le maire, employeur territorial », CNFPT, 2021, 249 p. https://www.cnfpt.fr/sites/default/files/publication/document/livre-maire-employeur.pdf

Exemples de sujets

- « Le fonctionnaire est un homme de silence, il sert, il travaille et il se tait » Michel Debré
- L'élu employeur
- L'adaptation de la fonction publique territoriale
- La place du contrat dans le droit de l'emploi local
- La déontologie de l'agent territorial
- La déconstruction du droit statutaire ?

QCM

214. Dans la fonction publique territoriale, quel est le système applicable ?

- ☐ **A.** Le système de l'emploi
- ☐ **B.** Le système de la carrière
- ☐ **C.** Le système de solidarité

215. Quelle est la caractéristique de la fonction publique territoriale ?

- ☐ **A.** Les fonctionnaires sont plus compétents que ceux de l'État
- ☐ **B.** Le nombre d'employeurs
- ☐ **C.** Le principe de séparation du grade et de l'emploi

216. De quand date le statut de la fonction publique territoriale ?

- ☐ **A.** Loi du 2 mars 1982
- ☐ **B.** Loi du 13 juillet 1983
- ☐ **C.** Loi du 26 janvier 1984

217. Quelle est l'affirmation exacte à propos du traitement indiciaire d'un fonctionnaire territorial ?

- ☐ **A.** Il est lié à la qualification et à l'ancienneté dans le grade
- ☐ **B.** Il varie selon les collectivités
- ☐ **C.** Il s'agit de ce qu'on appelle familièrement « les primes »

218. Qui décide du régime indemnitaire dans une collectivité ?

- ☐ **A.** L'organe exécutif
- ☐ **B.** Le directeur des ressources humaines
- ☐ **C.** L'organe délibérant

219. Le devoir d'obéissance du fonctionnaire territorial est-il absolu ?

- ☐ **A.** Non, il y a des exceptions
- ☐ **B.** Oui
- ☐ **C.** Non, le fonctionnaire peut désobéir s'il pense que l'ordre n'est pas opportun

220. En quoi la loi du 6 août 2019 transforme-t-elle la fonction publique ?

- ☐ **A.** Elle supprime le Statut de la fonction publique
- ☐ **B.** Elle promeut le dialogue social et développe le recours au contrat
- ☐ **C.** Elle différencie les règles des 3 versants de la fonction publique

221. Quel est le régime juridique des agents contractuels ?

- ☐ **A.** En principe, un régime de droit privé
- ☐ **B.** Dans tous les cas, un régime de droit privé
- ☐ **C.** En principe un régime de droit public

222. Depuis quand y a-t-il des contrats à durée indéterminée dans les collectivités ?

- ☐ **A.** Depuis la transposition d'une directive européenne en 2005
- ☐ **B.** Depuis l'acte II de la décentralisation
- ☐ **C.** Depuis la loi DDOF du 20 avril 2016

223. Les comités techniques vont-ils disparaître ?

- ☐ **A.** C'est déjà fait, depuis la parution de la loi du 6 août 2019
- ☐ **B.** Oui, en 2022
- ☐ **C.** Non

224. Pourquoi dit-on que les formations d'intégration mettent fin à une inégalité entre agents ?

- ☐ **A.** Parce que cela concerne tous les agents : vacataires, contractuels comme titulaires
- ☐ **B.** Parce que cela concerne désormais les catégories A, B et C
- ☐ **C.** Parce que cela donne à tous les agents les mêmes chances de progresser

225. Le DIF (droit individuel à la formation)

- ☐ **A.** Est renforcé par la loi DDOF du 20 avril 2016
- ☐ **B.** N'existe que pour les salariés de droit privé
- ☐ **C.** Est réformé par l'ordonnance du 19 janvier 2017

226. Quel est le rôle actuel des centres de gestion ?

- ☐ **A.** Notamment l'organisation des concours et la gestion des carrières
- ☐ **B.** La formation des agents territoriaux
- ☐ **C.** La gestion des fonds des collectivités territoriales

227. Est-il possible dans une collectivité de recourir à l'intérim ?

- ☐ **A.** Oui, depuis la loi du 3 août 2009
- ☐ **B.** Non, c'est contraire à l'esprit de l'emploi public
- ☐ **C.** Non, c'est une possibilité qui n'est ouverte qu'aux EPCI

228. Quelle est l'affirmation exacte ?

- ☐ **A.** Le contrat de recrutement d'un agent contractuel de droit public crée des droits au profit de celui-ci
- ☐ **B.** Le contrat de recrutement d'un agent contractuel peut être annulé à tout moment
- ☐ **C.** Le contrat de recrutement d'un agent contractuel relève du Conseil de prud'hommes

229. La déclaration d'intérêts est-elle obligatoire pour les cadres dirigeants des communes ?

- ☐ **A.** Non, cela ne concerne que les élus !
- ☐ **B.** Oui si la commune compte plus de 40 000 habitants
- ☐ **C.** Uniquement si les cadres le souhaitent

230. A-t-on remplacé la notation des fonctionnaires par un autre procédé ?

- ☐ **A.** Non, c'est une obligation absolue
- ☐ **B.** Oui, s'il s'agit d'un cadre de catégorie A
- ☐ **C.** Oui, c'est même obligatoire

231. Que signifie « la portabilité des droits acquis CPF » dans la loi du 6 août 2019 ?

- ☐ **A.** Les droits acquis au titre du CPF dans le privé sont valables dans le public (et inversement)
- ☐ **B.** Le compte personnel de formation est supprimé
- ☐ **C.** On peut consulter son CPF depuis son portable

232. La prise en compte du mérite d'un agent territorial est-elle possible ?

- ☐ **A.** Non, seule compte l'ancienneté
- ☐ **B.** Oui, la loi DDOF l'explicite
- ☐ **C.** Oui, par un changement de catégorie

233. Qu'appelle-t-on l'intéressement dans la fonction publique?

- ☐ **A.** Le fait d'expliquer aux agents le sens de leur mission pour qu'ils se sentent concernés
- ☐ **B.** Le fait d'octroyer une prime tenant compte de la performance
- ☐ **C.** Le fait accorder une formation à un agent sur un sujet l'intéressant

234. Y a-t-il un Code de la fonction publique?

- ☐ **A.** Oui, depuis le 20 avril 2017
- ☐ **B.** Non, ce n'est pas un sujet d'actualité
- ☐ **C.** Pas encore, mais la loi du 6 août 2019 relance le processus

235. Le nombre de fonctionnaires territoriaux est-il appelé à croître?

- ☐ **A.** Oui, de façon très importante en raison de la décentralisation
- ☐ **B.** Non, en raison des très nombreuses délégations de service public
- ☐ **C.** Les effectifs sont actuellement pratiquement stabilisés

236. Quelle est l'affirmation exacte à propos du droit de grève dans la fonction publique territoriale?

- ☐ **A.** En cas de grève, un service minimum doit être mis en place dans tous les services
- ☐ **B.** Il y a encadrement dans 6 secteurs des services publics locaux
- ☐ **C.** La retenue égale 1/30e de la rémunération, quelle que soit la durée de la grève

Réponses

214. Réponse B. En France, contrairement aux États-Unis, s'applique pour le fonctionnaire le système de la carrière: l'agent n'occupe pas un emploi précis, mais peut en occuper un certain nombre que son grade lui donne vocation à remplir. C'est la distinction du grade et de l'emploi, qui garantit la stabilité pour le fonctionnaire, et protège la collectivité des aléas du jeu politique. De plus, une fois intégré dans un cadre d'emplois, le fonctionnaire progresse et « fait carrière ».

215. Réponse B. La pluralité des employeurs est une caractéristique de la fonction publique territoriale: près de 48 000 (maires, présidents de conseil départemental, présidents de régions, présidents d'établissements publics locaux, essentiellement intercommunaux, sans oublier les exécutifs des collectivités à statut particulier comme la Corse ou ceux des collectivités d'outre mer).

216. Réponse C. Certes, la loi du 13 juillet 1983 relative à la fonction publique constitue le Titre 1er du Statut général des fonctionnaires de l'État et des collectivités territoriales. Mais beaucoup d'auteurs s'accordent à reconnaître la véritable naissance du statut de la fonction publique territoriale par la loi du 26 janvier 1984. En effet, ses dispositions sont spécifiques à la fonction publique territoriale, en raison de la nécessité de prendre en compte les exigences constitutionnelles de la libre administration territoriale, et leur articulation avec l'impératif proclamé de dispositions statutaires uniques pour l'ensemble des fonctionnaires territoriaux.

217. Réponse A. Chaque grade est doté d'un échelonnement indiciaire qui attribue un « indice brut » (IB) à chaque échelon. À chaque indice brut correspond ensuite un « indice majoré » (IM), qui permet de calculer le traitement. Le traitement indiciaire représente l'indice majoré multiplié par la valeur du point d'indice, fixée par le gouvernement de façon uniforme pour tous les fonctionnaires. La décorrélation du point d'indice (évolution de manière différente selon le versant de fonction publique) prônée par Emmanuel Macron a finalement été abandonnée.

218. Réponse C. Le régime indemnitaire des agents territoriaux recouvre l'ensemble des primes et indemnités instituées par les textes législatifs ou réglementaires. La loi du 26 janvier 1984, article 88, donne compétence aux assemblées délibérantes des collectivités territoriales et de leurs établissements publics pour fixer par délibération le régime indemnitaire de leur personnel, dans la limite de celui dont bénéficient les différents services de l'État (il ne doit pas être plus favorable que celui dont bénéficient les fonctionnaires de l'État exerçant des fonctions équivalentes). Le régime indemnitaire présente un caractère facultatif.

219. Réponse A. L'article 28 de la loi du 13 juillet 1983 dispose que « tout fonctionnaire […] doit se conformer aux instructions de son supérieur hiérarchique ». La loi a toutefois consacré l'obligation de désobéissance « dans le cas où l'ordre donné est manifestement illégal et de nature à compromettre gravement un intérêt public ». Ainsi en est-il, par exemple, de l'animateur qui recevrait l'ordre illégal de travailler en sous-effectif d'encadrement : ce serait contraire aux normes « jeunesse et sports » et mettrait en danger la sécurité des enfants. De même, tout agent a le droit de se retirer d'une situation de travail présentant un danger grave et imminent pour sa vie ou pour sa santé : il s'agit du droit de retrait.

220. Réponse B. La loi de transformation de la fonction publique du 6 août 2019 impacte très fortement le droit de l'emploi territorial, dans cinq objectifs principaux : la promotion d'un dialogue social plus efficace et réactif ; la simplification du cadre de gestion des ressources humaines ; la garantie de l'équité du cadre de gestion des agents publics ; la facilitation de la mobilité et des transitions professionnelles des agents ; et le renforcement de l'égalité professionnelle tant du point de vue hommes-femmes que vis-à-vis des agents en situation de handicap.

221. Réponse C.
Les agents contractuels des collectivités territoriales ou de leurs établissements publics sont soumis au droit public depuis la jurisprudence Berkani de 1996. Dans cet arrêt, le Tribunal des conflits énonce en effet que « les personnels non statutaires travaillant pour le compte d'un service public à caractère administratif sont des agents contractuels de droit public quel que soit leur emploi ». Exceptionnellement peut s'appliquer le droit privé, comme dans le cas des personnels recrutés dans le cadre de dispositifs d'emplois dits aidés (aujourd'hui dans le parcours emploi compétences), ou dans le cas des apprentis.

222. Réponse A. Le recours au contrat dans la sphère de l'emploi public n'est en principe possible que dans un nombre limité d'hypothèses, par exemple pour répondre à des besoins saisonniers. Il s'agit alors de contrats d'une durée limitée, éléments de souplesse pour les collectivités mais sources de précarité pour les agents. Depuis la loi du 26 juillet 2005, ils peuvent se transformer en CDI, sous certaines conditions notamment d'ancienneté. La loi du 12 mars 2012 de lutte contre la précarité a aussi permis la « CDisation » de certains CDD. La loi du 6 août 2019 accroît fortement l'essor contractuel.

223. Réponse B. Lors des élections professionnelles de 2022, le comité technique et le comité d'hygiène, de sécurité et des conditions de travail fusionnent pour créer le comité social territorial. Cette instance unique n'est pas sans rappeler ce qui existe dans le privé (cf. ordonnance du 22 septembre 2017).

224. Réponse B. Depuis la loi du 19 février 2007 relative à la fonction publique territoriale, la formation professionnelle tout au long de la vie au sein de la fonction publique territoriale est notamment constituée de la formation d'intégration et de professionnalisation, définie par les statuts particuliers. Elle comprend en particulier des actions favorisant l'intégration dans la fonction publique territoriale, dispensées aux agents de toutes les catégories. Les dispositifs antérieurs ne concernaient que les catégories A et B, qui faisaient l'objet de ce qui s'appelait alors la formation initiale. Il peut cependant être remarqué que la durée des formations d'intégration des agents de catégorie C est de 5 jours, celle des agents de catégorie B ou A de 10 jours (décret du 29 octobre 2015).

225. **Réponse C.** Le compte personnel d'activité est constitué d'un compte personnel de formation se substituant au droit individuel à la formation, et du compte d'engagement citoyen. Il concerne l'ensemble des titulaires et contractuels. Les droits acquis sont conservés en cas de changement d'employeur (y compris quand ils ont été acquis dans le privé.)

226. **Réponse A.** Les Centres de Gestion sont des établissements publics locaux à caractère administratif; ils organisent depuis le 1er janvier 2010, l'ensemble des concours et examens professionnels à l'exception de ceux de catégorie A+. Ils assurent aussi « la bourse de l'emploi », en assurant par exemple la diffusion des offres d'emploi; ils permettent de plus la prise en charge et l'aide au reclassement des fonctionnaires momentanément privés d'emploi. Enfin, ils gèrent la carrière des agents, notamment au travers des organismes paritaires. Les centres de gestion peuvent depuis la loi DDOF de 2016 assurer toute tâche administrative et des missions d'archivage, de numérisation, de conseil en organisation et de conseils juridiques à la demande des collectivités et de leurs établissements. L'ordonnance du 19 janvier 2017 leur confie aussi l'accompagnement personnalisé pour l'élaboration du projet professionnel des agents. Enfin, la loi du 6 août 2019 renforce leur rôle régional en s'appuyant sur le centre de gestion coordonnateur au sein de chaque région.

227. **Réponse A.**
L'article 3-7 de la loi du 26 janvier 1984 a autorisé les collectivités territoriales et leurs établissements publics administratifs à faire appel à une entreprise de travail temporaire dans certains cas. La loi confère un caractère subsidiaire au recours à l'intérim pour les collectivités, qui sont incitées à accueillir prioritairement des agents mis à leur disposition par les services de remplacement des centres de gestion. À cette fin, les missions de ces services de remplacement ont été élargies par la loi au cas de vacance d'un emploi qui ne peut être immédiatement pourvu en cohérence avec les motifs pouvant justifier légalement le recours à l'intérim.

228. **Réponse A.** Dans l'arrêt du 31 décembre 2008 Cavallo, le conseil d'État affirme que sauf s'il présente un caractère fictif ou frauduleux, le contrat de recrutement d'un agent contractuel de droit public crée des droits au profit de celui-ci. Ce faisant, on assiste pour certains observateurs à une situation quasi réglementaire de l'agent contractuel… Ainsi, lorsque le contrat est entaché d'une irrégularité, l'administration est tenue de proposer à celui-ci une régularisation de son contrat afin que son exécution puisse se poursuivre régulièrement. Si le contrat ne peut être régularisé, il appartient à l'administration, dans la limite des droits résultant du contrat initial, de proposer à l'agent un emploi de niveau équivalent, ou, à défaut d'un tel emploi et si l'intéressé le demande, tout autre emploi, afin de régulariser sa situation. Enfin, si l'intéressé refuse la régularisation de son contrat ou si la régularisation de sa situation, dans les conditions précisées ci-dessus, est impossible, l'administration est tenue de le licencier.

229. **Réponse B.** Le décret du 22 janvier 2020 pris en application de la loi DDOF soumet les cadres dirigeants des communes et EPCI de plus de 40 000 habitants à l'obligation de dépôt d'une déclaration d'intérêts. Les cadres concernés sont les directeurs généraux des services, les directeurs généraux adjoints et directeurs des services techniques. La déclaration doit être transmise lors de la nomination du fonctionnaire sous

double pli cacheté ou par voie dématérialisée de façon sécurisée. Cette déclaration doit être conforme aux principes fixés par l'article 25 ter du Statut : elle est exhaustive, exacte et sincère.

230. Réponse C. Après une période d'expérimentation de l'entretien de 2008 à 2014, l'article 69 de la loi MAPTAM inscrit que l'entretien professionnel d'évaluation remplace le système de la notation à compter du 1er janvier 2015. Le décret n° 2014-1526 du 16 décembre 2014 relatif à l'appréciation de la valeur professionnelle des fonctionnaires territoriaux fixe les modalités selon lesquelles il est réalisé par le supérieur hiérarchique direct ainsi que les conditions dans lesquelles il en est tenu compte pour l'avancement des agents.

231. Réponse A. L'article 58 de la loi de transformation de la fonction publique permet de mieux accompagner les transitions professionnelles. À ce titre, les droits acquis en euros (ce qui est le cas depuis 2019 pour les personnes qui relèvent du Code du travail) peuvent être convertis en heures (ce qui est le cas pour les agents du secteur public). Le processus inverse est aussi possible. La mobilité entre secteur privé et public n'affecte donc pas les droits liés au compte personnel de formation.

232. Réponse B. La loi DDOF prévoit que les régimes indemnitaires des collectivités et de leurs établissements publics peuvent tenir compte des conditions d'exercice des fonctions et de l'engagement professionnel des agents. (Existe aussi le régime indemnitaire tenant compte des fonctions, des sujétions, de l'expertise et de l'engagement professionnel Rifseep instauré par un décret du 20 mai 2014.) La loi du 6 août 2019 ajoute qu'il peut être tenu compte des résultats collectifs du service.

233. Réponse B. Il s'agit d'une prime destinée à récompenser chaque année la réussite collective des agents des services les plus performants, sur différents critères comme la qualité de service, la maîtrise des coûts, l'amélioration des conditions de travail ou le développement durable. Le décret du 28 novembre 2019 plafonne cette prime à 600 € par an.

234. Réponse C. Constituant la sixième autorisation en 15 ans, la loi de transformation de la fonction publique du 6 août 2019 autorise le gouvernement à procéder par voie d'ordonnance pour adopter la partie législative du Code général de la fonction publique avant le 6 août 2021.

235. Réponse C. Pourtant, le recours aux délégations de service public, la mutualisation des services, la crise économique, le gel des dotations étatiques et le plafonnement des dépenses de fonctionnement imposé aux grandes collectivités... limitent les possibilités de recrutement des collectivités territoriales.

236. Réponse B. La loi de transformation de la fonction publique prévoit un encadrement de l'exercice du droit de grève dans les secteurs de la collecte et du traitement des déchets des ménages ; du transport public de personnes ; de l'aide aux personnes âgées et handicapées ; de l'accueil des enfants de moins de 3 ans ; de l'accueil périscolaire ; et de la restauration collective et scolaire. Il y a possibilité d'instituer un service minimum, mais après négociation collective. De plus, un délai de prévenance de 48 heures permet d'anticiper et d'organiser les conséquences de la grève à l'égard des usagers.

12 La contractualisation de l'action publique locale

L'accord de volonté destiné à produire des effets de droit, le contrat, est un mode classique d'exercice de leurs compétences par les entités territoriales. Parce qu'il apporte souplesse et adéquation aux circonstances locales, le procédé conventionnel connaît un essor remarquable, lié notamment aux progrès de la décentralisation et à l'intégration européenne croissante.
Pour conduire l'action publique locale, les collectivités passent de multiples conventions avec des personnes privées ou publiques, notamment dans les domaines de la commande publique et de l'aménagement du territoire, posant par là même parfois la question de la qualification juridique des procédures employées: véritables contrats? Les rigidités d'un encadrement normatif développé, la progression de la menace contentieuse, et le risque de centralisation rampante sont dénoncés et redoutés... la simplification des procédures et le renforcement de la sécurité juridique du contrat semblent être des enjeux primordiaux pour les années à venir.
Notons que la décision administrative unilatérale reste un complément nécessaire et indispensable au contrat, manifestation éclatante du maintien de l'imperium propre à l'action administrative locale.

Historique

La convention par laquelle deux parties s'engagent mutuellement, librement, avec création d'obligations à la charge d'au moins une des deux parties, est un procédé ordinaire dans les relations entre personnes privées.

L'administration, en particulier les collectivités territoriales et leurs établissements publics, sert l'intérêt général, et dispose donc comme attribut de puissance publique d'un mode d'action particulier: la décision exécutoire, l'acte administratif unilatéral. En droit administratif, l'imperium l'emporte classiquement sur le consentement.

Au cours des années, on assiste cependant à la progression d'un ensemble de pratiques et instruments contractuels, aux côtés de l'habituelle action unilatérale des autorités publiques locales.

XIXe-mi XXe siècle: Les domaines traditionnels des contrats locaux

Historiquement, les contrats passés par l'administration locale recouvrent une large diversité dans la forme comme dans le contenu.

Ainsi, la loi du 18 juillet 1837 confère au maire « la charge de souscrire les marchés, de passer les baux des biens et les adjudications des travaux communaux ».

Les travaux publics ont en effet bénéficié très tôt d'un régime juridique spécifique, la loi du 28 pluviôse an VIII s'intéressant par exemple aux difficultés qui pourraient s'élever entre les entrepreneurs de travaux publics et l'administration.

L'ordonnance royale du 14 novembre 1837 conclut un effort de rationalisation en ce qui concerne les marchés de travaux et de fournitures des communes. Ce texte fonde le droit actuel des marchés publics, il ne comporte alors que deux pages ! Une ordonnance du 21 février 1845 étend le dispositif aux départements.

L'achat de prestations est un des domaines classiques du contrat local. Au plan national, les canaux, puis les chemins de fer sont réalisés par voie de concession. L'association à la gestion du service public, à travers la concession, s'exerce aussi au niveau local, générant de nombreux arrêts du Conseil d'État qui en attestent : dès 1902 à propos d'une concession d'éclairage public communal (CE Compagnie nouvelle du gaz de Deville-Lès-Rouen). Les domaines concernent nombre de services publics locaux de proximité, comme la distribution de l'eau, les foires ou le transport urbain.

L'occupation du domaine public local donne de même lieu à abondance de contrats, administratifs ou de droit privé, selon que l'activité du cocontractant est ou non constitutive d'un service public ; le décret-loi du 17 juin 1938 unifie le contentieux, en donnant compétence aux juridictions administratives pour statuer sur les contrats comportant occupation du domaine public.

Le recrutement de personnels par les collectivités est limité, en raison du faible degré de décentralisation, néanmoins le procédé contractuel dit de louage de services n'est pas exclu, et l'existence d'agents non titulaires peut être relevée.

Les années 1980 : la contractualisation, outil de la décentralisation

Les lois Defferre développent le recours aux contrats, pour des collectivités territoriales disposant d'une autonomie d'action accrue. Le constat peut sembler paradoxal, des entités porteuses d'intérêt général, et ayant donc une finalité exogène, s'emparent d'un procédé répondant à la finalité endogène des parties.

D'une part, il s'agit d'exercer concrètement les transferts de compétences opérés par les lois à partir de 1983 : la construction et l'entretien des établissements d'enseignement, l'action sociale, la voirie départementale… Les marchés publics, les concessions ou affermages de service public permettent aux collectivités d'externaliser ce qu'elles ne peuvent ou ne veulent réaliser elles-mêmes.

D'autre part, le développement des tâches locales requiert un personnel plus nombreux, d'où la prolifération de contrats d'embauche, malgré l'article 3 la loi du 26 janvier 1984 qui limite cette possibilité, les contrats sont donc des contrats individuels, à titre dérogatoire au régime de droit commun.

Enfin, le partenariat avec les personnes privées n'est pas le seul objet de cet accroissement conventionnel : l'approfondissement du principe de libre administration constitue un cadre propice à des relations différentes entre personnes publiques.

Par exemple, en ce qui concerne les relations État – collectivités territoriales, l'articulation des politiques génère un renouveau contractuel, comme le manifestent les CPER, contrats de plan État région de la loi du 29 juillet 1982.

De même, signées au printemps 1982, des conventions, qualifiées de « Yalta administratif », dans la mesure où elles définissent les compétences, moyens, agents et locaux restant sous la responsabilité du préfet, et ceux soumis à l'autorité du président de la collectivité territoriale concernée, accompagnent le transfert de l'exécutif au président du Conseil et la mise à disposition par le préfet des services correspondants.

Pour ce qui est des conventions entre collectivités, une illustration peut être donnée par les chartes intercommunales de développement et d'aménagement, élaborées et approuvées par les communes, en vertu de la loi du 7 janvier 1983. Elles définissent les perspectives à moyen terme de leur développement économique, social et culturel, déterminent les programmes d'action correspondants, et précisent les conditions d'organisation et de fonctionnement des équipements et services publics.

1988-2002 : une sorte de « fureur contractuelle » (P. Delvolvé)

Premier exemple du « tout contractuel », la loi du 5 janvier 1988 d'amélioration de la décentralisation autorise les collectivités territoriales et leurs établissements publics à conclure des baux emphytéotiques administratifs, d'une durée variant de 18 à 99 ans. Cette reconnaissance inédite de droits réels sur le domaine public local permet sa valorisation, mais suppose la réalisation d'une mission de service public, ou d'une opération d'intérêt général, pour le compte de la personne publique.

L'étape clef suivante est la loi ATR du 6 février qui pose un nouveau label, celui de délégation de service public, reprenant une terminologie jusque-là jurisprudentielle. La loi du 29 janvier 1993 de lutte contre la corruption, dite loi Sapin, organise une procédure visant à permettre la concurrence.

Dans une dynamique contractuelle en plein essor, les contrats de ville sont créés en 1993, comme cadres uniques d'intervention publique, à l'échelle de la ville.

À partir de 1999, les contrats de plan État-régions servent de cadre à des contrats de pays et des contrats d'agglomérations, afin d'appuyer la politique d'aménagement du territoire sur des organisations territoriales présentant une réelle pertinence géographique, économique et sociale (LOADDT du 25 juin 1999).

Illustration supplémentaire de cette pratique conventionnelle, des contrats locaux de sécurité (CLS) reposent principalement sur le partenariat entre l'État et les collectivités. Fondés sur des actions de proximité, ils impliquent l'ensemble des acteurs locaux concernés : préfets, procureurs, maires, policiers et gendarmes, enseignants, ainsi que les acteurs de la vie sociale (bailleurs sociaux, sociétés de transport public…).

Enfin, la loi du 12 avril 2000 relative aux droits des citoyens dans leurs relations avec l'administration impose le recours à une convention entre une collectivité et une association, dès qu'une subvention dépasse un montant fixé par décret (actuellement 23 000 €). L'attribution de l'aide publique est autorisée par les élus, mais son versement intervient selon un procédé contractuel, pour lutter contre l'opacité ou les risques d'associations transparentes porteuses de gestion de fait.

L'acte II de la décentralisation : la confirmation du recours au procédé contractuel

Les années 2003-2004 confirment et accroissent cet essor contractuel de façon diversifiée.

À l'instar de ce qui avait été mis en place lors de l'acte I, des transferts de personnel, notamment les agents techniciens, ouvriers, et de service des collèges et lycées, sont organisés entre l'État et les conseils généraux et régionaux par la loi du 13 août 2004... relance de l'instrument conventionnel.

La loi constitutionnelle du 28 mars 2003 consacre le droit à l'expérimentation à l'article 72 C, précisé par la loi organique du 1er août 2003. Ainsi, est par exemple expérimenté le revenu de solidarité active (RSA), dans les départements volontaires (loi TEPA du 21 août 2007), ce qui génère une convention de mise en œuvre, signée entre le préfet et le président du Conseil départemental. Elle précise notamment les modalités de versement de l'accompagnement financier versé par l'État au département pendant la durée de l'expérimentation.

La confirmation constitutionnelle de l'absence de toute tutelle d'une collectivité sur une autre s'accompagne de la notion de « chef de file » : lorsque l'exercice d'une compétence nécessite le concours de plusieurs collectivités territoriales, la loi peut autoriser l'une d'entre elles ou un de leurs groupements à organiser les modalités de leur action commune, ce qui suppose naturellement de faire appel à la voie conventionnelle.

Cette hétérogénéité conventionnelle doit cependant respecter la finalité première de l'action administrative : l'intérêt général. « La liberté contractuelle de l'administration locale de plus en plus sollicitée, est paradoxalement davantage encadrée » (B. Stirn), comme le montre l'accumulation de procédures et contrôles qui accompagnent la mise en place de cette contractualisation.

Un épanouissement contractuel entretenu par l'essor de la décentralisation de l'acte III

Les contrats de projets État région laissent place à une nouvelle génération de contrats de plan État-Région 2015-2020 qui accompagnent la réforme de l'organisation territoriale. Ils ont vocation à financer les projets exerçant un effet de levier pour l'investissement local et contribuent à la mise en œuvre des fonds européens structurels, permettant ainsi la mise en cohérence interministérielle des politiques publiques sur les territoires (mobilité multimodale ; enseignement supérieur, recherche et innovation ; transition écologique et énergétique ; numérique ; innovation, filières d'avenir et usine du futur ; territoires ; auxquels s'ajoute une priorité transversale : l'emploi). Leur déclinaison territoriale perdure et s'adapte, en particulier avec les contrats de ville de la loi de programmation pour la ville et la cohésion urbaine. L'État a ainsi contractualisé une enveloppe totale de 12,5 milliards d'euros durant la période 2015-2020.

Le PUP, projet urbain partenarial institué par la loi du 25 mars 2009 et réformé par la loi ALUR du 24 mars 2014, permet quant à lui aux communes d'assurer le préfinancement d'équipements publics par des personnes privées (propriétaire foncier, aménageur ou constructeur) par l'intermédiaire d'une convention.

Nouvel instrument conventionnel, le contrat local de santé (CLS) issu de la loi HPST du 21 juillet 2009 modifiée par la loi du 26 janvier 2016 est signé entre une commune (comme Saint Étienne) ou un EPCI (tel le Grand Nancy), l'agence régionale de santé et la préfecture de région concernée. Programme d'action pluriannuel, il articule les dispositifs existants en établissant le lien entre le projet régional de santé et les aspirations portées par l'entité décentralisée.

L'acte III en fait multiplie les possibilités de conventions de prestations de service, de partages des moyens matériels, de mises à disposition de services, de délégation de gestion et de mutualisation entre les communes ou départements et la structure intercommunale. De même, la mutualisation des services entre les départements, les régions, leurs établissements publics, leurs groupements et les syndicats mixtes est encouragée (articles L. 5111-1 et 5111-1-1 du CGCT).

Les contrats de politiques publiques, les coopérations entre niveaux de compétence prolongent s'il est besoin la liste de ce foisonnement contractuel, empruntant des dénominations variées : ententes, contrats, conventions, chartes, accords…

Connaissances de base

Le contrat se définit généralement comme la norme juridique émanant de volontés autonomes, ce qui suppose la présence de personnes juridiques distinctes, s'exerçant dans un cadre juridique prédéfini.

La différenciation contrats administratifs-contrats de droit privé

Les collectivités territoriales et leurs établissements publics, notamment les EPCI, concluent des contrats administratifs, soumis comme tels au droit administratif, en grande partie prétorien, et relevant du contentieux administratif.

Une telle qualification peut reposer sur une détermination légale, comme les contrats de marchés publics dont le caractère administratif est affirmé par la loi MURCEF du 11 décembre 2001 puis par l'ordonnance du 23 juillet 2015.

Le plus souvent, seuls des critères jurisprudentiels vont permettre de distinguer le contrat administratif du contrat de droit privé. Ainsi, par application du critère organique (présence d'une personne publique plus ou moins apparente comme dans CE 21 mars 2007 Commune de Boulogne, ou dans CAA Marseille 10 mars 2011 Commune de Nice), et en raison de l'exécution d'une mission de service public (*a contrario* TC 12 décembre 2005 Association sportive de karting semurois) ou de la présence de clauses impliquant dans l'intérêt général qu'un contrat relève du régime exorbitant des contrats administratifs (TC 13 octobre 2014, SA Axa France IARD), un contrat local sera-t-il reconnu administratif.

L'administration territoriale établit cependant des contrats de droit privé. Par exemple, en principe, les relations entre les services publics industriels et commerciaux et leurs usagers échappent au droit administratif, comme c'est le cas pour le contentieux relatif au versement de la redevance d'assainissement liée au réseau public d'assainissement (CE 20 janvier 1988 SCI La Colline). Par détermination de la loi, les contrats de recrutement « aidés » échappent aussi au droit administratif, comme les parcours emploi compétences de la loi de finances initiale 2018.

L'abondante typologie des contrats administratifs locaux

La classification des contrats administratifs ici retenue est celle préconisée par Laurent Richer, elle s'appuie sur la nature du lien constaté avec l'intérêt général, et distingue ainsi trois catégories de contrats administratifs.

Les « contrats d'encadrement » mettent en place les règles et moyens permettant l'exercice de l'activité d'intérêt général. Ainsi, la convention de délégation de service public, qualifiée de contrat de concession par le code de la commande publique, confie au concessionnaire la gestion de la distribution d'eau ou d'un parking. La collectivité conserve cependant le pouvoir d'organisation, au travers de cahiers des charges, et de contrôle grâce notamment au rapport annuel (article L. 1411-3 CGCT). Peuvent aussi être cités les conventions de mise en œuvre de la décentralisation de l'article 26 de la loi du 2 mars 1982 susmentionnées, les CPER de la loi du 29 juillet 1982 qui définissent des programmes prioritaires d'investissement à mettre en œuvre, et les contrats territoriaux de relance et de transition énergétique de 2021 (CTRTE vecteurs de relance, signés entre l'État et essentiellement des EPCI).

Les « contrats-moyens » sont quant à eux destinés à permettre au service public d'assumer ses missions d'intérêt général. Ils procurent les moyens humains, comme les marchés de service et les contrats de recrutement qui connaissent un essor continu et remarquable, notamment avec la loi de transformation de la fonction publique du 6 août 2019.

Ces contrats sont aussi affectés à l'obtention des moyens matériels dont ont besoin les entités locales : marchés de fournitures, baux ou achats d'immeubles, contrats d'emprunt.

Les « contrats-buts » visent à réaliser un but d'intérêt privé qui coïncide, au moins en partie, avec l'intérêt général. Tel est le cas, des conventions relatives aux subventions aux associations supérieures à 23 000 €, depuis la loi du 12 avril 2000 ; des contrats liés aux aides apportées par les régions aux entreprises ; des contrats d'occupation du domaine public comme ceux relatifs à l'implantation de relais radiotéléphoniques ou à l'exploitation d'une terrasse de café.

Le régime juridique particulier des contrats administratifs

Même lorsque la nature contractuelle de la convention est indéniable, le droit applicable aux contrats administratifs garde l'empreinte de la puissance publique.

Au-delà de modes de passation souvent contraignants, comme les procédures formalisées des marchés publics, et d'un cadrage parfois pesant, les pouvoirs spécifiques de l'administration lors de l'exécution du contrat sont remarquables.

Les autorités locales détiennent en effet de nombreuses prérogatives, justifiées par la préservation de l'intérêt général.

En premier lieu, les collectivités disposent du pouvoir de direction et de contrôle, qui se manifeste par exemple par les ordres de service adressés par une collectivité à un entrepreneur.

Deuxièmement, l'administration territoriale s'est vue reconnaître la faculté de modifier ou même résilier unilatéralement le contrat, capacité étonnante au regard de l'immutabilité habituelle du contrat dans la sphère privée, mais fondée sur les nécessités de l'intérêt public et soumise à contrepartie financière (CE 27 octobre 1978 Ville de Saint-Malo en ce qui concerne la modification, TC 2 mars 1987 Soc. d'aménagement et de développement de Briançon-Montgenèvre pour ce qui est de la résiliation).

De plus, et c'est très caractéristique du contrat administratif local, le cocontractant doit continuer à exécuter son contrat, en dépit d'aléas administratifs ou économiques en modifiant l'équilibre, avec toutefois des contreparties financières, c'est-à-dire moyennant indemnisation, et dans la limite du bouleversement financier définitif.

Il s'agit de la théorie de l'imprévision (CE 30 mars 1916 Cie générale d'éclairage de Bordeaux) ou de celle, rarement admise aujourd'hui, du fait du prince (CE 18 mars 1983 Soc. du parking du square Boucicault, à propos d'une concession d'un parc public de stationnement souterrain).

Enfin, les collectivités disposent du pouvoir de sanction en cas de manquements du cocontractant, ce qui peut justifier une résiliation si la faute a un caractère suffisant (CE 20 janvier 1988 Soc. d'étude et de réalisation des applications du froid).

Bilan de l'actualité

L'intégration croissante du droit communautaire dans certains contrats territoriaux

Les effets sur les contrats de recrutement

L'agent public local est en principe un fonctionnaire titulaire de son grade en position statutaire, conformément à la conception française de l'égalité et de la méritocratie. Cependant, pour des raisons plus ou moins légitimes (élément de souplesse et d'adaptation, caractère provisoire des tâches à assurer, moindre coût, qualification particulière…), les « contractuels » représentent près de 357 000 agents, recrutés par les employeurs publics locaux pour une durée limitée. La filière de l'animation en est une illustration particulièrement remarquable.

La directive communautaire du 28 juin 1999 concernant l'accord-cadre sur le travail à durée déterminée, pose le principe selon lequel les contrats à durée indéterminée « sont et resteront la forme générale des relations d'emploi entre employeurs et travailleurs », et enjoint aux États membres d'« établir un cadre pour prévenir les abus résultant de l'utilisation de contrats ou de relations de travail à durée déterminée successifs ».

La transposition de cette directive est opérée par la loi du 26 juillet 2005. Elle prévoit les modalités de reconduction des contrats à durée déterminée en contrats à durée indéterminée, petite révolution dans l'emploi public local !

La loi du 12 mars 2012 approfondit et précise le dispositif, en substituant à la notion imprécise de « contrats successifs » des critères clairs de reconduction des contrats en contrats à durée indéterminée (l'exercice de fonctions de même catégorie hiérarchique auprès du même employeur pendant une durée de six ans).

Il peut être noté que la loi du 6 août 2019 relance les contrats à durée déterminée, notamment en ce qui concerne les contrats de projet, mais institue une indemnité de précarité à compter du 1er janvier 2021. Sont aussi concernés les emplois fonctionnels des communes de plus de 40 000 habitants qui n'entraînent ni titularisation dans la fonction publique territoriale ni reconduction du contrat en contrat à durée déterminée. Par contre, les contrats sur emplois permanents qui ont été élargis aux catégories B et C, s'ils sont reconduits par une décision expresse à l'issue d'une durée de 6 ans deviennent des contrats à durée indéterminée.

Les répercussions sur les conventions entre personnes publiques locales

Dans le cadre de la coopération intercommunale, une convention de mutualisation permettant d'assurer en commun des missions de service public n'est pas soumise aux règles de transparence et de mise en concurrence des directives communautaires.

La rédaction des articles L. 5111-1 et suivants CGCT reprend la jurisprudence européenne (CJCE Commission/RFA du 9 juin 2009). Les conventions ayant pour objet la réalisation de prestations de service peuvent être conclues sans être soumises aux règles des marchés soit lorsque les prestations qu'elles réalisent portent sur des services non économiques d'intérêt général, soit lorsqu'il s'agit de mise à disposition du service et des équipements d'un des cocontractants à la convention au profit d'un autre cocontractant territorial.

La rationalisation du droit de la commande publique : le Code de la commande publique (CCP)

Certes, les marchés publics supérieurs ou égaux à 40 000 € HT doivent être passées par voie dématérialisée, mais la principale novation est constituée par le Code de la commande publique, qui est entré en vigueur le 1er avril 2019 (cf. ordonnance du 26 novembre 2018 et décret du 3 décembre 2018).

Il rassemble en quelques 1 700 articles les règles relatives aux marchés publics (ordonnance du 23 juillet 2015) et celles liées aux concessions (ordonnance du 29 janvier 2016), et consacre des principes jusqu'alors jurisprudentiels : égalité de traitement, liberté d'accès et transparence des procédures. Sont aussi décrites les caractéristiques du régime des contrats administratifs, comme les pouvoirs de contrôle, de modification unilatérale notamment pour motif d'intérêt général, de résiliation unilatérale et la théorie de l'imprévision. Enfin, le Code de la commande publique intègre les dispositions de la loi relative à la sous-traitance de 1975, de la loi MOP (maîtrise d'ouvrage publique) de 1985, et certains textes concernant les modalités et délais de paiement ainsi que le règlement alternatif des différends.

Les marchés publics (CCP, 2e partie)

Pour rappel, les marchés publics sont les contrats conclus par un ou plusieurs acheteurs soumis au CCP avec un ou plusieurs opérateurs économiques, pour répondre à leurs besoins en matière de travaux, de fournitures ou de services en contrepartie d'un prix ou de tout équivalent. Pour mémoire, la commande publique des collectivités représente 52,2 milliards d'euros en 2019 !

Le texte réaffirme le principe de l'allotissement, sauf exceptions dûment motivées, mais élargit les possibilités de recours aux marchés globaux (marchés publics de conception-réalisation, marchés publics globaux de performance, marchés globaux sectoriels).

Le CCP permet d'étendre la réservation de certains marchés à des entreprises accueillant des personnes en situation de handicap, à des entreprises employant des personnes défavorisées, et aux entreprises de l'économie sociale et solidaire. Il comprend aussi une disposition pour faciliter l'emploi des chômeurs de moins de 25 ans dans les collectivités d'outre-mer en raison du très haut niveau de chômage qu'elles connaissent. Dans le champ environnemental, la référence au cycle de vie du produit est expressément admise. Deux catégories d'interdiction de soumissionner sont prévues : obligatoires (comme les condamnations pénales) et optionnelles (comme les opérateurs sanctionnés par une résiliation lors d'un marché antérieur).

La procédure de passation repose sur des procédures variables selon le montant du besoin à satisfaire (40 000 € HT – voire 100 000 € HT pour les marchés de travaux jusqu'à décembre 2022 –, 214 000 € HT, et 5 350 000 € HT), au-delà des seuils européens les collectivités doivent appliquer une procédure formalisée : appel d'offres, procédure avec négociation, ou dialogue compétitif. Les délais minimaux de réception des offres sont réduits dans la procédure d'appel d'offres (35 jours en appel d'offres ouvert, voire 30 s'il y a dématérialisation). La commission d'appel d'offres est obligatoire en fonction du montant du marché (au-delà des seuils européens).

Le code réunit les partenariats publics privés et d'autres montages complexes (comme certains baux emphytéotiques administratifs dits « aller-retour ») dans une nouvelle catégorie : les marchés de partenariat. Ils permettent à une collectivité de confier à un opérateur économique ou à un groupement d'opérateurs économiques une mission globale ayant pour objet la construction, la transformation, la rénovation, le démantèlement ou la destruction d'ouvrages, d'équipements ou de biens immatériels nécessaires au service public, ou à l'exercice d'une mission d'intérêt général, ainsi que tout ou partie de leur financement. La mission globale peut également avoir pour objet tout ou partie de la conception, l'aménagement, l'entretien, la maintenance, la gestion ou l'exploitation de ces ouvrages, équipements ou biens immatériels ou une combinaison de ces éléments et la gestion d'une mission de service public.

Il y a deux conditions de recours au marché de partenariat : si le marché est au-delà d'un seuil fixé par décret, et si l'évaluation préalable fait apparaître les motifs de caractère économique, financier, juridique et administratif qui conduisent l'acheteur à opter pour ce type de marché. L'évaluation doit démontrer que le recours à un tel contrat présente un bilan plus favorable que celui d'autres contrats de la commande publique. Ce marché est éligible à des subventions et autres participations financières pouvant être adaptées à la durée du contrat. Les modalités d'indemnisation en cas de remise en cause judiciaire du contrat peuvent faire l'objet d'une clause particulière réputée divisible.

En raison de la pandémie de Covid-19, de nombreux textes (lois, ordonnances) ont établi des dérogations au droit commun de la commande publique. La loi ASAP par exemple relève le seuil de dispense de procédure les marchés de travaux à 100 000 € HT jusqu'au 31 décembre 2022. Cette loi du 7 décembre 2020 comporte de plus une série de mesures d'assouplissement avec par exemple l'ajout du motif d'intérêt général comme cas de recours à une procédure sans publicité ni mise en concurrence (sous certaines conditions), la création d'un dispositif de circonstances exceptionnelles etc.

Plus largement, on assiste aujourd'hui à une sorte d'instrumentalisation de la commande publique qui – au-delà de l'objectif d'achats répondant le plus justement aux besoins de l'administration – poursuit des finalités nouvelles assignées par les textes : la relance économique comme dans la loi ASAP, l'environnement en tant que tel comme dans le projet de loi « climat et résilience », ou la laïcité comme dans le projet de loi confortant les principes républicains.

Les contrats de concession (CCP, 3e partie)

(Les délégations de service public et contrats de concession de travaux publics, sont depuis 2016 tous contrats de concession).

Ces contrats sont des contrats conclus par écrit, par lesquels une ou plusieurs autorités concédantes confient l'exécution de travaux ou la gestion d'un service à un ou plusieurs opérateurs économiques à qui est transféré le risque lié à l'exploitation de l'ouvrage ou du service, en contrepartie soit du droit d'exploiter l'ouvrage ou le service, soit de ce droit assorti d'un prix. La part de risque transférée au concessionnaire implique une réelle exposition aux aléas du marché, de sorte que toute perte potentielle supportée par le concessionnaire ne doit pas être purement nominale ou négligeable. Le concessionnaire assume le risque d'exploitation lorsque dans des conditions d'exploitation normale il n'est pas assuré d'amortir les investissements ou les coûts qu'il a supportés, liés à l'exploitation de l'ouvrage et du service. Certains regrettent cette notion de risque, qui pourrait entraîner le basculement de nombreux marchés en contrats de concession si elle fait l'objet d'une appréciation trop large.

La durée des contrats n'est pas seulement calculée en fonction du montant des prestations ou des investissements à la charge du concessionnaire mais aussi selon la nature de la concession.

Pour tout contrat supérieur à 5 350 000 € HT, le respect d'une procédure formalisée est impératif (pour calculer ce seuil, est considéré le chiffre d'affaires total hors taxes du concessionnaire : recettes des usagers, subventions, valeur des biens mis à disposition, etc.). Un avis de concession est publié au BOAMP et au JOUE, ainsi que dans une publication spécialisée. Les critères d'attribution sont fixés par ordre décroissant d'importance (il n'y a donc pas de pondération).

Les contrats ne relevant pas d'une procédure formalisée (en raison de leur objet, comme les services de transport de voyageurs, ou de leur montant modeste) sont soumis à une procédure simplifiée unique.

Le régime des avenants, fréquents en raison de la durée importante de ce type de contrat, est encadré : ils ne peuvent modifier l'objet du contrat ni dépasser les seuils fixés par la directive.

Ces nouvelles dispositions constituent un renforcement des règles de nombreuses dispositions, outil de sécurité juridique mais aussi de complexité. Les exigences de transparence et d'information s'appuient sur un open data mis en place au 1er octobre 2018 pour l'ensemble des contrats de concession.

Perspectives

La loi du 2 novembre 2018 portant évolution du logement, de l'aménagement et du numérique clarifie les règles en matière de commission d'appel d'offres, et renouvelle les marchés de conception-réalisation. La loi engagement et proximité du 27 décembre 2019 assouplit des règles dans le domaine des conventions de prestations de services et de commande publique. Celle du 10 février 2020 relative à la lutte contre le gaspillage et à l'économie solidaire impose qu'à compter du 1er janvier 2021, les collectivités et EPCI fassent en sorte qu'au moins 20 % des biens acquis chaque année soient issus du réemploi ou de la réutilisation ou intègrent des matières recyclées ; de plus, à part en ce qui concerne les véhicules d'urgence, tous les pneus achetés devront être rechapés, sauf première consultation infructueuse. Enfin, comme évoquée précédemment, la loi ASAP (accélération et simplification de l'action publique) du 7 décembre 2020 assouplit les règles de la commande publique, notamment pour encourager la relance.

Ces textes ne toilettent qu'à la marge le droit des contrats publics. L'horizon est plutôt constitué d'interrogations sur la stabilité des contrats locaux, et l'équilibre entre procédés administratifs contractuels et unilatéraux.

La question récurrente de la sécurité juridique du contrat local

Les contrats souffrent de l'instabilité du droit applicable bien connue des acheteurs publics, des problèmes liés à l'ambiguïté du vocabulaire, et de l'essor des voies de recours.

Les difficultés terminologiques

Le problème est d'importance, il se pose particulièrement en ce qui concerne les relations entre État et collectivités.

La question concerne principalement le cas des conventions relatives à la mise en œuvre locale de certaines politiques publiques, l'aménagement du territoire, la lutte contre l'exclusion, la sécurité urbaine. La définition même du terme contrat est ici ambiguë et semble parfois contestable : y a-t-il véritablement accord de volonté et obligations réciproques ?

En effet, pour respecter le principe de la libre administration des collectivités territoriales, l'État passe par la voie partenariale : CPER, contrats de pays et d'agglomération, contrats de ville et conventions d'équilibre territorial, contrats locaux de sécurité, contrats territoriaux de relance et de transition écologique. Ces contrats ont un objectif sectoriel, autour duquel l'État cherche à mobiliser les énergies et concours financiers locaux.

Après des jurisprudences hésitantes, le Conseil d'État reconnaît au contrat de plan la qualité de contrat administratif (CE Ass 08 janvier 1988 Min. du Plan et de l'aménagement du territoire), mais énonce qu'il n'emporte par lui-même aucune conséquence directe quant à la réalisation effective des opérations ou actions prévues (CE 25 octobre 1996 association estuaire-écologie).

Certains élus locaux se sont d'ailleurs émus d'un tel procédé contractuel, qui masquerait un retour de l'État, imposant ses conditions sous l'apparence d'un contrat négocié. Cette contractualisation permettrait une instrumentalisation des collectivités par le pouvoir central, les entités décentralisées devant adhérer aux priorités du centre. Ainsi, les contrats de maîtrise de la dépense locale, dits contrats de Cahors, (hausse des dépenses réelles de fonctionnement limitée à 1,2 % au maximum par an) concernant les 340 plus grandes collectivités et intercommunalités sont-ils critiqués comme imposés aux collectivités, décidés unilatéralement, et sans véritable contrepartie étatique.

La responsabilité contractuelle de l'État pour non-exécution de ses engagements peut cependant être engagée (CE 21 décembre 2007 Région Midi-Pyrénées : l'État est condamné à verser plus de 340 000 € pour avoir renoncé à la liaison POLT par la technique des rames pendulaires, au profit d'une simple amélioration classique de la ligne Paris-Orléans-Limoges-Toulouse).

La multiplication des voies de recours

L'insécurité naît de l'émiettement du droit de la commande publique, avec l'accroissement de formes inédites ou rénovées, d'où une complexité dans le choix du contrat et des incertitudes quant aux montages juridiques et modes de passation.

L'instabilité contractuelle est accrue par le développement des possibilités contentieuses permettant de sanctionner la violation des règles de formation du contrat local, et d'améliorer ainsi les droits des concurrents évincés et la lutte contre les manquements à la réglementation.

La jurisprudence CE Ass. 16 juillet 2007 Société Tropic travaux signalisation, au sujet d'un marché de marquage des aires d'avions d'un aéroport guadeloupéen, et la transposition de la directive Recours du 11 décembre 2007 en droit interne par l'ordonnance du 7 mai 2009 et le décret du 27 novembre 2009, ont fortement enrichi et rénové l'arsenal juridique.

Au-delà des cocontractants, les candidats évincés disposent désormais d'un recours direct en contestation de validité du contrat (CE Ass., 4 avril 2014 Département de Tarn-et-Garonne). Ce recours nouveau permet au juge de prononcer l'annulation de la convention et le versement de pénalités financières, s'il est saisi dans les 2 mois de l'accomplissement des mesures de publicité appropriées.

Le référé précontractuel institué depuis 1992 est élargi, puisqu'ouvert au candidat évincé ; mais il ne peut être opéré que si l'entreprise est susceptible d'être ou d'avoir été lésée (CE 3 octobre 2008 Smirgeomes, à propos d'un marché de services lié à une déchetterie intercommunale). Le juge procède à une modulation, un bilan coûts/avantages pour prendre sa décision (Un contrat irrégulier peut ainsi être maintenu au nom d'un intérêt public supérieur, TA Grenoble, 3 mars 2016).

Il est possible aussi d'intenter un référé contractuel, dans un délai de 6 mois à compter du lendemain du jour de la conclusion (si aucune mesure de publicité n'a été faite), qui peut être ramené à 31 jours en cas d'avis d'attribution au Journal officiel de l'Union européenne (JOUE). Le juge dispose de prérogatives diversifiées, dont bien sûr l'annulation. Pour éviter l'engorgement inutile du contentieux administratif, le référé précontractuel n'est pas cumulable avec un référé contractuel.

L'harmonisation des différents recours semble un impératif : référé-suspension, référé précontractuel, référé contractuel, recours de pleine juridiction des parties ou des concurrents évincés, déféré préfectoral, recours pour excès de pouvoir à l'encontre des actes détachables ou clauses réglementaires… fragilisent à l'excès l'achat public local.

L'attention est désormais parfois plus portée sur la nécessité d'éviter le contentieux que sur la réalisation d'un besoin qui devrait être au cœur de l'action territoriale. Passer un contrat serait « une aventure hasardeuse »…

La stabilité des relations contractuelles et la régularité juridique sont-elles véritablement antinomiques ?

Le juge administratif semble évoluer, attentif à ne censurer le contrat que si le vice dont il est affecté est d'une particulière gravité (CE 28 décembre 2009 commune de Béziers, à propos d'une convention entre deux communes relative à une opération d'extension d'une zone industrielle ; CE 10 février 2010 Sté Prest'Action au sujet d'un contrat communal de commercialisation d'encarts publicitaires dans des publications d'information municipale ; CAA Douai 29 novembre 2011 en ce qui concerne une convention octroyant à une société l'autorisation d'occuper le domaine public de l'aérodrome du Havre-Octeville).

Il existe d'autres procédures de règlement de conflits comme la transaction, contrat écrit, permettant de terminer une contestation née ou de prévenir une contestation à naître (art. 2044 du Code civil). Les collectivités territoriales sont libres de transiger sur autorisation préalable de l'organe délibérant (ou par délégation), à condition qu'existent des concessions réciproques. La loi du 18 novembre 2016 dite « de modernisation de la justice du XXIe siècle » introduit aussi la possibilité de médiation, à l'initiative du juge ou des parties.

La persistance du procédé unilatéral

Le contrat est souvent présenté comme l'alternative à l'acte administratif unilatéral ; leurs relations sont cependant plus subtiles.

Dans de nombreux cas, il y a imbrication entre le contrat et la décision administrative unilatérale.

Les contrats administratifs peuvent ainsi comporter des clauses réglementaires, comme le reconnaît un arrêt d'Assemblée, qui admet le caractère réglementaire de dispositions contractuelles imposant à un tiers l'acquisition de containers en rapport avec le volume de déchets produits (CE 10 juillet 1996 Cayzeele).

L'association entre les deux voies d'action administrative se révèle aussi dans la technique de l'acte détachable du contrat, le juge assimile alors le contrat à l'acte unilatéral, puisqu'il autorise le recours pour excès de pouvoir. En matière de recrutement d'un agent local il a en effet estimé, qu'eu égard à la nature particulière des liens qui s'établissent entre une collectivité publique et ses agents non titulaires, un tiers peut demander au juge administratif l'annulation du contrat (CE 30 octobre 1998 Ville de Lisieux).

Même lorsque la nature contractuelle de la convention est indéniable, le régime particulier des contrats administratifs garde l'empreinte de la puissance publique. Les marchés publics par exemple, comportent des cahiers des charges rédigés au préalable... il n'y a donc pas de négociation au sens classique du contrat.

Certes, il arrive que la contractualisation soit exclue, et que ne puisse exister que l'action unilatérale, on retrouve alors le schéma classique dans lequel contrat et décision unilatérale sont antinomiques... Ainsi en est-il dans les fonctions liées à l'exercice de la souveraineté, comme celles exercées par le maire au nom de l'État. Les autorités locales détentrices d'un pouvoir de police, général ou spécial, ne peuvent qu'édicter des règlements et prendre des décisions unilatérales ; toute délégation à des personnes privées est en principe exclue. Il est cependant nécessaire de nuancer puisque s'il est impossible de déléguer les prérogatives de police de stationnement, la gestion des horodateurs peut être par contre confiée à une société privée (CE 19 décembre 2007 Sté Sogéparc-CGST). Si donc la jurisprudence administrative a admis que l'exécution de certaines tâches matérielles se rapportant à l'exercice de l'activité de police administrative peut être déléguée, c'est à la condition que la commune délégante conserve la responsabilité juridique de cet exercice ; est en cause un des attributs de l'imperium.

Le contrat peut aussi se révéler inopportun, par exemple pour la gestion de services publics non rentables économiquement. Il n'y a donc de facto place que pour l'acte unilatéral.

En conclusion, le contrat local, s'il est revêtu d'une force obligatoire, est complémentaire plus que concurrent de l'acte unilatéral, en ce qu'il est, selon Maurice Hauriou, « acte de prévision, facteur de communication et de clarification, au service de l'efficacité administrative ».

Bibliographie

- « La contractualisation de l'action publique locale : des collectivités territoriales libres ou sous contrainte ? », Roselyne Allemand, L'Harmattan, 2018, 241 p.
- « Enfin, le Code de la commande publique ! », Dossier Actualité juridique. *Droit administratif*, n° 7/2019, 25 février 2019, p. 375-401.
- « Concessions, questions d'actualité » Dossier, Actualité juridique. *Collectivités territoriales*, n° 4, avril 2019, p. 165-183.
- « Contractualisation 2020 : place au contrat global ! », Dossier *Intercommunalités*, janvier 2020, n° 246, p. 6-15. www.adcf.org
- « Contractualisation État / Collectivités territoriales », *Revue française de finances publiques*, mai 2020, n° 150, p. 155-220.
- « Les finances publiques locales 2020 », fascicule 1, p. 43 et s., Cour des comptes, juillet 2020.
- « Loi ASAP : quels impacts sur la commande publique ? », *Collectif Contrats publics : l'Actualité de la commande et des contrats publics*, février 2021, n° 217, p. 15-62.
- « Le CRTE, ce contrat au service des territoires », Parolesdelus.com, 8 avril 2021.

Exemples de sujets

- Les relations contractuelles entre personnes publiques
- Administration locale et contrat
- La contractualisation territoriale
- La liberté contractuelle des collectivités territoriales

QCM

237. Pourquoi la décentralisation induit-elle un recours accru au procédé contractuel ?

- ☐ **A.** Notamment parce que les collectivités ont plus de compétences à mettre en œuvre
- ☐ **B.** Uniquement car l'État ne peut plus rien imposer aux collectivités, il doit donc contracter avec elles
- ☐ **C.** Car la décentralisation impose le recours aux contractuels dans les effectifs des collectivités

238. A-t-on intérêt à contracter avec une collectivité ?

- ☐ **A.** Non, la procédure est très lourde et longue
- ☐ **B.** Oui, car une collectivité est solvable
- ☐ **C.** Oui, car une collectivité doit payer dès réception de la facture

239. Quelle est l'affirmation exacte ?

- ☐ **A.** Les contrats locaux ne peuvent pas faire l'objet du contrôle de légalité
- ☐ **B.** Un maire ne peut signer un contrat que s'il y est habilité par le conseil municipal
- ☐ **C.** C'est toujours le juge administratif qui est compétent en ce qui concerne les contrats passés par les collectivités territoriales

240. Comment reconnaît-on un contrat administratif local ?

- ☐ **A.** C'est simple, il s'agit tout simplement d'un contrat conclu par une collectivité territoriale
- ☐ **B.** Il figure dans la liste exhaustive légale (Code général des collectivités territoriales)
- ☐ **C.** Par exemple car il a pour objet l'exécution même du service public, ou comporte des clauses particulières

241. À partir de quel montant une subvention d'une collectivité à une association doit-elle faire l'objet d'une convention ?

- ☐ **A.** 23 000 €
- ☐ **B.** Quel que soit le montant : dès le premier centime
- ☐ **C.** 10 000 €

242. Une collectivité peut-elle encore actuellement passer un contrat soumis au droit privé ?

- ☐ **A.** Oui
- ☐ **B.** Non
- ☐ **C.** Oui, mais s'il y a autorisation du comptable public

243. Est-il possible à un EPCI de modifier unilatéralement un contrat avec une entreprise ?

- ☐ **A.** Oui, pour des nécessités d'intérêt général
- ☐ **B.** Non, un contrat repose sur un échange de consentement, il n'y a pas place pour l'unilatéralité
- ☐ **C.** Oui, mais si cela a été dès le départ une éventualité figurant dans les clauses contractuelles

244. Le CTRTE Contrat territorial de relance et de transition écologique

- ☐ **A.** Est la concrétisation du contrat de cohésion territoriale prévu par la loi du 22 07 2019
- ☐ **B.** Couvre un périmètre qui ne peut être inférieur à la maille intercommunale ni supérieur à la maille départementale
- ☐ **C.** A une durée de 6 ans

245. Qu'apportent les réformes territoriales récentes en matière de contrats locaux ?

- ☐ **A.** Rien de particulier
- ☐ **B.** Les contrats territoriaux de décentralisation
- ☐ **C.** Notamment les conventions liées à la mutualisation

246. Le Code de la commande publique

- ☐ **A.** N'existe pas
- ☐ **B.** Fait l'objet de consultations
- ☐ **C.** Est paru, il suffit de le consulter sur www.legifrance.gouv.fr

247. Existe-t-il des achats locaux qui ne sont pas des marchés publics ?

- ☐ **A.** Tout achat public local est un marché public
- ☐ **B.** Un achat inférieur à 40 000 € HT n'est pas un marché public
- ☐ **C.** Un achat sur facture n'est pas un marché public

248. Quelle est la procédure à suivre pour passer un marché public local de fournitures < 214 000 € HT ?

- ☐ **A.** Obligatoirement un appel d'offres européen
- ☐ **B.** La collectivité a le choix, mais elle doit respecter les principes du Code de la commande publique
- ☐ **C.** Un appel d'offres national

249. Pourquoi la délégation de service public épargne-t-elle les finances locales ?

- ☐ **A.** Parce que dans ce cas ne pèse sur elles que l'investissement
- ☐ **B.** Car l'État rembourse la TVA de ce service
- ☐ **C.** Parce que la collectivité ne paie en principe pas le service rendu

250. Le « contrat de partenariat » existe-t-il encore ?

- ☐ **A.** Oui, il permet à la collectivité de recruter des agents publics comme des salariés de droit privé
- ☐ **B.** Il s'agit d'un marché de partenariat

251. Un contrat de ville est-il vraiment un contrat ?

- ☐ **A.** Oui, comme son nom l'indique
- ☐ **B.** Non, il s'agit d'un simple accord moral sans portée contraignante
- ☐ **C.** Oui, il est d'ailleurs signé par les instances paritaires de la collectivité

252. Peut-on encore parler de concession de travaux publics ?

- ☐ **A.** Non
- ☐ **B.** Oui

253. Existe-t-il vraiment des contrats à durée indéterminée (CDI) dans la sphère de l'emploi public ?

☐ **A.** Non, ce serait illégal, seuls des contrats à durée déterminée sont envisageables
☐ **B.** Oui, en raison de la transposition d'une directive européenne
☐ **C.** Non, c'est à l'étude mais les syndicats y sont hostiles

254. Dans le cadre de la coopération intercommunale, une convention de mutualisation doit-elle faire l'objet d'une mise en concurrence ?

☐ **A.** Non, ce serait d'ailleurs étrange entre deux personnes publiques
☐ **B.** Non, c'est une avancée de la loi RCT du 16 décembre 2010
☐ **C.** Oui, c'est une obligation liée au droit européen

255. Quelle influence a le droit européen sur le droit des contrats locaux ?

☐ **A.** Très importante, notamment en ce qui concerne le droit de la commande publique
☐ **B.** Très relative, uniquement pour les contrats de recrutement
☐ **C.** Minime

256. Pourquoi certains élus locaux estiment-ils que le procédé contractuel est une sorte de recentralisation ?

☐ **A.** Car les préfets contrôlent systématiquement tous les contrats locaux
☐ **B.** Parce qu'il y a un registre centralisé des contrats passés par les collectivités
☐ **C.** Parce que sous couvert de convention, l'État opérerait des transferts de compétences insidieux

257. Y a-t-il aujourd'hui un accroissement du risque contentieux à l'égard des contrats locaux ?

☐ **A.** Oui, en raison des évolutions légales et jurisprudentielles
☐ **B.** Non
☐ **C.** Oui, car les collectivités multiplient les contrats irréguliers

258. Existe-t-il des champs de l'action locale dont est exclu le procédé contractuel ?

☐ **A.** Non, en raison du principe de libre administration
☐ **B.** Oui
☐ **C.** Oui : tout ce qui est lié au social

Réponses

237. Réponse A. La décentralisation développe de multiples façons le recours aux contrats pour des collectivités territoriales disposant d'une autonomie d'action accrue. D'une part, il s'agit d'exercer concrètement les transferts de compétences, d'où l'essor de marchés publics avec les entreprises, de concessions… qui permettent aux collectivités d'externaliser ce qu'elles ne peuvent ou ne veulent réaliser elles-mêmes. D'autre part, le développement des tâches locales requiert un personnel plus nombreux, d'où la prolifération de contrats d'embauche. Enfin, l'approfondissement du principe de libre administration constitue un cadre propice à des relations différentes entre personnes publiques (par exemple, les contrats entre l'État et la région pour une planification de développement, les conventions de mutualisation entre collectivités ou avec les structures intercommunales).

238. Réponse B. Certes, l'administration dispose de pouvoirs importants, notamment celui de résilier unilatéralement le contrat pour des motifs d'intérêt général (TC 2 mars 1987 Soc. d'aménagement et de développement de Briançon-Montgenèvre), et la lourdeur des procédures est souvent regrettée. Mais l'avantage de contracter avec une collectivité territoriale est indéniable, il réside en premier lieu dans la solvabilité de l'administration. D'autre part, le volume conséquent représenté par les commandes publiques est un atout pour les entreprises, l'importance de l'emploi public est quant à lui attrayant.

239. Réponse B. Ainsi, par exemple, l'article L. 2122-21 CGCT précise que sous le contrôle du conseil municipal et sous le contrôle administratif du préfet, le maire est chargé d'une manière générale d'exécuter les décisions du conseil municipal et, en particulier: [...] 6e de souscrire les marchés, de passer les baux des biens et les adjudications des travaux communaux [...] De même, l'article L. 2122-22 CGCT prévoit notamment que le maire peut, en outre, par délégation du conseil municipal, être chargé en tout ou partie, et pour la durée de son mandat: [...] 4e de prendre toute décision concernant les marchés, (...) 6e de passer les contrats d'assurance.

240. Réponse C. Les collectivités territoriales, et leurs établissements publics concluent, des contrats administratifs, soumis comme tels au droit administratif. Une telle qualification peut reposer sur une détermination légale, comme les contrats de marchés publics dont le caractère administratif est affirmé par l'article 3 de l'ordonnance du 23 juillet 2015. Le plus souvent, seuls des critères jurisprudentiels vont permettre de distinguer le contrat administratif du contrat de droit privé. Ainsi, par application du critère organique (présence d'une personne publique plus ou moins apparente comme dans CE 21 mars 2007 Commune de Boulogne), et en raison de l'exécution d'une mission de service public (*a contrario* TC 12 décembre 2005 Association sportive de karting semurois) ou de la présence de clauses particulières (qualifiées d'« exorbitantes de droit commun » par une jurisprudence de 1912 Société des granits porphyroïdes des Vosges et depuis TC Axa France IARD de 2014 de « clause impliquant dans l'intérêt général qu'un contrat relève du régime exorbitant des contrats administratifs »), un contrat local sera-t-il reconnu administratif.

241. Réponse A. L'article 10 de la loi du 12 avril 2000 prévoit que l'autorité administrative qui attribue une subvention doit, lorsque cette subvention dépasse un seuil défini par décret, conclure une convention avec l'organisme de droit privé qui en bénéficie, définissant l'objet, le montant et les conditions d'utilisation de la subvention attribuée. Le montant est actuellement de 23 000 € (décret 2001-495 du 6 juin 2001).

242. Réponse A. L'administration territoriale établit des contrats de droit privé. Par exemple, en principe, les relations entre les services publics industriels et commerciaux et leurs usagers échappent au droit administratif, comme c'est le cas pour le contentieux relatif au versement de la redevance d'assainissement liée au réseau public d'assainissement (CE 20 janvier 1988 SCI La Colline). De même, par détermination de la loi, le contrat d'apprentissage est un contrat de droit privé relevant du Code du travail conclu entre la collectivité et l'apprenti ou son représentant légal (loi du 17 juillet 1992 modifiée).

243. Réponse A. En 1983, le Conseil d'État, dans le célèbre arrêt Union des transports publics urbains et régionaux, affirme comme règle générale applicable aux contrats administratifs le pouvoir de modification unilatérale pour des raisons de service public, indépendamment du fait que cela ait été prévu expressément dans une clause. Il est cependant aujourd'hui courant d'insérer une telle éventualité dans le cahier des charges ou le contrat lui-même, afin de prévenir tout contentieux.

244. Réponses A, B et C. Les CTRTE d'une durée de 6 ans (durée cohérente avec celle des fonds européens et CPER) ont effectivement un périmètre correspondant à celui des EPCI ou de leurs groupements. Ils ont vocation à regrouper les démarches contractuelles existantes de droit commun et thématiques (comme Action cœur de ville ou France-mobilités).

245. Réponse C.
La contractualisation est au cœur de la mutualisation, qui est un des éléments phares des réformes des lois RCT du 16 décembre 2010, MAPTAM du 27 janvier 2014, et NOTRe du 7 août 2015. En effet, cette démarche est incontournable dans un contexte économique difficile, où la maîtrise de la dépense publique locale est impérative. Que ce soit entre les communes et l'EPCI, ou entre les départements et les régions, ou entre des EPCI, des conventions de mise à disposition, de prestations de service, d'organisation de services communs… sont développées et incitées.

246. Réponse C. Le Code de la commande publique (CCP) est entré en vigueur le 1er avril 2019. Attendu depuis plus de vingt ans, initié par la loi Sapin 2 du 9 décembre 2016, il s'applique aux marchés publics et aux concessions et s'appuie donc largement sur les ordonnances marchés publics de 2015 et concessions de 2016. Plus largement, il rassemble près de trente textes, ainsi que des jurisprudences.

247. Réponse A. Les marchés publics sont des contrats conclus à titre onéreux par un ou plusieurs acheteurs avec un ou plusieurs opérateurs économiques, pour répondre à leurs besoins en matière de travaux, de fournitures ou de services. Aucun seuil financier n'est donc exigé par le CCP pour cette qualification !

248. Réponse B. La collectivité décide librement du mode de passation (nulle procédure formalisée n'est imposée), mais doit respecter – comme l'exige le code – les principes de liberté d'accès à la commande publique, d'égalité de traitement des candidats et de transparence des procédures. Ces principes permettent d'assurer l'efficacité de la commande publique et la bonne utilisation des deniers publics.

249. Réponse C. Une délégation de service public est un contrat de concession, au sens de l'ordonnance du 29 janvier 2016 et donc du CCP, conclu par écrit, par lequel une autorité délégante confie la gestion d'un service public à un ou plusieurs opérateurs économiques, à qui est transféré un risque lié à l'exploitation du service, en contrepartie soit du droit d'exploiter le service qui fait l'objet du contrat, soit de ce droit assorti d'un prix (article L. 1411-1 du CGCT). Par exemple, une commune peut concéder la distribution de l'eau potable, ce qui épargne les finances publiques locales puisque le concessionnaire procédera aux investissements et financera la gestion de ce service en étant rémunéré par les usagers.

250. Réponse B. Le « contrat de partenariat » est qualifié par l'ordonnance du 23 juillet 2015 puis par le CCP de marché de partenariat, marché public qui permet de confier à un (ou plusieurs) opérateur économique une mission globale ayant pour objet la construction, la transformation, la rénovation, le démantèlement ou la destruction d'ouvrages, d'équipements ou de biens immatériels nécessaire au service public ou à l'exercice d'une mission d'intérêt général ; ainsi que tout ou partie de leur financement.

251. Réponse A. Le contrat de ville est le cadre d'action de la nouvelle politique de la ville conclu à l'échelle intercommunale entre, d'une part, l'État et ses établissements publics et, d'autre part, les communes et établissements publics de coopération intercommunale à fiscalité propre concernés. Ces contrats sont signés par les départements et les régions. Sur la base d'un projet de territoire coproduit et partagé à l'échelle intercommunale, les signataires du contrat de ville s'engagent, dans le cadre de leurs compétences respectives, à mettre en œuvre les actions de droit commun concourant à la réalisation des objectifs énoncés au 1er article de la loi du 21 février 2014 de programmation pour la ville et la cohésion urbaine. Il s'agit donc d'un contrat dit d'action publique, comme les contrats de plan État région ou les contrats de pays.

252. Réponse A. Les concessions de travaux publics issues de l'ordonnance du 15 juillet 2009 sont de par l'ordonnance du 29 janvier 2016 et donc aujourd'hui de par le CCP tout simplement des contrats de concession.

253. Réponse B. La loi du 12 mars 2012, dite loi «contractuels», prévoit une requalification automatique de certains contrats d'agents publics en CDI. (La loi du 26 juillet 2005, dite loi Dutreil, transposant le droit communautaire, avait déjà ouvert cette possibilité: les agents non titulaires bénéficiant d'une reconduction de leur contrat pour une durée indéterminée (CDI) sous certaines conditions.) Ni la loi DDOF du 20 avril 2016 ni la loi de transformation de la fonction publique du 6 août 2019 ne remettent en cause l'existence de ce procédé.

254. Réponse B. Reprenant la jurisprudence de la CJUE «Hamburg Stadtwerke» du 9 juin 2009, la loi RCT du 16 décembre 2010 prévoit que les conventions ayant pour objet la réalisation de prestations de service peuvent être conclues sans être soumises ni aux règles des marchés publics, ni à celles de l'ordonnance du 6 juin 2005, soit lorsque les prestations qu'elles réalisent portent sur des services non économiques d'intérêt général, soit lorsqu'il s'agit de mise à disposition du service et des équipements d'un des cocontractants à la convention au profit d'un autre cocontractant territorial.

255. Réponse A. Le droit européen est très respectueux du principe de libre concurrence. Il s'impose au droit français, et influence notamment le droit des contrats locaux. Ainsi, le mode de passation des marchés publics repose sur la notion de seuils qui sont fixés au niveau européen; les concessions sont soumises au CCP, reprise d'une ordonnance du 29 janvier 2016 qui est la transposition d'une directive européenne…

256. Réponse C. Certains élus locaux s'émeuvent d'un procédé contractuel qui masquerait un retour de l'État, imposant ses conditions sous l'apparence d'un contrat négocié, comme dans le cas des contrats locaux de sécurité, ou des contrats de plan État région… Pour obtenir des concours financiers, les entités décentralisées doivent adhérer aux priorités du centre: la contractualisation permettrait une instrumentalisation des collectivités par le pouvoir central.

257. Réponse A. Le développement des possibilités contentieuses est aujourd'hui une question sensible pour les collectivités. Ainsi, la jurisprudence dite Tropic (CE Ass. 16 juillet 2007 Société Tropic travaux signalisation, au sujet d'un marché de marquage des aires d'avions d'un aéroport guadeloupéen), et la transposition de la directive Recours du 11 décembre 2007 en droit interne par l'ordonnance du 7 mai 2009 et le décret du 27 novembre 2009, permettent de remettre en cause un contrat local. Référé précontractuel, référé contractuel, recours de plein contentieux et même recours pour excès de pouvoir fragilisent l'action publique décentralisée.

258. Réponse B. La contractualisation est exclue dans les fonctions liées à l'exercice de la souveraineté, comme celles exercées par le maire au nom de l'État, par exemple en matière d'état civil. Les autorités locales détentrices d'un pouvoir de police, général ou spécial ne peuvent qu'édicter des règlements et prendre des décisions unilatérales; toute délégation à des personnes privées est en principe exclue.

13 La rénovation de la domanialité publique territoriale

Si en 2006 le Code général de la propriété des personnes publiques consacre une nouvelle définition de la domanialité publique, afin de lutter contre son hypertrophie héritée de l'évolution jurisprudentielle, il développe aussi l'enjeu, aujourd'hui dominant pour les entités territoriales, de la valorisation économique, au-delà de celui de la protection confortée par la notion d'affectation.
Une gestion fluidifiée répond aux impératifs de redistribution des propriétés publiques générée par la décentralisation et la nouvelle délimitation des territoires de l'action publique locale, la fructification du domaine est facilitée par l'atténuation du principe d'inaliénabilité et la possible constitution de droits réels.
Objet d'une utilisation certes collective, mais aussi de plus en plus privative, le domaine accru des collectivités et de leurs établissements publics donne lieu à de multiples autorisations, unilatérales ou conventionnelles.
La loi sur la transparence du 9 décembre 2016 et l'ordonnance du 19 avril 2017 laissent espérer une clarification bienvenue sur la problématique épineuse des relations entre occupation du domaine public territorial et droit de la concurrence.
La loi du 24 décembre 2019 d'orientation des mobilités retouche d'importants éléments de la domanialité publique, essentiellement dans un objectif de développement durable.

Historique

La nécessité de la différenciation du domaine public

Le régime des biens publics s'est établi sur la volonté d'éviter toute dilapidation; dès 1566, l'édit de Moulins sous le règne de Charles IX pose à cet effet les règles d'inaliénabilité et d'imprescriptibilité des biens de la couronne.

Le Code civil de 1804 fait apparaître l'expression domaine public, par opposition aux biens des personnes privées, dans l'article 538: « Les chemins, routes et rues à la charge de l'État, les fleuves et rivières navigables ou flottables, les rivages, lais et relais de la mer, les ports, les havres, les rades, et généralement toutes les portions du territoire français qui ne sont pas susceptibles d'une propriété privée, sont considérés comme des dépendances du domaine public ».

Le souhait de préserver les biens indispensables à l'intérêt général conduit Proudhon en 1833 dans le traité du domaine public à poser nettement une classification, opérant une distinction entre les biens des personnes publiques: ceux du domaine public particulièrement protégés par un régime juridique spécifique et les autres...

Le droit de propriété des communes et départements est affirmé par les lois du 31 juillet 1837 et du 10 mai 1838 qui précisent et élargissent les attributions de ces collectivités.

Elles ne peuvent fonctionner qu'avec un patrimoine, qu'il soit mobilier (comme des archives, des œuvres d'art, ou plus prosaïquement un véhicule ou des chaises), ou immobilier (tels des bâtiments administratifs et scolaires, ou des terrains). Le droit de propriété leur est donc indissociable ; ainsi, en 1901, le Conseil d'État reconnaît que les chemins vicinaux sont une propriété communale (CE 22 novembre 1901 Ville de Saint-Étienne). La loi de séparation des Églises et de l'État du 9 décembre 1905 confère aux communes la propriété des quelque 40 000 églises paroissiales.

La difficulté de la définition du domaine public

L'appartenance du bien à la catégorie « domaine public » est délicate à discerner, et pour les collectivités territoriales comme pour les autres personnes morales de droit public, peut résulter de quelques textes législatifs classant expressément le bien, comme l'ordonnance du 7 janvier 1959 à propos des chemins ruraux. Mais dans la plupart des cas, on recourt principalement à l'application de critères jurisprudentiels, distingués par les juridictions administratives au fil des années, ou développés par la doctrine.

L'article 48 de la loi du 26 juillet 2005 pour la confiance et la modernisation de l'économie habilite le gouvernement à prendre par ordonnance les règles applicables au patrimoine des personnes publiques, et donc notamment des collectivités territoriales qui, par définition, n'étaient pas contenues dans le code du domaine de l'État créé en 1957.

Le Code général de la propriété des personnes publiques (CG3P) intègre les données jurisprudentielles en l'état, par l'ordonnance du 21 avril 2006 relative à sa partie législative. Il confère ainsi un fondement législatif à une construction jusque-là essentiellement prétorienne, et regroupe l'ensemble des législations relatives à la gestion du domaine des personnes publiques. De la sorte, il est tenté de « redonner cohérence et unicité au droit domanial, dans le souci de conformité au principe à valeur constitutionnelle d'accessibilité au droit et de lisibilité des normes ».

L'édification progressive d'un enjeu de valorisation du domaine public local

La préoccupation de rentabilité et de valorisation est ancienne, en témoigne la création de la Ferme Générale, à la fin du XVIIe siècle, qui percevait les droits et produits domaniaux du royaume…

Depuis 1982, les différentes étapes de la décentralisation développent les attributions des collectivités territoriales, au fil des transferts de compétences effectués ou autorisés par les lois. Elles opèrent logiquement des transferts de propriété et augmentent le domaine local, qu'il s'agisse d'établissements d'enseignement comme les collèges et les lycées, de certains ports et aéroports, ou de voirie routière. La consistance du domaine des collectivités est donc modifiée, tant par cet apport des biens étatiques, que par l'éventuel transfert aux structures de coopération locale, notamment aux établissements publics de coopération intercommunale.

Le principe constitutionnel de libre administration des collectivités territoriales suppose une latitude d'utilisation des biens par les élus locaux, dans le respect des lois.

En premier lieu, s'exerce une volonté de protéger ou de conserver le domaine public, afin qu'il permette l'exercice des missions d'utilité publique. De plus, la mise en valeur du patrimoine s'entend dans le sens social et éducatif, c'est-à-dire de son rayonnement et de sa diffusion, ce qui aboutit naturellement à la deuxième acception du terme valorisation : l'aménagement du territoire et le développement économique.

Les collectivités territoriales s'orientent peu à peu dans une dynamique volontaire de valorisation économique, afin de rendre supportables des dépenses publiques locales accrues. On assiste à un développement de politiques permettant d'améliorer l'occupation du domaine par les entreprises privées, notamment grâce à la possibilité de conclure des baux emphytéotiques administratifs (BEA), facilitant la réalisation et le financement d'opérations d'intérêt général par des opérateurs privés depuis la loi du 5 janvier 1988 d'amélioration de la décentralisation, et d'accorder des droits réels (hors BEA) par exemple par des contrats de partenariat (ordonnance du 17 juin 2004) devenus aujourd'hui marchés de partenariat.

Le domaine public devient une richesse à exploiter ; la fructification du domaine public et la logique gestionnaire deviennent des éléments d'action publique locale d'importance, mais comme le précise le professeur Yves Gaudemet : « La valorisation d'un équipement public est sans doute la réalisation et l'entretien de celui-ci au moindre coût, son aliénation au meilleur prix lorsqu'il est devenu inutile, mais aussi l'adéquation constante de cet équipement à l'intérêt général qu'il doit servir ».

Connaissances de base

La définition légale contemporaine du domaine public territorial

Le critère organique de la domanialité est une condition préalable : seules les personnes publiques peuvent détenir un domaine public, et exclusivement des biens appartenant aux collectivités, ou aux établissements publics qui leur sont attachés peuvent relever du domaine public local.

Les collectivités ont la faculté d'obtenir ce bien à titre gratuit, par échanges, dons ou legs (comme le prévoit le Code général des collectivités territoriales, par exemple à l'article L. 4221-6 pour les régions), ou parce qu'il s'agit d'un bien sans maître. Les lois de décentralisation ont aussi transféré gratuitement certains éléments du patrimoine national aux collectivités, comme les édifices scolaires qui appartiennent désormais aux communes (pour les écoles élémentaires), départements (pour les collèges) et régions (pour les lycées). Le Conseil constitutionnel l'a rappelé en ce qui concerne la création des métropoles, indiquant que le droit au respect des biens ne s'oppose pas au transfert gratuit entre personnes publiques (DC 9 décembre 2010 loi de réforme des collectivités territoriales, de même que QPC 8 avril 2011 Biens des sections de commune) ; et pour ce qui est des établissements publics de gestion et d'aménagement du quartier de La Défense (DC 23 janvier 2014 loi MAPTAM). Par contre, les communes et leurs groupements ne peuvent plus mettre à la charge des bénéficiaires d'autorisation de construire une contribution aux dépenses d'équipements publics sous forme de cession gratuite de terrain : le Conseil constitutionnel saisi d'une question prioritaire de constitutionnalité a jugé que de telles pratiques étaient contraires à la Constitution (QPC 22 septembre 2010, QPC 7 octobre 2011).

Il est de plus possible pour les acteurs locaux d'acheter à l'amiable, auprès des personnes privées ou publiques.

Les nécessités de l'intérêt général autorisent le recours à la préemption si le bien est en vente ; la collectivité est alors prioritaire pour acheter, afin de permettre une opération d'aménagement (par utilisation du droit de préemption urbain), protéger des espaces naturels sensibles ou d'espaces agricoles périurbains (préemption au profit du département), ou défendre le commerce de proximité (droit de préemption commerciale).

Enfin, la collectivité acquiert par expropriation, si le bien est immobilier et n'appartient pas au domaine public d'une personne publique ; l'utilisation d'une formule aussi autoritaire, car obligeant le propriétaire à vendre, fait l'objet de contraintes procédurales fortes ; en particulier, le bilan coût-avantage doit se révéler positif.

Les règles générales d'appartenance au domaine public immobilier

Le CG3P impose comme deuxième condition le critère de l'affectation, repris de l'évolution jurisprudentielle, marquée notamment par la jurisprudence de principe CE 19 octobre 1956 Société Le Béton. Cette affectation peut se manifester de deux façons.

Tout d'abord, l'article L. 2111-1CG3P envisage une affectation à l'usage direct du public, sans exigence d'aménagement ; il suffit que le bien soit ouvert à tous, comme les espaces verts d'une commune ou les voies de communication. Cette affectation cependant doit avoir été voulue par la collectivité (CE 2 novembre 2015, Commune de Neuves-Maisons).

S'il s'agit d'une affectation à un service public, il est nécessaire que l'immeuble ait fait l'objet d'un aménagement indispensable (et non plus d'un aménagement spécial comme avant 2006, ce qui est en principe un facteur de limitation de la domanialité publique). À titre d'exemple, on peut évoquer l'aménagement requis par la célébration du mariage dans une mairie, celui lié aux cimetières, les équipements culturels dans une médiathèque ; par contre, ne peuvent faire partie du domaine public des locaux affectés à une buvette au sein d'un théâtre public, faute de service public (CE 28 décembre 2009 SARL Brasserie du théâtre). Ce critère d'aménagement est particulièrement important dans le droit du domaine, puisque le Tribunal des conflits a notamment relevé que des infrastructures et installations d'un centre d'aquaculture, qui sont la propriété de la région et qui ont fait l'objet d'un aménagement en vue de l'exercice de la mission de service public confiée à une association, appartiennent au domaine public régional ; et que la convention conclue entre l'association et une entreprise privée comporte ainsi occupation du domaine public ; et qu'il en résulte que le litige qui oppose l'association et l'entreprise relève de la juridiction administrative (TC 9 décembre 2013 EURL Aquagol).

De plus, les biens des collectivités territoriales qui concourent à l'utilisation d'un bien appartenant au domaine public et en constituent l'accessoire indissociable font partie du domaine public. Il s'agit de figer des critères d'indissociabilité physique et de lien fonctionnel ; c'est ce que certains auteurs qualifient de domanialité « verticale » (comme dans le cas d'un immeuble accueillant un service public et des dépendances étrangères à celui-ci). Par contre, une discothèque située en sous-sol d'une piste de ski n'appartient pas au domaine public dès lors qu'elle ne concourt pas à l'utilisation de la piste (CE 28 avril 2014, Commune de Val-d'Isère.)

Les réserves foncières prévues à l'article L. 221-1 du Code de l'urbanisme, en vue de permettre la réalisation d'une action ou d'une opération d'aménagement, échappent à la domanialité publique, car la condition d'affectation au moyen d'un aménagement indispensable n'est pas remplie ; le CG3P les classe dans le domaine privé.

De même, à l'instar du classement existant pour l'État et ses établissements publics, les immeubles à usage de bureaux font partie du domaine privé, sauf s'ils forment un ensemble indivisible avec des biens immobiliers appartenant au domaine public. Le parc immobilier banalisé est donc en principe versé dans le domaine privé, ce qui facilite sa gestion. En revanche, il est raisonnable de penser que l'hôtel de ville, du département ou de région ne fait pas partie du domaine privé, en raison de la salle de conseil qui lui permet de ne pas être qualifié purement et simplement d'immeuble de bureaux.

Les règles particulières de consistance du domaine public local

Il existe de plus des domaines publics spéciaux, dont les collectivités territoriales sont propriétaires ou gestionnaires.

Le domaine public maritime artificiel est constitué des ouvrages ou installations destinés à assurer la sécurité et la facilité de la navigation maritime ; et à l'intérieur des limites administratives des ports maritimes, des biens immobiliers, situés en aval de la limite transversale de la mer, concourant au fonctionnement d'ensemble des ports maritimes, y compris le sol et le sous-sol des plans d'eau lorsqu'ils sont individualisables. Les communes ont en charge les ports de plaisance, les départements les ports de commerce et de pêche.

Le domaine public fluvial des collectivités date véritablement de la loi du 30 juillet 2003 relative à la prévention des risques technologiques et naturels et à la réparation des dommages, et peut être développé par transfert de propriété, sur demande de la collectivité, en particulier la région, à l'État.

Source d'importantes dépenses, le domaine public routier est composé de la voirie communale et de celle du département, largement étendue par la loi du 13 août 2004 relative aux libertés et responsabilités locales.

Le domaine public aéronautique a été rendu possible par le transfert opéré par la loi suscitée des aérodromes civils de l'État aux collectivités. Sont exclus les aérodromes d'intérêt national ou international, et ceux qui sont nécessaires à l'exercice des missions de l'État.

Enfin, le domaine public mobilier, déjà identifié par la jurisprudence, est défini par l'article 2112-1 CG3P par une énumération non limitative des biens présentant un intérêt public, du point de vue de l'histoire, de l'art, de l'archéologie, de la science ou de la technique. Qu'importe l'affectation ! Peuvent être cités pour les collectivités territoriales les collections des musées locaux, ou les archives publiques ; les objets courants ne sont, eux, pas incorporés au domaine public territorial (matériel informatique, véhicule ou mobilier ordinaire).

Sont exclues de la domanialité publique par le CG3P deux catégories de biens qui font donc figure d'exception en relevant du domaine privé.

En premier lieu, l'article L. 211-1 du Code forestier prévoit que les bois et forêts susceptibles d'aménagement, d'exploitation régulière ou de reconstitution, et les terrains à boiser appartenant aux régions, aux départements, aux communes, aux sections de communes, aux établissements publics, ou sur lesquels ces collectivités et personnes morales ont des droits de propriété indivis, sont soumis au régime forestier et n'appartiennent donc pas au domaine public.

Deuxièmement, l'article 2212-1 CG3P prévoit que les chemins ruraux appartiennent au domaine privé, s'ils sont situés hors agglomération, sont affectés à l'usage du public et ne sont pas classés en voies communales.

Une incorporation dans le domaine public conditionnée

L'appartenance au domaine public naturel, c'est-à-dire celui résultant de phénomènes naturels et non de l'intervention humaine, est en principe indépendante de tout acte administratif particulier. Toutefois, les cours d'eau, lacs et plans d'eau font l'objet d'un classement préfectoral, après enquête publique, et avis des assemblées délibérantes sur le territoire desquelles se situe le domaine, ainsi que du comité de bassin compétent.

Quant à l'entrée dans le domaine public artificiel des collectivités, elle est liée à la condition du bien. La simple appartenance peut suffire, comme pour les biens meubles ; plus fréquemment l'affectation matérielle est nécessaire, le bien étant effectivement à l'usage direct du public, ou d'un service public moyennant un aménagement indispensable, ou affecté à un des objectifs des domaines publics spéciaux. Cette affectation matérielle peut être formalisée par un acte, mais il est rarement indispensable (sauf par exemple en matière de voirie communale, où après enquête publique le conseil, ou l'exécutif par délégation, édicte le classement).

Si la délimitation du domaine public naturel obéit aux phénomènes géographiques ou climatiques, elle est opérée par arrêté de l'exécutif local, précédé dans certains cas d'une enquête publique. La voirie routière fait l'objet d'alignement, ou détermination par l'autorité administrative de la limite entre domaine public routier et propriétés riveraines. Cette délimitation peut s'opérer par un plan d'alignement, établi par l'organe délibérant, qui permet de procéder à l'élargissement de la voie dans des conditions juridiques simplifiées, et financièrement avantageuses pour la collectivité. Il existe aussi la possibilité de l'alignement individuel, par arrêté.

La sortie du bien du domaine public est soumise à la règle du parallélisme des formes : elle suppose un fait naturel modifiant l'assiette, une désaffectation, un déclassement (l'ordonnance du 19 avril 2017 apporte certains assouplissements sur ce point, voir en fin de chapitre)... ce qui entraîne l'entrée du bien dans le domaine privé. Il devient alors aliénable, à la condition de ne pas être vendu à un prix inférieur à l'estimation du service France Domaine, sauf motif d'intérêt général et contrepartie suffisante. Le Conseil d'État a précisé que la cession par une commune d'un terrain à une personne privée (ici une association) pour un prix inférieur à sa valeur pouvait être justifiée par des motifs d'intérêt général (permettre à des gens du voyage d'être logés décemment) du moment que les contreparties sont suffisantes (en l'occurrence les avantages en matière d'hygiène et de sécurité publiques, la possibilité d'économiser le coût d'aménagement d'une aire d'accueil, et les coûts d'entretien de terrains irrégulièrement occupés). CE 14 octobre 2015, Commune de Châtillon-sur-Seine.

Saisi par la Région Centre et la région Poitou-Charentes, le Conseil constitutionnel a censuré le transfert à l'AFPA, association de la loi 1901 et donc personne privée, des biens étatiques, opéré à titre gratuit et sans aucune obligation particulière, le principe d'égalité devant la loi et les charges publiques ainsi que la protection du droit de propriété faisant obstacle à ce que « des biens faisant partie du patrimoine de personnes publiques puissent être aliénés, ou durablement grevés de droits au profit de personnes poursuivant des fins d'intérêt privé, sans contrepartie appropriée eu égard à la valeur réelle de ce patrimoine » (Décision n° 2010-67/86 QPC du 17 décembre 2010).

Les collectivités territoriales, leurs groupements et leurs établissements publics sont cependant autorisés à céder gratuitement les matériels informatiques dont ils n'ont plus l'emploi à leurs personnels et à certaines associations. (La loi du 10 février 2020 « économie circulaire » ajoute l'exception relative aux biens scénographiques dont ils n'ont plus l'usage.)

Une utilisation en principe collective du domaine affecté à l'usage du public

Il s'agit ici de l'usage anonyme et impersonnel par des administrés non individualisés, ce qui correspond à la définition d'un domaine public ouvert à tous.

Un principe de liberté largement aménagé

Le principe de liberté d'utilisation prévaut, dès lors que l'utilisation est conforme à l'affectation ; cela sous-tend en principe l'absence de toute demande d'autorisation.

La liberté d'aller et venir est constitutionnellement garantie, elle comprend celle de circuler.

Il peut être remarqué cependant des limitations croissantes, justifiées en particulier par des considérations d'ordre public. Ainsi, le maire prend-il des mesures de police administrative sur la voirie en agglomération, pour interdire l'accès à certaines voies, comme dans le cas des couloirs réservés aux bus ou des voies piétonnes. De même, le président du Conseil départemental et le président d'un EPCI détiennent ce pouvoir réglementaire. Ces restrictions doivent être nécessaires et proportionnées aux risques encourus; les recours à l'encontre des arrêtés très médiatisés, dits « couvre-feu », illustrent cette position du juge qui censure toute interdiction de circulation de mineurs de moins de 13 ans non modulée dans l'espace et le temps (CAA Marseille 13 septembre 2004, Commune de Cagnes-sur-Mer).

Cette liberté est de plus réduite par la possibilité d'occupation privative octroyée par la collectivité : terrasses de café, plages…

La liberté de commerce et d'industrie empêche aussi toute interdiction absolue d'exercer des activités professionnelles ambulantes sur le domaine public; marchands de beignets et friandises sur les plages, pères Noël photographes, caricaturistes mobiles… Ici aussi, des considérations de salubrité, de tranquillité ou de sécurité justifient le cas échéant un encadrement de la liberté.

Un principe de gratuité sans valeur constitutionnelle

L'utilisation collective à titre gracieux du domaine public est un principe largement écorné par de nombreuses dispositions légales.

L'article L. 153-1 du Code de la voirie routière, énonce que l'usage des ouvrages d'art est en principe gratuit. Toutefois, il peut être institué lorsque l'utilité, les dimensions, le coût d'un ouvrage d'art appartenant à la voirie notamment départementale ou communale, ainsi que le service rendu aux usagers le justifient, un péage pour son usage. Le but est d'assurer la couverture totale ou partielle des dépenses de toute nature liées soit à la construction, soit, lorsque ces missions font l'objet d'une convention de délégation de service public, à la construction, à l'exploitation et à l'entretien ou à l'exploitation et à l'entretien de l'ouvrage d'art et de ses voies d'accès ou de dégagement. La délibération instituant un péage sur un ouvrage d'art reliant des routes départementales peut prévoir des tarifs différents, ou la gratuité, selon les diverses catégories d'usagers, pour tenir compte, soit d'une nécessité d'intérêt général en rapport avec les conditions d'exploitation de l'ouvrage d'art, soit de la situation particulière de certains usagers, et, notamment, de ceux qui ont leur domicile ou leur lieu de travail dans le ou les départements concernés.

La loi du 14 avril 2006 prévoit qu'une redevance pour l'accès aux installations et aux services collectifs d'un site nordique dédié à la pratique du ski de fond et aux loisirs de neige non motorisés autres que le ski alpin, et destinés à favoriser la pratique de ces activités, peut être instituée par délibération du conseil municipal de la commune dont le territoire supporte un tel site, ou de l'EPCI compétent, dès lors que le site comporte un ou plusieurs itinéraires balisés et des équipements d'accueil ainsi que, le cas échéant, d'autres aménagements spécifiques, et qu'il fait l'objet d'une maintenance régulière, notamment d'un damage adapté des itinéraires.

En ce qui concerne le stationnement, un régime particulier est établi par l'article L. 2213-6 CGCT, la gratuité peut être écartée par le maire qui, moyennant le paiement de droits fixés par un tarif dûment établi, donne des permis de stationnement ou de dépôt temporaire sur la voie publique et autres lieux publics, sous réserve que cette autorisation n'entraîne aucune gêne pour la circulation et la liberté du commerce.

Bien évidemment, la gratuité n'est pas obligatoirement applicable lorsqu'il s'agit du domaine public affecté au service public : crèche, musée, piscine... donnent lieu à perception de redevances permettant de financer le service rendu mais aussi l'entretien du domaine public.

Les éléments concrets de la question de la gratuité du domaine public ont notamment nourri la polémique relative à l'accès payant au Pont du Gard. En juin 2015, le tribunal administratif de Nîmes a annulé la décision de l'établissement public de coopération culturelle gérant ce site qui établissait l'accès payant des piétons, sans établir d'exception en faveur des randonneurs utilisant les chemins de randonnée GR6 et 63, en violation de l'article L. 361-1 du Code de l'environnement.

Un principe fondateur d'égalité

Un des importants piliers républicains est la reconnaissance de la non-discrimination ; elle trouve à s'appliquer en ce qui concerne le domaine public.

Loin d'une conception mathématique, le principe d'égalité permet qu'à même situation, traitement identique. De la sorte, comme cela a été sus-énoncé à propos du péage sur un ouvrage d'art reliant des routes départementales, il est admissible d'établir des catégories distinctes d'usagers du domaine public, et par exemple d'octroyer des droits particuliers de stationnement aux seuls riverains, de réserver certaines voies aux cyclistes uniquement, ou de prévoir des quartiers piétons... De même, l'occupation de locaux communaux peut être limitée aux seules associations locales.

La question de l'occupation des édifices cultuels réservés aux fidèles et ministres du culte est aujourd'hui quasiment close, des considérations touristiques, artistiques ou historiques ayant mené à une possible utilisation culturelle ouverte à tous, sans préjudice de l'exercice du culte.

Bilan de l'actualité

Les réformes affectant la domanialité publique n'ont pas bouleversé la définition de la domanialité publique ; les évolutions les plus remarquables résident essentiellement dans l'amélioration de sa gestion, et notamment le développement des procédés de valorisation économique.

L'assouplissement des grands principes de gestion

Affirmé tant par le CGCT (article L. 1311-1) que par le CG3P (article L. 3111-1), le principe d'imprescriptibilité reste intégral ; il empêche toute acquisition des biens du domaine public par voie de prescription, qu'il s'agisse de la prescription trentenaire ou de la règle selon laquelle en fait de meubles la possession vaut titre (article 2276 Code civil). Cette règle protège aujourd'hui comme hier le domaine public immobilier et mobilier.

Certes, le CG3P consacre le principe de l'insaisissabilité des biens publics, principe général du droit attaché à la qualité de personne publique propriétaire de ces biens, énoncé par la jurisprudence (TC 9 décembre 1899 canal de Gignac).

Une atténuation doit cependant être apportée. La loi du 16 juillet 1980 donne en effet au représentant de l'État, en cas de carence d'une collectivité territoriale à assurer l'exécution d'une décision juridictionnelle passée en force de chose jugée, et après mise en demeure à cet effet, le pouvoir de se substituer aux organes de cette collectivité afin de dégager ou de créer les ressources permettant la pleine exécution de cette décision de justice. À cette fin, il lui appartient, sous le contrôle du juge, de prendre, compte tenu de la situation de la collectivité et des impératifs d'intérêt général, les mesures nécessaires. Le juge administratif estime qu'au nombre de ces mesures, figure la possibilité de procéder à la vente de biens appartenant à la collectivité, dès lors que ceux-ci ne sont pas indispensables au bon fonctionnement des services publics dont elle a la charge, c'est donc une atténuation du principe d'insaisissabilité (CE 18 novembre 2005 Société fermière de Campoloro).

La règle de l'inaliénabilité de l'Édit de Moulins de 1566, est réaffirmée par l'article L. 3111-1 CG3P ; elle protège l'affectation en empêchant en principe un tiers d'obtenir un droit de propriété, une servitude, ou tout droit réel, et en rendant impossible l'expropriation du domaine public.

Elle connaît depuis 2006 de très larges dérogations et atténuations, nécessitées par la mise en œuvre de la décentralisation et de l'intercommunalité.

- Le CG3P facilite en effet la fluidité des biens du domaine public entre personnes publiques. Par exemple, est autorisée la cession à l'amiable, sans déclassement préalable, des biens relevant du domaine public entre deux personnes publiques, lorsqu'ils sont destinés à l'exercice des compétences de la personne publique qui les acquiert, et à condition qu'ils restent dans son domaine public. Ces mesures simplifient les cessions des biens, comme la voirie, entre les collectivités et leurs groupements, en particulier dans le cadre de l'intercommunalité. En vue de permettre l'amélioration des conditions d'exercice d'une mission de service public, les biens peuvent être échangés entre personnes publiques par un acte d'échange comportant des clauses permettant de préserver l'existence et la continuité du service public. Cette faculté facilite les opérations foncières entre l'État et les collectivités, en particulier dans l'hypothèse où le domaine public appartient à une personne publique distincte de celle menant l'opération, l'affectation ici l'emporte sur la conception classique de la propriété.

  Le transfert à titre gratuit de l'État aux départements des routes classées du domaine public national inclut les droits et obligations attachées aux actions pendantes à la date du transfert (c'est au département de prendre en charge des sommes dues par l'État pour défaut d'entretien normal d'une route nationale) CE, 23 octobre 2013, Département du Var.

- De plus, pour permettre la modification de l'assise territoriale des services publics, après déclassement, des échanges peuvent être opérés avec des biens appartenant à une personne privée ou au domaine privé d'une personne publique, dans le but d'améliorer les conditions d'exercice de ce service public.

La clarification du régime des biens de retour

Dans le cadre d'une délégation de service public trois sortes de biens sont à distinguer : les biens de reprise qui peuvent être rachetés par la personne délégante en fin de contrat, les biens propres qui restent la propriété du déléguant sauf accord entre les parties, et les biens de retour. Ces derniers sont les biens meubles ou immeubles, indispensables à l'exécution du service public, et qui font retour, en principe gratuitement à la personne publique en fin de contrat, le concédant étant considéré comme le propriétaire *ab initio*.

Dans un arrêt d'Assemblée du 21 décembre 2012 Commune de Douai, à propos des biens affectés à la concession d'un service de distribution d'électricité (logements de fonction et d'immeubles de bureau), le Conseil d'État confirme l'existence souvent critiquée des biens de retour, relevant de la domanialité publique et propriétés de la personne publique « dans le silence de la convention, dès leur réalisation ou leur acquisition à la personne publique », s'ils sont nécessaires au fonctionnement du service public, et érigés sur le domaine public ou privé de la personne publique.

Le contrat peut attribuer au délégataire pour la durée de la convention la propriété des ouvrages non établis sur la propriété d'une personne publique ; les biens qui n'ont pas été remis par le déléguant et qui ne sont pas indispensables au fonctionnement du service public sont la propriété du délégataire sauf si les parties en disposent autrement.

À l'expiration du contrat, les biens amortis nécessaires au service public reviennent gratuitement à la personne publique, même s'ils n'ont pas été établis sur une propriété de la personne publique ! Les biens non nécessaires au service public peuvent faire l'objet d'un paiement, quelle que soit la qualification qui leur a été apportée.

La codification contestée de la théorie des mutations domaniales

La théorie de la mutation domaniale consiste en ce que l'État modifie de façon autoritaire, au nom de l'intérêt général, l'affectation d'un bien appartenant à une collectivité territoriale (CE 16 juillet 1909 Ville de Paris). Cette possibilité est reprise dans l'article L. 2123-4 CG3P. Ainsi, lorsqu'un motif d'intérêt général justifie de modifier l'affectation de dépendances du domaine public appartenant à une collectivité territoriale, un groupement de collectivités territoriales ou un établissement public, l'État peut, pour la durée correspondant à la nouvelle affectation, procéder à cette modification en l'absence d'accord de cette personne publique. Par exemple, l'État affecte unilatéralement une partie du territoire d'une commune à la circulation autoroutière.

Cette faculté étatique de transférer de façon unilatérale la gestion, sans opérer un transfert de propriété, aboutit à une dissociation entre propriété et affectation, le propriétaire perd la liberté d'affecter librement son bien. L'État se voit donc reconnaître une prééminence sur les biens des personnes décentralisées, justifiée par le principe constitutionnel d'unité et d'indivisibilité de la République. Le CG3P précise que ce transfert donne lieu à indemnisation, à raison des dépenses ou de la privation de revenus qui peuvent en résulter pour la personne dessaisie.

Cette théorie autorise ainsi une sorte de transgression du principe d'inaliénabilité qui interdit tout recours à l'expropriation du domaine public. Elle est contestée par certains observateurs qui préféreraient que soit reconnue la possibilité d'exproprier le domaine public, ce qui permettrait d'observer une procédure protectrice, et aboutirait au versement d'une véritable indemnisation liée au transfert de propriété.

Jusqu'en 2006, pour remettre en cause l'affectation d'un bien, l'intervention législative autorisait la mutation de la propriété d'un bien ; la cession à titre gratuit des routes nationales aux collectivités départementales par la loi du 13 août 2004 en est l'illustration. Le principe constitutionnel de libre administration des collectivités territoriales semble désormais fragilisé, au profit d'une affectation à l'usage du public ou d'un service public décidé par l'État, en dehors de tout fondement textuel.

La mutation domaniale peut être rapprochée du transfert volontaire de gestion entre personnes publiques, par lequel la personne confie la gestion des immeubles dépendant de son domaine public et dont elle reste propriétaire pendant une durée limitée, pour permettre à la personne publique bénéficiaire de gérer ces immeubles en fonction de leur affectation. Dès que l'immeuble transféré n'est plus utilisé conformément à l'affectation, l'immeuble fait retour gratuitement à la personne publique propriétaire.

Dans le même ordre de procédé, les superpositions d'affectation visent à concilier deux intérêts généraux distincts : un bien est affecté à deux services pris en charge par deux personnes publiques distinctes ; s'il y a deux affectataires, il n'y a qu'un propriétaire. Tel le cas des croisements d'une voirie communale et départementale. L'article L. 2123-7 CG3P prévoit que la superposition d'affectations donne lieu à l'établissement d'une convention pour régler les modalités techniques et financières de gestion de cet immeuble, en fonction de la nouvelle affectation. Une indemnisation est notamment due, à raison des dépenses ou de la privation de revenus qui peuvent en résulter pour la personne publique propriétaire, ou pour le gestionnaire auquel l'immeuble du domaine public a été confié en gestion ou concédé.

La consécration de la valorisation économique

Cet objectif accru d'une gestion domaniale optimisée s'appuie sur des instruments juridiques adaptés et rénovés, tels la redevance et la constitution de droits réels.

L'aménagement de la règle de la redevance

En ce qui concerne les collectivités territoriales et leurs groupements, la valorisation s'appuie sur la technique de la redevance, obligatoire en cas d'occupation privative du domaine public, comme en cas de marchés où des droits de place sont versés. Fixée par l'organe délibérant, la redevance tient compte des avantages de toute nature procurés au titulaire de l'autorisation, elle obéit donc à la règle de proportionnalité.

Par exemple, le montant dû par les opérateurs de télécommunication pour le droit de passage sur le domaine public tient compte de la durée de l'occupation, de la valeur locative de l'emplacement occupé et des avantages matériels, économiques, juridiques et opérationnels qu'en tire le permissionnaire (article R. 20-51 Code des postes et communications électroniques).

Le juge administratif a censuré le calcul de la redevance, fixée par Grenoble Alpes Métropole au club de football occupant un stade, qui ne tenait compte que des recettes de billetterie, et non des recettes significatives constituées notamment par les produits dérivés ou location des emplacements publicitaires (CAA Lyon 28 février 2013). Le Conseil d'État a même considéré que toute occupation du domaine public donne lieu au paiement d'une redevance, ce principe s'appliquant que l'emplacement irrégulièrement occupé soit interdit ou non (CE 13 février 2015, Voies navigables de France) !

L'autorisation d'occupation ou d'utilisation du domaine public peut être délivrée gratuitement, quand l'occupation ou l'utilisation est la condition naturelle et forcée de l'exécution de travaux ou de la présence d'un ouvrage, intéressant un service public qui bénéficie gratuitement à tous; ou lorsque l'occupation ou l'utilisation contribue directement à assurer la conservation du domaine public lui-même (comme les installations d'évacuation d'eau sous la voie publique).

À l'issue d'un contentieux lié aux revendications départementales à propos du produit des amendes générées par les radars installés par l'État sur la voirie départementale, une exception a été ajoutée par la loi de finances 2008 indiquant qu'il n'y a pas redevance, lorsque l'occupation ou l'utilisation concerne l'installation par l'État des équipements visant à améliorer la sécurité routière. La loi de finances rectificative pour 2010 ajoute à cette exception les équipements nécessaires à la liquidation et au constat des irrégularités de paiement de toute taxe perçue au titre de l'usage du domaine public routier.

En outre, en vertu de la loi du 12 mai 2009, l'autorisation d'occupation ou d'utilisation du domaine public peut être délivrée gratuitement aux associations à but non lucratif qui concourent à la satisfaction d'un intérêt général.

De même, en vertu de la loi du 4 août 2014 facilitant le déploiement d'un réseau d'infrastructures de recharge de véhicules électriques, l'État ou tout opérateur, y compris un opérateur au sein duquel une personne publique détient, seule ou conjointement, une participation directe ou indirecte, peut créer, entretenir et exploiter sur le domaine public de l'État, des collectivités territoriales ou de leurs groupements un réseau d'infrastructures nécessaires à la recharge de véhicules électriques et de véhicules hybrides rechargeables sans être tenu au paiement d'une redevance, lorsque cette opération s'inscrit dans un projet de dimension nationale. La loi NOTRe décrit deux hypothèses de gratuité : lorsque l'utilisation ou l'occupation permet l'exécution de travaux relatifs à une infrastructure de transport public ferroviaire ou guidé; et lorsque l'utilisation ou l'occupation contribue directement à assurer l'exercice des missions des services de l'État chargés de la paix, de la sécurité et de l'ordre publics ou du contrôle aux frontières dans les aéroports, les ports et les gares.

La redevance originale instaurée par Avignon, pour les établissements pratiquant la vente au travers de vitrines et de comptoirs ouvrant sur le domaine public sur lequel stationnent les clients (comme les sandwicheries), et pour les banques équipées de guichets automatiques empiétant sur la voie publique a été annulée par le Conseil d'État, se refusant à considérer qu'il s'agissait d'une occupation privative du domaine public, en raison du caractère momentané de l'utilisation. (La Cour administrative d'appel de Marseille a réitéré le 19 mai 2016 pour une plaque professionnelle d'avocat posée parallèlement à la façade d'un immeuble, en saillie sur le domaine public.) Il peut être remarqué que la gratuité des terrasses éphémères autorisées par certaines communes comme Nice ou Nancy lors du déconfinement en juin 2020 semble transgresser la règle de la redevance!

Enfin, la loi MAPTAM dépénalise le stationnement payant, et permet aux collectivités d'instituer une «redevance d'occupation du domaine public», d'en fixer le montant et de la percevoir. Les infractions au stationnement payant ne donnent plus lieu à une amende contraventionnelle mais au versement d'un «forfait de poststationnement» dont les communes peuvent moduler le montant, elles peuvent en déléguer le recouvrement à un opérateur privé.

L'accroissement de la possibilité de constitution de droits réels

Le domaine public est inaliénable et imprescriptible, ce qui empêche en principe toute possibilité de droit réel. Pour rappel, les droits réels principaux sont les droits de propriété et leurs démembrements, comme les servitudes ou l'usufruit (lexique des termes juridiques Dalloz).

La recherche de l'optimisation économique du patrimoine public est un objectif persistant, ces principes constituent donc un frein au développement du financement privé des ouvrages et des infrastructures publiques… Pour une collaboration accrue avec les partenaires des collectivités, il était nécessaire de créer des titres d'occupation en adéquation avec les impératifs économiques, notamment pour sécuriser en matière de durée d'occupation, et faciliter l'obtention de prêts grâce aux garanties rendues possibles par la constitution de droits réels sur le domaine public artificiel; il n'y a cependant pas transfert de propriété.

Ainsi, les baux emphytéotiques administratifs constituent la première exception législative à l'impossibilité de constituer des droits réels sur le domaine public. Inscrits à l'article L. 1311-2 CGCT, d'une durée de 18 à 99 ans, leur champ d'application est le domaine public des collectivités, à l'exception des dépendances soumises à l'application de la contravention de voirie comme le domaine public routier.

Ils sont conclus par les entités territoriales en vue de la réalisation d'une opération d'intérêt général relevant de leur compétence ou en vue de l'affectation à une association cultuelle d'un édifice du culte ouvert au public (cette faculté n'est ouverte qu'à la condition que l'affectataire soit une véritable association cultuelle, au sens de la loi du 9 décembre 1905 CE 10 février 2017, Ville de Paris). Jusqu'au 31 décembre 2020, les collectivités et les EPCI peuvent construire, y compris sur les dépendances de leur domaine public, acquérir ou rénover des bâtiments destinés à être mis à la disposition de l'État pour les besoins de la justice, de la police, ou de la gendarmerie nationale. (Les départements peuvent faire de même pour des bâtiments mis à disposition d'un service départemental d'incendie et de secours). Un tel bail ne peut avoir pour objet l'exécution de travaux, la livraison de fournitures, la prestation de service, ou la gestion d'une mission de service public avec une contrepartie économique constituée par un prix ou un droit d'exploitation pour le compte ou les besoins d'un acheteur soumis à l'ordonnance du 23 juillet 2015 relative aux marchés publics, ou d'une autorité concédante soumise à l'ordonnance du 29 janvier 2016 relative aux contrats de concession. Dans le cas où un tel bail serait nécessaire à l'exécution d'un contrat de la commande publique, ce contrat prévoit les conditions de l'occupation du domaine. Pour illustrer concrètement, on peut citer le cas des communes varoises ayant eu recours au BEA pour la construction et l'exploitation de parcs photovoltaïques ; les exemples de la construction de la cathédrale d'Évry, de la synagogue de Marseille et de la mosquée de Lyon ; la politique du département de Haute-Savoie présentant le BEA comme un outil foncier principal en matière de logement aidé ; la réalisation d'un parc de stationnement sous-terrain à Saint Brieuc…

Le droit réel conféré au titulaire du bail, de même que les ouvrages dont il est propriétaire, sont susceptibles d'hypothèque, uniquement pour la garantie des emprunts contractés par le preneur en vue de financer la réalisation ou l'amélioration des ouvrages situés sur le bien loué. À l'issue du bail, la collectivité devient propriétaire du bien construit sur son domaine.

En 2016, le Conseil d'État a considéré que la conclusion d'un bail à construction signé par la communauté urbaine Marseille-Provence-Métropole sur le domaine public n'est illégale que si ses clauses contreviennent aux principes protecteurs du domaine public.

Avancée décisive, des servitudes établies par conventions passées entre les propriétaires, conformément à l'article 639 du Code civil, peuvent grever des biens des collectivités et de leurs établissements publics, qui relèvent du domaine public, dans la mesure où leur existence est compatible avec l'affectation de ceux de ces biens sur lesquels ces servitudes s'exercent. Les gestionnaires du domaine public bénéficient donc d'un droit nouveau, portant atteinte à l'exclusivité de la personne publique sur son bien, mais restent liées par la nécessité de garantir l'affectation.

Il y a rééquilibrage avec la conception traditionnelle, selon laquelle les servitudes légales existant bénéficiaient aux collectivités territoriales et s'imposaient aux tiers, comme les servitudes de reculement liées à un plan d'alignement, de visibilité au profit de la voirie routière ou de passage permettant l'accès des piétons au rivage de la mer !

Enfin, l'autorisation d'occupation temporaire (AOT), accordée unilatéralement par l'exécutif local, est en règle générale la condition de l'utilisation privative du domaine public territorial. Cette autorisation prend la forme de permis de stationnement, s'il n'y a pas modification de l'assiette du domaine comme dans le cas des terrasses de café ou d'échafaudages, ou de permis de voirie s'il y a emprise au sol, comme dans l'hypothèse des canalisations ou du mobilier urbain. Elle est précaire et révocable (il n'y a pas de droit acquis au renouvellement CE 22 janvier 2007 Association des amis de Tuileries), et doit naturellement respecter l'affectation de la dépendance.

Peut aussi être cité l'arrêt remarqué du Conseil d'État (9 avril 2014 Domaine de Chambord) qui affirme qu'« en sa qualité d'autorité chargée de la police de la circulation, le maire est compétent pour délivrer des permis de stationnement, alors même que les voies font partie du domaine public de l'État, qu'elles ont été remises en dotation à l'établissement public et que celui-ci exerce les pouvoirs de police afférents à leur gestion »…

Depuis 2006, les collectivités et leurs établissements publics peuvent accorder des droits réels pour leurs AOT, en vue de la réalisation d'une opération d'intérêt général relevant de leur compétence. Le titulaire de ce titre possède un droit réel sur les ouvrages, constructions et installations de caractère immobilier qu'il réalise pour l'exercice de cette activité. Ce droit réel confère à son titulaire, pour la durée de l'autorisation et sous certaines conditions, les prérogatives et obligations du propriétaire. La durée de l'autorisation est fonction de la nature de l'activité et de celle des ouvrages autorisés, et compte tenu de l'importance de ces derniers, sans pouvoir toutefois excéder 70 ans. Les collectivités ne peuvent utiliser ces AOT constitutives de droits réels pour l'exécution de travaux, la livraison de fournitures, la prestation de service, ou la gestion d'une mission de service public avec une contrepartie économique constituée par un prix ou un droit d'exploitation pour le compte ou pour leurs besoins. Dans le cas où un telle AOT serait nécessaire à l'exécution d'un contrat de la commande publique, ce contrat prévoit les conditions de l'occupation du domaine.

Le droit réel conféré par le titre, ainsi que les ouvrages, ne peuvent être cédés, ou transmis, pour la durée de validité du titre restant à courir, qu'à une personne agréée par le propriétaire de la dépendance. De plus, ce droit réel et les ouvrages ne peuvent être hypothéqués que pour garantir les emprunts contractés par le titulaire de l'autorisation en vue de financer la réalisation, la modification ou l'extension des ouvrages situés sur la dépendance domaniale occupée (les hypothèques s'éteignent au plus tard à l'expiration de l'AOT).

À l'issue du titre d'occupation, les ouvrages, constructions et installations de caractère immobilier existant sur la dépendance domaniale occupée doivent être soit démolis, soit maintenus. Ils deviennent dans ce cas de plein droit et gratuitement la propriété de la structure publique territoriale.

Toutefois, en cas de retrait de l'autorisation avant le terme prévu, pour un motif autre que l'inexécution de ses clauses et conditions, le titulaire est indemnisé du préjudice direct, matériel et certain né de l'éviction anticipée. Les droits des créanciers régulièrement inscrits à la date du retrait anticipé sont reportés sur cette indemnité.

Les avancées limitées de la loi dite Pinel

La loi n° 2014-626 du 18 juin 2014 relative à l'artisanat, au commerce et aux très petites entreprises, dite loi Pinel, introduit dans le Code général de la propriété des personnes publiques de nouvelles dispositions relatives à la possibilité d'utilisation du domaine public dans le cadre de l'exploitation de certaines activités commerciales.

Est ainsi clarifiée la question opposant les deux ordres de juridiction... En effet, la justice administrative refusait jusque-là de façon récurrente cette possibilité (comme dans la décision de la Cour administrative d'appel de Nantes, 9 mai 2014), arguant du caractère précaire et révocable de ce type d'occupation. La Cour de cassation quant à elle (Cass. Comm., 28 mai 2013) consacrait la possibilité d'exploiter un fonds de commerce sur le domaine public, à la condition que l'entreprise soit titulaire d'une clientèle réelle et personnelle, le caractère précaire de l'autorisation du domaine public n'interdisant pas que l'activité commerciale puisse constituer un fonds de commerce.

L'article L. 2124-32-1. du CG3P affirme qu'un fonds de commerce peut être exploité sur le domaine public sous réserve de l'existence d'une clientèle propre... La notion de clientèle propre n'est pas définie, on peut supposer qu'il s'agit de la clientèle spécifique du commerçant, et non de celle du gestionnaire du domaine public.

Il est précisé que toute personne souhaitant se porter acquéreur d'un fonds de commerce ou d'un fonds agricole peut, par anticipation, demander à l'autorité compétente une autorisation d'occupation temporaire du domaine public pour l'exploitation de ce fonds. L'autorisation prend effet à compter de la réception par l'autorité compétente de la preuve de la réalisation de la cession du fonds. Sont précisées les cessions, mais aussi les transmissions successorales du fonds.

En cas de décès d'une personne physique exploitant un fonds de commerce ou un fonds agricole en vertu d'une autorisation d'occupation temporaire du domaine public, l'autorité compétente délivre à la demande de ses ayants droit, sauf si un motif d'intérêt général s'y oppose, une autorisation d'occupation temporaire du domaine public identique à celle accordée à l'ancien titulaire pour la seule poursuite de l'exploitation du fonds, durant trois mois.

Si les ayants droit ne poursuivent pas l'exploitation du fonds, ils peuvent, dans le délai de six mois à compter du décès, présenter à l'autorité compétente une personne comme successeur. En cas d'acceptation de l'autorité compétente, cette personne est subrogée dans les droits et obligations de l'ancien titulaire. La décision est notifiée aux ayants droit ayant sollicité l'autorisation ou ayant présenté un successeur ainsi que, le cas échéant, au successeur présenté. Toute décision de refus est motivée.

Ces nouvelles dispositions semblent permettre une valorisation accrue par le développement d'activités commerciales sur le domaine public, et devraient conduire à indemniser les occupants en cas de perte de leur fonds de commerce.

L'article L. 2124-35 du CG3P explique que cette possibilité n'est pas applicable au domaine public naturel, ce qui est regrettable car en particulier le domaine public maritime pourrait accueillir de très nombreuses activités.

Perspectives

La diversification de la problématique du stationnement

La loi dite Guillaume du 18 mars 2015 vise à faciliter le stationnement des personnes en situation de handicap titulaires de la carte de stationnement. Il s'agit de permettre un stationnement gratuit et illimité sur les places spécifiquement réservées aux personnes porteuses de handicap, et sur toutes les autres places. Toutefois, les autorités compétentes en matière de circulation et de stationnement peuvent fixer une durée maximale de stationnement qui ne peut être inférieure à douze heures.

La question des sanctions pénales encourues par les gens du voyage en cas de stationnement illicite reste délicate et sensible, les élus locaux appelant de leurs vœux de nouveaux outils permettant une sauvegarde efficace de l'ordre public et la préservation du droit de propriété… et donc des possibilités efficaces d'évacuation forcée des campements illicites sur des terrains publics ou privés. Les associations de défense des gens du voyage mettent quant à elles en avant le manque d'aires d'accueil pourtant obligatoires en vertu de la loi du 5 juillet 2000, dite loi Besson II.

(Pour rappel, la loi NOTRe transfère d'office les aires d'accueil aux EPCI communautaires.) La loi égalité et citoyenneté du 27 janvier 2017 intègre le mode d'habitat des gens du voyage à prendre en compte dans les politiques et dispositifs d'urbanisme, d'habitat et de logement de l'État et des collectivités; et ajoute les terrains familiaux et aires de grands passages au titre des équipements que devront réaliser les communes ou EPCI conformément à la loi Besson. La loi relative à l'accueil des gens du voyage et à la lutte contre les installations illicites du 7 novembre 2018 clarifie le débat obligations des communes et EPCI/renforcement de la lutte contre les stationnements sauvages…

La loi MAPTAM, complétée par une ordonnance du 9 avril 2015 et la loi NOTRe, a dépénalisé le stationnement et l'a décentralisé à compter du 1er janvier 2018. Ainsi, le conseil municipal – ou l'organe délibérant de l'EPCI ou du syndicat mixte compétent pour l'organisation des transports urbains – peut non seulement instituer le prix du parcmètre acquitté en principe spontanément par l'automobiliste quand il se gare, mais aussi le forfait de poststationnement si la redevance n'est pas réglée dès le début du stationnement ou si elle est insuffisamment réglée. Le chantier de mise en œuvre de cette réforme est lourd : adaptation des modalités de surveillance, définition des modalités de gestion des recours des automobilistes, mise à jour éventuelle des équipements de paiement…

Le barème tarifaire de paiement immédiat doit être établi en vue de favoriser la fluidité de la circulation, la rotation du stationnement des véhicules sur voirie et l'utilisation des moyens de transport collectif ou respectueux de l'environnement.

Il tient compte de l'ensemble des coûts nécessaires à la collecte du produit de la redevance de stationnement. Il peut être modulé en fonction de la durée de stationnement, de la surface occupée par le véhicule ou de son impact sur la pollution atmosphérique. Il peut prévoir une tranche gratuite pour une durée déterminée ainsi qu'une tarification spécifique pour certaines catégories d'usagers, dont les résidents.

Une nouvelle juridiction, la commission du contentieux du stationnement payant, dédiée aux recours dirigés contre les avis de paiement du forfait de poststationnement a été instituée par l'ordonnance du 23 janvier 2015 ; elle ne statue que suite à un recours administratif préalable. Dans un rapport publié en janvier 2020, le Défenseur des droits critique le dispositif, notamment en ce qu'il oblige à payer avant de pouvoir contester…

La même loi MAPTAM modifie le Code général des collectivités territoriales en inscrivant que lorsqu'un EPCI à fiscalité propre est compétent en matière de voirie, les maires des communes membres transfèrent au président de cet établissement les prérogatives qu'ils détiennent en matière de délivrance des autorisations de stationnement sur la voie publique aux exploitants de taxi. L'autorisation de stationnement peut être limitée à une ou plusieurs communes membres.

La loi relative à la consommation du 17 mars 2014 prévoit que tout exploitant de parc de stationnement payant affecté à un usage public est tenu d'appliquer au consommateur, en dehors de toute formule d'abonnement ou de tarification journalière, une tarification au quart d'heure lorsque le coût du service est déterminé *a posteriori*.

Actant de ces avancées, mais plus exigeant, le rapport Olivier-Paul-Dubois-Taine soulève la nécessaire réflexion sur les différents usages de l'espace public entre le stationnement résidentiel, celui réservé aux professionnels et les espaces d'autopartage (activité d'ailleurs définie par la loi MAPTAM). Dans son rapport de 2017, la Cour des comptes critique la politique de stationnement urbain, relevant une sous-optimisation des places de stationnement de voirie et de parkings payants, en raison d'une mauvaise répartition des tâches entre communes et structures intercommunales.

Les « incomplétudes » du CG3P (J. Morand-Deviller)

Code général, d'étape… le CG3P souffre certes d'imperfections, comme la complexité en grande partie due à l'absence de lignes conductrices du code, les règles oscillant entre protection et valorisation, sans qu'un véritable arbitrage soit opéré.

Le caractère inabouti du CG3P tient essentiellement à ses manques. Il ne regroupe pas véritablement toutes les dispositions relatives au domaine public des collectivités territoriales et de leurs établissements publics : il renvoie tant au Code général des collectivités territoriales, comme en matière de BEA, qu'aux Codes de la voirie routière, général des impôts, du patrimoine, de l'urbanisme, ou rural et de la pêche maritime… La volonté de rassembler les règles relatives à la propriété publique ne trouve donc pas vraiment son aboutissement, la lisibilité en est affectée.

La question d'un domaine public incorporel ou immatériel (comme l'image des propriétés publiques, ou la renommée d'une collectivité) par exemple reste posée.

De plus, certains critiquent l'absence de définition de ce qui est entendu comme étant un aménagement « indispensable », rendant incertaine la réduction souhaitée de l'importance quantitative du domaine public.

Les exigences croissantes d'une mise en concurrence

Le législateur a multiplié les formes des autorisations conventionnelles d'occupation du domaine public : simple convention d'occupation temporaire privative, ou contrat plus complexe car en même temps délégation de service public, marché...

La Cour de Justice des Communautés européennes a posé pour tout contrat public une obligation de transparence supposant donc un minimum de publicité, de façon à assurer l'égalité d'accès à ces contrats (CJCE 7 décembre 2000 Telaustria).

Si à l'autorisation s'ajoute une concession ou un marché public, alors la mise en concurrence s'impose, liée à l'application des textes afférents à ces contrats (notamment les ordonnances du 29 janvier 2016 et du 23 juillet 2015).

S'il s'agit d'une simple convention d'occupation domaniale, la prudence recommandait de ne pas s'exonérer du respect de mesures de publicité, afin de ne pas fragiliser l'acte ; la collectivité restait cependant libre de définir les modalités les mieux adaptées aux caractéristiques du contrat, afin de ne pas alourdir exagérément la procédure.

Le Conseil d'État a rappelé qu'aucune disposition législative ou réglementaire ni aucun principe n'imposent à une personne publique d'organiser une procédure de publicité préalable à la délivrance d'une autorisation ou à la passation d'un contrat d'occupation d'une dépendance du domaine public, ayant dans l'un ou l'autre cas pour seul objet l'occupation d'une telle dépendance ; qu'il en va ainsi même lorsque l'occupant de la dépendance domaniale est un opérateur sur un marché concurrentiel. Si dans le silence des textes, l'autorité gestionnaire du domaine peut mettre en œuvre une procédure de publicité ainsi que, le cas échéant, de mise en concurrence, afin de susciter des offres concurrentes, l'absence d'une telle procédure n'entache pas d'irrégularité une autorisation ou une convention d'occupation d'une dépendance du domaine public (CE 3 décembre 2010 Ville de Paris). Une réponse comparable avait été apportée à propos d'un contrat d'exploitation des « colonnes Morris » (CE 15 mai 2013 Ville de Paris).

La loi du 9 décembre 2016 dite « Sapin 2 » a autorisé l'ordonnance du 19 avril 2017 permettant de prévoir des obligations de publicité et de mise en concurrence préalable applicables à certaines autorisations et conventions d'occupation du domaine public. Il s'agit de limiter la libre attribution des autorisations d'occupation temporaire, en corrélation avec la décision de la Cour de Justice de l'Union européenne (CJCE du 14 juillet 2016 « Promoimpresa Srl » et « Mario Melis e.a. ») Les juges européens avaient énoncé en effet que le droit communautaire s'oppose à ce qu'une mesure nationale qui prévoit la prorogation automatique des autorisations en cours sur le domaine maritime et lacustre et destinées à l'exercice d'activités touristico-récréatives, en l'absence de toute procédure de sélection entre les candidats potentiels ; de même si ces concessions présentent un intérêt frontalier certain.

Une procédure souple de publicité et de mise en concurrence préalable à la délivrance de titres d'occupation du domaine public est possible dans certaines hypothèses seulement : les cas dans lesquels l'autorisation a pour objet de permettre l'exercice d'une activité économique sur le domaine public qui serait susceptible d'avoir une influence sur la situation du bénéficiaire sur le marché concurrentiel. Une procédure simplifiée peut être prévue s'il s'agit d'occupations de courte durée délivrées quotidiennement : de simples mesures de publicité préalable devront être mises en œuvre (de même s'il existe une offre foncière disponible suffisante pour l'exercice de l'activité projetée). Dans le cas où cette mise en concurrence serait impossible, manifestement inutile, absurde ou inopportune la procédure n'a pas à être mise en œuvre (tel est le cas lorsqu'une seule personne est susceptible d'occuper la dépendance, par exemple pour une exclusivité justifiée par des raisons artistiques).

La loi relative à la transparence, à la lutte contre la corruption et à la modernisation de la vie économique, dite « Sapin 2 » (9 décembre 2016) et l'ordonnance du 19 avril 2017 relative à la propriété des personnes publiques

En premier lieu, les règles d'occupation et de sous-occupation du domaine public sont concernées. Comme cela a été explicité précédemment, l'objectif est de prévoir des obligations de publicité et de mise en concurrence préalable applicables à certaines autorisations d'occupation, et de préciser l'étendue des droits et obligations des bénéficiaires de ces autorisations. Sont par exemple élargies les hypothèses de gratuité des occupations du domaine en cas de montage aller-retour. (En effet, le titulaire d'un contrat d'occupation paie une redevance à la personne publique et le lui refacture dans le loyer, en assujettissant cette refacturation à la TVA ! Imposer une redevance renchérit donc le coût global du montage). Il peut être remarqué que la loi ELAN du 23 novembre 2018 ajoute une dérogation au principe de sélection transparente des titres d'occupation privative du domaine public en ce qui concerne l'installation et l'exploitation d'un réseau de communications électroniques ouvert au public.

Le second axe de la réforme est de refondre les modalités de transfert de propriété par les personnes publiques. Il s'agit d'ouvrir aux collectivités territoriales la possibilité de recourir au déclassement par anticipation prévu pour le domaine de l'État, et de déterminer les conditions dans lesquelles les personnes publiques pourront recourir à des promesses de vente sous condition de déclassement Le déclassement anticipé permet de décider du déclassement d'un immeuble appartenant au domaine artificiel dès que sa désaffectation a été décidée, alors même que les nécessités du service public justifient que cette désaffectation ne prenne effet que dans un délai fixé par l'acte de déclassement. Les structures locales peuvent ainsi organiser le déménagement d'un site vers un autre, assurer le financement, de ce déménagement par le prix de vente, et inscrire la vente dans un temps de négociation préalable plus long. Toute cession intervenant dans le cadre de cet article L. 2141-2 du CG3P donne lieu, sur la base d'une étude d'impact pluriannuelle tenant compte de l'aléa, à une délibération motivée de l'organe délibérant de la structure territoriale à laquelle appartient l'immeuble cédé. L'acte de vente doit, à peine de nullité, comporter une clause organisant les conséquences de la résolution de la vente. Les montants des pénalités inscrites dans la clause résolutoire de l'acte de vente font l'objet d'une provision.

La loi du 24 décembre 2019 d'orientation des mobilités (LOM)

La domanialité publique est naturellement concernée par les questions de mobilité... La LOM « gargantuesque » (189 articles !) de décembre 2019 comporte logiquement de multiples dispositions relatives au domaine.

Ainsi, l'article 37 LOM permet-il une modulation des tarifs de stationnement en prenant en compte un objectif d'équité sociale : peuvent être pris en compte le niveau de revenu des usagers, leur statut ou le nombre de personnes vivant au foyer, ce qui permettra de favoriser l'égalité d'accès à la mobilité des personnes en situation de vulnérabilité économique ou sociale. (Pour rappel, une délibération du conseil municipal de Grenoble instituant une tarification sociale avait été annulée par la Cour Administrative d'Appel de Lyon le 4 avril 2019.)

L'article 41 LOM permet quant à lui de conditionner le déploiement des services de location de véhicules en libre-service et sans station d'attache (comme les trottinettes ou les vélos) à la délivrance d'un titre d'occupation domaniale et au règlement d'une redevance d'occupation domaniale.

La police de la circulation et du stationnement est aussi largement impactée par la loi LOM. Le maire peut donc réserver sur la voie publique ou tout autre lieu de stationnement ouvert au public des emplacements de stationnement aux véhicules bénéficiant d'un label « auto-partage » ; il peut de plus réserver des voies, de façon permanente ou à certaines heures, pour faciliter la circulation des véhicules transportant un nombre minimal d'occupants, notamment dans le cadre du covoiturage (article 35 LOM). Des zones à faibles émissions mobilité remplaçant les zones à circulation restreinte doivent obligatoirement être créées avant le 31 décembre 2020 dans les territoires ne respectant pas de manière régulière les normes de qualité de l'air (article 86 LOM).

La loi d'orientation des mobilités est complétée par la loi « engagement et proximité » du 27 décembre 2019 en ce qui concerne les pouvoirs de police du maire en matière de protection du domaine public. Elle précise la possibilité de prononcer des amendes administratives en cas de manquement présentant un risque pour la sécurité des personnes, à un arrêté municipal (comme en matière d'élagage d'arbres donnant sur la voie publique).

Bibliographie

- « Nouvelles valorisations des espaces publics : espaces publics, usages privés », Isabelle Baraud-Serfaty, Clément Fourchy, Nicolas RIO, *Revue foncière*, n° 21, janvier-février 2018, p. 31-41.
- « Les biens nécessaires au service public apportés par le concessionnaire : des biens de retour », *Revue française de droit administratif*, septembre-octobre 2018, p. 939-948.
- « Propriétés publiques et loi ELAN : un léger vent de libération », *Droit de la voirie et du domaine public*, n° 207, mars 2019, p. 51-57.
- « La défaillance du forfait post-stationnement : rétablir les droits des usagers », *Défenseur des droits*, janvier 2020, 59 p.
- « Circulation des biens publics et intercommunalités », Dominique de Saint Sernin, *Pouvoirs locaux*, janvier 2020, p. 99-107.
- *La valorisation du patrimoine immatériel des personnes publiques*, Pierre-Adrien Blanchet, L'Harmattan, 2020, 592 p.

Exemples de sujets

- La consistance du domaine public communal
- Protection et valorisation du domaine public des collectivités territoriales
- Les principes directeurs du domaine public sont-ils encore utiles ?
- Comment gérer le domaine public local ?
- Domaine public territorial et activités économiques
- Occupation privative du domaine et mise en concurrence

QCM

259. De quand date le Code général de la propriété des personnes publiques (CG3P) ?

☐ **A.** Ordonnance du 21 avril 2006
☐ **B.** Loi du 16 décembre 2010
☐ **C.** Décret du 12 novembre 2011

260. Deux personnes publiques peuvent-elles se transférer gratuitement un bien ?

☐ **A.** Non, il n'y a transfert de propriété que s'il y a un paiement même symbolique
☐ **B.** Oui, cela a été par exemple le cas lors de la décentralisation
☐ **C.** Aucun transfert de propriété n'est possible entre personnes publiques

261. Les réserves foncières d'une collectivité appartiennent-elles à son domaine public ?

☐ **A.** Oui, puisqu'elles sont destinées à la personne publique
☐ **B.** Oui, si la destination future concerne un service public
☐ **C.** Non

262. Dans le cadre de l'acquisition d'un bien par une collectivité, que signifie préempter ?

☐ **A.** Contraindre un propriétaire à vendre un bien pour pouvoir l'acheter
☐ **B.** Acheter par priorité un bien mis en vente
☐ **C.** Payer un bien au prix de l'estimation des services de France Domaine

263. Quelles sont les conditions pour qu'un bien fasse partie du domaine public immobilier communal ?

☐ **A.** La propriété et l'affectation
☐ **B.** La propriété et la jouissance
☐ **C.** L'affectation et la jouissance

264. Comment une collectivité peut-elle vendre un élément de son domaine public ?

☐ **A.** En organisant une vente aux enchères après autorisation préfectorale
☐ **B.** C'est impossible, cela lui est interdit
☐ **C.** En le désaffectant pour qu'il rentre dans son domaine privé

265. Le domaine public local est-il encore aujourd'hui imprescriptible ?

☐ **A.** Oui, c'est clairement affirmé dans le CG3P
☐ **B.** Non, en raison du droit européen
☐ **C.** Cela dépend s'il s'agit du domaine public mobilier ou immobilier

266. Comment expliquer au regard du principe d'égalité l'octroi de droits particuliers de stationnement aux seuls riverains ?

☐ **A.** C'est une pratique illégale
☐ **B.** Car le principe d'égalité signifie « à situation identique, traitement identique »
☐ **C.** Car le principe d'égalité ne concerne pas le droit de la domanialité publique

267. L'utilisation du domaine public est-elle gratuite ?

☐ **A.** Oui, c'est un principe absolu
☐ **B.** Non, car il faut financer son entretien et sa protection
☐ **C.** Cela dépend

268. Pourquoi dit-on que le principe d'insaisissabilité du domaine public n'est plus absolu ?

- ☐ **A.** Parce qu'il ne concerne pas le domaine public de l'État
- ☐ **B.** Parce que la loi du 16 juillet 1980 l'a fragilisé
- ☐ **C.** Car depuis 2016 il n'est plus applicable

269. Qu'appelle-t-on la théorie des mutations domaniales ?

- ☐ **A.** La possibilité pour l'État de modifier de façon autoritaire l'affectation d'un bien décentralisé
- ☐ **B.** Le fait de transférer un bien du domaine de l'État à celui d'une collectivité
- ☐ **C.** Le changement de gestionnaire d'une forêt domaniale

270. Qui fixe le montant de la redevance en cas d'occupation privative du domaine public communal ?

- ☐ **A.** L'organe exécutif : le maire
- ☐ **B.** Le comptable public
- ☐ **C.** L'organe délibérant : le conseil municipal

271. Un maire peut-il prêter gratuitement une salle communale à une association ?

- ☐ **A.** Non, toute occupation domaniale privative donne lieu à perception d'une redevance
- ☐ **B.** Oui, mais uniquement s'il s'agit d'une association œuvrant dans le champ social
- ☐ **C.** Oui

272. L'État verse-t-il une redevance quand il installe des radars sur la voirie départementale ?

- ☐ **A.** Oui, puisqu'il en tire un avantage financier
- ☐ **B.** Non car il s'agit d'améliorer la sécurité routière
- ☐ **C.** Oui, s'il s'agit d'une voirie transférée par la loi du 13 août 2004

273. Peut-on constituer des droits réels sur le domaine public local ?

- ☐ **A.** Oui, il y a certaines possibilités très encadrées
- ☐ **B.** Non, le domaine public local étant inaliénable et imprescriptible
- ☐ **C.** Non, c'est réservé au domaine public étatique

274. Quel est le champ d'application des baux emphytéotiques administratifs locaux ?

- ☐ **A.** Le domaine public des collectivités
- ☐ **B.** Le domaine public routier des collectivités
- ☐ **C.** Le domaine public des collectivités, mais il y a des exceptions

275. Dans le droit de la domanialité publique, que signifie AOT ?

- ☐ **A.** Autorisation d'occupation temporaire
- ☐ **B.** Autorité organisant les transferts
- ☐ **C.** Autorisation d'ouverture territorialisée

276. Comment valoriser économiquement le domaine public local ?

- ☐ **A.** Ce n'est pas la finalité du domaine public qui a vocation unique à servir l'intérêt général
- ☐ **B.** Par des redevances et la constitution de droits réels
- ☐ **C.** En l'aliénant

277. Une autorisation d'occupation temporaire du domaine public doit-elle donner lieu à une mise en concurrence ?

- ☐ **A.** Oui
- ☐ **B.** Non
- ☐ **C.** Oui et non, cela dépend

Réponses

259. Réponse A. La partie législative du Code général de la propriété des personnes publiques (CG3P) est issue de l'ordonnance 2006-240 du 21 avril 2006, entrée en vigueur le 1er juillet 2006, qui confère ainsi un fondement législatif à une construction jusque-là essentiellement jurisprudentielle. La partie réglementaire, attendue pendant près de 6 ans, est finalement parue dans le décret 2011-1612 du 22 novembre 2011 !

260. Réponse B. Le Conseil constitutionnel, dans sa décision du 9 décembre 2010 relative à la loi RCT, comme dans celle du 23 janvier 2014 relative à la loi MAPTAM, a rappelé que la protection du droit de propriété, qui ne concerne pas seulement la propriété privée des particuliers mais aussi la propriété de l'État et des autres personnes publiques, résulte des articles 2 et 17 de la déclaration des droits de l'homme et du citoyen de 1789. Il a affirmé que le droit au respect des biens garanti par ces dispositions ne s'oppose pas à ce que le législateur procède au transfert gratuit de dépendances du domaine public entre personnes publiques.

261. Réponse C. L'article L. 2211-1,2 du CG3P expose très clairement que font partie du domaine privé les réserves foncières, ce qui est logique, car la condition d'affectation au moyen d'un aménagement (nécessaire pour appartenir au domaine public) n'est pas remplie.

262. Réponse B. Le droit de préemption est un droit permettant à son titulaire d'acquérir par priorité un bien mis en vente. Comme l'énonce l'article L. 1112-6 du CG3P, les collectivités et leurs établissements publics peuvent utiliser ce droit pour accroître leur patrimoine, dans les conditions prévues par le Code de l'urbanisme.

263. Réponse A. L'article L. 2111-1 du CG3P pose 2 conditions. En premier lieu, le bien doit appartenir à la personne publique, donc ici à la commune. D'autre part, le bien doit être soit affecté à l'usage direct du public, soit affecté à un service public, pourvu qu'en ce cas il fasse l'objet d'un aménagement indispensable à l'exécution des missions de ce service public.

264. Réponse C. Le domaine public est en principe inaliénable, comme l'affirme clairement l'article L. 3111-1 du CG3P reprenant les termes de l'article 1311-1 du CGCT. La seule possibilité pour vendre un bien est donc de le désaffecter et de le déclasser, pour qu'il sorte du domaine public et rentre dans le domaine privé. (La réponse B pouvait donc être aussi considérée comme valable, si on entendait strictement la question qui s'appuyait sur le domaine public !)

265. Réponse A. Posé par un édit de Colbert de 1667, affirmé tant par le CGCT (article L. 1311-1) que par le CG3P (article L. 3111-1), le principe d'imprescriptibilité reste intégral ; il empêche toute acquisition des biens du domaine public par voie de prescription, qu'il s'agisse de la prescription trentenaire ou de la règle selon laquelle en fait de meubles la possession vaut titre (article 2276 Code civil). Cette règle protège aujourd'hui comme hier le domaine public immobilier et mobilier.

266. Réponse B. En droit public, le principe d'égalité n'est pas une règle mathématique… il signifie simplement qu'à situation comparable, il doit y avoir traitement comparable (CE 10 mai 1974 denoyez et Chorques). Appliquée au droit de la domanialité publique, cette conception de l'égalité permet donc d'établir des catégories distinctes d'usagers du domaine public, et par exemple d'octroyer des droits particuliers de stationnement aux seuls riverains, de réserver certaines voies aux cyclistes uniquement, ou de prévoir des quartiers piétons…

267. Réponse C. Si l'utilisation du domaine public est collective, elle peut être gratuite, comme la voirie communale, sans que ce principe soit absolu puisqu'un péage sur un ouvrage d'art peut par exemple être institué. En ce qui concerne l'utilisation privative, il y a par contre un principe de paiement d'une redevance (article L. 2125-1 CG3P), mais qui admet quelques exceptions.

268. Réponse B. La loi du 16 juillet 1980 donne au préfet, en cas de carence d'une collectivité territoriale à assurer l'exécution d'une décision juridictionnelle et après mise en demeure, le pouvoir de se substituer afin de dégager ou de créer les ressources permettant la pleine exécution de cette décision de justice. Le juge administratif estime qu'au nombre des mesures, figure la possibilité de procéder à la vente de biens appartenant à la collectivité, dès lors que ceux-ci ne sont pas indispensables au bon fonctionnement des services publics dont elle a la charge, c'est donc une atténuation du principe d'insaisissabilité (CE 18 novembre 2005 Société fermière de Campoloro).

269. Réponse A. La théorie des mutations domaniales apparaît à l'article L. 2123-4 du CG3P : « Lorsqu'un motif d'intérêt général justifie de modifier l'affectation de dépendances du domaine public appartenant à une collectivité territoriale, un groupement de collectivités territoriales ou un établissement public, l'État peut, pour la durée correspondant à la nouvelle affectation, procéder à cette modification en l'absence d'accord de cette personne publique ».

270. Réponse C. C'est le conseil municipal qui est en principe compétent. Cependant, l'article L. 2122-22 2° du CGCT prévoit que le maire puisse par délégation du conseil municipal, être chargé de fixer, dans les limites déterminées par le conseil municipal, les tarifs des droits de voirie, de stationnement, de dépôt temporaire sur les voies et autres lieux publics et, d'une manière générale, des droits prévus au profit de la commune qui n'ont pas un caractère fiscal.

271. Réponse C. La loi du 12 mai 2009 de simplification et de clarification du droit et d'allégement des procédures permet que l'autorisation d'occupation ou d'utilisation du domaine public puisse être délivrée gratuitement aux associations à but non lucratif qui concourent à la satisfaction d'un intérêt général (article L. 2125-1 pénultième alinéa du CG3P). Cette exception au principe de la redevance affirmé en 2006 par le CG3P a mis fin aux inquiétudes des associations souvent dépendantes des collectivités pour leurs locaux.

272. Réponse B. À l'issue d'un contentieux complexe, une exception au principe de la redevance a été ajoutée par la loi de finances 2008, indiquant qu'il n'y a pas redevance lorsque l'occupation ou l'utilisation concerne l'installation par l'État des équipements visant à améliorer la sécurité routière. La loi de finances rectificative pour 2010 ajoute le cas des équipements nécessaires à la liquidation et au constat des irrégularités de paiement de toute taxe perçue au titre de l'usage du domaine public routier (article L. 2125-1,1 CG3P).

273. Réponse A. Le domaine public est inaliénable et imprescriptible, ce qui empêche en principe toute possibilité de droit réel. La volonté de valoriser économiquement le domaine public a cependant peu à peu écorné cette assertion : dès 1988, avec les baux emphytéotiques administratifs, puis avec des servitudes grevant les biens de la collectivité, droits réels liés à l'autorisation d'occupation temporaire…

274. Réponse C. Un bail emphytéotique administratif peut être conclu, même si le bien sûr lequel il porte constitue une dépendance du domaine public, sous réserve que cette dépendance demeure hors du champ d'application de la contravention de voirie, ce qui exclut le domaine public routier (article L. 1311-2 CGCT). Pour rappel, un bien immobilier appartenant à une collectivité territoriale peut faire l'objet d'un bail emphytéotique, en vue de la réalisation d'une opération d'intérêt général relevant de sa compétence, ou en vue de l'affectation à une association cultuelle d'un édifice du culte ouvert au public.

275. Réponse A.
Les autorisations d'occupation temporaire sont en principe accordées unilatéralement par l'exécutif local, elles sont précaires et révocables. Cependant, il est aujourd'hui possible pour les collectivités d'accorder des droits réels pour leurs AOT, en vue de la réalisation d'une opération d'intérêt général relevant de leur compétence (article L. 1311-5 CGCT).

276. Réponse B. Au-delà de la volonté de protéger ou de conserver le domaine public, afin qu'il permette l'exercice des missions d'utilité publique, la mise en valeur du patrimoine s'entend dans le sens de son rayonnement et de sa diffusion, et dans une finalité le développement économique grâce à la technique de la redevance et à la possibilité de constitution de droits réels.

277. Réponse C.
L'article L. 1311-5 CGCT précise que « dans le cas où une AOT constitutive de droit réel serait nécessaire à l'exécution d'un contrat de la commande publique, ce contrat prévoit, dans le respect des dispositions du I et du CG3P, les conditions de l'occupation du domaine. » Cette disposition interdit donc de délivrer une AOT pour exécuter une prestation de service ou commander des travaux sans mise en concurrence préalable. L'ordonnance du 19 avril 2017 organise quant à elle les obligations de publicité et de mise en concurrence préalable applicables à certaines autorisations et conventions d'occupation (articles L. 2122-1 et s CG3P). Le Conseil d'État a ainsi rappelé les obligations de sélection préalable concernant l'attribution par le Sénat d'un contrat d'occupation du domaine public en vue de l'exploitation des six courts de tennis situés dans le jardin du Luxembourg (CE, 10 juillet 2020, N° 434582).

14 L'émergence du management territorial

Depuis une trentaine d'années et l'essor de la décentralisation, les collectivités territoriales ont progressivement intégré les outils du management public. Celui-ci, bien que comportant des techniques de gestion appliquées au secteur privé, a permis l'élaboration d'outils de pilotage et de gestion de l'action publique tenant compte des spécificités du secteur public et du service public. Ces particularités sont organisationnelles du fait de la présence des élus à proximité des fonctionnaires, mais aussi des intérêts et des besoins exprimés des citoyens, qui sont aussi usagers et électeurs. La légitimité de l'action locale est alors liée non seulement au processus décisionnel, mais aussi à son contenu centré sur l'intérêt général local. Il s'ensuit des modes particuliers de contrôle et d'évaluation de l'action publique locale. Si l'époque actuelle est marquée par le retour en force de logique de gestion privée des collectivités publiques, on constate aussi l'émergence d'une critique d'une gestion publique fondée principalement sur les critères d'efficiences et de performance. Le management public n'a dès lors pas fini d'évoluer.

Historique

Le management territorial est une dénomination possible du management appliqué aux collectivités territoriales. On parle aussi de management public local, ou de management public territorial. Peu importe au fond la dénomination retenue. L'essentiel se situe dans la rencontre que certains disaient improbable entre deux notions clefs : le management et les collectivités publiques locales.

La notion de management est définie par Peter Drucker comme étant « une activité visant à obtenir des hommes un résultat collectif en leur donnant un but commun, des valeurs communes, une organisation convenable et la formation nécessaire pour qu'ils soient performants, et puissent s'adapter au changement ». Pour Alain Thiétart le management est plus simplement « l'action, l'art ou la manière de conduire une organisation, de la diriger, de planifier son développement, de la contrôler, et peut s'appliquer à tout domaine ». Il existe donc plusieurs définitions du management. Mais toutes ces définitions mettent en avant l'idée de pilotage d'une organisation donnée, vers des objectifs déterminés, planifiés et moyennant des mécanismes d'évaluation et de contrôle des actions entreprises.

La particularité du management public

Selon une conception minimaliste du management public, celui-ci ne serait qu'une adaptation aux organisations publiques des outils de management des entreprises privées. C'est là une conception répandue dans les pays anglo-saxons. Son origine remonte pourtant aux travaux de l'ingénieur français Henri Fayol dont l'ouvrage intitulé *Administration industrielle et générale*, publié en 1918 chez Dunod (2e édition, Dunod, 1999, 160 p.) est considéré comme un des grands textes fondateurs du management. Lors d'une étude sur les PTT, alors administration de l'État, il avait conclu qu'il fallait « industrialiser l'État », c'est-à-dire appliquer les principes de gestion du secteur privé à cette administration.

Mais il existe une conception plus large du management public, qui est aujourd'hui largement développée, en France notamment. Selon cette conception, le management public n'est pas une simple adaptation du management privé au secteur public. Certes il emprunte à la théorie générale du management, mais sa spécificité repose sur des valeurs qui sont celles du service public et non pas celles du marché. En effet, d'une part, les politiques publiques cherchent à agir sur la société, selon une logique d'organisation du changement social qui diffère sensiblement de la logique de recherche du profit qui caractérise les entreprises privées; d'autre part, les valeurs du service public que le management public prend en considération sont fondamentalement liées aux principes fondamentaux du service public: mutabilité, continuité et égalité. Mais il prend aussi en considération les valeurs véhiculées par le statut de la fonction publique: impartialité, neutralité, laïcité, probité et exemplarité. On peut d'ailleurs rattacher ces valeurs au triptyque de la devise de la République: Liberté, Égalité et Fraternité.

Les caractéristiques des collectivités publiques imposant des modalités de gestion spécifiques

Les particularités du management public sont intrinsèquement liées aux cinq caractéristiques fondamentales des collectivités territoriales, ainsi que de toutes organisations publiques:

- La poursuite des finalités externes: Les collectivités publiques sont tournées vers des objectifs d'intérêt général. Cela induit aussi le fait que ces collectivités ne sont pas structurées par le risque de leur disparition. La certitude de leur permanence est à l'opposé des entreprises privées qui par nature risquent leur disparition en cas de mauvaise gestion ou plus simplement de mauvais résultats sur un marché donné.
- L'absence de rentabilité capitalistique: La notion de valeur ajoutée au capital n'a aucun sens quand elle est appliquée aux collectivités territoriales. De ce fait on peut considérer que beaucoup d'activités publiques n'ont pas de prix au sens de la théorie économique, mais en revanche elles ont un coût. Ceci étant dit, les activités publiques qui s'inscrivent dans un marché déterminé, sont beaucoup plus sujettes à l'influence des théories économiques; c'est particulièrement le cas des activités de service public industriel et commercial.
- L'absence de concurrence des activités publiques: Les collectivités territoriales sont dans la plupart de leurs activités en situation de monopole ou de quasi-monopole. Cela favorise l'émergence d'une démocratie sociale fortement autonomisée. Le risque est alors parfois la confusion entre la poursuite de l'intérêt général souhaité et la défense des corporatismes au sein de l'organisation publique.
- L'existence de systèmes complexes et très cloisonnés: Les collectivités territoriales sont des systèmes complexes au regard de la multiplicité et de

l'hétérogénéité des missions qui leur sont confiées; au regard de leur diversité en taille et donc en modèles d'organisation; au regard de la diversité des statuts des agents qui y travaillent. La complexité engendre une tendance à la verticalisation des problèmes et au cloisonnement des stratégies.

- L'action administrative soumise à la volonté politique: L'action locale est rythmée par les échéances électorales locales qui peuvent favoriser des tendances au clientélisme et au lobbying interne ou externe. Les économistes constatent que cela induit souvent un coût de transaction plus élevé dans le secteur public par rapport aux entreprises privées.

Ces caractéristiques spécifiques des collectivités territoriales imposent des réponses adaptées, différentes de celles liées aux problématiques des organisations privées. Ainsi, les logiques et méthodes du management public territorial diffèrent en partie de celle du management des entreprises privées.

Connaissances de base

Avant de comprendre les spécificités du management public local, il convient de faire le point des principes fondamentaux du management que l'on retrouve en partie dans les logiques du management public local.

Les principes fondamentaux du management

La logique fondamentale du management n'est pas linéaire mais circulaire. Comme l'écrit Alain Thiétart, il n'y a ni commencement ni fin, mais plutôt des composantes en interaction. Ces composantes sont fondamentalement au nombre de quatre: planification, organisation, activation et contrôle.

Planification

La planification permet d'anticiper et de préparer les actions futures à entreprendre. Elle permet une organisation selon un plan qui définit des objectifs et détermine les moyens nécessaires.

La planification était à l'origine opérationnelle et à long terme. C'est ce type même de planification qui était utilisé au plus haut niveau de l'État durant les «Trente Glorieuses». Cette planification est progressivement devenue plus prospective, plus qualitative et plus souple et est devenue ce qu'on appelle aujourd'hui une planification stratégique qui permet un management dit stratégique.

Concrètement la planification s'élabore à partir d'un diagnostic d'une situation donnée, afin de repérer ce qui doit être amélioré, conservé, modifié ou créé. Sont ensuite définis les moyens permettant d'atteindre ces objectifs.

Aujourd'hui, la planification s'articule autour de trois étapes:

Tout d'abord un plan stratégique en général à long terme, dont le but est de donner de grands objectifs et par là même donner du sens, un sens, à l'action. Chacun au sein de l'organisation pouvant se rattacher à une orientation claire et cohérente.

Ensuite, viennent le ou les plans opérationnels, qui sont définis à moyen, ou à court terme. Ces plans définissent des objectifs dits opérationnels pour le fonctionnement quotidien de l'organisation. Sont donc ici fixés les étapes, les moyens et le temps nécessaires. Ces plans opérationnels doivent pouvoir s'adapter régulièrement aux réalités du terrain, afin de toujours mettre en œuvre les processus et les moyens les plus adéquats pour remplir les objectifs fondamentaux du plan stratégique. D'ailleurs, lors de la détermination d'un plan opérationnel, d'autres plans opérationnels dits de rechange, peuvent être mis au point en même temps, pour faire face aux aléas de la réalisation.

Enfin, vient le budget, dernier élément de la planification. Il est la traduction en termes monétaires, des objectifs, des politiques et des programmes d'action élaborés dans le cadre d'un plan stratégique ou opérationnel.

La planification suppose enfin une organisation *ad hoc* pour la porter de bout en bout. Dans les collectivités locales, ce support organisationnel de la planification est souvent dévolu, comme dans la plupart des structures complexes, aux dirigeants de la collectivité (élus de l'exécutif et direction générale des services).

Organisation

Partie la plus visible du management, l'organisation permet de définir les tâches à accomplir, de les regrouper, d'établir des liens d'autorité, de coopération et d'information entre les individus agissant en son sein.

On dénombre trois formes principales d'organisation :

- L'organisation par fonction : les tâches sont regroupées et attribuées selon le critère de la spécialisation des individus (ex. : ressources humaines, finances, action sociale...). Ce type d'organisation est certes efficace notamment dans des environnements stables où ce qui prime est l'efficacité de l'emploi des ressources disponibles. Mais cette organisation comporte des limites qui parfois s'avèrent préjudiciables. Elle renforce la spécialisation des individus et des services. Elle est en général très formalisée ce qui peut générer des conflits entre services spécialisés qui n'ont pas toujours les mêmes préoccupations et objectifs immédiats. Si bien qu'elle se traduit par un manque d'adaptabilité ou de réactivité.
- L'organisation par opération : elle tente de remédier aux inconvénients de l'organisation par fonction lorsqu'il s'agit de servir un projet précis. Elle regroupe au sein d'une même entité organisationnelle l'ensemble des moyens, ressources et expertises utiles à la réalisation d'un objectif précis. Cela permet donc de rassembler des fonctions autrement éclatées par spécialité. Ce type d'organisation, génère généralement un coût de fonctionnement plus important.
- L'organisation matricielle : elle combine l'organisation par fonction et l'organisation par opération. Elle comporte deux caractéristiques essentielles : elle est fluide et se fait et se défait facilement. Elle est très utile pour la mise en œuvre d'un projet précis et complexe. Elle nécessite une coordination exercée par un chef de projet ou de mission. Celui-ci exerce alors une autorité temporaire

et partielle sur les agents qui assurent l'exécution du projet ou de la mission, mais qui appartiennent à d'autres entités (directions, services). C'est une organisation qui permet de trouver un équilibre entre le pouvoir financier et le pouvoir technique des experts.

À ces formes d'organisation peuvent se superposer les conceptions déléguées, décentralisées ou coordonnées de l'organisation.

La délégation de responsabilité au sein d'une organisation ne doit pas être un abandon pur et simple de compétences. Le délégataire doit se voir assigner des objectifs par le déléguant, lequel doit en outre mener des contrôles quant aux performances réalisées. En général, la délégation transfère des responsabilités dans le domaine opérationnel, ce qui laisse plus de temps au déléguant pour se consacrer à la stratégie et à la conduite globale de l'organisation.

Avec la décentralisation, la délégation devient plus autonome. Les unités décentralisées d'une organisation possèdent des délégations et des responsabilités. Elles disposent de moyens propres. On les trouve plus souvent dans le cadre des structures par opérations.

Enfin, la coordination permet à diverses unités au sein d'une organisation de mener leurs actions dans une même direction. La coordination peut s'obtenir par la planification telle que déjà évoquée. Elle peut aussi être obtenue par un coordonnateur ou un comité de coordination; dans ce dernier cas, le comité est en général placé en dehors de la ligne hiérarchique directe pour un meilleur fonctionnement qui requiert une forme d'autonomie dans la décision.

Une dernière distinction peut être faite, en matière d'organisation, entre les services fonctionnels et les services opérationnels. Distinction que l'on retrouve pratiquée dans les collectivités territoriales. Un service fonctionnel a pour tâche au sein de l'organisation d'aider, de seconder le dirigeant, alors que le service opérationnel a pour mission la mise en œuvre concrète des décisions prises par le dirigeant. Dans une organisation mêlant ces deux types de service, les services opérationnels ont pour mission de réaliser un objectif premier (répondre aux besoins des usagers par la production d'un service public), tandis que les services fonctionnels vont assurer des tâches de soutien aux services opérationnels (gestion des ressources humaines, financement, achat…). Plus l'organisation est grande et plus cette dissociation entre services fonctionnels et opérationnels est importante; dans les petites organisations, elle peut rester très théorique, les services et les agents pouvant être très polyvalents et assurer des tâches de premier plan et de soutien.

Activation

Alors que la planification définit et articule objectifs et missions, alors que l'organisation donne le support structurel nécessaire à la mise en œuvre des actions et alors que le contrôle vérifiera et évaluera les résultats, l'activation vise à animer les équipes ou les individus qui planifieront, organiseront et contrôleront. En ce sens, elle est un peu la clef de voûte du management. L'activation résulte de la combinaison de plusieurs facteurs: la motivation, le pouvoir, le conflit, le commandement et le changement.

- La motivation permet d'orienter, d'obtenir, que les efforts des individus au sein de l'organisation soient tendus vers l'objectif de celle-ci. Il existe plusieurs méthodes de motivation qui flattent les besoins, les pulsions, les attentes, l'équité, etc.
- Le pouvoir est la faculté qu'a un individu d'imposer à d'autres de faire quelque chose que ceux-ci n'auraient pas fait de leur propre initiative. Souvent le pouvoir est en réalité une relation d'échange, qui fait naître la négociation ; notamment entre pouvoir et contre-pouvoir.
- Le conflit, au sein d'une organisation, peut avoir des origines multiples. Bien sûr le conflit peut être source de rupture, d'instabilité et de désagrégation. C'est pour cela qu'il doit sinon être évité, du moins traité sérieusement pour parvenir à un retour à l'équilibre. Parfois le conflit peut être recherché, pour l'émulation qu'il génère. Le conflit n'est pas que négatif, d'autant qu'il est inhérent à toute activité humaine. Aussi il doit être pris en considération comme une réalité qui peut bloquer ou faire avancer la collectivité.
- Le commandement qui naît de la relation de pouvoir, peut prendre des formes variées entre autoritarisme et souplesse.
- Le changement est celui de l'organisation. Il s'agit de gérer la transition entre un état A vers un état B de l'organisation. Le changement doit être ordonné afin d'assurer une bonne adaptation de l'organisation aux évolutions du contexte.

Tous ces éléments qui viennent d'être évoqués pour caractériser l'activation, ne sont jamais isolés mais interagissent entre eux. Il n'y a pas de changement sans commandement, sans conflit, sans motivation ; de même il n'y a pas de commandement sans pouvoir, et de motivation sans changement.

Contrôle

Le contrôle permet de vérifier que tous les efforts déployés concourent à la réalisation de l'objectif. Le processus de contrôle comporte trois phases essentielles : 1. la fixation du standard de contrôle et de son niveau ; 2. la comparaison entre le résultat observé et le standard de référence ; 3. l'action corrective mettant en œuvre les moyens permettant d'obtenir un résultat au niveau du standard de référence.

Au-delà de ces trois phases essentielles qui caractérisent tout type de contrôle, il existe plusieurs formes de contrôle.

On peut distinguer trois grandes catégories de contrôle :

- Le contrôle anticipé : les résultats sont prédits par des signaux de référence, et l'action corrective est mise en œuvre avant que l'opération ne soit entièrement terminée. Par exemple, le constat d'une faible fréquentation d'une nouvelle ligne de bus quelques semaines après son lancement permet d'envisager une campagne d'information renforcée quant à son existence.
- Le contrôle « tout ou rien » : l'opération n'est accomplie qu'après avoir réussi à passer toutes les étapes d'un filtrage. Chaque validation intermédiaire permet de passer à l'étape suivante du processus de mise en œuvre de l'action programmée.

- Le contrôle *a posteriori* : c'est l'archétype du contrôle qui permet de vérifier les résultats obtenus à la fin d'un processus par rapport au standard de référence.

Au-delà de ces distinctions, la nature du contrôle diffère selon qu'il s'agit de contrôler des opérations, ou de contrôler l'aboutissement d'un projet pris dans sa globalité, le contrôle passant d'opérationnel à un contrôle stratégique.

Enfin, l'organisation du contrôle est un élément essentiel pour la pleine efficacité de celui-ci. Plus globalement, pour que le management soit approprié à la situation, il convient de trouver un équilibre entre le contrôle mis en œuvre et la planification, l'organisation et l'activation. Plus l'organisation est complexe, plus le contrôle doit être délégué, voire décentralisée ; il peut aussi faire l'objet d'une planification précise. Mais quelle que soit l'organisation du contrôle retenue, le niveau hiérarchique supérieur ne doit pas être dépossédé de tout pouvoir de contrôle, quand bien même par volonté il afficherait un style de direction libéral et souple.

Le management public local

Le management public local vise à piloter la décision, l'action et l'évaluation de l'action d'une collectivité territoriale. Tous les éléments fondamentaux du management vu précédemment se retrouvent dans le cadre du management public local. Mais certaines spécificités qui caractérisent les collectivités territoriales impliquent des modalités particulières de management. Pour identifier ces modalités particulières, certains auteurs distinguent entre le management des organisations publiques d'une part et le management des politiques publiques locales d'autre part. Cependant l'action publique locale mêle souvent les aspects organisationnels et les aspects politiques avec les domaines d'action des collectivités. Il est donc possible de présenter les traits caractéristiques du management public local autour des trois mots-clefs cités en début de propos : la décision, l'action et l'évaluation.

La décision

La particularité du management public local concerne d'abord le management lié à la prise de décision. Trois éléments fondamentaux méritent d'être ici relevés : la gouvernance, l'organisation et la légitimité.

La gouvernance locale

La gouvernance locale, ou encore les modalités de « gouvernement » du territoire local se caractérise par la collégialité, la délimitation des attributions politiques et administratives, et la diversité des acteurs.

La collégialité

L'assemblée délibérante locale dispose du pouvoir décisionnel dans les matières les plus importantes, tandis que l'exécutif local est chargé d'assurer la bonne exécution des décisions prises par elle. Les rapports de force politique au sein de cette assemblée locale déterminent un style d'exercice du pouvoir différent selon que l'exécutif dispose d'une forte majorité soudée et cohérente ou au contraire d'une majorité faible ou peu cohérente. L'assemblée peut être un vrai lieu de décision ou au contraire une simple chambre d'enregistrement de la volonté de l'exécutif. Cependant, il faut aussi distinguer entre les assemblées numériquement importantes des grandes collectivités et celles beaucoup plus restreintes des petites communes (neuf membres seulement dans les plus petites communes). Plus la collectivité est grande plus la collégialité s'exerce davantage au niveau des commissions de travail (par exemple bureau et commissions permanentes au sein du conseil général) qu'au niveau de l'assemblée plénière.

Toutefois un certain nombre de matières sont de la compétence de l'exécutif local seul, soit que la loi lui donne expressément cette compétence (c'est le cas par exemple des pouvoirs de police générale qui appartiennent au maire et non pas au conseil municipal), soit que l'assemblée locale a délégué, à son exécutif, certaines matières qui relèvent normalement de sa compétence. À cela s'ajoute le fait que l'exécutif (maire ou président) est entouré d'adjoints (ou de vice-présidents) auxquels il peut (ce n'est pas une obligation) déléguer certains de ses pouvoirs.

La délimitation des attributions politiques et administratives

La coexistence dans les collectivités locales du politique et de l'administratif, c'est-à-dire des élus et des fonctionnaires, impacte aussi le style managérial. En principe, l'élu s'occupe de politique et en ce sens, il est porteur d'une vision. Son action est le résultat de choix et d'arbitrages faits soit en fonction de convictions, soit en fonction d'intérêts électoraux. De son côté, le fonctionnaire est chargé de mettre en œuvre les décisions prises par l'élu ; à cet effet le fonctionnaire s'occupe de gestion. Mais le fonctionnaire est aussi chargé (surtout pour les agents de catégorie A) d'aider l'élu à prendre la décision. On constate deux tendances possibles et non contradictoires d'ailleurs.

D'une part, l'élu peut se montrer plus préoccupé de gestion que de vision. En général cela se traduit par une intrusion forte de l'élu dans le travail du fonctionnaire. Cette « hyperprésence » du politique dans la sphère administrative peut générer des réactions diverses : conflits entre élu et responsable de service, passivité du fonctionnaire qui se désintéresse de son travail puisque l'élu veut tout faire.

Mais d'autre part, c'est le fonctionnaire qui peut se montrer de plus en plus préoccupé de politique. Soit parce qu'il y voit une possibilité (supposée ou réelle) d'avancement de carrière, soit parce que sa fonction le met en situation d'interface directe entre la sphère des élus et la sphère de l'administration ; c'est le cas des directeurs généraux des services. Dans de tels cas, les fonctions occupées correspondent à des emplois fonctionnels dont la caractéristique première par rapport aux emplois de la fonction publique territoriale est une « relative précarité » liée à la circonstance que l'exécutif peut mettre fin à ces fonctions sans avoir à justifier d'un autre motif que celui de la rupture du lien de confiance. Apparaît alors une sorte de « *spoil system* » territorial ; celui-ci repose sur le principe selon lequel un nouvel exécutif local doit pouvoir compter sur la « loyauté partisane » des fonctionnaires, ce qui implique de remplacer ceux qui sont en place, ou ceux dont la loyauté est douteuse, par des agents réputés fidèles.

La diversité des acteurs

Ce qui différencie fondamentalement la notion de gouvernance de celle de gouvernement, c'est la pluralité des acteurs qui concourent à la prise de décision par les autorités investies du pouvoir décisionnel. On constate ainsi qu'une multiplicité d'acteurs participe même indirectement aux décisions d'un exécutif local ou d'une assemblée locale. Cela peut se matérialiser d'ailleurs sous forme de contrats lorsque plusieurs institutions interviennent pour la mise en œuvre d'une politique locale. Cette situation est le résultat à la fois du croisement des compétences liées à l'essor de la décentralisation (l'exemple des politiques sociales décentralisées illustre bien cette réalité), mais aussi de l'émergence corrélative de nouveaux acteurs locaux (sociétés locales, établissements publics locaux, etc.).

L'organisation

Sur le plan organisationnel, les collectivités locales connaissent des excès de bureaucratie, ce qui génère régulièrement dysfonctionnements et blocages notamment dans la prise de décision. Face à cette situation, il existe plusieurs moyens d'agir sur le modèle organisationnel afin de réduire ces tendances bureaucratiques.

Le premier moyen consiste à réduire les niveaux hiérarchiques. Plus le taux d'encadrement est élevé et plus on assiste à une sous-productivité du personnel administratif. Toutefois il n'est pas toujours aisé de parvenir à un tel « écrasement de la pyramide » hiérarchique ; un certain nombre de contraintes statutaires empêche parfois le redéploiement nécessaire du personnel au sein de la structure.

Le deuxième moyen de dépasser le phénomène bureaucratique, notamment caractérisé par le cloisonnement des services et des bureaux au sein d'une organisation administrative, consiste à favoriser la transversalité au sein des services. Ce qui est alors recherché c'est la coopération entre les services. Le directeur général des services peut ainsi être le ciment de cette coopération pérenne entre services.

Le troisième moyen de réduire la bureaucratie locale est de procéder à l'inversement de la pyramide, c'est-à-dire de donner à la base plus d'initiative. Le subordonné est alors considéré comme un collaborateur qui dispose d'une marge de manœuvre sur le terrain pour adapter son action, et donc les décisions qu'il doit prendre, à la réalité de terrain à laquelle il est directement confronté. Bien évidemment ceci n'est pas exclusif de certaines limites fixées par la hiérarchie. Souvent, lorsqu'un agent de terrain dispose ainsi d'une telle autonomie d'action, est mis en place au sein de la structure un mécanisme de rétroaction (*feedback*) qui permet aux élus d'adapter leurs décisions générales.

L'organisation peut également se trouver améliorée et donc s'avérer plus efficiente dans la prise de décision, par l'utilisation de deux techniques de management.

En premier lieu, le management participatif permet de faire adhérer le personnel à la décision. Il s'agit de responsabiliser le personnel notamment quant aux objectifs à atteindre. Or, il y a là une adéquation entre ce mode organisationnel et l'objectif de qualité qui pèse sur toute structure de service public. L'avantage également du management participatif est de donner un supplément de légitimité à la décision qui n'est pas que le résultat d'une décision purement arbitraire mais qui prend aussi sa source dans l'expérience des agents, voire du public concerné. Le management participatif prend souvent la forme d'un intéressement des agents par le biais des primes de rémunération. Il prend aussi la forme d'une contractualisation des objectifs

En second lieu, le management par projet est une autre façon d'améliorer la prise de décision notamment en promouvant l'innovation au sein de l'organisation. Le projet est évidemment ici un projet de service public. Cet outil vise à expliciter les orientations stratégiques, à mobiliser les moyens, notamment les ressources humaines (ce qui passe souvent par le développement des compétences du personnel grâce à des actions de formation professionnelle) et à améliorer la visibilité de la structure à l'extérieur.

La légitimité

La légitimité tient une place particulière dans le management public local, dans la mesure où l'une de ses spécificités est de permettre la participation plus ou moins directe de la population aux décisions que les élus locaux sont amenés à prendre.

Cette légitimité passe d'abord par l'information. Celle-ci est parfois l'objet d'un droit au profit des citoyens, et revêt alors force obligatoire pour les collectivités locales. D'où par exemple les obligations d'affichages au siège de la collectivité des décisions de l'assemblée ou de l'exécutif, ou encore le droit d'accès aux documents administratifs de la collectivité. Mais l'information des citoyens est un enjeu qui va bien au-delà de ces obligations légales pour les collectivités. Celles-ci développent depuis des années des politiques de communication à l'égard des habitants et publient dans ce cadre des journaux locaux d'information.

La légitimité de l'action publique locale passe aussi par des mécanismes de participation directe et indirecte de la population. La participation indirecte à la décision des élus peut se faire au moyen de sondages d'opinion ou d'enquêtes de satisfaction des usagers d'un service public local. Au contraire, la participation directe est parfois exclusive et donne le pouvoir de décision aux citoyens; c'est le cas du référendum décisionnel local prévu par l'acte II de la décentralisation en 2003. Mais il y a surtout les modalités de participation semi-directe faites au moyen de consultation de la population. On y trouve un mécanisme de référendum non décisionnel (prévu par la loi depuis 1992), et des modalités de consultation de la population au travers de commissions, comités, conseils. C'est le cas des conseils de quartiers rendus obligatoires dans les grandes villes, ou des conseils de développement dans les communautés d'agglomérations.

L'action

L'action des collectivités territoriales est principalement tournée vers deux objectifs majeurs qui se complètent, à savoir d'une part le développement local et, d'autre part, la gestion de service à la population.

Le développement local

L'objectif de développement local pousse les collectivités à développer des stratégies à cet effet. La collectivité doit alors opérer un diagnostic de sa situation et avoir une vision prospective de son action pour organiser son propre développement.

Dans un contexte où les collectivités se trouvent de plus en plus en concurrence entre elles pour attirer des habitants et des entreprises sur leur territoire, elles doivent donc agir sur toute une série de paramètres qui se traduiront concrètement par des politiques locales: logement, infrastructure, réseaux d'entreprises déjà présentes, fiscalité. Il leur faut en parallèle éviter certains écueils qui risquent de réagir négativement sur l'attractivité des territoires: vieillissement ou au contraire rajeunissement excessifs de la population qui risquent de rendre insuffisants les équipements présents sur le territoire (écoles, garderies, centres aérés, centres sociaux, maisons de retraites, aides à domicile, portage de repas...), déséquilibre du tissu économique, infrastructures de réseaux insuffisantes, insuffisance ou inadaptation de la formation de la population active, hausse des prix du foncier. À bien y regarder, ces domaines, où les risques sont réels, correspondent aux domaines d'intervention des politiques d'aménagement du territoire, notamment et historiquement au niveau régional.

Pour développer leur territoire, les collectivités sont tentées d'intervenir en apportant directement ou indirectement des aides à l'installation ou au développement d'entreprises. De plus, les collectivités coopèrent davantage en vue de porter des projets de développement local plus vastes et plus ambitieux.

La gestion des services à la population

Le rôle premier de toute collectivité locale consiste à rendre des services à la population. Ces services sont fondés sur la présence d'un intérêt général et constituent la catégorie des services publics.

On distingue deux méthodes principales de gestion des services publics. Il y a traditionnellement la gestion interne, que l'on appelle gestion en régie. Dans ce cas, la collectivité gère elle-même le service; elle engage dans cette gestion ses propres fonds, y place sont propre personnel et assume l'entière responsabilité, notamment à l'égard des usagers et des tiers, du fonctionnement du service public. Il y a également la gestion externalisée du service public, qui prend aujourd'hui la forme générique de délégation de service public regroupant divers modes de gestion allant de la concession à la régie intéressée (qui est bien distincte de la régie simple vue précédemment). Dans ce cas, un prestataire externe à la collectivité va gérer pour le compte de celle-ci le service public. Mais c'est bien le gestionnaire du service qui est responsable de premier plan du fonctionnement du service. La collectivité ne conserve essentiellement qu'un pouvoir de contrôle – non négligeable dans ses effets – sur la prestation du service.

Au-delà de ses pratiques traditionnelles on observe à notre époque deux phénomènes distincts.

En premier lieu, la mutualisation qui permet à plusieurs collectivités de mettre en commun leurs moyens, voire de faire appel aux services d'une autre collectivité pour apporter une solution pratique à un besoin de la collectivité qui en fait la demande. Si historiquement depuis les syndicats de communes, l'intercommunalité illustre la réalité de cette mutualisation, aujourd'hui le phénomène a pris une tout autre ampleur avec l'apparition de services communs entre collectivités. Ceci se trouve de plus en plus entre les communes et les structures intercommunales. C'est le cas par exemple – mais les exemples possibles sont en réalité très nombreux – des services communs entre la ville d'Angers et la communauté d'agglomération Angers-Loire-Métropole. À cela s'ajoute la pratique des contrats de quasi-régie (ou contrat *in house*) qui est le support juridique permettant à une collectivité de faire appel aux services d'une autre collectivité comme si elle faisait appel à l'un de ses propres services et donc sans avoir à passer un marché avec mise en concurrence. Bien évidemment ce type de contrat répond à des critères précis issus d'ailleurs du droit de l'Union européenne.

En second lieu, l'externalisation de la prestation de service n'est pas forcément synonyme d'éloignement de la collectivité. Bien au contraire, on assiste aujourd'hui à certaines formes de forte implication des collectivités dans des engagements mixtes entre le secteur public – qu'elles représentent – et le secteur privé. Ces « partenariats » entre le public et le privé se répandent, mêlant à des degrés divers, modalités de gestion publique et modalité de gestion privée. Traditionnellement on trouve ici les concessions, l'affermage et autres modes de gestion externalisés des services publics qui sont déjà une forme de partenariat entre le public et le privé, mais on y trouve aussi historiquement toutes ces formes d'économie mixte. Au niveau local les sociétés d'économie mixte locale sont assez répandues dans le paysage de l'interventionnisme public dans la gestion de services publics. Actuellement on observe la progression des contrats dits de partenariat et des contrats de bail emphytéotique administratif qui permettent de distinguer la gestion du service public et celle des infrastructures de ce service public. De même que l'on assiste à l'émergence des sociétés publiques locales, permettant aux collectivités publiques de mettre en commun des moyens dans le cadre juridique du droit des sociétés commerciales afin de créer une société à capitaux publics dont l'objet sera d'être gestionnaire de service public.

Ainsi l'action des collectivités locales prend des aspects divers allant de la gestion de services publics au développement local. Les choix d'action qui sont faits impactent le management de la collectivité. Selon qu'elle internalise le service, ou qu'elle l'externalise, selon qu'elle engage une action de développement dans telle ou telle direction ; ce sont à chaque fois des stratégies à développer et des moyens d'ingénierie, des moyens financiers, des moyens humains qu'il faut aligner. C'est bien sûr aussi une organisation à mettre en place.

L'évaluation

Les collectivités territoriales sont aujourd'hui confrontées en permanence au problème de la performance de leur action qui comprend trois aspects : utilité sociale des prestations qu'elles apportent aux habitants, qualité de la gestion et justification de la dépense publique. La performance optimale correspond à « la meilleure adéquation possible entre l'organisation adoptée, l'activité produite, et les objectifs à atteindre » (Ardouin et Baudoin, 2011). Mais l'évaluation de l'action publique doit tenir compte de certaines spécificités caractérisant l'action publique : une temporalité qui oscille entre des échéances électorales à court et moyen termes et des échéances à long terme lorsqu'il s'agit de mettre en place un service dont le financement repose soit sur un emprunt à long terme, soit sur une concession ou un partenariat sur quinze ou vingt ans. Par ailleurs l'action publique locale est extrêmement diverse ; autrement dit, l'évaluation ne peut pas être globale, elle ne peut être que sectorielle. Tout référentiel d'évaluation devra donc être adapté concrètement à l'action qui sera l'objet de l'évaluation.

L'évaluation de l'action publique locale différencie le contrôle de gestion et l'évaluation des politiques publiques.

Le contrôle de gestion

Le contrôle de gestion va plus loin qu'un simple contrôle comptable. Il contribue activement au pilotage global de l'organisation dans une perspective d'amélioration de la performance économique. Cela vaut pour les collectivités publiques, y compris lorsqu'elles n'opèrent pas sur un marché. C'est au cours des années 1980 que le contrôle de gestion apparaît dans les collectivités locales. Il en est devenu depuis un élément majeur. Sa finalité s'est élargie, passant d'une simple analyse des coûts à une vision plus globale de la performance s'inscrivant dans une approche stratégique de l'action publique. En plus des coûts, ce sont les processus internes et les risques qui sont évalués.

L'analyse des coûts vise d'abord à connaître les éléments constitutifs des coûts et donc leur structure. À partir de cette analyse, peut être comparé le coût de la prestation assurée en régie et le coût de la prestation externalisée, afin de mieux évaluer l'intérêt éventuel de celle-ci. Une telle analyse permet aussi de trouver le bon équilibre entre la part du coût qui peut être supportée par l'usager et la part qui sera à la charge du contribuable.

Le contrôle de gestion permet aussi le pilotage des processus dès lors que sont appliquées des méthodes de gestion par les activités et les processus. L'idée centrale de ces méthodes – venues tout droit des États-Unis d'Amérique – est la suivante : les activités consomment des ressources, et les prestations consomment des activités. La prestation est ce qui est fourni au client/usager (interne à la collectivité ou externe) ; l'activité est une tâche élémentaire et homogène qui fait partie du processus de production de la prestation ; les ressources sont humaines, financières, matérielles, temporelles, etc. Le processus désigne l'interaction de l'ensemble des activités tournées vers un même objectif en l'occurrence la prestation. Or, dans les collectivités territoriales comme dans toute organisation on cherche à améliorer les processus. Pour cela, on utilise un ensemble de leviers : la réduction des activités, l'amélioration de l'organisation, la redéfinition des priorités. De ce point de vue, le contrôle de gestion qui permet une telle maîtrise des processus de production des prestations de service, aboutit à mettre en lien les contrôleurs de gestion qui ne sont plus seulement focalisés sur la question des coûts de production, et les responsables opérationnels chargés de la production des prestations.

Enfin l'analyse des risques pratiquée par les collectivités locales vient parachever le système de contrôle interne. L'expression *risk management* est également utilisée ; elle désigne un processus qui vise une maîtrise des risques auxquels est exposée une organisation (entreprise, collectivité). Le risque est ici entendu au sens large, c'est-à-dire tout événement interne ou externe susceptible de compromettre l'atteinte des objectifs poursuivis par la collectivité. Le but de l'analyse des risques est de limiter au maximum la réalisation de ces risques préjudiciables à la collectivité, tout en possédant des solutions efficaces pour faire face, avec les moyens qui sont ceux de l'organisation, aux risques qui adviennent.

Traditionnellement les collectivités ont organisé des systèmes de contrôle interne *a priori* et systématique. Un tel contrôle n'est pas efficace, notamment du fait de sa lourdeur. Afin d'éviter ces insuffisances, le contrôle interne évolue vers l'audit interne. Celui-ci est défini comme une activité indépendante et objective de contrôle périodique (ni systématique et ni permanent), qui donne à la collectivité une assurance raisonnable sur le degré de maîtrise des opérations qu'elle entreprend et lui apporte des conseils pour mieux sécuriser et pour améliorer le fonctionnement de ces actions. Pour qu'un tel contrôle des risques fonctionne bien, il est nécessaire d'une part de disposer d'un référentiel partagé par tous les acteurs au sein de la collectivité. Ceci permet l'ancrage d'une culture interne partagée qui non seulement responsabilise mais qui permet également de promouvoir les bonnes pratiques au sein de l'organisation, par les échanges induits entre les auditeurs, les opérationnels et les élus. Ainsi conçues, les fonctions d'audit et de contrôle interne concourent à une démarche collective et intégrée visant à améliorer la performance des organisations territoriales et à renforcer le niveau d'assurance quant à la qualité du service public presté aux usagers.

L'évaluation des politiques publiques

L'évaluation des politiques publiques par les collectivités territoriales a beaucoup évolué ces trente dernières années. Les premières évaluations étaient souvent fragmentaires et les résultats ne servaient quasiment pas au pilotage de l'action publique. Puis, au contraire, l'anticipation est devenue un souci lors de la mise en place de politiques publiques, et l'évaluation est devenue partie intégrante de l'action publique afin d'améliorer en continu celle-ci. Les démarches de performance sont ensuite venues conforter l'évaluation ; elles permettent de tracer les contours de l'action publique, des objectifs recherchés et de définir les indicateurs qui permettront d'évaluer les résultats de cette action publique. Aujourd'hui une part de l'évaluation devient participative dans le sens où on y intègre le point de vue de l'usager ou des partenaires publics ou privés de la collectivité.

Cependant, beaucoup de collectivités territoriales ne pratiquent pas encore l'évaluation de leurs politiques publiques. Ceci notamment par crainte de confondre évaluation de l'action publique et évaluation du bilan politique des élus. Mais aussi parce que sur le plan technique ou méthodologique, l'administration locale non seulement manque d'expérience ou d'outils méthodologiques (faute de sensibilisation et de formation) pour réaliser une telle évaluation, mais reste encore attachée au contrôle de régularité. Pour surmonter ces difficultés, la collectivité qui souhaite mettre en place une telle évaluation de ses politiques publiques devra donc adopter une démarche qui associera et fera participer tous les acteurs de ses politiques publiques, anticipera l'évaluation par la mise en place d'un plan d'évaluation et d'un référentiel adapté, accompagnera les agents à cette démarche quitte à les former aux outils indispensables.

Pour conduire cette évaluation, il est nécessaire de mettre en place un comité de pilotage de celle-ci en y impliquant fortement la direction générale. L'évaluation des politiques publiques comporte trois phases : la première est celle de l'organisation de l'évaluation, la seconde est celle de la collecte des données et de leur analyse ; enfin, la troisième phase est celle de la formulation de conclusions et de recommandations, lesquelles devront être adressées aux élus puisque c'est à eux que revient le pouvoir de décider, en lien avec la direction générale, des suites à donner à la politique publique objet de l'évaluation.

Bilan de l'actualité

Les collectivités territoriales, tout comme l'État, sont aujourd'hui confrontées à l'apparition en France d'une nouvelle théorie du management public, venue tout droit des pays anglo-saxons et dénommée le « New Public Management ».

Le New Public Management est un concept de gestion qui s'est construit dans les années 1970 comme une critique des règles de l'administration bureaucratique. Il défend de nouvelles manières de penser l'organisation administrative à partir d'un ensemble hétérogène d'axiomes tirés des théories économiques, des prescriptions issues de théories du management, et des descriptions de pratiques expérimentées dans des réformes (notamment dans les pays anglo-saxons) et de systématisations produites par des organismes comme l'OCDE (Organisation de coopération et de développement économiques).

Cette nouvelle théorie du management public s'ordonne autour de cinq principes d'organisation, déclinés en différentes mesures :

- La séparation entre les fonctions de stratégie, de pilotage et de contrôle et les fonctions opérationnelles de mise en œuvre et d'exécution.
- La fragmentation des bureaucraties verticales par la création d'unités administratives autonomes (des agences), par décentralisation ou par *empowerment* (appropriation du pouvoir) de groupes d'usagers.
- Le recours systématique aux mécanismes du marché (concurrence entre acteurs publics et avec le secteur privé, externalisation de l'offre).
- La transformation de la structure hiérarchique de l'administration en renforçant les responsabilités et l'autonomie des échelons en charge de la mise en œuvre de l'action publique.
- La mise en place d'une gestion par les résultats fondés sur la réalisation d'objectifs et la mesure et l'évaluation des performances dans le cadre de programmes de contractualisation.

Ainsi conçu, le New Public Management vise à moderniser les administrations publiques en s'inspirant des pratiques de gestion du privé pour améliorer la performance, notamment le rapport entre le coût et l'efficacité du service rendu.

Concrètement il se traduit par la transformation d'au moins cinq processus au sein de l'administration :

- La distanciation avec la politique traditionnelle (et notamment la centralisation du pouvoir).
- Le citoyen/usager devient un client à part entière.
- La transformation organisationnelle de l'administration ; celle-ci est rendue plus dynamique notamment par le biais d'une plus grande responsabilisation des acteurs.
- Une décentralisation accrue (création d'unités autonomes).
- La recherche de résultats.

Dans ce cadre, le manager public ne se cantonne plus dans une ligne hiérarchique en relayant uniquement les instructions de l'échelon supérieur. Son rôle est d'atteindre les résultats de performance qui lui sont assignés pour son service. Il y parvient par un pilotage de l'action publique qui tient compte des préoccupations de toutes les parties prenantes (hiérarchie, tutelle politique, usagers, agents, partenaires).

En France, cette théorie a commencé à émerger dans le discours politique parallèlement à la mise en œuvre des processus de modernisation et de réforme de l'État. En 1989, le gouvernement Rocard engage une politique de renouveau du service public (circulaire du 23 février 1989) ; l'idée de performance du service public et d'optimisation organisationnelle de celui-ci progresse. On constate l'existence de deux périodes : un foisonnement managérial entre 1985 et 2000 et des réformes plus structurantes depuis les années 2000. Il s'agit des mécanismes budgétaires contenus dans la LOLF, qui irriguent la manière de penser l'action publique même au niveau local. Il s'agit aussi d'une réorganisation des structures et des missions des organisations de service public. Enfin il s'agit d'introduire de plus de « souplesse » en matière de gestion des ressources humaines en marge du statut de la fonction publique.

Mais les réformes managériales en France ne marquent pas de véritables ruptures, et il serait dès lors exagéré de parler de « révolution managériale ». Elles sont davantage analysées comme des « processus itératifs et prudents » (cf. : Annie Bartoli et Hervé Chomienne, « Le développement du management dans les services publics : évolution ou révolution ? », in *Informations sociales* [CNAF], 2011/5 n° 167, p. 24-35 ; ou in *Cahiers français*, n° 339, juillet-août 2007, p. 44-50, spéc. p. 50). Ces évolutions apparaissent à l'occasion d'opportunités telles que la décentralisation, l'harmonisation européenne, la dérégulation, l'apparition de nouvelles technologies… Elles ne remettent pas radicalement en cause le management public tel qu'il est pratiqué dans les collectivités locales en France.

Perspectives

Peut-on parler de crise du management? L'époque actuelle met en relief les limites du management conçu et appliqué dans les années 1980. Dans le secteur privé ce management est axé sur une logique de maximisation des profits et de rentabilité financière. Le management est alors particulièrement dépendant du contexte économique et financier. Ce qui génère des effets négatifs au sein de l'organisation, à savoir notamment le désengagement des salariés et le développement de la souffrance au travail.

Or ce sont des symptômes que l'on rencontre aussi dans les organisations publiques et notamment territoriales. Si les causes ne sont pas exactement les mêmes que dans le secteur privé, elles sont incontestablement liées à l'introduction d'une logique de performance, d'individualisation et d'éloignement de l'encadrement. Or le concept de performance renvoie à l'idée d'accomplir une action sans aucun *a priori* apparent sur la nature, le niveau ou la mesure du résultat à obtenir. Reste que l'on constate que plusieurs positionnements sont possibles allant d'une vision de la performance liée à la conformité aux règles juridiques et à la volonté politique, ou bien une vision de la performance liée à l'obtention de résultats quantitatifs ou financiers. Ce qui laisse au fond de grandes marges de manœuvre. Mais appliqué à la sphère publique, cela recèle deux écueils majeurs. D'une part, il n'est pas facile de cerner avec précision ce concept de performance. De même que d'autre part, ce concept n'est pas facile à légitimer. Cette légitimité est d'autant plus mise à l'épreuve que l'appréciation des critères d'efficacité et d'efficience, sur lesquels reposerait la bonne gouvernance publique, donne lieu à des interprétations multiples et équivoques.

Si la gestion de la performance publique peut être envisagée comme une nécessité stratégique et opérationnelle, cela ne peut pas se faire à n'importe quel coût social et politique. La recherche de la performance ne devrait pas être exclusive d'une certaine éthique dans le management des politiques publiques (cf. Annie Bartoli *et alii*, « Vers un management public éthique et performant », in *RFAP* 2011/4 n° 140, p. 629-639). L'éthique dont il est question repose ici essentiellement sur les valeurs du service public. Il s'agit aussi de donner du sens à l'action publique; or ce sens de l'action est souvent absent (en tout cas c'est ce qui est souvent reproché) lorsque le pilotage des politiques publiques est fondé exclusivement sur les résultats.

Bibliographie

- Alventosa (Jean-Raphaël), *Les outils du management public*, Paris, LGDJ, coll. « Systèmes », 2012, 258 p.
- Alventosa (Jean-Raphaël), *Management public et gestion des ressources*, Paris, LGDJ, coll. « Systèmes », 2012, 233 p.
- Ardouin (Éric) et Baudouin (Jean-Christophe), *Le Management public des territoires,* Paris, Éditions de l'Aube, coll. « Monde en cours », Série « ESSEC Villes et territoires », 2012, 269 p.
- Armandy (Angelina) et Rival (Madina), *Innovation publique et nouvelles formes de management public*, Paris, La Documentation française, coll. « Doc en poche », 2021, 350 p.
- Fallon (Catherine) et Ficet (Joël) (dir.), « Crise de la démocratie et nouveau management public – Discours, pratiques, instruments », Paris, Academia Éditions, coll. « Science politique », 2017, 246 p.
- Holcman (Robert) *et alii*, *Management public*, Paris, Dunod, 2014, 384 p.
- Huron (David) et Spindler (Jacques), *Le Management public en mutation*, Paris, L'Harmattan, coll. « Management public », 2008, 382 p.
- Huron (David) et Spindler (Jacques), *Le Management public local*, Paris, LGDJ, coll. « Politique locale », 1998, 117 p.
- Longhi (Christian) et Spindler (Jacques), *Le développement local*, Paris, LGDJ, coll. « Politique locale », 2000, 119 p.
- Mahé de Boislandelle (Henri) et, Bories-Azeau (Isabelle) (dir)., *Les nouveaux défis du manager public – Conduire le changement, maîtriser la gestion, dynamiser le territoire*, Paris, L'Harmattan, coll. « Management public », 2009, 390 p.
- Rouquan (Olivier), *Développement durable des territoires – Gouvernance et management publics*, Paris, Gualino, coll. « Fonction publique », 2016, 190 p.
- Santo (Manuel-Viriato) et Verrier (Pierre-Eric), *Le Management public*, Paris, PUF, coll. « Que sais-je ? », 3e éd., 2007, 127 p.
- Thiétart (Raymond-Alain), *Le Management*, Paris, PUF, coll. « Que sais-je ? », 14e éd., 2017, 128 p.
- http://www.performance-publique.budget.gouv.fr/la-performance-de-laction-publique/le-controle-de-gestion.html
- Dossier « Éthique et performance en management public », *Revue française d'administration publique*, 2011/4 (n° 140), p. 629-755.
- Dossier « L'encadrement à l'épreuve du management public », *Revue française d'administration publique*, 2008/4 (n° 128), p. 659-783.

Exemples de sujets

- Le *New public management* et les collectivités territoriales
- L'évaluation des politiques publiques locales
- La légitimité du management public local
- Gouvernance locale et performance
- Les spécificités du management appliqué aux collectivités publiques
- Le management territorial

QCM

278. Les caractéristiques des collectivités locales qui justifient des modalités particulières de gestion, sont notamment :

- ☐ **A.** La personnalité morale
- ☐ **B.** La prise en charge de l'intérêt général
- ☐ **C.** La présence d'un statut législatif spécifique
- ☐ **D.** L'absence de capital
- ☐ **E.** La complexité du système local
- ☐ **F.** La présence d'élus exprimant une volonté politique

279. Les principes fondamentaux du management sont :

- ☐ **A.** La stratégie
- ☐ **B.** La planification
- ☐ **C.** L'organisation
- ☐ **D.** La responsabilisation
- ☐ **E.** L'activation
- ☐ **F.** Le contrôle
- ☐ **G.** La performance

280. L'élaboration d'un plan stratégique est une étape de :

- ☐ **A.** L'organisation
- ☐ **B.** L'évaluation
- ☐ **C.** L'analyse des risques
- ☐ **D.** La planification

281. L'organisation par fonction se définit comme :

- ☐ **A.** Servir un projet précis
- ☐ **B.** Permettre de trouver un équilibre entre pouvoir financier et expertise technique
- ☐ **C.** Regrouper les tâches selon le critère de la spécialisation

282. Un service opérationnel au sein d'une collectivité territoriale a pour mission de :

- ☐ **A.** Mettre en œuvre des décisions politiques
- ☐ **B.** D'aider et de seconder le dirigeant
- ☐ **C.** Décider des opérations à effectuer
- ☐ **D.** Regrouper les tâches selon le critère de la spécialisation

283. La collégialité caractérise la prise de décision dans les collectivités territoriales. Est-elle une caractéristique :

- ☐ **A.** Sans nuance, donc absolument vérifiable
- ☐ **B.** Rencontrée dans toute catégorie de collectivité territoriale
- ☐ **C.** Variable en intensité dans chaque collectivité au cas par cas

284. Quels sont les moyens de réduire les effets de bureaucratie au sein des administrations locales :

- ☐ **A.** Réduire les niveaux hiérarchiques
- ☐ **B.** Décloisonner les services
- ☐ **C.** Donner une plus grande marge d'initiative aux agents
- ☐ **D.** Motiver chaque acteur
- ☐ **E.** Effectuer une analyse des risques
- ☐ **F.** Introduire la performance

285. Le feedback correspond à :

- ☐ **A.** Mécanisme de rétrocession
- ☐ **B.** Mécanisme de rétroaction
- ☐ **C.** Retour venant du terrain permettant d'adapter les décisions générales

286. Le New public management vise à externaliser le maximum de service public :

- ☐ **A.** Vrai
- ☐ **B.** Faux

287. Le contrôle de gestion c'est :

- ☐ **A.** L'analyse des coûts
- ☐ **B.** L'évaluation des politiques publiques
- ☐ **C.** Le pilotage des processus
- ☐ **D.** L'analyse des risques
- ☐ **E.** Le pilotage global de l'organisation

288. Les trois phases de l'évaluation des politiques publiques sont :

- ☐ **A.** Collecte et analyse des données recueillies
- ☐ **B.** L'analyse des coûts de prestations
- ☐ **C.** L'organisation de l'évaluation
- ☐ **D.** La formulation de conclusions et de recommandation
- ☐ **E.** La mise en point d'un référentiel partagé

289. La performance est :

- ☐ **A.** Uniquement centrée sur le respect des règles juridiques
- ☐ **B.** Difficile à cerner
- ☐ **C.** L'adéquation entre l'organisation et l'activité, en tenant compte des objectifs à atteindre
- ☐ **D.** La recherche exclusive d'une plus grande efficience économique

Réponses

278. Réponses B, D, E, F. Les particularités du management public sont intrinsèquement liées aux cinq caractéristiques fondamentales des collectivités locales, ainsi que de toutes les organisations publiques : 1. la poursuite des finalités externes d'intérêt général ; 2. L'absence de rentabilité capitalistique ; 3. L'absence de concurrence des activités publiques ; 4. L'existence de systèmes complexes et très cloisonnés ; 5. La soumission de l'action administrative à la volonté politique

279. Réponses B, C, E, F. Les composantes fondamentales du management sont au nombre de quatre. Dans l'ordre logique il s'agit de la planification, de l'organisation, de l'activation et du contrôle. Mais il s'agit d'une logique circulaire où toutes ces composantes sont en interaction. Chaque composante peut elle-même receler les autres composantes ; ainsi par exemple, le contrôle peut être planifié, organisé et activé. On peut même imaginer un contrôle du contrôle. Quant à la stratégie, la responsabilisation et la performance, ce sont les effets ou les objectifs recherchés par certaines des composantes fondamentales du management. La stratégie est le résultat de la planification, la responsabilisation et la performance résultent de l'effet conjugué de l'organisation, de l'activation et/ou du contrôle.

280. Réponse D. À l'époque contemporaine, on distingue généralement trois étapes dans la planification. Le plan stratégique est la première de ces étapes. Son but est de fixer de grands objectifs et de donner du sens à l'action. Il est généralement à long terme. La deuxième étape de planification est celle des plans opérationnels qui déclinent concrètement sur le terrain les orientations du plan stratégique. Enfin, la troisième étape de planification est constituée du budget qui est une traduction en termes monétaires des plans, stratégiques et opérationnels.

281. Réponse C. Dans une organisation par fonction, les tâches sont regroupées et attribuées selon le critère de la spécialisation des individus (ex.: ressources humaines, finances, action sociale…).

282. Réponse A. Le service opérationnel a pour mission la mise en œuvre concrète des décisions prises par le dirigeant: il s'agit par exemple dans un département de la direction des routes, de la direction des affaires sanitaires et sociales, etc. Inversement, un service fonctionnel a pour tâche au sein de l'organisation d'aider, de seconder le dirigeant: dans un département ce sera par exemple, la direction des ressources humaines, la direction des finances, etc.

283. Réponses B et C. Dans toutes les collectivités, la collégialité caractérise la prise de certaines décisions, c'est-à-dire des décisions qui sont de la compétence de l'assemblée délibérante. En revanche ne sont pas concernées par la collégialité les décisions qui sont de la compétence de l'autorité exécutive. Plusieurs facteurs influent sur la réalité de la collégialité. Notamment, plus la collectivité est grande, plus la collégialité ne s'exprime principalement que dans les instances inférieures (bureau, commission) émanant de l'assemblée délibérante. De même que l'influence du chef de l'exécutif, ou l'importance de la majorité, sont de nature à modifier l'expression de la collégialité au sein de l'assemblée.

284. Réponses A, B, C. Pour réduire les tendances « bureaucratiques » dans les organisations locales, il existe trois moyens principaux: 1. La réduction des niveaux hiérarchiques; 2. Favoriser la transversalité au sein des services jusque-là trop cloisonnés; 3. Inverser la pyramide en donnant un pouvoir d'initiative aux subordonnés. On note en outre que le management participatif et le management par projet permettent d'améliorer les processus de prise de décision; l'ensemble des acteurs y sont associés, ce qui a donc pour effet de les motiver. La motivation des acteurs est ici un effet secondaire et recherché et non une cause première de la réduction de la bureaucratie.

285. Réponses B et C. Le feedback est le terme anglais désignant le mécanisme de rétroaction mis en place au sein d'une structure lorsque des agents de terrain disposent d'une autonomie d'action. Cela permet à ces agents de faire un retour direct à l'encadrement des effets et des résultats de la mise en œuvre des décisions générales, de façon à ce que celles-ci puissent être corrigées rapidement si nécessaire.

286. Réponse A. La théorie du New Public Management s'ordonne autour de cinq principes fondamentaux dont l'un d'eux consiste à recourir systématiquement, ou autant que possible, aux mécanismes du marché, non seulement pour le fonctionnement de l'organisation publique locale, mais aussi pour l'ensemble de ses activités, y compris donc les prestations de service public. L'objectif est d'externaliser les services publics locaux auprès de partenaires insérés sur un marché, dans les conditions du marché. L'idée justificatrice, qui est cependant discutable, est que pour beaucoup de services publics, des économies d'échelles peuvent être réalisées si la prestation est effectuée par un opérateur dont c'est le cœur de métier et qui opère sur plusieurs marchés.

287. Réponses A, C, D, E. Le contrôle de gestion est un des moyens d'évaluation de l'action locale. Il se distingue de l'évaluation des politiques publiques. Le contrôle de gestion va plus loin qu'un simple contrôle comptable. Il contribue activement au pilotage global de l'organisation dans une perspective d'amélioration de la performance économique. Sa finalité est donc multiple : analyse des coûts, des processus internes et des risques.

288. Réponses A, C, D. L'évaluation des politiques publiques comporte trois phases. La première est celle de l'organisation de l'évaluation ; c'est à ce stade que sont définis les référentiels qui serviront à l'évaluation des résultats recueillis. La seconde est celle de la collecte des données et de leur analyse ; si analyse des coûts il y a, c'est lors de cette phase qu'elle est réalisée. Enfin, la troisième phase est celle de la formulation de conclusions et de recommandations, lesquelles devront être adressées aux élus puisque c'est à eux que revient le pouvoir de décider, en lien avec la direction générale, des suites de la politique publique évaluée.

289. Réponses B, C. Les collectivités locales sont aujourd'hui confrontées en permanence au problème de la performance de leur action. La performance optimale correspond à la meilleure adéquation possible entre l'organisation adoptée, l'activité produite, et les objectifs à atteindre. Mais la performance demeure au fond un concept flou, difficile à cerner, dans la mesure où chacun peut y mettre ce qu'il veut. La performance peut devenir dangereuse si elle est déconnectée d'enjeux fondamentaux des organisations comme la maîtrise des risques, notamment des risques psychosociaux (relatifs à la souffrance au travail). Ainsi, la recherche exclusive d'une plus grande efficience économique serait une dérive de la performance. La qualité du service, le bien-être au travail peuvent aussi être des critères permettant de définir la performance de l'organisation par rapport au référentiel qu'elle a adopté.

Imprimé en Italie par «La Tipografica Varese Srl» Varese